한국전통문화와 호남

한국전통문화와 호남

22

이을호 지음 · 다산학연구원 편

간행사

선생이 1998년 88세를 일기로 서세하신 후, 2000년 11월 <이을호 전서> 9책 24권이 출판되었고, 2010년 탄생 100주년을 기념하여 『현암 이을호 연구』가 간행되었다. 그리고 10여 년 사이에 몇 가지 학계의 여망을 수렴해야 할 필요성이 대두되었다. 초간본에서 빠트린 글들을 보완해야 할 필요성이 제기되었고, 현대의 독자들을 감안해서 원문 인용문 등도 쉽게 풀이하는 것이 좋겠다는 요청이 있었다. 그 가운데 가장 중요한 것은 선생의 저술들이 가지는 학술적 가치를 고려할 때 몇몇 주요 저술들을 단행본으로 손쉽게 접할 수 있도록 보완해달라는 것이었다. 이로 인해 <이을호 전서>를 <현암 이을호 전서>로 개명하고, 9책 24권 체제를 각권 27책 체제로 확대 개편하는 수정 증보판을 내놓게 되었다.

일반적으로 선생을 가리켜 다산학 연구의 개척자라 하기도 하고, 현대 한국학의 태두라 하기도 하지만, 이는 그 일면을 지적하는 것일 뿐, 그 깊이와 내용을 올바로 판단한 것은 아니다. 선생의 학술적 탐구가 갖는 다양한 면모와 깊이는 전체적으로 고찰하기가 어렵기 때문이다.

선생의 학문 여정을 돌아볼 때 고보 시절에 이제마(李濟馬, 1838～ 1900)의 문인으로부터 『동의수세보원』을 익힘으로써, 인간의 근원에 대한 이해, 곧 그때까지 유행하고 있었던 주자의 성리설(性理說)로부터 고경(古經)의 성명론(性命論)으로 전환하는 계기가 되었다. 또한 경성약전을 졸업하고 중앙의 일간지에 「종합의학 수립의 전제」 등 여러 논설을 게재하고 『동양의학 논문집』 등의 창간을 주도하면서 '동서양 의학의 융합'을 주장하였던 것은 일제하에 허덕이고 있었던 민생을 구하고자 하였던 구세의식의 발로(發露)였다.

27세 때, 민족자강운동을 펴다가 일경에게 체포되어 영어의 몸으로서 『여유당전서』를 탐구하였던 것은 다산이 멸망하는 조선조의 운명을, 새로운 이념으로 광정(匡正)하고자 하였던 그 지혜를 배워서, 선생이 당면하였던 그 시대를 구하고자 한 것이었다. 광복과 함께 학교를 열었던 것은 평소에 꿈꾸었던 국가의 부흥을 교육입국을 통하여 현실에 실현시키고자 함이었다.

학술적으로 첫 업적이라고 할 수 있는 국역 『수은(睡隱) 간양록(看羊錄)』은 우리의 자존심으로서, 일제에 대응하고자 하였던 존엄의식의 발로였다. 마침내 다산의 경학연구로 학문적 토대를 쌓아, 육경사서(六經四書)에 대한 논문과 번역 등 『다산경학사상연구』를 비롯한 많은 저술을 남긴 것은 조선조 500년을 지배한 주자학의 굴레로부터, 학문적 자주성과 개방성으로서 새로운 시대의 올바른 문화를 열고자 하는 열망을 학술적 차원에서 이룬 것이었다.

선생의 학문은 난국의 시대에 국가의 앞날을 우려하여, 우리의 의식으로서 새로운 사상적 전환을 이룩하고, 한국학의 독자성을 밝혀, 현대문화의 새로운 방향을 제시한 것이라 할 수 있다. 선생의 학문은 깊고 원대한 이상에서 성장해 결실을 맺은 것임을 알 수 있으니, 그 학문세계를 쉽게 말할 수 없다는 소이가 바로 여기에 있다.

선생이 가신 지 어언 15년의 세월이 흘렀음에도 선생의 저술에 대한 기대가 학계에 여전한 것은 오롯이 선생의 가르침과 학술로 거둔 성과다. 문인으로서 한결같이 바라는 것은 선생의 학술이 그 빛을 더하고 남기신 글들이 더욱 널리 퍼지는 것이다. 이 새로운 전집의 간행을 계기로, 선생의 학문이 더욱 널리 알려지고, 그 자체의 독자성이 심도 있게 탐구되어 대한민국의 학술사에서 선생의 위상이 새롭게 정립된다면, 이것이야말로 이 전서의 상재(上梓)에 참여한 문인들의 둘도 없는 소망이다.

2013년 납월(臘月)
문인 오종일 삼가 씀

일러두기

○ 이 책은 저자가 발표한 '호남의 사상과 문화' 전반에 대한 글
 들을 모은 것이다.

○ 내용은 2000년에 간행한 <이을호 전서> 8권의 2편, 『전통문
 화와 호남』인데, 책명을 바꾸고 체제를 바로잡아 간행하였다.

○ 저자가 본문에서 인용한 원전이나 인용문 등 어려운 한자들은
 국역하고 원문은 각주 또는 괄호로 묶었다.

○ 이 책에서 인용한 원문의 번역과 교열자는 이향준이다.

현암 이을호 전서

1책 『다산경학사상 연구』

2책 『다산역학 연구 Ⅰ』

3책 『다산역학 연구 Ⅱ』

4책 『다산의 생애와 사상』

5책 『다산학 입문』

6책 『다산학 각론』

7책 『다산학 강의』

8책 『다산학 제요』

9책 『목민심서』

10책 『한국실학사상 연구』

11책 『한사상 총론』

12책 『한국철학사 총설』

13책 『개신유학 각론』

14책 『한글 중용·대학』

15책 『한글 논어』

16책 『한글 맹자』

17책 『논어고금주 연구』

18책 『사상의학 원론』

19책 『의학론』

20책 『생명론』

21책 『한국문화의 인식』

22책 『한국전통문화와 호남』

23책 『국역 간양록』

24책 『다산학 소론과 비평』

25책 『현암 수상록』

26책 『인간 이을호』

27책 『현암 이을호 연구』

한국전통문화와 호남
목 차

간행사 _ 5
일러두기 _ 8

전통문화와 호남

1. 한국 전통문화와 호남 _ 17
2. 호남의 위상 _ 31
3. 전남지방의 '풍류도' _ 36
4. 왕인의 이해 _ 44
5. 조선조 유학의 성립과 호남유학 _ 48
6. 호남 유학의 특성과 인맥 _ 62
7. 하서의 시대와 생애 _ 83
8. 퇴계 선생과 기대승 _ 98
9. 고봉 후학으로서 겸재학의 삼대 과제 _ 134
10. 제봉의 시대와 생애 _ 169
11. 수은 강항의 생애와 학문 _ 182
12. 호남경학의 본질 _ 205
13. 노사 선생의 생애 _ 218
14. 동학사상 _ 231
15. 동학의 사상적 구조 _ 242
16. 전남향토문화 개발의 방향 _ 254

17. 호남학은 가능한가 _ 270
18. 남도문화의 특성 _ 276
19. 영광얼의 근세사적 배경 _ 282
20. 남도문화의 종합적 고찰 _ 291

[해설] 호남 임진왜란 사료집 총설 _ 321
[조사보고] 전남의 유교 _ 371

발문 _ 407
편집 후기 _ 410
『현암 이을호 전서』27책 개요 _ 412

전통문화와 호남

1. 한국 전통문화와 호남

본 주제를 설정한 제1차적인 목적은 호남 지역이라는 지역적 특수성을 통해서 본 한국문화의 전통성을 살펴보자는 데 있다. 그것은 한국문화가 이 지역에서의 토착화 과정에서 어떠한 변화 과정을 거쳐 왔으며 동시에 어떠한 형태로 정착되었을까를 살펴보는 일이 될는지 모른다. 소위 호남이라는 지역적 특수성─그것은, 지역성이라 약칭할 수 있다─은 다른 어느 지역과도 마찬가지로 그의 지정학적 위치와 그의 역사적 배경과의 두 가지 측면에서 살펴보아야 할 것이다. 전자는 공간적 관찰이요 후자는 시간적 고찰이라 할 수 있다. 그러나 시공적 조건이 따로따로 분리하여 지역 문화 형성에 작용하는 것이 아니라 이들은 상호 합일하여 공동 분모로서 존재하는 조건이라고 해야 할 것이다.

호남 지역은 한반도의 서남단에 위치하고 있음으로써 다른 동북부 지역과는 구별되는 몇 가지 특색을 지니고 있다.

첫째, 해양성(海洋性)을 들 수 있다. 서남 양면이 다도해(多島海)의 도서와 아울러 많은 포구를 형성하여 서남방 제국과의 항로가 개방되어 있다. 서쪽으로는 황해를 격하여 남중국과 일위대수(一葦帶水)의 관계에 있으며 남쪽으로는 대해를 격하여 유구(琉球), 안남(安南), 여송(呂宋) 등과의 교류가 이루어졌고 동남방의 일본의 구주(九州) 등지와의 접촉을 뺄 수 없을 것이다. 이러한 호남의 해양성은 그의 동북방의 대륙성과 대조를 이루는 자로 간주해도 좋을 것이다.

둘째는 남방적인 기후의 온난성을 들 수 있다. 게다가 광활한 평야와 금강, 섬진강 및 영산강의 수리(水利)를 겸하고 있기 때문에 농경지대로 최적지임을 지적하지 않을 수 없다. 이는 또한 북방의 산악 지대와 거기에 따른 유목적 풍토와 크게 대조를 이루는 것이기도 하다.

호남 지역에 있어서의 유동적인 해양성과 안정적인 농경성의 이중적 결합은 이 지역 문화의 구조적 다양성을 이루었을는지 모른다.

게다가 어염시량(魚塩柴糧)의 풍요는 생활 문화적인 측면에서뿐만이 아니라 정경(政經)적인 측면에서도 경제적 침탈과 정치적 압제의 소인이 되었던 사실들을 통찰해야 한다는 사실을 간과해서도 안 될 것이다.

여기서 우리는 잠시 중국의 남북방 문화의 양면성을 상기할 필요가 있다. 그것은 아마도 북방의 현실성과 남방의 예술성으로 표현해야 할는지 모른다. 북방에서는 공묵(孔墨)의 윤리 경제사상이 발달하였고 남방에서는 노장(老莊) 사상을 기반으로 하여 시가 문학이 발전하였음은 이 까닭인 것이다.

그러므로 호남 지역의 문화적 특성을 한 마디로 말하라 한다면 그의 대북방성의 입장에서 예술성에 있다고 하는 것은 결코 연고 없는 견해가 아님을 알 수 있다. 호남 지역에서 특히 시인이 많이 배출되고 판소리와 같은 국악이 발달한 것도 그의 남방적 예술성과 연관해서 생각할 수는 없을까?

셋째로 또 다른 하나는 그의 해양성과 관련된 개방성을 들 수 있을는지 모른다. 혹은 진취성 또는 수용성이라 할 수 있을는지 모른다. 호남지역은 광범한 평야를 겸한 농경 지대로서의 보수적 요소가 없는 것은 아니지만 그의 굴곡 많은 해안선의 개방은 북방 대륙의 보수적 폐쇄성과는 대조를 이룸 직한 일면이 아닐 수 없을 것이다. 호남인들의 기질이 유동적(風前細柳로서의 풍류적 기질)이고 변화를 즐기는 듯한 인상을 풍기는 것도 이에 연유한 것이 아닌가 싶기도 한 것이다.

가상적(假想的) 허생(許生)이 이상향을 찾아서 출범한 지점도 호남의 어느 포구였을 것이요, 거꾸로 근세에 하멜이 표류한 곳도 이 지대라는 사실은 그의 진취와 수용이라는 측면에서의 그의 개방성을 이해할 수 있을 것이다.

또 하나 특기할 만한 호남의 위치는 천하의 중앙이라는 데 있음을 지적하지 않을 수 없다.

아직 서역과의 접촉이 없던 시절의 천하는 중국 교지(交趾), 안남(安南), 여송(呂宋), 일본 등이 아닐 수 없고 한반도는 이 지역의 돌출부였던 것이다.

그러므로 동북아의 서남단에 위치한 호남 지역은 서로는 중국에 접하고 남으로는 동남아 제국과 통하며 동으로는 일본과 격하여 사통오달하였던 것이다. 이러한 지리적 이점은 북방의 대륙성과 남방적 해양성이 상접하는 지점이기도 한다는 점에서 새로운 문화 창조의 기능이 요구되는 지대이기도 했을는지 모른다.

이를 굳이 명명한다면 창조성이라 일러도 좋을 것이다. 어쨌든 이 지대에 있어서는 창조적 문화 형태의 존재가능성을 배제해서는 안 될는지 모른다. 이는 곧 호남문화 존재의 가능성이기도 한 것이다.

양극적 대대관계의 합일적 조화의 기능에 의하여 멋의 문화가 창조된다고 한다면 호남 지역이 지닌 천하의 중앙이라는 위치는 동서남북의 다양성의 조화 기능을 성숙시킬 수 있는 절호의 위치이었는지도 모른다.

후일 백제 문화라는 이름으로 불리는 이 지역 문화의 우위성은 결코 지정학적 관점에서도 우연이 아님을 짐작하게 하는 것이다.

그러나 우리의 관심은 역사 이전에 이 지역 내의 토착문화에 쏠리지 않을 수 없었다. 그것은 곧 아득한 선사시대에 있어서의 이 지역 문화의 특질이 어떠했던가라는 문제이기도 한 것이다. 그것은 어쩌면 백제 이전의 문제가 아닐 수 없다.

그러한 의미에서 이제 우리는 공간적 관점에서 시간적, 곧 역사적 관점으로 우리의 주의를 돌려보아야 할 차례에 이르는 것이다.

역사적 관찰을 시도하기 위하여 우리는 이를 삼국시대-백제시대-를 고비로 하여 그의 전후로 삼분하는 것이 좋을 것이다.

다시 말하면 삼국 이전과 이후로 나누어 보자는 것이다. 이러한 삼분법에 의한다면 적어도 다음과 같은 몇 가지 문제점이 부각됨을 발견하게 될 것이다.

첫째, 삼국-백제-이전에 있어서의 호남 지역은 선사시대까지 소급해 올라감으로써 어느 정도까지의 지역적 독자성을 가지고 있었느냐의 문제인 것이다. 소위 선사 시대로서의 연대적 상한선은 책

정할 수 없는 것임을 다시 말할 나위도 없지만 적어도 기록 이전의 선주민의 유적은 이 지역에서도 기대해도 좋을 것이 아닌가.

일언이폐지(一言以蔽之)하면 선사 유적의 문제인 것이다. 선사시대 유적의 문제는 결코 호남 지역에 국한된 것은 물론 아니다. 흔히 이 지역 문화를 말함에 있어서 지나치게 백제 문화에 역점을 둠으로써 범하기 쉬운 약점을 보완하기 위해서도 절실히 추구되어야 할 문제이기 때문이다.

일찍이 1963년에 발간된 『호남문화연구』 제1집의 서두에서 「호남 선사고고학의 23문제」라는 논문을 발표한 김원룡(金元龍) 교수는

> 호남 지방은 금강과 영산강을 가지고 또 풍부한 해안선과 다수의 도서를 끼고 있으며 입지적으로 유리할 뿐 아니라 바다를 건너 중국이나 일본과 직접적으로 통하고 또 육로로나 해로로 낙랑군의 평양지방과 직통하고 있어 고대 문화의 발전이나 전파에 중요한 공헌을 하고 있는 것이다.

라 하고 있는 것은 지금까지의 필자의 소론을 뒷받침하는 동시에 선사유적의 중요성을 강조하는 의미를 갖는다.

그 후 십수 년이 지난 1975년에 간행된 최몽룡(崔夢龍) 교수의 「전남고학지명고」의 '자서'에 의하면 "……전남지방에 산재하고 있는 선사 미술사 관계 유적 유물이 생각보다 많고……"라고 한 것을 보면 이 지역에 있어서의 풍부한 선사 시대 문화 유적의 문제는 결코 소홀히 넘겨 버릴 수 없는 우리의 관심사가 아닐 수 없다.

그것을 한 마디로 말하라 한다면 '지역적 토착문화의 모체로서의 선사 시대의 유적 유물'이라 할 수 있기 때문이다.

호남 지역의 문헌사적 입장에서 잠시 살펴본다면『삼국지(三國志)‧위지(魏志)』「동이전(東夷傳)」진한조(辰韓條)에 다음과 같은 기록이 있다.

> 늘 5월에 파종을 마치고 나면 귀신에게 제사를 지냈다. 군중들이 모여서 노래하고 춤추며 술을 마셨는데, 밤낮으로 멈추지 않았다. 그 춤은 수십 명이 함께 일어나 서로를 뒤따르면서 땅을 밟으며 오르내리는 등 팔과 발이 서로 조화를 이루었고 박자는 마치 목탁을 치는 것과 비슷했다. 시월에 농사가 끝나면 또한 이렇게 했다. 귀신을 믿고 있어 나라 읍에서 각 한 사람을 세워 천신에게 제사지냄을 주제하는데 이름하여 천군이라 한다. 또 여러 나라 각각에 특별한 읍이 있는데 이름 하여 소도(蘇塗)라고 한다. 큰 나무를 세우고 방울과 북을 매달며 귀신을 섬긴다. 여러 명이 그 가운데로 도망하면 모두 돌아오지 못한다.[1]

여기서 우리는 진한의 범위가 문제인 것이다. 적어도 중국 문헌에 나타난 진한(辰韓)과 삼한시대의 진한(辰韓)과는 구별되어야 한다는 점을 알아야 하며 이를 다음 국사 대사전 삼한조(三韓條)에서 적기하면 다음과 같다.

> 본래 이 지역은 目支國의 君長－보통 辰王이라 하고 마한 시대에는 臣智라 하였다－의 세력하에 辰國이라는 부족 연맹체가 자리잡고 있었는데 진국의 동북계 지역에는 일찍부터 북쪽 나라에서 남하 이주하는 사람들로 형성된 집단 사회가 있었다. 衛滿에게 나라를 빼앗기고 남으로 망명한 소위 箕子朝鮮의 마지막 임금인 準王이 정주한 곳도 이 고장이며 이 유리민의 사회는 준왕 이래로 스스로 韓이라 부르며 목지국의 우두머리인 진왕의 보호와 지배하에 있었으므로 낙랑의 한인들은 이를 辰韓이라 부르

---

1) 『三國志‧魏志』, 「東夷傳」, 辰韓 "常以五月 下種訖 祭鬼神 羣聚歌舞飮酒 晝 夜無休 其舞數十人 俱起相隨 踏地低昂 手足相應 節奏有似鐸舞 十月農功畢 亦復如之 信鬼神 國邑各立一人 主祭天神 名之天君 又諸國各有別邑 名之爲蘇塗 立大木 縣鈴鼓 事鬼神 諸亡逃至其中 皆不還之"

게 되었다.

그 후 한의 칭호는 점점 확대되어 진왕을 맹주로 받드는 모든 소국에 대해서도 한의 칭호를 붙이게 되었다. 이리하여 후한말 帶方군이 새로 설치될 무렵에는 진한과 아울러 마한 변한이라는 말이 나타나게 되었다.

삼한 분립시대 이전에 이미 진국—목지국—이 있었고 그의 판도는 삼한—지금의 삼남—전역에 걸쳐 있었음을 알 수 있다.

이 지역은 북의 고구려 부여와 대를 이룬 소위 남방 농경지대이기도 한 것이다.

다산이 그의 『아방강역고(我邦疆域考)』「진한고(辰韓考)」에서 "진한 (辰韓)은 진한(秦韓)으로 진나라 사람들이 동쪽으로 도망친 곳이다. [辰韓者 秦韓也 秦人之東走者也]"라 하고 주(註)에서

> 진나라 사람들이 처음 왔을 때 군장(君長)을 모두 신왕(臣王)이라 했으니, 중국에 따로 군왕이 있다는 말이었다. 처음에는 삼한 모두 신왕이라고 불렀으나, 결국에는 영남만이 신한(臣韓)이라고 한 것은 진나라 사람들이 살았기 때문이다. 진(辰)이란 신(臣)이다[鏞案 秦人初來 凡君長 皆謂之臣王 謂中國別有君王也 其初 三韓通稱臣王 而其終 唯嶺南爲臣韓者 秦人居之也 辰者臣也].

라 한 것은 저간의 소식을 뒷받침해 주는 것이 아닐 수 없다.

이 시기에 다시 말하면 진한시대에서 삼한 분립시대로 넘어오는 과정에 있어서의 영남과 호남과의 관계를 일단 주의 깊게 관찰해야 할는지 모른다. 왜냐하면 영남일대를 중심으로 하여 신라의 선주민 으로서의 진한이 세워졌고 호남을 중심으로 하여 백제의 선주민으로서의 마한이 존재하게 되었기 때문이다. 그러므로 비록 진국이 삼

한으로 분립하였지만 이들은 동질문화권―위지의 기록과 같이―으로 간주해야 할 것이다.

그렇다면 그 후 왜 신라와 백제는 문화적인 측면에서도 이질적인 양상을 띠게 되었을까. 궁금한 일의 하나가 아닐 수 없다.

여기서 우리는 신라는 토착적 기반 위에서 건국했고 백제는 부여족의 남하에 의하여 건국했다는 근본적인 차이를 간과해서는 안 될 것이다.

신라 건국의 경위를 살펴보면 『삼국유사』「신라시조」혁거세왕조(赫居世王條)에 "진한의 땅에는 옛날 육촌(六村)이 있었다[辰韓之地 古有六村]"라 하였고, 『삼국사기』「신라본기」제일시조조(第一始祖條)에 "성은 박씨이고 이름은 혁거세다.······나라 이름은 서라벌이요 선조는 조선의 유민이다[姓朴氏 諱赫居世······國號徐那伐 先是朝鮮遺民]"라 하였고, 다산은 그의 『강역고』「진한고」에서

　　진한의 육부는 모두 경주의 경계 안에 있었다. 군대의 종적이야
　　흩어지지 않을 수 없었지만, 밀접하게 서로 의지했다. 강대해지
　　고 난 뒤에야 여러 현에 나뉘어 살게 된 것이다[辰韓六部 皆在慶
　　州界內 蓋其羈旅之跡 不敢不散 密相依附 及其疆大之後 分處諸縣也].

라 한 것들을 종합해 본다면 신라는 경주를 중심으로 한 토착 조선유민의 육부촌에 의하여 건국된 사실을 확인할 수가 있다.

그러나 백제는 신라의 경우와는 정반대로 부여족의 남하에 의하여 건국되었고 수차 천도에 의하여 위례성과 공주를 거쳐 부여에 정착한 것은 사실에 요연한 바가 있다. 그의 건국 설화를 약기하면 다음과 같다.

백제의 시조는 온조왕(溫祚王)이다. 아버지는 추모(鄒牟)인데 혹은 주몽(朱蒙)이라고도 했다. (주몽은) 북부여(北扶餘)에서 난을 피하여 졸본부여(卒本扶餘)에 도착했다. 부여 왕은 아들이 없고 딸만 셋이 있었는데 주몽을 보고는 보통 사람이 아니라는 것을 알고 둘째 딸을 아내로 삼게 했다. 얼마 지나지 않아 부여 왕이 죽자 주몽이 왕위를 이었다. 두 아들을 낳았는데 맏아들은 비류(沸流)라 하였고, 둘째 아들은 온조(溫祚)라고 했다. (혹은 "주몽이 졸본에 도착해서 월군(越郡)의 여자를 아내로 맞아들여 두 아들을 낳았다"고도 한다.) 주몽이 북부여에 있을 때 낳은 아들이 와서 태자가 되자, 비류와 온조는 태자에게 받아들여지지 않을까 두려워 마침내 오간(烏干)·마려(馬黎) 등 열 명의 신하와 더불어 남쪽으로 갔는데 백성들이 따르는 자가 많았다. 마침내 한산(漢山)에 이르러 부아악(負兒嶽)에 올라가 살 만한 곳을 바라보았다. 비류가 바닷가에 살고자 하니 열 명의 신하가 이렇게 간언했다. "이 강의 남쪽 땅은 북쪽으로는 한수(漢水)를 띠처럼 띠고 있고, 동쪽으로는 높은 산을 의지하였으며, 남쪽으로는 비옥한 벌판을 바라보고, 서쪽으로는 큰 바다에 막혔으니 이렇게 하늘이 내려 준 험준함과 지세의 이점은 얻기 어려운 형세입니다. 여기에 도읍을 세우는 것이 마땅하지 않겠습니까?" 그러나 비류는 간언을 듣지 않았고 백성을 나누어 미추홀(彌鄒忽)로 돌아가 살았다. 온조는 한수 남쪽 위례성(慰禮城)에 도읍을 정하고 열 명의 신하를 보좌로 삼아 국호를 십제(十濟)라 하였다. 이때가 전한(前漢) 성제(成帝) 홍가(鴻嘉) 3년이었다. 비류는 미추홀의 땅이 습하고 물이 짜서 편안히 살 수 없었는데, 위례(慰禮)에 돌아와 보니 도읍은 안정되고 백성들도 평안하므로 마침내 부끄러워하고 후회하다 죽었다. 그의 신하와 백성들은 모두 위례에 귀의했다. 나중에 처음 왔을 때 백성들이 기꺼이 따랐다[百姓樂從]고 해서 국호를 백제(百濟)로 고쳤다. 그 세계(世系)는 고구려와 마찬가지로 부여(扶餘)에서 나왔기 때문에 부여(扶餘)를 씨(氏)로 삼았다.[2]

2) 『三國史記』, 「百濟本紀」, 卷1. "百濟始祖溫祚王 其父鄒牟 或云朱蒙 自北扶餘逃難 至卒本扶餘 扶餘王
無子 只有三女子 見朱蒙 知非常人 以第二女妻之 未幾扶餘王薨 朱蒙嗣位 生二子 長曰沸流 次曰溫祚
(或云 朱蒙到卒本 娶越郡女 生二子) 及朱蒙在北扶餘所生子來爲太子 沸流溫祚 恐爲太子所不容 遂與烏
干馬黎等十臣南行 百姓從之者多 遂至漢山 登負兒嶽 望可居之地 沸流欲居於海濱 十臣諫曰 惟此河南

이렇듯 고구려와 동계인 부여족의 일파가 남하하여 백제를 세운 후『강역고(疆域考)』삼한총서(三韓總敍)에서 지적했듯이 "나중에 마한의 54국을 병합해서 백제가 되었다[其後 馬韓五十四國 竝爲百濟]"라 하여 마한 고지를 병합하였던 것이다. 그러므로 신라처럼 토착민의 자생적 건국이 아니라 백제는 외래족의 점유에 의한 침탈 입국이었던 것이다. 이 점 소위 진국 구강내(辰國舊疆內)의 이대(二大) 건국(建國)이지만 역사적 배경이 이처럼 상반된 대조를 이루고 있는 것이다.

따라서 우리는 여기서 소위 부여의 성격을 일단 살펴보지 않을 수 없다. 전기『위지』부여조에 의하면

> "은정월(殷正月)에 하늘에 제사를 지내면서 도읍에서 크게 모임을 갖고 며칠 동안 음주가무를 즐겼는데, 이를 영고(迎鼓)"라고 불렀다. 이때에는 옥사를 중단하고, 죄수를 풀어주었다. 군사적인 일이 있으면 또한 하늘에 제사를 지냈는데, 소를 죽여 발굽의 모양을 보고서 길흉을 점쳤다[以殷正月祭天 國中大會 連日飮食歌舞 名曰迎鼓 於是時斷刑獄 解囚徒 有軍事亦祭天 殺牛觀蹄 以占吉凶].

여기서 은정월(殷正月)은 음12월이니 양력으로는 대소한(大小寒)절인 혹한절이다. 이 시기는 진한조에서의 '십월농공필(十月農功畢)'의 시기보다는 두 달이 늦다. 그러므로 부여의 영고를

> 옛날 부여에서 하늘에 제사를 지내던 의식으로 迎神祭라고도 한다.……이 제사는 秋收感謝祭로서……(『국사대사전』).

之地 北帶羨水 東據高岳 南望天澤 西阻大海 其天險地利 難得之勢 作都於斯 不亦宜乎 沸流不聽 分其民 歸彌鄒忽以居之 溫祚都河南慰禮城 以十臣爲輔翼 國號十濟 是前漢成帝鴻嘉三年也 沸流以彌鄒土濕水鹹 不得安居 歸見慰禮 都邑鼎定 人民安泰 遂慙悔而死 其臣民皆歸於慰禮 後以來時百姓樂從 改號百濟 其世系與高句麗同出扶餘 故以扶餘爲氏"

의 설에 필자는 이의를 내세우고자 하는데 그 이유로서는 '은정월'은 시기적으로는 시월 농공필 후 2개월이나 지났으니 농사와 관계된 달이 아니라 차라리 유목민들의 수렵의 휴식절로 보는 것이 더 타당하며 이를 뒷받침이나 하는 듯이 '살우관제'라 하였으니 어쩌면 우양의 목축과도 관계가 있음을 엿보게 한다. 그들의 남하 유랑의 성격도 농경민의 정착성과는 대조를 이룬다는 점에서도 백제는 유목민이었던 부여족의 후예였다는 사실을 우리는 주목해야 할 것이다.

그러므로 삼국의 성립 과정에서 고구려는 부여족의 북방 문화를 대표하지만 신라와 백제는 다 같이 남방의 진한 문화권 내에 있으면서도 신라는 토착적 조선유민의 문화를 보유했던 반면에 백제는 외래문화의 토착화라는 새로운 창조적 기능에 의하여 자신의 문화를 형성했던 것으로 이해하지 않을 수 없다.

우리나라 역사상 삼국 정립시대는 그의 정통성의 계승이라는 입장에서는 실로 중요한 의미를 갖는다. 동일한 의식주의 문화와 언어를 구사하면서 장구한 기간의 정치적 분립시대를 가졌던 것이니 이로써 이루어진 이질적 문화에로의 분화작용을 우리는 어떻게 이해해야 할 것인가.

고구려나 신라와 다른 의미에서의 백제문화의 복합성에 관하여는 이미 김철준(金哲埈) 교수도 그의 「백제사회와 그 문화」에서

> 백제 사회와 그 문화의 성격을 이해하려고 할 때에 백제와 같이 여러 차례의 유리민의 파동이 들어왔고 이에 따라 여러 계통의 문화 요소들이 보다 복잡하게 복합된 사회에 있어서는 그 고찰과 이해의 기준을 어떻게 설정하느냐가 크게 어려운 것임을 깨닫게 한다.

라 한 것은 필자의 견해와 같은 것임을 알 수 있다.

이렇듯 이질적 토착 및 외래문화의 복합은 길항 또는 조화라는 양극적 결과를 가져오기가 쉬우나 적어도 백제에 있어서는 이 양자의 원숙된 조화로서 백제 문화를 후세에 남기게 되지 않았나 여겨지기도 한다.

호남 지역문화의 주축을 이루게 된 백제 문화의 특질에 대하여는 많은 연구논자들에 의하여 분석되어 지적되고 있지만 이를 한 마디로 말한다면 적어도 삼국 중 다른 지역 문화와는 구별되는 특성을 지니었다는 사실만은 인정해도 좋을 것이다. 일례를 들면

> 石燈 瓦當 중에서도 백제 미술의 우수함이 나타나 있는데 瓦當의 연꽃무늬만 보아도 고구려의 것은 지나치게 힘찬 것만을 표현한데 반하여 백제의 것은 온화하고 아름다운 특색을 지니고 있다(『국사대사전』 백제문화조).

라고 한 것은 고구려와 백제와의 구별에 있어 많은 시사를 우리들에게 안겨 주는 것이 아닐 수 없다.

이러한 사실은 소위 남방 문화의 대칭적 의미를 지니는 것이라 해야 할는지 모른다.

백제와 신라와의 관계는 아마도 동질이곡(同質異曲)의 관계가 아닌가 여겨지는 일면이 없지 않다.

신라 문화의 조성 과정에 있어서 백제인의 기술적 협조가 크게 작용하고 있다는 사실에서 우리는 이를 간취할 수 있을 것이다.

> 당시 백제 기술자들의 기술이 높이 평가되어 신라에서도 황룡

사 9층탑을 쌓을 때에는 백제의 기술자 阿非知를 불러 갔다(같은 책).

는 사실도 그들의 많은 사례 중의 하나에 지나지 않을 것이다. 이는 백제 문화의 우아한 특질이 고구려의 것과는 대칭적이면서도 신라에는 깊은 영향을 끼쳤다는 사실을 지적하지 않을 수 없다.

그러나 백제 망국 이후로 백제구 역의 사정은 신라의 정치적 지배권 내로 포함됨으로써 양상에 이변을 가져왔다고 보아야 할는지 모른다. 그것은 다름 아니라 신라는 화랑도를 중심으로 하여 정치사상 윤리적 측면에서 지배자로서의 천년 문화를 생성 발전시켜 고려에 이르기까지 이어주는 한국문화의 주류를 형성한 반면에 백제구강 내에 있어서는 그들의 예술적 자질이 서민층에 의하여 전승됨으로써 멋과 가락으로 바뀌기도 하고 구수하고도 구성진 소재로 남게 된 것이 아닌가도 여겨지는 것이다. 단적으로 말해서 서민 문화로 변형 잔류하게 되지 않았나 여겨진다는 것이다.

피정복민의 살길은 흔히 두 가지로 설명되고 있다. 하나는 종교적 귀의요, 둘째는 예술적 승화인 것이다. 이러한 각도에서 백제 망국 이후의 호남지역 일원은 반드시 백제 문화의 전승지라기보다는 차라리 피종복민들의 자기 보전 또는 자아 창조의 기능에 의하여 새로운 문화 창조가 이루어진 지역으로 보는 것이 더 타당하지 않을까도 생각해 본다.

결론으로 말한다면 본 주제를 놓고 생각할 때 가장 먼저 선행하여 해결해야 할 문제는 '한국 전통문화의 본질과 그의 전승'이라고 해야 할 것이다. 그것이 밝혀진 연후에 비로소 호남 지역에 있어서의 호남 문화의 의미를 찾아낼 수 있을 것임은 다시 말할 나위도 없다. 그러나 이러한 작업은 가능한 한 다각적 측면에서의 검토를 거치지 않고서는 어떠한 결론을 추출해 낸다는 위험은 피해야 할 것이다.

그러한 의미에서 본 주제는 '역사적 조명'에 이어서 앞으로는 보다 더 각론적 분석에 의한 새로운 조명이 거듭됨으로써 거기에서 얻어진 성과의 종합에 의하여 비로소 마한 백제의 구역인 이 호남의 문화가 뚜렷하게 부각되리라고 믿는다.

2. 호남의 위상

　남들은 우리들을 보고 '호남인'이라 이른다. 왜 그럴까. 호남지역에서 낳고 호남 땅에서 오래도록 살고 있기 때문일까. 아니면 전라도 사투리를 쓰고 전라도 소리깨나 부른다고 해서 그럴까. 이런 특색들을 셈해보자면 한도 끝도 없으리라. 요즈음 와서는 지역감정이라는 괴물마저도 호남 속에 묻혀 있는 양 억지도 없지 않으나 그건 너무 억울하다.

　그렇다면 호남인 너는 과연 누구인가. 지난날은 어떻게 살아왔으며 지금 오늘은 어떻게 살고 있는 것일까. 진정 호남인은 역사적으로 소외되고 버림받은 불우했던 백성들로만 여겨도 좋을 것인가. 단 한번도 영광된 역사를 갖지 못했음을 자학적으로 뇌까려도 될 것인가. 결코 그렇지만은 않다는 데에 우리들 자신들의 자의식에도 문제가 있다고 본다.

　호남 지역은 지리적 위치로 보아서 반도의 서남단에 위치함으로써 몇 가지 점에서 다른 지역과는 달리 색다른 특색을 지니게 된다.

다도해라는 이름에 걸맞은 수많은 섬들로 둘러싸여 한때 해운의 발달을 가져옴으로써 해양국가로서의 비류(沸流)왕국을 낳았고 신라 말기에는 장보고와 같은 호걸의 웅비에 이 지역의 바다는 크나큰 구실을 해냈지 않았던가.

남쪽 따뜻한 기후 풍토와 광활한 평야에 굽이치는 강줄기 따라 무르익는 오곡은 그 어느 지역보다도 풍요로운 생활 조건을 우리 호남인들에게 안겨주었고 이러한 자연환경은 지금도 변함없이 어느 누구에게도 결코 뒤지지 않는다. 흔히 어염시량(魚塩柴糧)의 풍요를 구가하는 지역으로 정평이 나 있지 않은가. 그럼에도 불구하고 언제부터 가난한 호남인이 되었단 말인가. 그것은 저 공업화의 물결이 쳐들어온 지 겨우 반세기 이쪽저짝 일이 아니었나 싶은 것이다.

물은 높은 데에서 낮은 데로 흐르게 마련이 아니던가. 문화도 결코 역류하지 않는다고 본다. 백제의 문화는 그의 망국과 더불어 그 땅은 신라에게 넘겨주었건만 문화만은 물 건너 왜국으로 흘러들어 갔다. 이로써 우리는 백제의 망국을 슬퍼하기에 앞서 그 문화의 찬란했던 영광을 되돌아보아야 하지 않을까.

결코 백제 문화뿐만이 아니라 백제 문화의 토량 구실을 했던 마한 문화의 영광은 누구의 것으로 돌릴 셈인가. 이처럼 찬란했던 고대 문화의 산실로서의 호남지역이야말로 자랑스럽지 않단 말인가.

왜 버림받고 소외당한 지역으로 자학 자조하려 하는가.

우리들에게는 흔히 백제의 패망과 더불어 이어받아 온 이 지역 유민들의 후예로 자처하는 버릇이 있다. 백제의 슬픔은 온통 우리의 것인 양 나도 모르는 사이에 깊은 늪 속에 빠져 있다. 이 어인 망상인가. 백제는 의자왕과 더불어 그 자취를 감추었고 삼천 궁녀의 통한도 백마강 물결 속에 묻어 버린들 오늘의 우리들에게는 아까울 것이 없지 않을까. 왜 우리들이 백제의 망국한까지 떠맡을 까닭은 눈을 씻고 보아도 없을 것 같다.

오히려 우리는 저 멀리 마한 문화의 토양에서 자란 백제 문화의 주인공임을 자랑할 수 있는 자리에 서 있음을 깨달아야 할 차례에 와 있는 것이다. 다시 말하면 지금의 우리는 백제망국의 유민 의식을 떨쳐버리고 그 대신 마한 백제로 이어진 고문화의 주인공임을 자랑해야 하지 않을까 싶은 것이다.

언제부터 지어진 이름인지는 모르지만 이 지역을 대체로 예향이라 부르는 데에는 이의가 없다. 왜 예향이라 부르게 되었을까. 그것은 백제 문화의 그것과 함수 관계가 있는 것은 아닐까. 그 진수를 뽑아 우리의 생활 속에 묻어 내려오고 있는 것은 아닐까. 우리는 지금 고대 문화가 꽃피었던 그 자리에 살고 있을 뿐 한 나라가 망하거나 흥하거나 그것은 우리들에게는 아무런 아랑곳도 없다. 문화란 한 시대 한 지역에 있어서의 그들의 생활을 총칭하는 것이라 한다면 예향이란 바로 호남 문화일 뿐 역사의 부침이 무슨 상관이 있을 것인가. 그러한 의미에서 생각을 가다듬어 본다면 우리 호남은 백제의 한이 서려 있는 곳이 아니라 백제 문화의 넋이 오늘의 우리들의 피 속에서 약동하고 있는 예술의 고향이라 해야 마땅할는지 모른다. 아니나 다를까 그림이나 소리나 나아가서는 시문학에 있어서는 그 누구도 이 지역을 넘보지 못하는 까닭을 짐작하게 하지 않는가. 그러한 뜻에서 우리는 한과 시름을 떨쳐버리고 보람과 긍지를 되찾아야 하지 않을까 싶은 것이다.

뿐만 아니라 우리 예향 호남은 또 다른 의미에서 절의의 고향이기도 하다. 그러기에 때로는 핍박과 괄시를 받기도 하였지만 그것은 바람처럼 스쳐갔을 뿐 그것이 우리의 전부는 아니었음을 알아야 한다. 조선조 말기에 편찬된 『호남절의록』이란 책이 보여주듯이 그 어느 지역에서도 볼 수 없는 수많은 의열지사를 낳은 곳이 우리 호남임을 우리는 슬퍼할 까닭이 없다. 그들이 나라와 겨레를 위하여 목숨을 바칠 때 어찌 소외받고 버림받은 것으로 꿈엔들 생각이나 하였겠는가. 임란에 있어서의 이순신 장군도 전라도 좌우수영의 장졸들의 뒷받침 없이 그의 위훈을 남길 수 없었을 것이며 육전에 있어서의 권율의 승리도 전주에서 뽑아올린 전라도 민병의 용전에 의하지 않고서는 이루어질 수 없었다는 사실에서 우리는 자랑스런 호남인임을 자부해도 좋지 않을까.

이제 우리는 근시안적인 현실의 악몽에서 깨어나 올바른 호남의 위상을 정립해야 할 시점에 와 있다.

호남의 평야와 호남의 산천과 남쪽 다도해를 끼고 도는 섬들은 아직도 생생한 제 모습 그대로 우리들을 포근한 마음으로 감싸 안아주고 있지 않은가. 우리의 이 강토가 그대로 있는 한 호남인은 결코 외롭지 않음을 알아야 할 것이다.

시속말로 호남은 개발의 후진성을 면치 못했다고 하더라도 그것은 역설적으로는 자연의 훼손이 그만큼 덜 되었다는 것으로도 이해가 된다는 데에 역사의 아이러니가 깃들어 있는지도 모른다. 이렇듯 역사의 은전이 어느 편에 있는가를 우리는 직시해야 할 것이다.

호남의 의열은 한 사람 영웅의 혼이 아니라 만민으로 일컬어지는 민중의 넋으로 표출하여 우리들의 마음을 밝혀 주고 있다. 우리들은 삶의 가난을 탓하기에 앞서 마음의 가난을 부끄럽게 여겨야 할 것이다. 우리의 호남은 그러한 의미에서 우리 겨레의 등불이 될 때 비로소 풍요로운 호남의 위상이 제대로 자리를 잡게 될 것이다.

3. 전남지방의 '풍류도'

여기서 우리는 직설적으로 전남지방의 사상적 배경을 논하는 것보다는 차라리 소위 한국적 사상이 이 지방 전남에 어느 만큼 영향을 미치었으며 또 어느 만큼이나 전승되어 오늘에 이르고 있는가를 살펴보는 것이 보다 더 효과적일 것으로 여겨진다.

한국 사상의 본질은 단편적으로는 여러 가지로 논할 수 있겠지만 이를 종합적으로 살펴본다면 단군신화에서 비롯하여 화랑의 풍류도에서 구현화된 소위 회삼 귀일의 묘리로서 설명하지 않을 수 없다. 이를 우리는 삼일의 원리라 이르기도 하고 간략한 우리말로는 한사상이라 이르기도 한다.

한사상이 단군신화에서는 환인·환웅·환검에 의하여 삼신 사상으로 전개됨과 동시에 그것은 유일신으로서의 한얼님일 따름인 것이다. 그러므로 우리는 이를 삼일신이라 이를 수밖에 없다.

회삼귀일의 묘리에 입각한 한사상은 국선의 풍류도로 정립하는 과정에서 유·불·도 삼교를 묘합하는 원동력이 되었다.

나라에 현묘한 도가 있으니 풍류(風流)라 한다. 가르침을 베푼 근원은 『선사(仙史)』에 자세하거니와, 실로 삼교(三敎)를 포함한 것으로써 여러 백성을 교화시켰다. 들어가면 집안에서 효도하고 나가면 나라에 충성함은 노(魯)나라 사구(司寇)의 뜻이요, 무위(無爲)의 일을 행하고, 말없는 가르침을 행함은 주(周)나라 주사(柱史)가 종지이며, 모든 악한 짓을 하지 않고 착한 일만 받들어 행함은 인도 태자의 가르침이다.[1]

이러한 삼교 묘합의 원리는 근세 신흥 종교에 이르기까지 깊은 영향을 미친 사실에서 한민족 사상의 본질을 확인할 수가 있다.

삼국 중 유일하게도 신라가 삼국을 통일하게 된 것도 화랑도의 귀일원리가 그들의 정신적 지주로서 작용했기 때문임도 간과해서는 안 될 것이다.

보다 더 중요한 것은 국선 풍류도의 정립을 들 수가 있다. 풍류도는 신과 인간과 자연과의 회삼귀일의 묘리로서 정립한 한민족 고유의 도라는 사실을 여기서 상기하지 않을 수 없다.

이는 풍월도·국선도·화랑도 등으로 불리지만 그중에서도 풍류도라 부르는 것이 가장 온당하다고 본다(崔致遠說).

왜 풍류도야말로 한민족이 창출한 고유의 도 이를 수 있는 것일까.

먼저 우리는 고대에 있어서의 타 민족의 눈에 비친 한민족의 모습을 살펴보면(『삼국지』「동이전」)

은정월(殷正月)에 하늘에 제사를 지내면서 도읍에서 크게 모임을 갖고 며칠 동안 음주가무를 즐겼는데, 이를 영고(迎鼓)라고

---

1) 金富軾, 『三國史記』卷4, 「新羅本紀」 第4, 「眞興王」. "國有玄妙之道 曰風流 設敎之源 備詳仙史 實乃包含三敎 接化郡生 且如入則孝於家 出則忠於國 魯司寇之旨也 處無爲之事 行不言之敎 周柱史之宗也 諸惡莫作 諸善奉行 竺乾太子之化也"

불렀다[以殷正月祭天, 國中大會, 連日飲食歌舞, 名曰迎鼓 (扶餘)].

언제나 10월이면 하늘에 제사를 지냈는데, 밤낮으로 술 먹고 노래하고 춤췄다. 이것을 무천이라고 불렀다. 또한 호랑이를 신으로 섬겨 제사를 지냈다[常用十月節祭天, 晝夜飲酒歌舞, 名之爲舞天, 又祭虎以神 (濊)].

늘 5월에 파종을 마치고 나면 귀신에게 제사를 지냈다. 군중들이 모여서 노래하고 춤추며 술을 마셨는데, 밤낮으로 멈추지 않았다. 그 춤은 수십 명이 함께 일어나 서로를 뒤따르면서 땅을 밟으며 오르내리는 등 팔과 발이 서로 조화를 이루었고 박자는 마치 목탁을 치는 것과 비슷했다. 시월에 농사가 끝나면 또한 이렇게 했다. 귀신을 믿고 있어 나라 읍에서 각 한 사람을 세워 천신에게 제사지냄을 주제하는데 이름하여 천군이라 한다. 또 여러 나라 각각에 특별한 읍이 있는데 이름하여 소도(蘇塗)라고 한다. 큰 나무를 세우고 방울과 북을 매달며 귀신을 섬긴다[常以五月下種訖 祭鬼神 羣聚歌舞 飲酒晝夜無休 其舞 數十人俱起相隨 踏地低昂 手足相應 節奏有似鐸舞 十月農功畢 亦復如之 信鬼神 國邑各立一人主祭天神 名之天君 又諸國各有別邑 名之爲蘇塗 立大木 縣鈴鼓 事鬼神 (辰韓)].

부여의 영고는 영신제(迎神祭)라 하여 제천은 곧 제천신이 된다. 국중이 온통 신시(神市)를 이루는 단군(檀君)의 유습이 아닐 수 없다.

무천 또한 예(濊)의 제천의식으로서 부여의 영고나 고구려의 동맹과 그 궤를 같이하는 자로 간주된다.

고구려 동맹(東盟)은 동명(東明)이라고도 하는데

왕도 동쪽에 수혈(隧穴)이 있어 10월에 국중대회를 열고 수신(隧神)을 제사 지내며 목수(木隧)를 신좌(神座)에 모신다(『魏志』).

고 기록되어 있다. 수신은 곧 주몽의 어머니로서 민족적인 신앙의 대상이었던 것이다.

이러한 행사들은 다 한결같이 신인일여(神人一如)의 민중적 제전으로서 동이족 특유의 제천 의식들인 것이다. 그중에서도 특히 삼한(三韓)의 소도(蘇塗)에 대하여는 국사 사전에 다음과 같이 쓰여 있다.

> 소도는 산천에 제사 지내던 장소. 제사와 정치가 분리되지 못했던 마한을 중심으로 한 삼한에서는 제사를 매우 중요하게 여겨 매년 1, 2차에 걸쳐 각 읍별로 제주인 천군을 선발하고 일정한 장소에서 제사 지내며 질병과 재앙이 없기를 빌었다. 이 제사 지내는 장소를 소도라 하는데 그 명칭은 거기에 세우는 솟대(立木)의 言譯이라는 설이 있다. 높은 터(高墟)의 음역인 솟터에서 유래하였다는 설 등이 있다. 소도는 제사 도중에서 매우 신성한 곳이어서 제사 때 참석하는 자는 죄인이라도 처벌하지 않았다. 張晋泰의 설에 의하면 소도에 領鼓를 단 큰 나무를 세우고 제사 지내던 주술적인 민속신앙은 오늘날에도 그 유습을 찾아볼 수가 있어 솟대라는 유풍을 남겼다고 한다. 솟대는 제단 앞에는 신의 모습으로 촌락에서는 수호신 또는 경계신의 상징으로 세웠던 것이며 각도에 따라 다소 명칭이 다르다. 전라도에서는 소주 혹은 소줏대, 함흥지방에서는 솔대, 황해도와 평안도에서는 솟대, 강원지방에서는 솔대, 경상도의 해안지방에서는 별신대라 한다. 오늘날 그 유습의 유물로 대전시의 근방에 위치한 동광교에 솟대가 하나 남아 있다.

여기에 이처럼 긴 글을 인용한 것은 역사적 기록을 통하여 그 이름은 비록 영고, 무천, 동맹, 소도 등으로 각기 달리 표현되고 있지만 신인합일(巫)의 유습은 오늘에 이르기까지 길이 전승되고 있다는 사실을 보여주기 위해서인 것이다.

중국에 있어서의 천지인 삼재론은 천신(天神)·지기(地祇)·인귀(人

鬼)를 낳기는 하였지만 끝내 천신 인귀가 합일되지 못했고 공자는 "귀신은 공경할 뿐 이를 멀리하라[敬鬼神而遠之]" 하였을 뿐 아니라 "사람 하나도 섬길 수 없으면서 어떻게 귀신을 섬길 수 있나[未能事人 焉得事鬼]"라 하여 귀신을 경원하도록 하였던 것이다. 그럼으로써 중국사상은 귀신을 멀리하는 인본주의가 그 중심을 이루었던 것이다.

일본에 있어서의 신은 신궁, 신사, 신단 등에 권현신(權現神)으로 깊숙이 모시게 되고 천황은 현인신이 됨으로써 인간과 더불어 존재하는 것이 아니라 인간 위에 존재하게 되었다.

그러므로 한민족의 신만은 인간과 더불어 무소부재하는 신이 되어 민중제의를 받으면서 오늘에 이르고 있는 것이다.

한민족은 자연과 더불어 사는 방법을 익히며 살아 왔다. 춘하추동이 분명한 사계절의 숨결에 맞추어 시식(時食)의 성찬을 즐기며 살고 있는 것이다.

주거지만 하더라도 배산임수 남향의 포근한 보금자리를 잊지 못한다. 통풍과 두한족열(頭寒足熱)은 자연의 섭리에 따르는 기본 조건이 아닐 수 없다.

한민족의 풍류도는 이상에서 보아온 바와 같이 신과 인간과 자연이 회삼귀일 혼연일체가 되어 이루어진 이른바 현묘한 도인 것이다.

이를 우리말로는 '멋'이라 이른다. 왜 '멋'이라 이르는 것일까. 멋 또한 말로 다 헤아릴 수 없는 현묘지상(玄妙之象)이기 때문이다. 그런데 왜 멋을 또한 풍류도라 이르는 것일까.

풍(風)은 공간을 상징하고 유(流)는 시간을 상징한다. 공간은 동서남북 상하전후 광대무변한 것이다(무한성). 시간은 무시무종 유수처럼 흐르는 역사의 유전인 것이다(영원무궁). 그러므로 풍류의 멋은 공간 속에서의 부피 없는 한 점이요 시간 안에서의 정지된 한순간이라 해야 할는지 모른다. 거꾸로 말하라 한다면 풍류로서의 멋은 부피 없는 점으로서 광대무변한 공간을 그 안에 품고 있으며 정지된 한 순간(찰나)이지만 영원무궁한 시간이 거기서 흐르고 있는 것이다. 그러기에 풍류도는 실로 현묘지도(玄妙之道)라 이르지 않을 수 없다.

한국 고유 문화(사상·도)의 본질을 이루고 있는 소위 풍류도의 멋이 우리 전남(호남)에서는 지역적으로 또는 역사적으로 어떻게 구현되어 오늘에 이르고 있는 것일까.

실로 그것이 유형한 유물이나 유구(遺構)로서 남아 있기를 기대하기란 극히 어려운 일이기는 하지만 소위 고대 유적을 조사하는 과정에서 어떠한 시사를 얻게만 된다면 그 이상 바람직한 일은 없다. 또 기록들이 있다면 그 기록이 설령 국내가 아니고 국외(일본, 중국)라 하더라도 모든 기록들을 통하여 그의 단서를 찾아내야 할 것이다.

유형한 유적이나 기록에 대하여는 실로 후일을 위한 숙제로 남겨 놓는다 하더라도 유적이나 기록이 아닌 민중 생활의 유습(遺習: 民俗)이라거나 아니면 가악신사(歌樂神事)와 같은 무속(巫俗)에서는 찾아볼 수 없는 것일까.

단재설(丹齋說)에 따르면 "낭불도(郎佛徒)들은 유가(儒家)에게 몰려 복장현려(服裝絃麗)한 창우지천(倡優之賤)으로 전락하였다" 하거니와 이들을 통하여 전승된 가무음곡을 우리는 결코 외면할 수 없을 것이다.

소위 창(唱)이 이 고장과 결코 무관할 수 없다는 사실도 우리는 주목하지 않을 수 없다. 이 고장은 자래로 재인청(才人廳)을 두어 그들을 다스리지 않을 수 없으리만큼 천부 재인들이 모여 살던 고장이었기 때문이다.

실로 그들의 창(唱)은 한(恨)이라기보다는 차라리 신운(神韻)이 깃들이게 됨은 그들의 오랜 신인 일여의 경지에서 다져진 탓이라 이르지 않을 수 없다.

지금은 시속에 따라서 변화를 가져오고 있지만 남화(한국화)의 기본은 신과 인간과 자연과의 회삼 귀일을 기본 골격으로 하고 있음을 잊어서는 안 될 것이다. 숲과 산과 흐르는 물과 초부(樵夫)와 어옹(漁翁)으로 엮이지만 그 사이에 운무(雲霧)를 빼놓지 않는다. 산수는 자연이요 초부나 어옹은 인간[仙]이지만 거기에 운무로서 신의 유현한 모습을 나타내는 것이다. 동시에 남화의 특징의 하나로서 공백을 손꼽는 것도 신운의 영원성과 결코 무관하지 않다고 보아야 할 것이다.

전남을 왜 남화의 고장이라 하는가. 거꾸로 말한다면 왜 전남에서 남화전통이 길이 전승되어 왔던가. 한 번쯤 생각해 봄 직한 점이 아닐 수 없다.

창은 귀의 예술이요 남화는 눈의 예술이라 한다면 시식은 입의 예술이라 해야 할는지 모른다.

이 고장 젓갈을 위시로 한 다양한 남도 음식의 맛도 풍류의 멋과 결코 무관하지 않다.

이곳 시가 또한 이 고장 선객(仙客)들의 마음과 감흥의 표출이 아닐 수 없다.

지역적으로는 이 지역에는 한 번도 왕도(王都)가 세워진 경험을 갖지 못하고 있다. 그러나 삼국 이전 삼한 시대를 거슬러 올라가면 비록 호족(부락)시대라 하더라도 높은 수준의 선진 문화를 간직했던 지역으로 평가할 수는 없는 것일까.

어쨌든 이 지역에서는 왕관은 나오지 않지만 옹관(甕棺)은 무더기로 나오고 있는 것이다.

그러므로 이 고장은 선진 문화를 간직하고 있으면서도 그것의 귀족화의 기회는 갖지 못한 채 서민 계층에 의하여 풍류의 멋을 간직하여 내려오는 지역이라 이를 수는 없는 것일까?

그러므로 이 고장의 도(道: 문화 사상)는 애오라지 '서민적(庶民的)'이라 말할 수밖에 없는 이유가 여기에 있다.

4. 왕인의 이해

　지금까지 왕인 박사의 역사적 실존을 확인하는 자료로서는 주로
『고사기』나『일본서기』와 같은 일본의 문헌에 근거하고 있다. 그러
나 우리나라 기록으로는 18세기 후반의 저술인『해동역사』에 "왕인
은 백제 사람이다[王仁者 百濟人也]"라는 기록을 효시로 삼고 있다.
어쨌든 화이(和邇)건 왕인이건 간에 285~405 A.D. 사이에 한반도에
서 오경박사(五經博士), 역박사(易博士), 역박사(曆博士), 노반박사(鑪盤
博士), 와박사(瓦博士), 조사박사(造寺博士), 채약박사(採藥博士)를 비롯
한 수많은 기술인을 대동하고 일본에 건너가 그들의 새로운 문화,
곧 아쇼카문화(飛鳥文化)를 건설한 것만은 역사적 사실로서 너무도
소연(昭然)하다. 일본 근세 고가쿠파를 대표하는 오규 소라이[荻生徂
徠]는 이 점에 대하여 다음과 같이 술회한 바 있다.

　　王仁氏가 있은 연후에 백성들은 처음으로 문자를 알게 되었고
　　黃備氏가 있은 연후에 經藝가 처음으로 전하게 되었고 菅原氏가
　　있은 연후에 文史를 讀誦하게 되었고 醒窩氏가 있은 연후에 사람

들은 비로소 天과 聖을 말하게 되었으니 이 四君子야말로 世世學
宮에 尸視해도 좋을 것이다.

이 사군자의 본명을 열거하면 왕인(王仁)·키비노 마키비[吉備眞備]·
스가와라노 미치자네[菅原道眞]·후지와라 세이카[藤原醒窩]로서 왕
인을 필두로 하고 있다. 그러한 의미에서 왕인이야말로 문맹에서 눈
을 뜨게 한 일본 문화의 개척자라 이르는 데 있어서 조금도 이의가
있을 수 없다.

그러나 문제는 왕인의 사적 기록이『삼국유사』나『삼국사기』등
의 백제편에 나타나 있지 않다가 겨우 상기『해동역사』에 나타나 있
고 게다가 그의 영암 출생설을 뒷받침하는 기록들도 정사보다도『조
선환여승람(朝鮮寰輿勝覽)』과 같은 지리서에 수록되어 있을 따름이라
는 점에서 실증적 사료로서의 약점을 안고 있는 것이 사실이다. 그
러나 우리는 이 시점에서 몇 가지 문제를 분명히 해 둘 필요가 있다.

첫째, 왕인이란 인물은 적어도 A.D.285~405년간에 백제 영역 그
어느 곳에서 태어나 일본으로 건너갔다는 사실을 확인해야 할 것이
다. 이 근원적인 사실마저도 부정적인 입장을 취하고 있는 학자들이
없지 않기 때문이다.

둘째, 왕인의 출생지가 백제 영역 내에 있을 것이라는 상정 아래
가장 유력한 곳을 비록 가설로라도 일차적으로 이를 비정(比定)해 둘
필요가 있다. 그러한 의미에서 영암은 문헌상으로나 구비 전설로나
지역적 특수성으로 보나 일차적으로 받아들일 조건을 갖추고 있는
것으로 여겨진다. 지금까지 문헌(호남지 등)뿐만 아니라 구비 전설
(王仁筆 등)마저도 영암을 제외하고는 왕인탄생지로서 비정될 만한

곳은 한 군데도 없다.

셋째로 문제가 되는 것은 적어도 왕인이 인솔하고 간 많은 문화 담당 지식인들이 집단적으로 그 지역 문화의 한 계층을 형성하고 이 영암 지역에서 살았던 흔적을 찾아내야 하는 과제를 안고 있는 것이다. 결국 왕인이란 당시 그 지역 문화의 정상에 지나지 않고 사실인 즉 왕인을 정상으로 하는 저변문화는 보다 더 폭넓게 깔려 있었을 것임에 틀림이 없었을 것이다. 그러므로 이제 우리는 그것을 찾아내야 할 것이다. 우리가 영암 일대에 깔려 있는 고문화의 유적을 중요시하는 소이가 여기에 있다.

넷째, 실로 소위 왕인 문화의 역사적 배경을 이룩하고 있는 것으로 추정되는 영암일대의 고문화 유적의 중요성은 왕인 문화의 실존을 증명하기 위해서뿐만 아니라 지금까지 버려진 전남일대를 뒤덮고 있는 고문화의 성격 규명을 위해서도 모름지기 우리는 눈을 크게 뜨고 이를 지켜보지 않을 수 없다. 그것은 고대 백제문화 형성과정과 그의 성격규명을 위해서도 가장 중요한 의미를 간직하고 있기 때문이다.

어느 지역에서나 또는 어느 시대에 있어서나 문화의 형성은 토착문화와 외래문화와의 조화에 의하여 이루어지는 것이 하나의 공식으로 되어 있다고 한다면 적어도 노령(蘆嶺) 이남에 있어서의 전남의 고문화는 역사적 연대로는 백제 건국 초기 남한산성 시대이기 때문에 적어도 토착문화의 원형을 간직한 것으로 추정할 수밖에 없다. 그러므로 왕인은 적어도 백제문화의 초기와는 관계없이 소위 토착 고문화를 배경으로 하여 실존했을 가능성을 배제할 수 없을 것이다. 우리들이 왕인 문화의 역사적 배경으로써 전남의 고문화를 추적하는 소이가 여기에 있다.

　다섯째, 그러나 이제 우리는 왕인 문화의 역사적 배경으로서의 전남의 고문화라는 소승적 입장에서 벗어나 소위 백제 문화의 기초가 되는 토착문화의 원형으로서의 전남의 고문화를 보는 대승적 입장이 바람직하다고 이르지 않을 수 없다. 근래에 와서 이 지역에서 발굴 조사되는 주거지 옹관묘 등의 자료들은 우리들에게 새로운 지식을 안겨 주는 까닭이 여기에 있다. 그러한 의미에서 이 지역에서 산출된 왕인 문화야말로 전남 고문화의 구심점이요 동시에 핵심을 이루고 있다는 사실을 밝힘으로써 비로소 왕인박사의 영암 탄생설은 그의 확고한 기반을 다져놓게 될 것이다. 그러므로 근래에 와서 고대 마한시대 목지국(目支國)의 위치를 직산(稷山)에서 남하하여 나주일대로 비정하려는 일설을 우리는 주의 깊게 지켜보지 않을 수 없다.

　이제 왕인 문화의 역사적 배경은 겨우 그의 단서를 찾아내려는 단계에 올라 있을 따름이다. 단적으로 말해서 이 지역에서 얻어낸 그 옛날의 금동관(金銅冠)의 주인공을 찾아내게 되는 날 비로소 왕인 문화의 정체는 분명하게 되리라는 사실을 확신하면서 우리는 우리 전남 고문화의 정리를 위하여 한 걸음 한 걸음 정진할 따름이다.

5. 조선조 유학의 성립과 호남유학

　유(儒)의 원초적인 개념을 상고해 본다면 지적으로는 학자를 의미하고 행적으로는 제례를 집행하는 사제관을 의미하기도 하였다. 그러한 의미를 지닌 유는 적어도 춘추 전국시대에 있어서는 여러 학파 중의 하나로 존재하였을 따름이다. 다시 말하면 맹자가 이른바 유묵(儒墨)이란 곧 양자 대립에서 얻어진 유요, 자하가 이른바 소인(小人)·군자유(君子儒)나 순자가 이른바 대아유(大雅儒) 등도 제자백가 중의 하나로서 얻어진 유의 개념이라고 할 수 있다.

　그러나 이미 잘 알려진 바와 같이 진한시대로 접어들면서 비로소 유는 학문으로서의 위치를 굳혔으니 소위 오경시대가 열리었고 이에 따른 훈고학이 유학을 배경으로 하여 발달하기에 이르렀다. 오경이란 시(詩)·서(書)·역(易)·예(禮)·춘추(春秋)를 가리키고 있으며 여기에서 십삼경학까지 발전한다.

　그러나 유는 훈고학의 발달을 유도했을 뿐 아니라 시는 당송을 거치면서 팔대가의 문장학을 낳고 서와 춘추에서는 춘추대의의 명분론이 정립되고 예에서는 주례[制度]와 의례[家禮]가 갈리고 역에서는 음양오행의 술수학을 파생하기에 이르렀다.

뿐만 아니라 송대에 이르러서 일대 변혁기를 맞이하였으니 성리학의 출현이 바로 그것이 아닐 수 없다. 그러므로 성리학이란 일명 신유학이라 하는 것이니 이는 한대이래의 유학개념으로서는 촌탁하기 어려운 유학의 신경지를 개척했기 때문임은 다시 말할 나위가 없다.

중국본토에 있어서도 이렇듯 긴 세월에 걸쳐 변천과정을 밟아온 유학이 소위 대륙에서 반도로 어떻게 유입되었을까! 그 상한선은 어느 때로 잡아야 할 것인가. 한 걸음 더 나아가 유입된 후로 어떠한 변화를 자초하였을까. 소위 한국유학의 시원은 바로 이러한 배경하에서 풀어야 할 것이다.

1)

아득한 상고시대는 잠시 차치하고라도 인문 시대로 접어든 후로는 삼국시대를 상한으로 보지 않을 수 없다(졸고, 「삼국시대의 철학사상」, 『한국철학사』 상, 32~57쪽 참조).

중국에 있어서의 한무제 때에는 국내외적으로 중요한 의미를 갖는다. 국내적으로는 동중서의 출현으로(「賢良對策」으로) 유(儒)를 국시로 채택하려 오경박사를 둠으로써 경학 시대의 문호가 열리었고, 국외적으로는 한사군 시대를 개척하여 비록 그의 강역에는 제설이 분운하나 한문화의 대외적 확산에 기여하였다고 보아야 할 것이다.

한사 군시대에 있어서의 한문화의 확산이 우리나라 문화형성에 어느 만큼 기여하였는가에 대하여는 확증을 잡기는 어렵지만 소위 예악문물이라는 형태로 유입되었을 것으로 추리하기는 그리 어렵지 않을 것으로 본다. 그것은 단적으로 말해서 『삼국유사』에 있어서의 삼교포함이라는 형태로 나타난다.

> 들어가면 집안에서 효도하고 나가면 나라에 충성함은 노(魯)나라 사구(司寇)의 뜻이요, 무위(無爲)의 일을 행하고, 말없는 가르침을 행함은 주(周)나라 주사(柱史)가 종지이며, 모든 악한 짓을 하지 않고 착한 일만 받들어 행함은 인도 태자의 가르침이다[且 如入則孝於家 出則忠於國 魯司寇之旨也 處無爲之事 行不言之敎 周柱 史之宗也 諸惡莫作 諸善奉行 竺乾太子之化也].

이 글은 유불도 삼교의 교리를 가장 간명하게 요약한 최초의 문헌이다. 다른 교리는 다 그만두고라도 유교에 관한 것만을 따져본다면 『논어』에서의 "집에 들면 효도하고 밖에서는 우애한다[入則孝 出則弟]"를 "집에서는 효도하고, 나라에는 충성한다[孝於家 忠於國]"로 바꾸어 놓았다. 시대적으로는 춘추전국시대에서 진한시대로 넘어가는 변화과정을 나타내고 있음이 분명하다.

우리나라 기록에서는 찾아볼 수 없는 것이 하나의 흠이기는 하지만 『일본서기』에 따르면 왕인박사(王仁博士)라는 현인이 『논어』와 『천자문』을 일본에 전파하여 일본문화의 시조가 되었다는 기록이 있다. 이는 백제 고이왕(古爾王)시절로 추정되고 그 내용의 순박성으로 보아서 『삼국사기』의 주한풍(奏漢風)에 앞선다. 그러므로 우리나라 고대에 있어서의 유(儒)의 유입은 백제가 선행하고 다음 신라의 차례가 아닌가 싶다.

신라에 있어서 설총이 태어나기까지에 있어서 그 이전에 있어서의 원광오계(圓光五戒)에 함축된 유학사상에 대해 언급하지 않을 수 없다. 왜냐하면 오계 중 "임금은 충성으로 섬기고, 아버지는 효도로 섬긴다[事君以忠 事父以孝]"는 "집에서는 효도하고, 나라에는 충성한다[孝於家 忠於國]"에서 일보 전진(?)하여 사군(事君) 사부사상(事父思想)으로 변화하여 진한시대의 사상 충효열에 더욱 가까이 접근하고 있기 때문이다. 그러한 변화의 배경하에서 나온 설총의 유학은 과연 어떠한 성격의 유학이었을까 궁금하지 않을 수 없다.

『조선유교연원』의 저자 장지연은 김부식의 『삼국사기』에 근거하여 설총을 유종(儒宗)으로 삼았고 현상윤도 이에 준거하여 그의 『조선유학사』에서 이 설을 답습하여 설총설을 수용하였다. 『삼국사기』의 기록은 다음과 같다.

> 설총은 총명하고 예리한 성품으로 나면서 도리를 알았다. 방언(方言)으로 구경은 읽어서, 후생들은 훈도해서, 지금까지 학자들이 으뜸으로 삼고 있다. 또한 글을 잘 지었다고 하는데 세상에 전하는 것은 없다[聰性明銳 生知道述 以方言讀九經 訓導後生 至今學者宗之 又能屬文而 世無傳者].

이에 준하여 현씨(玄氏)는 이를 다음과 같이 풀고 있다.

> 하여간 신라에서는 설총의 훈도를 계기로 하여 유학이 점차로 일어났는데 儒者가 모두 다 聰을 師表로 삼았다 한다. 그런데 그 학문은 漢儒에 系出하여 唐初의 孔陸諸家의 설을 참고한 듯하다고 전한다.

양씨(兩氏)에 의하여 설총의 유종설(儒宗說)은 굳혀진 듯하지만 이병도는 그의『한국유학사략』에서 강수급설총설(强首及薛聰說)을 내세워 다음과 같이 기술하고 있다.

强首及薛聰 皆新羅統一初之巨儒 恰如當時佛敎界之有元曉義相二人 如謂元曉義相爲代表當時海東佛敎界之最高峯 强首薛聰 亦可謂當時儒敎漢學界之最高峯也

이어서 강수에 대하여 논하기를

强首 中原京(忠州) 沙梁部人 其先任那加良人 父名昔諦 自少至讀書 通曉其理 父欲觀其志 問曰爾學佛乎學儒乎 對曰愚聞之佛世外敎也 愚人間人 安用學佛焉 願學 儒者之道 父曰從爾所好 遂就師 讀孝經 曲禮 爾雅文選等 所聞雖淺近而所得愈高遠 魁然爲一時之傑遂出仕 歷事武烈 文武神文 三王而特以長於外交文書 受眷寵 文武王嘗曰我先王請兵於唐 以平麗濟者 雖曰武功 亦由文章之助焉 則强首之功 豈可忽也 授位沙飡 增俸歲租二百石 然而强首只以一介文章家得名 且著述無所傳 其造詣 經學之深淺 末由窺知也

이로써 강수는 유학보다는 치술(治術: 외교술)에 능한 유자로 평가하지 않을 수 없다. 그러므로 단적으로 말하라 한다면 설총은 경학에 능한 유종(儒宗)이요 강수는 행(行)의 유술(儒術)에 능한 유종(儒宗)이라 이르고자 한다.

고운 최치원이 비록 고려 현종시(顯宗時) 종사문묘(從祀文廟)하고 얼마되지 않아 문창후(文昌候)로 진봉(進封)되었지만 "致遠之視三敎 以佛爲最高地位 儒老在其次"(이병도)로 보아서 순유(醇儒)로 보기는 어렵고 여대(麗代)로 넘어와서 문헌공 최충의 출현으로 비로소 유학이 대진(大振)하였다. 최충의 공적은 그가 해동공자라는 존칭을 받은 데서 보여주듯이 삼교 정립시대, 특히 불교가 앞서 있던 시절에 순유(醇儒)로서의 교육기관인 구재(九齋: 樂聖 大中 散業 誠明 造道 率性 進德 太和 侍聘)를 설치하여 구경삼사(九經三史)를 교육하였다는 데 있다.

이는 그 서통이 중국에 이어지는 것도 아니요 그에 앞서서 누구도 시도한 바 없었던 유교부흥을 위한 역사적 일대성사(一大盛事)였다는 점을 주목하지 않을 수 없다.

그러나 최충(崔沖) 몰후(沒後) 교세는 점차 위미부진(萎微不振)하더니 안유(安裕: 安珦)에 이르러 비로소 다시금 유학이 부흥한 사실은 유학사의 기록이 대체로 일치하고 있다.

문성공 안유 이후 여말에 이르기까지 점차 중국본토로부터 주자학을 주축으로 하여 유학이 유입하여 삼봉 정도전은 척불론(斥佛論)을 쓰고 포은 정몽주는 선죽교상(善竹橋上)에서 절사(節死)하는 이변을 낳는다. 뿐만 아니라 여선교체(麗鮮交替)라는 역성혁명의 격변기를 맞아 유학은 교리적인 면에 있어서도 그 안에 많은 쟁점을 안기에 이르렀던 것이다. 그것은 바로 유학의 정통론이 아닐 수 없다.

당시에 있어서 혁명을 주도한 세력은 삼봉 일파요 여말의 절의를 주도한 세력은 포은 일파로 보아야 함은 다시 말할 나위도 없다. 그러나 혁명이 성공하자 그의 주도세력이었던 삼봉은 몰락하고 오히려 반혁명을 주도한 포은은 복권되어 도통의 연원을 이루었으니 역사의 유전이란 실로 헤아릴 수 없는 역설적 현상이라 이르지 않을 수 없다.

원시유교적 입장에서 살펴본다면 삼봉유(三峯儒)는 방벌론(放伐論)을 시인한 맹자유(孟子儒), 그중에서도 '누구를 섬긴들 군왕이 아니며, 누구를 부린들 백성이 아니랴[何事非君 何使非民]'를 주장한 이윤

지풍(伊尹之風)을 본받은 자요 포은은 '군왕다운 군왕이 아니면 섬기지 않고, 백성다운 백성이 아니면 부리지 않는다[非其君不事 非其民不使]'를 주장한 백이지풍(伯夷之風)을 본뜬 자라는 차이뿐이다. 그럼에도 불구하고 삼봉은 역사의 뒤길에 묻혀버리고 포은만이 역사적 전면에서 이학지조(理學之祖)라는 영예까지 독점하게 된 사실을 우리는 어떻게 받아들여야 할 것인가.

그러나 이병도는 『한국유학사략』 삼봉절(三峯節)의 말미에서

余以爲朝鮮朝儒學之基礎 雖謂之三峯所樹立 抑可也

라 한 일구는 삼봉학의 재음미를 위하여 우리들에게 함축성 있는 시사를 안겨준다고 이르지 않을 수 없다. 그러므로 여말 혁명기에 있어서의 한국유학은 적어도 삼봉—양촌의 일파와 통칭 삼은(三隱)으로 집약되는 포은—목은—야은의 일파로 나눌 수가 있을 것이다.

그러나 이들의 학통과 정치적 배경은 지나칠 정도로 복잡하다. 목은은 포은을 이학지조로 극칭지(劒稱之)하였으니 목은과 포은은 일통(一統)으로 간주해도 좋으려니와 양촌은 목은과 야은의 문인으로서 이조(李朝)에 벼슬살아 신조(新朝)에 협력함으로써 삼봉에게 접근하였으나 태종에게 상소하여 포은의 설원(雪冤)한 것을 보면 그의 절의관을 짐작하게 한다.

그러나 우리는 여기서 그의 정치적 배경보다도 학통에 관심을 기울이지 않을 수 없으니 조선 왕조가 들어서자 복잡한 정치적 당쟁 사화의 소용돌이 속에서 삼봉—양촌의 맥은 잠시 단절되었다가 양촌의 『입학도설』이

陽村圖說……鄭秋蠻 李退溪之天命圖 及四端七情分理秉之論 亦遠因於
陽村圖說也 無疑(李丙燾)

라 했듯이 그 영향은 원대하였고 오히려 포은(圃隱) – 강호(江湖) – 점
필재(佔畢齋) – 한훤당(寒暄堂) – 일두(一蠹) – 사육신(死六臣)을 거쳐 정
암(靜菴)에 이르는 일맥이 유학에 있어서의 도통의 정통을 이루었다
고 보지 않을 수 없다.

포은에서 정암에 이르기까지의 조선조 유학은 이학(理學)의 조(祖)
로서의 포은이기는 하였지만 이학의 측면은 오히려 삼봉 – 양촌에게
일보를 양(讓)하고 그의 절의가 몇 번의 정치적 격변과 세종의 『삼강
행실도』에 의하여 새로운 유술(儒術: 治術)로 정착하기에 이르렀다고
보아야 할 것이다.

국초(國初) 세자의 난은 정치적 변란일 뿐 아니라 삼봉의 충절을
일조에 좌절시킨 일대사건이 아닐 수 없다. 그렇듯 태조의 이신벌군
(以臣伐君)에 충성을 다했던 삼봉이 역신으로 몰려 목숨마저 잃게 되
었으니 삼봉의 충심은 어디로 갔단 말인가. 오히려 양촌은 태종에게
전조충신(前朝忠臣)이요 신조(新朝)의 불복신(不伏臣)인 포은의 절의를
포증(襃贈)하기를 청하였으니 여기서 우리는 역사의 역설적 일면을
통감하게 된다.

여기서 절의(충심)는 정치적 상황과는 아랑곳없이 오직 일편단심
일군(一君)에의 충성이어야 함을 의미하게 되었다. 포은이나 야은은
여무이부(女無二夫) 신무이주(臣無二主)의 충절을 다했기 때문에 비록
신조(新朝)에 있어서도 그의 충절이 다시금 되살아났고 삼봉은 비록
태조에게는 충성을 다했지만 그의 아들 태종에게는 충절을 다하지

않았기 때문에 불충의 역신으로 몰리게 된 유학윤리의 단순논리를 여기서 우리는 읽을 수가 있다.

이에 영특한 세종은 삼강의 새로운 개념의 정립을 절실하게 느끼고 집현전 설순(偰循)에게 명하여 『삼강행실도』를 편술하게 하였으니(세종 13년) 이는 후일 정조 때 『이륜행실도』와 합하여 『오륜행실도』로 개편되었거니와 어쨌든 조선 왕조의 윤리적 통치 기반이 되었던 것이다. 선여(旋閭)의 법전이라고 할 수 있는 이 『행실도』의 공적은 실로 한글 창제에 불하(不下)한다 이르지 않을 수 없다.

그러나 역사는 세종이 기대했던 것처럼 순리대로만 전개되지 않았다. 그가 그처럼 아끼던 손자 단종이 숙부의 손에 죽고 이에 따른 절의문제로 사육신을 낳고 잇따라 「조의제문(吊義帝文)」으로 인하여 무오사화의 참변을 맞게 되었으니 이러한 격변에 의하여 소위 충절의 개념은 어떠한 변화를 가져왔을까!

세종이 직접 집현전 학사들이 입직(入直)하였을 때 원손(元孫)을 부탁하였고 문종 또한 "내 이 아(兒)로써 경(卿) 등에게 맡기노라" 하였으니 이러한 양주군(兩主君)의 하명에 충실했던 사육신 이하 제신(諸臣)의 충절은 과연 충국(忠國)인가 아니면 충군(忠君)인가 하는 문제가 남는다.

여기서 포은과 사육신들의 시조를 읽어보자.

이몸이 죽고죽어 一百番 다시죽어
白骨이 塵土되고 넋이야 있건없건
님향한 일편단심이야 가실 줄이 있을소냐

(포은)

이몸이 죽어가서 무엇이 될고 하니

蓬萊山 第一峯에 落落長松 되었다가
白雲이 滿乾坤할 제 독야靑靑하리라

(성삼문)

金生麗水라 한들 물마다 金이나며
玉出崑崗이라 한들 뫼마다 玉이나랴
아무리 女必從夫라한들 님마다 쫓을소냐

(박팽년)

가마귀 눈비 마자 희난듯 검노매라
夜光明月이 밤인들 어두우랴
님향한 일편단심이야 變할 줄이 있으랴

(이개)

이렇듯 포은과 사육신의 사절시(死絶詩)를 비교한 것은 논리적으로 증거를 댈 수는 없다 하더라도 그들의 심저(心底)에서 흐르는 감흥은 포은의 충어국(忠於國)이 사육신에 와서는 충어군(忠於君)으로 정착되어 있음을 알 수가 있다. 그러므로 세조는 사육신이 역신(逆臣)으로 보이겠지만 사육신의 입장에서는 세조가 역신이 아닐 수 없다. 이러한 개념적 정착은 충어국(忠於國)으로서의 충귀사상(忠歸思想)의 희석(稀釋)를 가져오게 한 것은 다시 말할 나위도 없다.

그리하여 충군사상(忠君思想)에의 교착(膠着)은 드디어 점필재 김종직의 「조의제문」으로 나타난다.

이 사건의 저변에서는 사육신 이래 오직 단종에의 연연(戀戀)한 충성이 있을 뿐 수양대군에의 칭신(稱臣)을 거부한 데에서 뚜렷하게 나타난다.

비판적 입장에서 충국(忠國)이 충군(忠君)으로 협의화한 과정을 살펴본다면 소위 유가의 대의명분론의 변질을 느끼지 않을 수 없다.

유가의 대의명분은 치국평천하하는 대의이지 일군일가(一君一家)의 흥망에 좌우되는 대의는 아니기 때문이다.

이렇듯 군왕 중심의 소승적 충의 사상의 필연적인 소산이 다름 아닌 연산군의 출현이라고 보아야 할는지 모른다. 여기서 유신들은 충군사상(忠君思想)에의 회의를 느끼기 시작하였고 반정이 성공하여 중종이 즉위하자 지치주의의 유학이 대두된 것 또한 역사적 시세의 필연이 아닐 수 없다.

그러나 역사의 신은 또 한 번의 시련을 우리들에게 안겨주었으니 그것은 정암의 실각이 아닐 수 없다. 그러나 한 알의 씨앗이 땅에 떨어져 썩지 않고 싹이 틀 때 거목이 되어 자라듯 이로써 사유(士儒)들로 하여금 새로운 학풍의 진작을 위하여 심기일전의 기회를 삼기에 이르렀으니 호남 유학의 태동도 이러한 배경을 저버리고서는 설명할 길이 없음은 다시 말할 나위도 없다.

기묘사화는 정암일파의 정치적 좌절을 가져왔지만 그가 뿌린 한 알의 씨앗은 새로운 모습으로 싹이 터올랐다.

임금 사랑은 아비를 사랑하듯	愛君如愛父
나라 걱정은 집안을 걱정하듯	憂國如憂家
흰 해 하토(下土)에 임할 제	白日臨下土
단충(丹衷)을 밝게 비추네	昭昭照丹衷

다음 이야기로 넘어가기 전에 정암의 절명시(絶命詩)를 읽고자 한 것은 이 단구(短句) 중(中)에 포축된 뜻이 심오하기 때문이다. 왜냐하면 그의 중종을 향한 애군(愛君)은 바로 우국정신으로 승화된 애군

(愛君)이기 때문이다. 그러므로 그의 단충(丹衷: 일편단심)도 님 향한 단심(丹心)이라기보다는 백일하(白日下)의 단심이 아닐 수 없다.

이러한 정신으로 규합되었던 기묘명현들 중 죽음을 면한 사류들은 지방으로 흩어졌으니 그로 인하여 조성된 천하의 명소가 다름 아닌 무등산하(無等山下)의 소쇄원이 아닐까. 호남 사림의 집결처로서의 소쇄원의 출현은 아무래도 역사적 필연이 아닐 수 없다고 본다. 여기서 비로소 호남 유학의 수창자(首唱者)로서의 기대승과 호남절의의 정수인 고경명을 배출한 것만으로도 저간의 소식을 짐작할 수가 있다. 그리하여 역사의 신은 고봉에게 퇴계와의 사칠논변의 기회를 마련해주었고 제봉에게는 임란의 국난을 안겨주었던 것이다.

이제 이로써 한국유학은 절의론의 장몽(長夢)에서 깨어나 학문과 절의로 나누어지게 되었으며 학문적 서통은 사칠논변에 의하여 개화되었고 절의는 호남의병에 의하여 우국정신으로 승화하였다고 보아야 할 것이다.

2)

우리 호남에 있어서는 자고로 명유(名儒)니 거유(巨儒)니 하는 이름으로 존숭받아야 할 사림이 많이 배출되었음에도 불구하고 왜 고봉과 제봉만을 거론하는 것일까. 의아하게 생각할 수도 있겠지만 그것은 각도를 달리하면 이해가 가리라고 본다. 고봉과 제봉이 특출해서가 아니라 단지 호남 유학을 간추림에 있어서 이 두 분을 단서로 하여 이야기를 간추리는 것이 가장 간편할 것으로 여겨지기 때문일 따름이다.

사칠논변의 연구에 있어서 퇴·고 양현에 치중한 나머지 추만(秋

鑾) 정지운(鄭之雲)의 연구에는 좀 지나칠 정도로 소홀하지나 않았나 싶다. 왜냐하면 그가 모재(慕齋) 김안국(金安國), 사재(思齋) 김정국(金正國)의 문하에서 상유(嘗遊)하였고 앞서 지적한 바 있듯이 그의「천명도」는 저 멀리 양촌의「입학도」및 권채(權採)의「작성도(作聖圖)」에서 힘입었다는 사실이 간과되고 있기 때문이다(이병도).

이 사실은 그의 학풍을 헤아림에 있어서 지극히 중요한 의미를 가진다. 왜냐하면 대체로 그의「천명도설」이 갑자기 독자적으로 저술한 것처럼 이해되어 왔지만 사실인즉 그의 학통이 이조개국과 동시에 소외되었던 양촌학과 연계됨으로써 삼봉학과도 깊은 관련이 있는가의 여부는 또한 의미 있는 일면이 아닐 수 없다.

또한 그가 종유했던 두 스승이 다 함께 기묘명현이라는 사실은 그의 학문적 배경을 이해함에 있어서도 결코 지나쳐버릴 수 없는 일면인 것이다.

애초에 추만은 그의「천명도」에서 "사단은 리에서 발하고, 칠정은 기에서 발한다[四端發於理 七情發於氣]"라 한 것을 퇴계는 이를 "사단은 리의 발이요, 칠정은 기의 발이다[四端理之發 七情氣之發]"로 한 것이 동기가 되어 7년간의 사칠논변이 이루어졌는데 이러한 전개과정에 있어서 추만은 유구무언의 태도로 일관하였으니 시유답답(是猶畓畓)하지 않을 수 없다.

그러나 기묘사화 이후 모재나 사재와 같은 학자풍의 영향을 받고 저 멀리 여말의 학자풍을 간직했던 삼봉·양촌의 학을 계승하여 잠심완구(潛心玩究)하여「천명도설」을 저술함으로써 새로운 학풍에 불을 지핀 공적은 결코 과소평가해서는 안 될 것이다. 왜냐하면 그로 인하여 호남일우(湖南一隅)에서도 새로운 사림이 형성되기에 이르렀기 때문이다.

『천명도』 이후 사칠논변에 불을 붙였고 사칠논변 이후에 영남·기호 양학파가 형성되었고 그 안에서 기묘명현의 후예들에 의하여 양성된 소쇄(瀟洒) 호남사림(湖南士林)이 어떠한 역할을 하였을까! 호남학파의 중요한 과제의 하나가 아닐 수 없다.

영남과 기호의 대립은 결코 그의 지역성에 있는 것이 아니라 영남의 이기이원론(理氣二元論) 대 고봉의 칠포사(七包四) 율곡의 이기묘합(理氣妙合)의 대립이라는 시각에서 보아야 할 것이다. 이러한 이원론과 이이일원론(二而一元論)의 대립은 한국사상사적 및 세계문화사적 의미를 간직하고 있다는 데에 문제의 심각성이 도사리고 있는 것이다.

기묘사화를 마지막으로 절의사상은 어디로 갔을까. 단절되어 버린 것일까! 결코 그렇지 않고 임진국란을 맞아 근왕정신(勤王精神)으로 다시금 소생한 사실에 주목하지 않을 수 없다.

임란이 발발하자 도내 유림들은 일제히 봉기하여 고경명·김천일을 좌우의병장(左右義兵將)으로 추대하니 국난에 임한 사림들의 절의정신은 최고조에 달하였다. 고경명·임계영(任啓英) 등은 금산(錦山)에서 순절하고 김천일·최경회(崔慶會)·고종후(高從厚) 등은 진주의 삼장사(三壯士)가 되고 특히 해전에서의 정운장군(鄭運將軍)의 근왕정신 또한 빼놓을 수가 없다.

이로써 임란은 전통적 충군 충국정신을 하나의 용광로 속에 넣어 이를 우국충절로 녹여내는 데 지대한 역할을 다하였다.

이제 호남 유학은 학문적으로는 기호학파의 근간이 되었고 국난에 임하여는 대승적 우국충절로 승화하여 오늘에 이르고 있다고 해야 할 것이다.

6. 호남 유학의 특성과 인맥

1) 한국 유학에 있어서의 호남의 위치

한국 유학의 500년사를 통하여 그것의 발달 과정에 있어서 이 지역 호남은 어떠한 의미를 가지고 있는 것일까. 이 지역 사회에 있어서의 유학이 가지고 있는 특성을 추려서 몇 분의 인물을 중심으로 서술해 볼 수 있겠다.

오늘날에도 누구나 자기 집안, 가문에 훌륭한 인물들이 많이 배출된 것을 자랑하고 추모하고 숭앙하는 분위기 속에서 살고 있다. 그런데 인물을 선정하는 것처럼 어려운 일은 없을 것이다.

사람은 타고날 때부터 불완전한 존재이기 때문에 우리가 역사를 통해 추앙하는 인물들도 따지고 보면 한쪽에 그늘이 있기 마련이다. 그러나 한번 역사에 오르게 되면 좋은 면만 추앙할 뿐 그분이 어떻게 살았는가 하는 인간적인 입장은 감추어지는 경우가 많다.

따라서 인물을 선정하고 평하는 것처럼 어려운 작업은 없다고 생각된다. 『논어』 가운데 자공이 공자에게 "선생님은 성인이십니다" 하고 스승을 떠받드는 말을 하니까 공자가 "성인을 내 어찌 감당하리오. 나는 배우기를 싫어하지 아니하고 가르치기를 게을리하지 않을 따름이다"라고 대답하는 구절이 나온다.

그러니까 자공이 "배우기를 싫어하지 않는 것은 인(仁)이요, 가르치기를 게을리하지 않는 것은 지(知)인대 지인(知仁)이 합해졌으니 선생님은 성인입니다"라고 얘기를 했다.

이렇듯 성인의 입장에서 볼 때는 똑같이 태어난 인간이로되 그 인간이 어떻게 살아 나갔느냐가 문제가 될 것이다. 그러므로 인물이라면 우리보다 훨씬 잘나서 하늘 위에 구름처럼 떠올라 있는 존재만은 아닐 것이다. 인물은 내 주위에 많이 있고 내 자신도 어떻게 살았는가에 따라서, 남이 인정하건 안 하건 간에 한 세상을 보람 있게 살았다면 인물이 될 수 있을 것으로 생각된다.

따라서 인물들이 어떻게 생을 영위했는가를 더듬어 보는 자세가 중요한 것이지, 현인이다 영웅이다 해서 제사를 지내기 위해 인물을 추리는 것은 아닐 것이다.

우리가 공자를 성인으로 추앙할 때 공자는 우리와 똑같은 사람이다, 우리도 노력하면 공자가 될 수 있다, 그렇기 때문에 공자를 한번 배워보자는 의미에서 공자를 문제 삼고 연구하는 것이지 그저 절하고 비석 세우고 제사 지내기 위해 인물을 추대하는 것은 방향이 그릇되었다고 하겠다.

2) 인물의 네 가지 유형

나는 평소에 인물을 네 가지 단계로 생각해 보았다. 하나는 형상으로 나타난 점에 있어서의 인물의 표준, 그것이 근세에 와서는 어떤 사업을 크게 일으켜 대기업의 사주가 되어 우리가 생각할 수 없는 부를 누린 사람도 인물로 일단 잡을 수 있겠다.

둘째로 출세라는 개념 하에서 높은 벼슬을 했거나 국가에 큰 공을 세워 남다른 위치를 지닌 사람들도 인물의 범주에 넣을 수 있다. 이것을 한자로 표현하면 전자는 부(富)요, 후자는 귀(貴)라 할 수 있다.

그다음은 현인이라고 생각한다. 이 현인은 부귀와는 관계없이 가난하거나 아무 지위도 없이 살았지만 자기 나름대로 자신의 위치에서 삶을 영위한 사람들로 그 삶의 흔적이 세상에 뚜렷이 나타나고 정신적인 업적을 남겨 존경을 받는 사람들이다.

네 번째 마지막의 단계는 달인(達人)이라고 규정할 수 있겠다. 이 인간의 마지막 단계는 세상에 알려진 일도 없고 뚜렷한 자취 또한 없지만 나름대로 달관하여 세상을 살아간 인물을 가리킨다.

이러한 달인은 흔히 우리 주변에서 살다가 아무도 모르게 묻혀버리는 경우도 있을 것이다. 어떤 국난을 맞이했을 때 그 국난을 피해서 소리 없이 숨어 버린 달관한 인생이 우리의 역사상 많이 있었을 것이다.

이 달인은 우리가 말하는 인물이라는 카테고리 속에서 문제조차 삼을 수 없는 경우도 있을 것이다. 이렇듯 인물을 선정하는 데 있어 그 표준에 따라서는 진짜 찾아야 할 인물은 감춰지고 또 너무 평상적인 조건만 가지고 인물을 추리는 오류를 범하기 쉽다.

이러한 위험을 무릅쓰고 여기서는 호남유학의 몇 가지 줄거리와 그 줄거리에 관계된 몇 분의 학자를 소개할까 한다.

3) 영남학파(嶺南學派)와 기호학파(畿湖學派)의 차이점

　무엇보다도 먼저 우리는 한국유학사는 크게 영남학파와 기호학파의 두 학파를 주축으로 하고 있다는 사실을 기억해야 할 것이다. 그러한 의미에서 호남유학은 스스로 경기·호남을 묶는 기호학파의 일맥을 이루고 있음은 다시 말할 나위도 없다.

　영남학파는 이기이원론적(理氣二元論的) 이기호발설(理氣互發說)을 주장하는 퇴계 이황(1501~1570)을 정점으로 하고 기호학파는 이기이이일원론적(理氣二而一元論的) 기발이승일도설(氣發理乘一途說)을 주장하는 율곡 이이(1536~1584)를 정점으로 하고 있다는 사실은 이미 널리 알려진 학계의 정설이다. 그러므로 우리들은 이 두 학자들의 학설을 전자는 주리라 이르고 후자는 주기라 이름으로써 상호 다른 특성을 지니고 있다는 사실을 인정한다.

　그러나 한국 유학의 양대 산맥 중의 하나인 기호학파의 정상인 율곡의 사상이 그의 선구자인 고봉 기대승에게서 연유한다는 사실만은 까맣게 잊고 있었다는 점을 여기서 딛고 넘어가지 않을 수 없다. 왜냐하면 고봉 기대승(1527~1572)은 기묘명현 기준(奇遵)의 조카로서 광산(光山) 임곡(林谷)이 그의 향리이기 때문이다.

　저간의 소식을 확인하기 위하여 현상윤의 『조선유학사』의 일절을 읽어보면 다음과 같다.

이 退高兩賢의 四七論辨은 朝鮮儒學界에 자극과 영향을 준 것이 큰데 兩論은 일시 표면상으로는 의견의 일치를 본 듯하였으나 하등의 행위가 無한 理가 직접으로 氣의 간여함 없이 자체의 發動을 한다는 것은 사유상 輕輕히 정할 문제가 아니다. 그러므로 그 이면에는 문제가 의연하게 미해결의 상태로 학계에 남아 있더니 후일 栗谷이 高峯의 說을 응원함에 미쳐 그 파문은 더욱 커졌다. 그리하여 朝鮮理學界는 退溪 栗谷의 二大學派로 형성되고 그 두 학파는 후일 당쟁의 영향을 받아 南人은 退溪의 理發氣發說을 遵奉하고 西人의 주류인 老論은 栗谷의 氣發理乘說을 준봉하게 되어 전자는 嶺南學派가 되어 主理說을 주장하는 자가 많고 후자는 畿湖學派가 되어 主氣說을 주장하는 자가 많게 되었다. 그리고 본즉 3백 년간 대립되어 있던 主理 主氣의 二大學派의 출발은 실로 退高兩賢의 四七論辨에서 시작하였다고 말할 수 있을 것이다.

이 글을 정리하여 간추려 본다면 퇴율을 정상으로 하는 영남·기호의 두 학파도 따지고 보면 퇴계·고봉의 사칠논변에서 연유되었다는 사실을 기억해야 할 것이다. 즉 한국 유학사에 있어서의 큰 두 봉우리 중 한 정점은 퇴계요, 또 한 정점은 율곡이다. 그런데 율곡에 깊은 영향을 미친 것이 고봉인 것이다. 그러므로 기호학파의 정상은 학문적인 입장에서는 율곡에 앞서 고봉의 존재를 인정하지 않아서는 안 될 것이다.

그런데 현상윤의 『한국유학사』에는 퇴계에 관계된 지면이 약 15페이지, 율곡에 관한 지면이 20여 페이지에 달하는 반면 고봉의 학설은 단 2페이지 서술에 그치고 있다. 이렇듯 퇴계나 율곡에 비해 고봉이 소홀하게 다루어지고 있는 점은 시정되어야 할 것이다.

4) 고율양현(高栗兩賢)의 공통점

그렇다면 고봉과 율곡의 학은 어떤 점에서 공통되는 것일까.

첫째, 퇴계의 이기이원론적 주리설(主理說)을 극복하고 주기주정설(主氣主情說)을 확립하고 있다. 율곡의 주기론적(主氣論的) 기발이승일도설은 고봉의 정발이동기감설(情發理動氣感說)의 이기설적(理氣說的) 정리로 간주하여야 할 것이다.

적어도 고율양현(高栗兩賢)은 인성에 있어서 주정설적 이발(主靜說的 理發)을 인정하지 않고 발·동·감(發·動·感)에 의한 주동설적 기발(主動說的 氣發)만을 인정하고 있다. 이를 우리는 학문적으로 활성론적(活性論的) 입장이라 이르고 있다.

둘째, 퇴계에 의하여 분리된 사단칠정[四對七]을 이원론적 상대로 이해하지 않고 고봉은 사단은 '칠정 가운데 선한 한쪽[七情中善一邊] 이다'라 하여[七包四] 이를 총괄적으로 이해하고 있다는 점을 지적하지 않을 수 없다. 이러한 칠포사(七包四)의 총괄적 상염(想念) 때문에 율곡은 이기를 분리하지 않고 이기묘합의 둘이면서 하나인, 이이일적(二而一的) 상념(想念)으로 이를 이해하기에 이른 것이다.

이 점에 대하여는 배종호 교수의 증언(『조선유학사』)을 들어보기로 하자.

高峯과 退溪의 四七에 대한 개념규정은 서로 다르다. 생각하면 高峯은 七情을 인간의 情의 전부로 보고 四端은 七情 중의 善一邊만을 지칭한 것이라 함으로써 七情包四端의 논리를 견지한다. 따라서 退溪의 七對四의 논리가 결론지은 위의 退溪의 이른바 "四端理發而氣隨之 七情氣發而理乘之"라는 명제에 대하여 高峯은 "情

之發也 或理動而氣俱 或氣感而理乘"이란 명제를 제출한 바 있다.

이러한 퇴·고 양현의 기본적인 입장의 차이 때문에 곧바로 율곡의 기발일도설이 추출되기에 이른 것이니 이는 곧 율곡의 기발이승일도설은 고봉의 칠포사의 논리를 기초한 주정설(主情說)의 이기론적표현이기 때문에 상기(上記) 배교수는 다음과 같이 언급하고 있다.

  栗谷은 高峯과 같은 입장으로서 氣質之性 하나만을 바로 理氣之妙로서 달관하여 理一分殊의 종합적 견지에 섰다.

그러므로 이로써 율곡은 고봉의 이기불가분의 입장을 이기지묘로달관한 후 드디어 기질지성(氣質之性)만을 보고서 심시기(心是氣)를주장하기에 이르렀고 고봉의 이약기강설(理弱氣强說)의 형식을 받아들임으로써 이통기국설(理通氣局說)을 내세우기에 이르렀다고 보아야할 것이다.
여기서 우리는 고봉－율곡은 서로 분리해서 생각할 수 없는 밀착된 관계임을 확인하게 된다.

5) 고봉학의 배경으로서의 기묘사화

이로써 율곡의 학이 결국은 고봉의 학에서 연유했다는 사실의 확인은 우리들에게 중요한 많은 문제점들을 시사해 주고 있다. 그것은고봉의 학에 대한 우리의 이해를 위하여 우리의 관심을 북돋아 주는자가 아닐 수 없다.
고봉의 학을 이해하기 위하여 우리는 먼저 그의 학(學)의 배경을 이루고 있는 가통 및 학통을 일별해 보자.

첫째, 그는 기묘명현인 기준의 후예라는 사실을 지적하지 않을 수 없다. 복재(服齋) 기준(奇遵)은 기묘사화에 연루되어 나이 30에 유배지 온성(穩城)에서 후명(後命)을 받은 기묘명현의 한 분으로서 고봉은 그의 아우의 피화를 피하여 광산군 임곡으로 낙향한 진(進)의 아들이다.

그러므로 그는 복재의 조카로서 그의 성장 과정에서는 낙향가족으로서의 가풍이 아직 가시지 않고 있었으리라는 사실은 짐작하고도 남음이 있다. 그러므로 고봉의 학문 가운데는 성리학적인 측면보다도 경세학적인 측면이 퇴계보다 훨씬 강했고 그 강했던 입장이 율곡의 경세학으로 이어졌다고 볼 수 있겠다.

여기서 우리는 고봉학의 배경으로서의 기묘사화를 이해하기에 앞서 기묘사화와 호남이라는 입장에서도 좀 더 폭넓게 이를 살펴볼 필요가 있을 것 같다.

소위 한국유학사상 지치주의 유학파의 영수이며 대표자인 정암 조광조(1482~1519)는 한때 중종의 깊은 이해에 힘입어 입시(入侍)할 때마다 '도학을 존중하고, 인심을 바로잡으며 성현을 본받고 지치를 일으킨다[崇道學 正人心 法聖賢 興至治]'라는 실천유술의 근본의를 강술하면서 치군택민(致君澤民)을 위한 직언을 서슴지 않았고 그의 휘하에는 많은 신진사류들이 모여들어 일당(一黨)을 이루었던 것이다.

그러나 연소신진(年少新進)들의 지나친 급진책과 과격한 진언이 중종의 염증과 불쾌를 사기에 이르고 게다가 훈구파들과의 갈등이 심화되기에 이르자 급기야 기묘사화를 빚어냄으로써 지치주의 일파의 몰락을 가져오게 되었던 것이다. 그 이후의 호남에 있어서의 몇 가지 사실을 우리는 여기서 상기하지 않을 수 없다.

6) 정암이 호남에 뿌린 씨앗

첫째, 정암 조광조는 그의 일파와 함께 체포되어 준열한 국문을
받은 후 능주로 유배되었다가 시년(時年) 38세로 사사되었으니 그의
절명시는 다음과 같이 전해오고 있다.

임금 사랑은 아비를 사랑하듯   愛君如愛父
나라 걱정은 집안을 걱정하듯   憂國如憂家
흰 해 하토(下土)에 임할 제   白日臨下土
단충(丹衷)을 밝게 비추네   昭昭照丹衷

그의 유적지 능주에는 "정암(靜庵) 조선생(趙先生) 적려유허추모비
(謫廬遺墟追慕碑)"라는 일편(一片)의 돌만이 옛터를 지키고 있을 따름
이다. 정암 선생의 흔적은 지금 유허비 돌 한 조각에 남아 있지만 그
의 정신적인 업적은 호남유학의 형성에 뿌리 깊게 스며들어 있다고
할 수 있다. 그러나 역사의 신은 뜻하지 않았던 일들을 섭리하여 우
리들에게 마련해 준다.

둘째, 담양군 남면 소재 양산보(梁山甫)의 소쇄원(瀟灑園)이 정암의
능주 유배와 깊은 인연이 있다는 사실은 빼놓을 수 없는 사신(史神)
의 섭리로서 우리는 여기서 이를 지적하지 않을 수 없다. 유학을 이
야기 하다가 갑자기 소쇄원을 언급하면 논리의 비약이라고 할지 모
르지만 이 부분은 새로운 시각으로 호남유학을 정리하는 것으로 정
암과 소쇄원과의 관련을 짚고 넘어갈 필요가 있다.

민간 정원으로서 가장 뛰어난 작품의 하나인 이 소쇄원의 건립기
록을 보면 다음과 같다(『全南의 傳統文化』 상권).

소쇄원은 1539년에 梁山甫가 짓고 평생을 벼슬하지 않고 숨어 살던 곳이다. 그는 1519년(17세 때) 趙光祖 문하에서 학문을 닦고 있었으나 新進士類의 선두에 서서 國政을 개혁하려던 趙光祖가 훈구파에 몰려 綾州로 귀양을 내려오게 되자 스승을 따라 내려 왔다가 그해 12월에 조광조가 사약을 받고 죽는 모습을 보고 처갓집이 있던 지곡리로 들어와 俗世를 등지고 은거하게 되었다. 그 뒤 37세 때 소쇄원을 지었는데 霽月堂 光風閣을 비롯 五曲門 愛陽壇 負暄堂 待鳳臺 鼓岩精舍 水泊亭 등의 건조물을 배치하고 十丈瀑布 蓮塘 등 계곡을 이용하여 造景을 했으며 대 소나무 梅花 丹楓 살구 복숭아 梧桐 버들 紫薇 梔子 四季花 藤나무와 菖蒲 순채 菊花 芙葉 芭蕉 등을 심었다.

고 기록되어 있다.

　양산보는 중종과 명종 때 조정에서 불렀으나 끝내 나가지 않고 하서 김인후(1510~1560) 등과 벗하며 한가로이 세상을 보내다가 이곳에서 여생을 마쳤다.

7) 기묘한 사신(史神)의 섭리 – 하서(河西)와 양산보(梁山甫)의 만남

　이 기록에서 우리의 주목을 끄는 것은 양산보가 소쇄원을 조성한 후 호남의 거유 하서 김인후와 교유했다는 사실이다. 여기서 한 가지 지적할 수 있는 새로운 사실은 당시 선비들이 사화나 당화를 피해서 세상을 사는 여러 가지 모습이 있다는 점이다.

　아까도 얘기했지만, 우리가 한 인물을 놓고 볼 때 물론 학문적인 업적을 남기는 경우도 있지만 때로는 흔적도 없고 자취도 없이 인생을 달관해서 살다가 마친 경우도 있다. 이렇게 볼 때 조정암의 직계 제자였던 양산보가 소쇄원에서 일생을 마친 사실은 어떻게 평가해야 할까.

하서 선생은 향교에 배향이 되어 오늘날까지 성리학자로서 위명을 떨치고 있는 데 반해 양산보 선생은 소쇄원만 이름이 높을 뿐 양산보 이름 자체를 아는 사람이 거의 없는 현실이다.

그런데 하서는 『국사사전』에 다음과 같은 짤막한 기록을 남겨 놓고 있다.

李朝 仁宗때의 名臣 字는 厚之 호는 河西 湛齋 諡號는 文正 본관은 蔚山 參奉 齡의 아들 金安國의 제자. 1540년(中宗35) 과거에 오른 후 弘文館 副修撰이 되었다. 尹元衡과 尹任 사이의 당쟁을 염려하다가 乙巳士禍 후 고향 長城으로 돌아와 性理學을 연구하였다.

하서는 성리학뿐만 아니라 시문에 능한 문호로서 조정에 섰을 때는 퇴계 이황의 지우(知遇)를 얻어 깊이 사귄 호남의 석학으로서 을사사화는 하서뿐만 아니라 퇴계의 낙향도 재촉하여 고향에 내려가 양진암(養眞庵)을 짓고 학문에 전념하게 된 때와 맞먹고 있다.

여기서 퇴계의 생활태도와 하서의 생활태도가 다르게 나타난다. 같은 을사사화를 당하였음에도 퇴계는 학문에 전념하고 하서는 시문에 전념하는 것으로 나타난다.

8) 장성권에 있어서의 사유(士儒)들의 인맥

이렇듯 기묘사화를 피하여 소쇄원을 지은 양산보와 을사사화를 피하여 낙향한 하서와의 만남은 이 지역 담양과 장성을 중심으로 하여 하나의 새로운 기풍을 조성하였던 것이니 유학자 중에서 그 후

시문에 능한 송강 정철(1536~1593)과 면앙정 송순(1493~1592)을 낳고 성리학에 고봉 기대승(1527~1572)과 일재 이항(1499~1576)을 낳게 된 것은 결코 우연으로만 돌릴 수 없는 역사의 섭리라 이르지 않을 수 없다.

먼저 무등산록 광주호를 중심으로 한 정송강의 유적에 관한 기록을 적기하면 다음과 같다.

> 松江 鄭澈은 宣祖 때 文臣으로서 星山別曲을 비롯한 많은 시가를 남김으로써 文人으로 더 알려져 있다. 그는 1536년 서울에서 判官 鄭惟沈의 아들로 태어났다. 鄭惟沈도 을사사화 때 귀양살이를 했고 그 후 시골로 松江을 데리고 내려왔다. 松江은 어려서 金麟厚, 奇大升 등에게서 學하였고 1562년에 文科에 급제하였으며 1567년에는 栗谷 李珥(1536~1584)와 함께 독서당인 湖堂에 들어가 공부하였다.
> 松江은 1584년에 大司憲이 되었으나 다음해 東人들에 의해 論斥을 받자 벼슬을 그만두고 潭陽으로 내려가 松江亭을 짓고 4년 동안을 가사를 지어 읊조리며 息影亭 樓霞堂 環碧堂 瀟灑園 등에서 노닐었다.

송강과 더불어 가사문학에 뛰어난 사유 면앙정 송순(1493~1592)의 이야기를 빼놓을 수가 없다. 그는

> 77세에 벼슬을 그만두고 귀향하였는데 평소 李退溪 등과 가까이 사귀며 河西 金麟厚 高峯 奇大升 등의 제자를 길러 냈다.

고도 기록되어 있는 만큼 그는 사유로서도 중요한 위치에 놓여 있음을 알 수 있다. 오늘날 면앙정을 시문에 능한 사람으로만 추앙하고 있는데 유학과도 관련이 깊다는 것을 기억해야 할 것이다.

그러므로 광산 장성 담양권에 있어서의 사유들의 인맥을 간추리면 다음과 같다.

河西-高峯--齋
靜菴-服齋
梁山甫-俛仰亭-松江

여기서 우리는 기호학파의 선구자로서의 고봉의 학이 멀리 정암의 경세학과 깊은 인연이 있으며 그것이 율곡의 경세학에도 깊은 영향을 미치고 있다는 사실을 상기할 필요가 있다.

소위 사화를 피하여 낙향한 사유들이 성취해 놓은 가사 문학도 우리는 주목하지 않을 수 없다.

9) 노사, 송사로 이어지는 유리론

기묘사화 이후의 또 하나의 인맥으로서 노사(蘆沙) 기정진(奇正鎭, 1798~1876)의 학을 문제 삼지 않을 수 없다. 그는 기묘명현 복재 기준의 중형(仲兄)인 기원(奇遠)의 후예라는 점에서 특히 그의 가통이 돋보이며 고봉의 선인(先人) 진(進)은 광주에, 노사의 선대(先代) 원(遠)은 장성에 자리를 잡았기 때문에 속칭 광주 장성의 양기(兩奇)로 나눔은 이 까닭이다.

그러나 기이하게도 학문적인 입장은 서로 판이하여 고봉학은 주기설인 데 반하여 노사학은 유리론이라 칭하고 있다. 현상윤은 그의 학을 간략하게 다음과 같이 지적하고 있다.

蘆沙는 理氣說에 대하여 主理說을 주장하였는데 이 主理說은 보통으로 다른 主理派의 학자들이 二元的으로 理를 氣에 대립시켜서 생각하는 정도의 것이 아니요, 훨씬 그 정도를 높여 그는 一元的으로 理와 氣를 대립시키지 아니하고 氣를 어디까지든지 理중에 포함되는 개념으로 생각한 것이다. 그는 主理派 중에서 이채를 띠는 동시에 또 그 최고봉이 되는 것이며 또 그를 唯理論者라 칭하는 것이다.

그가 조선유학사상 성리학의 육대가 중의 한 사람으로 추앙되는 소이가 바로 이러한 그의 독보적인 유리론에 있다고 보아야 할 것이다.

그러나 그의 유리론은 동년배인 화서(華西) 이항로(李恒老, 1792~1868)의 이존기비론(理尊氣卑論)과 상응하여 소위 한말 척사위정론의 이론적 근거를 제공하게 됨으로써 이 점에 있어서의 관심을 갖게 한다.

화서는 다음과 같이 말한다.

리가 주인이 되고, 기가 부리는 이가 되면 리는 순수하고 기는 올바르게 되어 온갖 일이 다스려지고 천하는 안정된다. 그러나 기가 주인이 되고 리가 그다음이 되면 기는 강하고 리는 숨어버려 온갖 일은 어지러워지고 천하는 위태로워진다[理爲主 氣爲役 則理純氣正 萬事治而天下安矣 氣爲主 理爲貳 則氣强理隱 萬事亂而天下危矣].

이렇듯 노사와 더불어 유리론의 입장에 선 화서의 제자 성재(省齋) 유중교(柳重敎)를 비롯하여 노사의 제자 송사(松沙) 기우만(奇宇萬), 화서의 문인 면암(勉庵) 최익현(崔益鉉)의 척사위정론과 한말 거병(擧兵)에 깊은 영향을 미쳤던 사실은 여기서 다시금 되풀이할 필요가 없을 것이다.

자못 한말에 있어서의 국난에 처하여 척사위정의 국론이 분분할

즈음에 그의 이론적 근거를 제공한 노사와 그의 가학을 전수받은 송사 기우만(?~1916)이

> 高宗乙未에 국모의 변이 있고 또 斷髮의 令이 있게 되자 翌年丙甲에 義兵을 일으켜 一邊 일본을 배척하여 국모의 怨讐를 갚고 他一邊으로 개화의 徒輩를 驅除하야 써 古法을 保守하고 正道를 遵明할 것을 주장하다가 王使의 宣諭를 듣고 마침내 해산하였다. 그러나 主辱의 日에 몸이 죽지 못한 것을 부끄럽다 하여 白笠을 쓰고 산중으로 들어가 臥薪嘗膽의 義를 지켰다(현상윤).

는 절의를 남겼다. 이처럼 노사의 유리론이 한말 의병에까지 이어졌다는 사실을 주목해야 하겠다.

이렇듯 담양 장성 광주지역을 중심으로 하여 호남 유학은

① 하서·고봉 중심의 주기론
② 노사·송사로 이어지는 유리론
③ 양산보·면앙정·송강이 대표하는 사유들의 시문학

등 3갈래로 특성을 추리고 인맥을 정리할 수 있을 것이다.

10) 개신유학의 산실, 강진

흔히 조선조 후기에 대두되었던 소위 실사구시를 표방한 한국실학을 놓고 이를 유교권 밖에서 이해하려는 입장과 이를 유교권 안에서 이해하려는 두 가지 입장으로 갈라져 있음을 볼 수가 있다.

그러나 근래에 와서는 그것이 비록 조선조 후기(18·19세기)에 있

어서의 역사현상을 배경으로 일어났던 문예부흥의 한 형태라 하더라도 전통적인 조선유학과 결코 무관할 수 없다는 것이 근자의 중론인 것이다.

이를 단도직입적으로 말한다면 한국 유학은 원시유학의 이론적 근거를 제공한 수기치인의 원리에 의하여 이해하여야 함을 주장한 자가 바로 다산 정약용(1762~1836)으로서 그의 학ー곧 다산학ー을 완성한 곳이 다름 아닌 강진이었다는 사실을 우리는 여기서 상기하지 않을 수 없다.

다산의 일생은 대체로 3기로 나눌 수 있다. 제1기는 그의 나이 40 때까지로 출생하여 등과(登科) 출사(出仕)한 시기로서 득의(得意)의 시절이기는 하지만 아직 학문이 원숙하게 체계화되지 않았던 시절이요, 그의 제3기인 58세에서 74세에 이르는 말년은 유유자적했던 인생의 정리기로서 그의 학문적 업적은『상서』외에 별로 지목될 만한 것이 없다.

그러나 그의 제2기인 강진적거(康津謫居) 시절이야말로 그의 학의 전체적 규모인 육경사서의 수기지학과 일표이서의 치인지학이 완성된 시절로서 비록 그의 인생의 비운기라 하더라도 그의 학문적 입장에서는 오히려 황금기였던 것으로 평가하지 않을 수 없다. 그러므로 우리는 강진이야말로 다산학의 산실이었다는 것을 서슴없이 주장할 수가 있다.

다산학의 산실로서의 강진은 호남유학의 입장에서도 중요한 의미를 갖는다. 장성권이 전통유학의 중심지였다고 한다면 강진권은 개신유학의 중심지라고 할 수 있기 때문이다.

강진은 다산학의 산실일 뿐만이 아니라 그의 이웃인 장흥에는 존재(存齋) 위백규(魏伯珪)가 있고 해남에는 다산에게 깊은 영향을 미쳤다고 전해지는 그의 외증조 공재(恭齋) 윤두서(尹斗緖)를 빼놓을 수가 없다.

존재 위백규(1727~1798)는 말년에 옥과현감을 지내다가 중풍으로 그만둔 일은 있었으나 벼슬에는 뜻이 없고 학문에 전념하여,

> 易과 禮에 致力하였으나 실은 뜻을 경제에 두어 널리 天文 地理 律曆 兵事 筭數의 학문에 精通하고 기타 百工 技藝의 實學에 관하여서는 目擊心解에 힘썼을 뿐 아니라 또 그는 八道의 山川土地와 政弊民俗과 遠近險夷를 상세하게 저술하여 이를 政弦新譜라 하였고 이 밖에도 禮說 經書條對 讀書箚錄 古琴 文集 등이 있으니

이들을 총 정리하여 근자에 『존재전서(存齋全書)』로 간행되었거니와 어쨌든 그의 규모는 성호·다산·오주 등 소위 백과사전학파들의 그것에 결코 불하(不下)함을 확인할 수 있다. 그가 다산에 앞서기 거의 반세기 전에 이미 강진의 이웃 장흥에서 실학의 선구자로서의 업적을 남겼다는 사실은 우리의 자랑이 아닐 수 없다.

공재 윤두서(1668~?)는 고산 윤선도의 증손으로서 시서화 삼절의 칭(稱)이 있을 뿐 아니라 그의 사실주의적 신화풍은 한국 화단에 있어서 독보적인 실학적 경지를 개척하고 있다.

이로써 우리는 호남의 유학을 크게 둘로 나눌 수 있으니 하나는 장성(담양·광주 포함)권의 전통유학과 다른 하나는 강진(해남·장흥포함)권의 개신유학(실학)의 둘로 정리할 수가 있다. 이는 곧 한국유학의 뿌리가 여기에 깊이 박혀 있음을 의미한다. 이 뿌리 없이 한국유학은 성립될 수 없을 정도로 호남유학은 큰 비중을 차지하고 있다.

11) 묵묵히 학문에 정진한 숨은 유자들

이상에서 우리는 호남유학의 대종을 전통유학과 개신유학(실학)으로 분류하여 그의 특성을 간략하게 서술해 보았거니와 이 지역에서는 이 양대학맥과는 달리 기라성 같은 많은 유학자들이 배출되고 있음을 잘 알고 있다.

수은 강항(1567~1618) 같은 유학자는 비록 그가 우계 성혼의 문인으로 지목되고 동토(童土) 윤순여(尹舜擧)와 같은 수제자를 두었지만 그의 학이 일본에 전했을 뿐 고국에서의 학맥을 잇지 못하였기 때문에 그의 학맥은 일단 끊긴 것으로 간주하지 않을 수 없다.

한말지사 매천(梅泉) 황현(黃玹, 1855~1910)은 1885년에 생원시에 장원하여 문명을 날린 유자로서 『매천야록(梅泉野綠)』을 남기기는 하였으나 우리는 그의 순절을 아끼며 안타깝게 여길 뿐 그의 학은 전후 사승을 댈 길이 없다.

근자에 간행된 몇 분의 문집으로서는 그의 서문을 쓰게 되어 그의 내용에 접할 기회가 있었는데 여기에 거문도의 귤은(橘隱) 김류(金瀏)의 문집과 보성 매석헌(梅石軒) 이병백(李秉栢)의 문집만을 소개함에 그치고자 한다.

나는 전자의 서문에서 다음과 같이 기록한 바 있다.

> 橘隱 선생은 文章家로서보다는 차라리 鄕學을 振作시킨 士儒로서의 면모가 더욱 돋보인다. 선생은 이미 과거를 치를 수 있는 학력을 갖추고 있었음에도 불구하고 발을 돌려 蘆沙 奇正鎭 선생의 門下로 들어감으로써 70평생 布衣寒士로서의 師傳의 길을 택했던 것이다. 40평생을 하루같이 매년 한 차례 또는 두 차례씩

물길 천 리도 멀다 하지 않고 長城에 계신 스승을 찾아 뵌 그 정성도 대단하거니와 그때마다 듣고 배운 내용을 기록하여 鄕里 諸生들에게 講學傳習시킨 열의는 그 누구도 본받기 힘든 그의 人格의 所致라 이르지 않을 수 없다.

여기서 우리는 노사의 제자로서 해도에 묻혀 묵묵히 유도(儒道)에 정진한 한 선비의 모습을 볼 수가 있다. 귤은은 벼슬도 하지 않고 세상에 대한 아무런 욕심이 없이 오직 스승에 대한 정을 가지고 천 리 뱃길을 오가다가 문집만 남기고 세상을 떠난 분이다. 이런 분은 인물론에서는 어떻게 다뤄야 할 것인가.

십수 년 전 전남대에 재직하고 있을 당시 거문도에 학술조사차 갔을 때 귤은의 문집을 대하게 됐는데 거북선과 비슷한 설계도가 있는 것을 보고 깜짝 놀랐다. 비록 절해고도에 살고 있으면서도 나라를 위한 마음이 드높았고 우리 생활을 위한 방도에도 뜻을 두었다는 것, 그러면서도 일생을 초야에 묻혀 보낸 인물이 있었다는 사실을 소개하고 싶었다. 이 귤은은 장성권에 속한 숨은 유생이라 일러야 할는지 모른다.

그런데 똑같이 숨은 유자이기는 하지만 매석헌의 학풍은 또 다르다. 그의 문집의 서문에서 나는 다음과 같이 기록한 바 있다.

선생의 품격은 儒家의 本領에 깊이 뿌리를 내리고 있으면서 격변하는 時弊에도 민감한 반응을 감추려 하지 않는다. 用人 理財의 두 上疏文이야말로 國家經綸의 大宗이 아닐 수 없고 均田養兵의 兩論이야말로 時宜에 알맞은 卓說이 아닐 수 없다. 게다가 朝鮮地勢論에 이르러서는 韓末 朝鮮朝實學의 餘韻마저 내뿜어 준다.

여기서 매석헌은 시국의 변(變)에 응하여 과거공부를 폐하고 청빈 낙도의 길을 택하였음에도 불구하고 항상 국가경론을 진소할 것을 잊지 않았으니 그는 아마도 강진권에 속한 숨은 유자로 분류해야 할 는지 모른다. 이렇듯 벼슬이나 과거를 모두 피하고 오직 자신의 학문에 정진했던 유자, 선인들이 우리 주변에 많이 존재했다는 사실을 기억해야 할 것이다.

12) 호남유학의 몇 가지 맥

결론적으로 호남유학은 다음과 같이 몇 가지로 그 맥을 추릴 수 있겠다.

첫째, 호남유학은 정암의 지치주의에서 연원한다. 이것은 종래의 학설과는 다른 새로운 입장이 되겠다. 나는 항상 정암이 한국 유학 사에서 제대로 평가받지 못하고 있다는 아쉬움을 가져왔다.

정암은 우리가 보다 더 역사적인 각도에서 주목해야 할 분이라고 생각한다. 정치사적인 입장뿐 아니라 정신사적인 입장에서도 주목해 야 하겠고 그러한 정암의 정신의 맥이 우리 호남유학에 이어졌다는 사실은 앞으로 보다 폭넓게 규명되어야 할 과제인 것이다.

둘째, 고봉의 주정설(主情說)은 기호학파의 주기설(主氣說)의 선하 를 이룬다. 따라서 기호학파의 정상은 율곡이 아니라 고봉이라고 강 력하게 주장해야 할 것이다.

셋째, 노사의 주리론(主理論)은 화서의 이존설(理尊說)과 함께 척사 위정의 이론적 근거를 이룬다.

넷째, 다산학의 산실은 한국 개신유학의 산실이기도 한 것이다.

다섯째, 양산보의 풍류는 낙향 사유들의 멋의 일면을 우리들에게 보여주고 있다.

이로써 우리는 한국유학사상 호남유학이 차지하는 비중이 막중함을 알 수 있을 것이다.

7. 하서의 시대와 생애

1) 시대

하서(河西) 김인후(金麟厚, 1510~1560) 선생은 조선조 제11대왕 중종 5년에 태어나 인종조를 거쳐 명종 15년에 향년 51세로 세상을 떠났다.

때는 기묘사화(1519)를 겪은 지 얼마 되지 않았고 아직도 사화가 남긴 불씨가 가시지 않은 중종 후기에서 명종 전기까지의 시대를 산 것이다.

그의 시대를 정치와 학문의 두 갈래로 나누어 살펴보면 다음과 같다.

(1) 정치적 배경

기묘사화는 공의 나이 겨우 10세 때(1519) 겪었다 하더라도 신진 사류와 훈구파 간에 경색된 분위기는 아직 가시지 않았다고 보아야 한다.

소위 4대사화로 일컬어지는 무오사화(1498, 연산군 4년), 갑자사화(1504, 연산군 10년)는 공의 생전 일이라 하더라도 이에 이어서 일어난 기묘사화와 을사사화는 공이 직간접으로 겪었던 일이라는 점을 간과해서는 안 될 것이다.

이러한 정치적 배경은 그의 정치 및 관료생활에 짙은 그림자를 드리운 사실도 아울러 잊어서는 안 될 것이다.

이 시대의 특징은 절의와 지치주의적 개혁과 도학적 도통이라고 할 수 있다.

절의문제는 무오사화에 의하여 한 시대를 획하였다고 볼 수가 있다.

김종직(金宗直)의 「조의제문(弔義帝文)」이 발단이 되어 유자광(柳子光)·이극돈(李克墩) 등의 무고로 야기된 무오사화 때 김종직의 제자 사관(史官) 김일손(金馹孫)은 능지처참하고 점필재(占畢齋) 김종직은 부관참시하였고 종직의 문인 한훤당(寒暄堂) 김굉필(金宏弼)·일두(一蠹) 정여창(鄭汝昌) 이하 40여 명이 죽임과 유배를 당한 역사적 최초의 사화다. 김종직 일파의 절의사상에 대한 일대반격이라는 사실을 지울 수가 없다.

그 후 6년째 되는 갑자년에 일어난 갑자사화는 연산군 어머니의 복위문제를 둘러싼 일대참화로서 연산군 폭정의 대표적 사건이다. 성종 때 양성된 많은 선비들이 참화에 휩쓸려 싹쓸이 당한 것이 안타까울 따름이다.

설령 기록을 통해서만 알아챈 두 사화사건이라 하더라도 감수성이 예민한 어린 하서의 심정에는 어떠한 영향을 끼치었을까! 상상하고도 남음이 있다.

공의 기묘사화 당시의 상황을 알기 위하여 그 시기를 전후한 연보의 기록을 뽑아보면 다음과 같다.

> 13년 무인년 선생의 나이는 9세였다. 당시에 복재(服齋) 기준(奇
> 遵)이 남쪽으로 내려와 선생의 이름을 들었다. 불러다 만나보고
> 크게 칭찬하면서 "참으로 보기 드문 아이이니, 마땅히 세자의
> 신하가 될 것이다"고 했다. 이때에 인묘(仁廟)께서 태어나신 지
> 갓 몇 해밖에 되지 않았는데, 자질이 지혜를 타고났고 뛰어난
> 덕이 일찍부터 드러나 신민들이 다 우러르며 훗날 요순의 정사
> 를 베풀 것이라고들 했기 때문에 (복재가) 이렇게 말한 것이다.
> 이로 인해 임금에게 받은 붓 한 필을 주었고, 선생은 그 뜻을
> 알고서 늘 보관해두고서 경함의 보물로 여겼다.[1]

이는 기묘명현 기복재(奇服齋)와의 기연으로서 하서의 유년시절에
깊은 영향을 미쳤으리라는 것은 상상하기에 어렵지 않다.

그렇다면 복재란 어떠한 인물일까?

> 기준(1492~1521)은 1524년에 문과에 급제 典籍 應敎를 역임하
> 였고 1519년 기묘사화로 牙山에 杖配, 이어 穩城으로 遠配 賜死된
> 名賢이다. 『服齋集』 4卷이 전해오고 있다.

후일 그의 말대로 하서는 인조(당시 세자)와 깊은 인연을 맺게 된다.

> 14년 기묘년 선생은 10세였다. 모재 김 선생을 뵙고 절하고『소
> 학』을 배웠다. 이보다 앞서 모재는 호남의 관찰사로 왔었는데,
> 선생의 이름을 듣고 몸소 찾아봐 만났다. 매우 칭찬을 하면서

---

1) 『河西全集 附錄』권3,「年譜」. "十三年 戊寅 九歲 時奇服齋遵下南鄕 聞先生名 致而見之 大加稱賞曰 眞
奇童也 當爲我世子臣 盖是時 仁廟廻降纔數歲 聖質生知 睿德夙著 臣民咸仰 異日堯舜之治 故云 因贈
以內賜筆一枝 先生知其意 常葆藏以爲篋笥之珍焉"

"이 아이는 내 어린 친구요, 진실로 삼대 이상의 인물이다"고
했다. 이때에 이르러서야 선생이 가서 절하고 청해서 『소학』을
배웠는데, 강론하고 묻는 데 게으름이 없었다.[2]

이때에 하서공이 모재 선생을 만난 것으로 되어 있다. 이때의 정황
을 정확하게 파악하기 위하여 모재의 약사를 적기하면 다음과 같다.

金安國(1478~1543)은 趙光祖·奇遵과 함께 金宏弼의 제자로서 道
學에 통달하여 至治主義 儒學派를 형성하였다. 1503년 문과에 합
격 中宗 때는 禮曹判書를 지냈으며 한때 慶尙監司가 되어 嶺南에
가 있을 때는 각 고을 鄕校에서 『小學』과 함께 農書 등도 가르치
게 하였다. 다시 서울에 올라와 1519 기묘년에 參贊이 되었으나
이해에 기묘사화가 일어나고 조광조를 비롯한 소장파 명신들이
賜死를 당할 때 겨우 죽임을 면하고 관직에서 쫓겨나 경기도 利
川에 내려가 후진들을 가르치며 한가히 지냈다(『國史大事典』).

기묘에는 嶺伯으로 있었던 관계로 酷禍는 입지 아니하였으나 역
시 파직은 면치 못하였다(현상윤, 『조선유학사』).

연보에 따르면 이때에 하서공은 스승 모재공을 만났고 이로 인하
여 하서의 학통은 한훤당 김굉필–모재 김안국–하서 김인후라는
공식이 성립하기에 이른 것이다.

그러나 후일을 위하여 몇 가지 의안(疑案)을 여기에 밝혀두지 않을
수 없다.

첫째, 모재의 남하가 영남이냐 호남이냐의 문제인 것이다. 『국사
대사전』과 현씨의 『유학사』에서는 다 같이 영남도백(嶺南道伯)으로

---

2) 같은 책, 같은 글: "十四年 己卯 十歲 往拜慕齋金先生 受小學 先是 慕齋觀察湖南 聞先生名 身枉見之
　顄加稱嘆曰 此吾小友也 眞是三代上人物 至是 先生往拜 講受小學 講問不懈"

되어 있고 연보에서는 관찰호남(觀察湖南)으로 되어 있기 때문이다.

둘째, 모재 남하의 시기도 일정하지 않다.『대사전』에서는 기묘년에 다시 서울로 온 것으로 되어 있고 유학사에서는 영백으로 있었기에 혹화를 면한 것으로 되어 있다. 사화 후 파직으로 이천(利川)으로 낙향하여 후진을 길렀으나 하서와 모재와의 만남은 과연 언제 어디서였을까.

다음에 연보에서 기묘 이듬해 경진년도를 보자.

> 15년 경진년 선생의 나이는 11세였다.
> 선생은『소학』을 배우면서부터 한결같이 배움에 뜻을 두고, 과거에는 급급해하지 않았다. 늘 공경하며 앉아 있는 것을 좋아했고, 가볍게 입을 열지 않았으며, 강론하고 외우다 뜻이 맞는 곳에 이르면 문득 스스로 터득해서 어떤 경우에는 새벽이 되도록 잠들지 않았다.[3]

이때에는 모재 선생을 찾지 않고 홀홀 독공(獨工)의 수업에 정진하였음을 알 수가 있다.

이상에서 보아온 바와 같이 모재와의 만남에 있어서 다소 기록상의 사이가 있기는 하지만 그의 나이 10세를 전후로 하여 기복재·김모재 양인의 깊은 영향을 받았다는 사실만은 긍정적으로 받아들여야 할 것이다.

(2) 학문적 배경

기묘사화라는 역사적 및 정치적 조류 속에서 자란 하서는 그의 학

---

3) 같은 책, 같은 곳 "十五年 庚辰 十一歲 先生 自受小學 一意向學 不汲汲於擧子業 常喜穆然凝坐 不輕言語 講誦到意會處 輒欣然自得 或至達曙不寐"

문적인 배경도 이 틀을 벗어날 수 없었을 것임은 다시 말할 나위도 없다. 이를 지치주의적(至治主義的) 경서학(經書學)과 사칠논변(四七論辯)의 배경이 된 송학과 아울러 그의 사장학적(詞章學的) 시문학(詩文學)의 세계 등으로 나누어 볼 수 있을 것이다.

첫째, 지치주의적 경학을 들 수가 있다. 이는 11세 때 연보의 기록에 잘 나타나 있다. "선생은 『소학』을 배우면서부터 한결같이 배움에 뜻을 두고, 과거에는 급급해하지 않았다[先生 自受小學 一意向學 不汲汲於擧子業]"란 이를 두고 이른 말이다.

김종직의 문인 김굉필의 행장에서 이르기를 "선생은 날마다 『소학』과 『대학』을 외우면서, 이것을 규모로 삼고, 육경을 두루 탐구하며 정성스러움과 공경함을 유지하려 애썼다[先生 日誦小學大學書 以爲 規模 探頤六經 力持誠敬]"라 한 것과 여합부절(如合符節)하고 더욱이 "그의 글공부는 아직 천기를 알지 못하고, 『소학』의 글 가운데 어제의 잘못을 깨달았네[業文猶未識天機 小學書中悟昨非]"에 이르러서는 더 할 말이 없다.

둘째, 사칠논변의 배경이 된 송학의 이해는 공과 고봉과 일재(一齋)와 담재(湛齋)의 관계에 종횡무진하게 얽힌 태극설과 퇴고 사칠논변의 도출과정에 있어서 어느 만큼 하서가 관여하였는가로 집약될 것 같다.

전자(태극설)에 대한 일재와 고봉과의 견해차에서 하서는 고봉에게 좌단하였다. 『고봉퇴계왕복서』 권1 23 「중답담재(重答湛齋)」에 따르면

무오 가을에 제가 과거에 응시하러 서울로 떠날 적에 일재(一齋) 선생을 배알하고서 이야기하던 차에 우연히 태극설에 이야기가

미쳤는데, 그 논에 수긍할 수 없는 것이 있어 종일토록 변론하고 힐문하였으나 끝내 동의를 얻지 못하고 파하였습니다. 겨울에 서울에서 고향으로 돌아와서 다시 일재를 배알하였으나 그 논의의 동일하지 않음이 전날과 같았습니다. 뒤에 하서 선생을 뵙고서 그 설을 여쭈었더니, 하서의 의견은 저의 의견과 같았습니다. 종룡(從龍)은 바로 하서의 아들이기 때문에 하서와 저 사이에 있었던 의논의 대략을 들었고, 또 그는 일재의 사위이기 때문에 자기가 들은 바를 일재에게 고하였습니다.[4]

그러나 퇴고 사칠논변의 배경이 된 송대 성리학에 대하여는 그를 증거할 만한 논거가 그의 연보를 통해서도 극히 드물다. 다만 하서공은 사칠논변이 시작된 기미(1559) 다음 해인 경신 정월 16일에 조질관화(遭疾觀化)하였으니 『왕복서』 권1 17 「답상퇴계선생좌전(答上退溪先生座前)」에 이르기를

이곳에 하서 선생 김공이 계신데 장성에 사십니다. 저의 집과는 단지 오우명(五牛鳴)의 거리이므로 제가 벼슬을 그만두고 돌아와서는 이 선생께 의지하여 전에 배운 것을 강습하려 하였습니다. 그런데 이 선생께서 갑자기 1월 16일에 병을 만나 돌아가시니, 사도에 이보다 더 큰 불행이 있겠습니까마는 저의 불행은 더욱 심합니다. 매양 사색하다가 의심스러운 것을 여쭈어 볼 곳이 없을 때면 번번이 이 선생 생각이 나는데 뵐 수가 없게 되었으니, 아무 말 없이 조용히 앉아 슬픔을 참으려 하지만 스스로 억제할 수가 없습니다. 선생께서도 이 하서 선생과 오랫동안 서로 알고 지낸 사이이니 부음을 듣고는 틀림없이 상심하고 애통해하셨으리라 생각됩니다.[5]

---

4) 『兩先生往復書』권1, 「重答湛齋書」. "戊午秋 大升應擧向洛 歷拜一齋先生 語欠遇及太極之說 其論有未然者 終日辨詰 竟不能相同而罷 冬間 自洛還鄕 又得歷拜 則其論之不同 如前日焉 後拜河西先生 以槀其說 河西之意 則猶大升之意也 從龍乃河西之子 故 獨聞其義論之一二 而又一齋之壻 故以其所聞者 告一齋焉"

5) 같은 책, 「答上退溪先生座前」. "此有河西先生金公 家長城 與弊廬只隔五牛鳴 大升之罷歸 正欲依此先

라 하고 이어서 이르기를

사단·칠정의 설은 조목조목 책자에 기록하여 상세히 여쭈었습
니다. 그러나 저의 생각을 드러내 밝히고자 하였기 때문에 번거
로운 말이 많고 말이 또 직설적이어서 광망하고 참람한 죄를 범
하였으니 황공하기 그지없습니다. 바라건대 선생께서 아울러 절
충을 내려주심이 어떻겠습니까?[6]

라 하여 사칠논변의 무처고소(無處告訴)를 통탄하고 있다.

셋째, 공의 시문학에 대하여는 실로 할 말이 많을 것 같다. 그러나
이 점에 대하여는 별도 독립된 논문발표자에게 넘기기로 하고 퇴계
의 다음과 같은 논평에 귀를 기울여보자.『왕복서』권1 34「답상존
재계우(答上存齋契右)」에 따르면

김하서는 반궁과 옥당에서 나와 함께 지낸 적이 있었는데, 그
사람은 몸은 세상 속에 있으면서도 마음은 세상 밖을 표류했습
니다. 그가 처음 들어간 곳이 대체로 노장에 있었기 때문에 중
년에 자못 시와 술로 몸가짐을 무너뜨린 것을 애석하게 여겼었
습니다. 그런데 들자니 그가 만년에 이 학문에 뜻을 두었다 하
고, 근래 바야흐로 그의 학을 논한 문자를 보건대 그의 식견이
매우 정밀했습니다. 그가 한거하는 가운데 터득한 것이 이와 같
음을 생각하고 매우 가상하게 여겼는데 갑자기 고인이 되었다
는 소식이 오니 비통함이 보통 정도가 아닙니다.[7]

生以講舊學 而此先生忽於正月十六日 遭疾觀化 斯道之不幸 孰大於是 而大升之不幸 抑又甚焉 每當思
索有疑 無處告訴 輒思此先生 不可得見矣 悶黙含痛 不能自抑 想先生久與相知 聞其訃音 必傷慟矣"

6) 같은 책, 같은 글: "四端七情之說 逐條詳槀 錄在冊子 緣欲發明鄙意 故多繁縟誖迬 又直致狂妄僭率 死罪
死罪 伏乞先生 併垂折衷何如"

7) 같은 책,「答上存齋契右」. "金河西 芹泮玉堂 相與周旋 其人遊於域中 而方懷物表 其初入處多在老莊
故 中年頗爲詩酒所壞 爲可惜 而聞其晚年留意此學 近方得見其論學文字 其見識儘爲精密 想其閑中所得
如此 甚可嘉尙 而遽爲古人 聞來悲慟 又非尋常之比也"

라 하였으나 퇴계의 눈에 비친 하서는 비록 '그가 처음 들어간 곳이 대체로 노장에 있었기 때문에 중년에 자못 시와 술로 몸가짐을 무너뜨렸다[其初入處 多在老莊 故中年 頗爲詩酒所壞]'라 하였으나 이는 한 도학자의 논평에 지나지 않고 도리어 시주소괴(詩酒所壞) 속에 하서의 진면목이 감추어져 있다고 볼 수도 있을 것이다.

2) 생애

한 시대를 획한 한 인물의 생애는 저절로 기복이 있게 마련이다. 그러나 관로(官路)에 나아가 출세했던 시절만이 꼭 보람 있는 것이 아니요 오히려 불우했던 시절이 도리어 값진 결과를 나타내는 경우가 적지 않다. 그러한 관점에서 하서의 생애를 살펴본다면 극히 짧았던 재관(在官)시절보다는 오히려 향리에서 유유자적했던 그의 생애의 후반기가 더욱 값진 시절이 아니었던가 싶다.

하서가 성균사마시(成均司馬試)에 합격한 것은 공의 나이 22세 때의 일이요 이듬해에는 조고상(祖考喪)을 당하였고 24세 된 계사년에야 비로소 반궁(泮宮)에서 유학하면서 퇴계 이황(1501~1570)과 더불어 강학의 연을 맺게 된다.

공이 별시문과(別試文科)에 합격하여 권지승문원부정자(權知承文院副正字)로 분예(分隸)된 것은 그의 나이 31세 때의 일이다.

32세 때 4월에 홍문관저작(弘文館著作)으로 승배(陞拜)되었고 34세가 되던 해에 홍문관박사(弘文館博士) 겸 세자시강원설서(世子侍講院說書)로 승배(陞拜)됨으로써 후일 인종으로 기록되는 왕세자의 스승이 된 것이다.

이때에 세자와 맺어진 깊은 정은 세자가 그린 화폭에 쓴 제시(題詩)에 잘 나타나 있다.

뿌리 가지 잎새마다 모두 다 정미옵고
굳은 돌은 벗인 양 범위 속에 들어 있네
성스러운 우리 임금 조화를 짝하시와
천지랑 함께 뭉쳐 어김이 없으시다
根技節葉盡精微 石友精神在範圍
始覺聖神侔造化 一團天地不能違

그해 6월에는 홍문관부수찬(弘文館副修撰)에 승배(陞拜)되어 차자를 올려 시사를 논하고 그로 말미암아 기묘(己卯) 제신(諸臣)들의 억울함을 극력 개진하였으니 이는 공의 일생일대의 용기요 기묘 제신에 대한 설원의 첫걸음이었다는 점에서 그 의의는 실로 지대하다 이르지 않을 수 없다.

때는 이미 기묘년으로부터 20여 년이 지났지만 조야가 모두 입 밖에 내기를 꺼리고 두려워한 나머지 감히 기묘년 일을 왕(중종)에게 말하지 못하였다.

공이 홀로 이 답자를 올려 비로소 이 일을 왕에게 개진하였던 것이다. 그 사연이 매우 간절하여 중종이 비록 바로 윤유(允兪)를 내리지는 않았지만 대저 이로부터 기묘 제신의 억울함을 깊이 깨닫고 자못 뉘우치는 뜻을 보였다는 것이다.

이때를 고비로 하여 하서의 인생길은 고향을 향하여 돌려지고 있다.

첫 남하는 8월에 걸가귀근(乞暇歸覲)함으로써 비롯하였다.

그리고 겨울 12월에 옥과현감(玉果縣監)에 제배되었으니 이는 공의 양친이 퍽 연로하므로 봉양할 것을 간청함으로써 드디어 임명받게 된 것이다.

이듬해 겨울 12월(35세) 중종이 승하하였으니 이로 인하여 시국은 급변한다.

중종 승하와 때를 같이하여 인종 8개월의 최단재위(最短在位)가 이어지고 추(秋) 7월에 드디어 명종으로 이어지자 소윤(小尹: 尹元衡)의 집권으로 을사사화가 야기됨으로써 세정(世情)은 흉흉하였다.

이 어찌 하서의 흉중이 편안하였겠는가? 연보에 따르면 이때의 정경을 다음과 같이 서술해 놓고 있다.

> 선생은 을사 이후로 매번 여름과 계절의 환절기가 되면 책을 덮고 손님을 끊고서 근심하며 즐거움을 느끼지 못했고, 한 걸음도 문밖을 나서지 않았다. 7월 초하루 효릉(孝陵)이 세상을 떠난 날이 되면 술을 들고 남란산(南卵山)의 집으로 들어갔다. 술 한 잔에 한 번의 곡을 하면서 소리 내어 통곡하다가 저녁이 되어서야 돌아왔다. 세상을 떠날 때까지 이렇게 하시면서 거른 적이 없었다.[8]

라 한 것을 보면 불운했던 인종에 대한 지극한 애정을 엿보게 한다. 그의 처절한 심정을 다음과 같은 시구에 담아 놓고 있다.

> 임금의 나인 삼십이 되어 가는데
> 내 나이는 서른이라 여섯이로세
> 새 즐거움 반도 못 누렸는데
> 한 번 이별 활줄에 화살 같아라
> 내 마음 돌이 아니라 구를 수 없네

---

8) 『河西全集 附錄』권3, 「年譜」. "先生 自乙巳以後 每於夏秋交節 廢書止客 怏怏不樂 未嘗步出門外 至七月初一日 孝陵諱辰 持酒入家南卵山中 一飮一哭 號動竟夕而返 終身如是 未嘗或廢"

세상일은 동으로 흘러가는 물
한창때 해로(偕老)할 이 잃어버리고
눈 어둡고 이 빠지고 머리 희었네
묻혀 사니 봄가을 몇 번이더냐
오늘에도 오히려 죽지 못했소
백주(柏舟)는 저 하(河)의 중류에 있고
남산엔 고사리가 돋아나누나
도리어 부럽구려 주왕(周王)의 비(妃)는
생이별로 권이(卷耳)를 노래했으니[9]

이후 38세 봄에 성균관전적(成均館典籍) 가을에 공조정랑(工曹正郞)으로 제수되었으나 다 나아가지 않았다.

이후로도 이와 비슷한 일이 있었으나 모두 다 나아가지 않았으니 그렇다면 이로부터 51세에(正月 16일) 세상을 떠날 때까지 말년의 세월을 어떻게 보냈을까!

퇴계는 하서를 일러 '시주소괴(詩酒所壞)'라 일렀지만 하서 자신은 결코 그렇게 생각하지 않았다.

하서는 남하 후 39세 때 순창 점암촌(鮎巖村)에 초당을 짓고 훈몽(訓蒙)이라는 편액을 걸어 놓고 학생들을 가르쳤다.

이 시기에 있었던 제자 조희문(趙希文)과 양자징(梁子澄)과의 대화에서 공의 시주관(詩酒觀)을 엿볼 수가 있다.

한번은 밤에 조희문(趙希文)과 양자징(梁子澄)이 매화 가지를 꺾고는 선생을 모시고 술을 마셨다. 양자징이 "선생님은 풀 하나 나무 하나에 대해서도 궁구하여 읊지 않음이 없으시니 물건을 너무 완롱(玩弄)하는 것이 아닙니까?"라고 하자. 조희문은 "너는

---

9) 『河西全集』 권3, 「有所思」. "君年方向立 我年欲三紀 新歡未渠央 一別如絃矢 我心不可轉 世事東流水 盛年失偕老 目昏哀髮齒 泿泿幾春秋 至今猶未死 柏舟在中河 南山薇作止 却羨周王妃 生離歌卷耳"

선생님을 아는 자가 아니다"라고 하고 즉시 입으로 시를 읊조
리며 "물건을 완롱함은 천성 아니요 술마심은 회포를 의탁하려
는 것일 뿐"이라고 했다. 선생은 "조랑(趙郞)이 나를 아는 건가?"
라고 하고는 이어 읊조리면 "매화 등불 아래 술을 마시니 취한
것도 같고 배우인 듯도 하구나"라고 했다. 선생이 시와 술에 정
을 실은 것은 참으로 외물을 완롱하려는 것이 아니니, 그 은미
한 뜻을 알 것이다.10)

양자징은 후일 하서공의 서낭(婿郞)이 되었으나 이때만 하더라도
하서를 조낭(趙郞)만큼 몰랐던 것 같다. 그러나 퇴계도 '만년에 이 학
문에 뜻을 두었다[晩年留意此學]'라 했거니와 유학에 대한 말년 적공
을 연보에서 적기하면 여하(如下)하다.

40세에 「대학강의발(大學講義跋)」을 짓고 47세에 화담(花潭) 서경덕
(徐敬德)의 「독역시(讀易詩)」에 차운(次韻)하였고

48세에는 「주역관상편(周易觀象篇)」과 「서명사천도(西銘事天圖)」를
저술하였고

49세 때는 고봉 기대승과 태극도설을 강론하였고

50세에 이르러서는 일재와 더불어 태극음양이 일물이 아니라는
설을 편지로 논하였고 그해 겨울에는 고봉과 더불어 사단칠정설을
강론하였고 나정암(羅整菴)의 인심도심설(人心道心說)도 논한 바 있다.

그러나 아깝게 향년 51세로 타계하였으니 하늘도 무심하다 이르
지 않을 수 없다.

그러나 지금까지 하서와 소쇄공(瀟灑公) 양산보와의 관계를 따지
는 이는 별로 없다.

---

10) 같은 책, 같은 곳. "晝夜 諸生趙希文 梁子澄 折取梅枝 侍飮先生 子澄曰先生於一草一木 無不窮格而
吟咏之 無乃玩物耶 希文曰爾非知先生者 卽口占玩物非天性 銜盃只寄懷 先生曰趙郞知我乎 因續聯
曰 梅花燈下飮 如醉又如俳 先生寓情於詩酒 非眞玩物 其微意可見云"

소쇄원 처사 양산보(1503~?)의 인물에 대하여서는 따로 이야기하여야 하겠지만 스승 정암의 사사로 입신출세의 꿈을 버리고 낙향하여 고암산(鼓巖山) 기슭에 소쇄원을 세워 성산가단(星山歌壇)을 이끌어온 대표적 인물이란 점만은 여기서 지적해 두지 않을 수 없다.

하서는 소쇄공의 7년 수하이기는 하지만 낙향 이후로는 양인은 천년지기가 되었던 것이니 처사공의 행장(宋時烈)에 따르면

> 공의 둘째인 자징이 문순공(文純公) 이황 선생을 뵌 적이 있었는데, 선생이 '가정에서 즐기시는 일은 무엇인가?'라고 묻자 '아버님께서 교유하는 분은 오직 하서 한 분밖에 없으신데, 수창하면 화답하시면서 뜻과 근심을 나누십니다'라고 하자, 문순공이 매우 기뻐하시는 기색이셨다.[11]

이 한 마디로 족(足)하다 이르지 않을 수 없다.

면앙정 송순(1493~1592)은 처사공 양산보의 저술로 전해오는 「효부(孝賦)」에 단평(短評)을 썼고 하서는 차운(次韻)하였는데 송면앙은 또 이르기를

> 송순[新平]이 또 말했다. "공은 평소부터 양군(梁君)과 두터운 사이였는데, 게다가 자녀들이 혼인까지 맺어졌다. 정으로 서로 친하고, 덕으로 서로를 숭앙하였으며, 두 사람이 주고받은 것은 모두 이륜(彝倫)의 아름다운 일이었다. 이 때문에 나는 학업에 대한 서로의 믿음과 후세에 전할 만한 가법에 대해 두 사람에게서 본받을 것이 있을 뿐 아니라, 공경하기까지 하는 것이다."[12]

---

11) 『瀟灑園事實』권3, 「行狀」 "公次子子徵 嘗謁李文純先生 先生問家庭所樂 何事 對曰家君所與遊 惟河西一人 有唱斯和以忘憂也 文純深有喜色"

12) 『瀟灑園事實』권2, 「次韻」. "新平又云 公素與梁君有篤 加以子女之婚 相親以情 相尚以德 其與唱和者 無非彝倫美事 則學業之相孚 家法之可傳 吾於二公有取而致敬焉"

비록 연상이기는 하지만 처사공과 하서공과의 짙은 인연은 면앙의 눈에 선망의 미담으로 비추었음에 틀림이 없다.

그러므로 만일 소쇄원이 없었다면 하서는 어떻게 그의 울적한 만년을 보낼 수 있었을까! 그러한 의미에서 소쇄원은 처사공 양산보의 소쇄원일 뿐 아니라 하서공의 소쇄원이기도 하였음을 알 수가 있다. 그러한 의미에서 하서의 소쇄48영은 결코 우연의 소산이 아님을 알 수가 있다.

의리와 시문과 학문으로 엮인 하서의 생애는 비록 51세의 단명으로 끝났지만 효종 9년에 장성(長城) 기산(岐山)에 세워진 서원에는 현종3년에 선액(宣額)을 필암서원(筆巖書院)이라 하고 예관(禮官)을 보내어 사제(賜祭)하였고 수차 전국 유생들의 상소로 급기야 정종 10년에 문묘 배향의 영광을 누리게 되었으며 시호는 문정(文靖)에서 문정(文正)으로 고치었다.

1992년 추(秋)에 광주 어린이 공원에 공의 유덕을 기리는 후학들에 의하여 동상이 건립됨으로써 공은 우리들과 더불어 오늘도 여기에 살아 계신 것이다.

8. 퇴계 선생과 기대승

서언

 퇴계(1501~1570)와 고봉(1527~1572)과의 사이는 나이로 따져서 27년이라는 거의 일 세대에 가까운 간격이 떠 있지만 그들 사이는 사상이나 인간관계에 있어서 그 어느 누구보다도 각별한 바가 있었던 것 같다. 그들의 사상 관계는 사칠논쟁을 다룬 논문에 의하여 이미 밝혀진 바 있거니와[1] 그들의 인간관계는 그들이 주고받은 수백 통의 서신을[2] 통해서 알아낼 수 있을 것이다.

 사칠논쟁을 통해서 그들의 인간관계가 깊이 맺어졌는지 아니면 그들의 깊은 인간적 이해를 바탕으로 하여 사칠논쟁이라는 학문적 토론이 성취되었는지에 관한 선후관계는 실로 미묘한 바 있거니와 사칠 논쟁이란 그 자체도 겉으로만 보아서는 딱딱한 학문적 논쟁으

---

1) 金敬琢,「退·高의 四七論辯」,『아세아연구』18호(서울: 고려대 아세아문제연구소, 1965).
2) 『高峯先生文集』(以下 『文集』),「兩先生往復書」권3, 58쪽. "退溪先生與先人往復書尺 無慮數百本"

로 일관한 듯이 보이지만 이를 그들이 주고받은 서신을 통해서 보면 그들의 깊은 인간관계의 토대 위에서 이루어진 성과였다고 볼 수도 있기 때문이다. 그러므로 한 가지 분명한 것은 그들의 사상 및 인간 관계는 손의 앞뒤처럼 서로 밀접한 표리 관계를 이루고 있다는 것일 것이다.

이러한 관점에서 퇴·고 두 분의 관계를 살펴보자면 깊이 그들의 사상과 인격을 건드려야 하겠지만 본론에서는 아무래도 제한된 범위를 벗어나지 못할 것이다. 제한된 범위란 다만 그들이 주고받은 서찰이나 시문만을 통해서 이를 살펴보기로 하기 때문이다. 그런 의미에서 본론은 제한된 범위 안에서 이러한 구실을 자임하고 나선 자그마한 시론에 지나지 않는다고 해야 할 것이다.

1) 왕복 서찰에 나타난 깊은 정의

(1) 첫 해후

퇴·고 두 분이 처음 만나기는 명종 12년 무오(1558) 10월이니, 때마침 고봉은 나이 32세로 서울에서의 과거에 급제한 후 곧장 퇴계 선생을 뵙게 된 것이다.[3] 이에 앞서 퇴계는 이미 1555년에 도산서당을 건립하여 은거의 뜻을 굳히었고, 아울러 그의 학행은 애오라지 원숙한 경지에 이른 때라 하겠다. 그때 퇴계의 나이는 58세로서 때마침 잠시 서울에 와 있던 때이었다.

이와 때를 같이하여 추만 정지운(1509~1561)은 바로 그달에 자

---

3) 『文集』 卷1, 「年譜」, 4쪽. "十三年 戊午……十越 中文科乙科第一人 權知承文院副正字 是月拜退溪于 京邸"

기의 저작인 「천명도」를 고봉에게 보여주었으니[4] 이로 말미암아 후일 퇴·고 양현이 장장 7년 동안 논란할 꼬투리가 될 줄이야 그 누가 알았으랴! 그러나 추만이 던진 천명도의 불씨는 그것이 바로 퇴·고 양현이 만나자마자 진지한 토론으로 들어간 사칠논변에 그친 것이 아니라 그것은 또 이조 성리학의 정상에 횃불을 밝힌 봉화가 되었다는 점에서도 무오 10월에 있었던 퇴·고의 첫 해후는 역사적인 의미를 지녔다고 하지 않을 수 없다.

(2) 첫 편지를 쓰게 된 사연

1545년 을사사화의 화를 피하여 향리로 돌아간 퇴계는 도산서당(陶山書堂)을 세워 놓고 학문 사색에 전념하던 시절인지라 무오 10월의 체경(滯京)도 그리 오래지 않았고, 고봉 또한 과거에 급제한 후 승문원(承文院) 부정자(副正字: 종9품)로 피임되었으나 다음 달 11월에 걸가남귀(乞暇南歸)하여 향리로 돌아갔으니, 퇴(退)·고(高) 두 분은 만나자 이별격으로[5] 그들이 각각 머물러 있게 된 안동 광주 간은 오직 서찰로서 이를 이을 길밖에 다른 도리가 없었을 것이다. 그 후 때때로 고봉은 서울에서 벼슬산 일도 있지만 퇴계는 낙향한 소지(素志)를 꺾지 않았으니 이렇듯 통신이 어려웠던 먼 거리에 있었음에도 불구하고 왜 그들은 수백 통의 편지 내왕을 하게 되었는가. 이듬해 정월 초5일에 쓴 퇴계의 첫 편지 사연은 대강 다음과 같다.[6]

---

4) 『文集』 卷1, 「年譜」, 4쪽. "十三年 戊午……十月……鄭秋巒之雲 以天命圖示先生 先生略論大槪而歸之"

5) 같은 책, 같은 글, 「兩先生往復書」 卷1, 6쪽. "平生仰慕之懷 只得兩度拜面 而又忽忽卽別 因成燕鳴之來去 奈何"

6) 같은 책, 1~2쪽. "別後一向阻聞聲 塵歲忽改矣"

갈린 후 소식 몰라 하던 차 어느덧 해가 바뀌었구려! 어제 朴和叔을 만나 대강 소식은 듣자옵고 영화로운 귀향인지라 가지가지 즐거움도 많겠지요.

나야 하는 일없이 병만 처진 데다가 벼슬을 그만두자 해도 어찌할 수 없구려! 工曹의 자리는 비록 별일 없다 하지만 어찌 병을 고치는 곳일 수야 있겠소, 그런데도 시론을 물러설 수도 없게 하니 처세하기도 이처럼 어려운 것일까. 앞서는 꿈결같이 만나 깊은 이야기할 틈조차 없었으나 오히려 마음 깊이 어울리는 기쁨을 가졌더이다.

요즈음 선비들 사이에서 떠도는 소문에 의하면 사단칠정설에 대한 내 해석에는 잘못된 데가 있었던 것같이 말하고 그것은 나도 짐작했던 것인데 그것을 지적받고 보니 더욱 잘못된 대목이 있는 것을 알게 됐기로 곧장 "四端之發純理故無不善 七情之發 兼氣故有善惡"이라 고쳤으니, 이렇게 하면 별 트집이 없겠는가!

잠깐 만났을망정 도움이 많았었는데 가까이 상종한다면 얼마나 좋을까. 남북으로 떨어져 있으니 철새나 오고 가는 사이가 됐구려. 책력 한 권을 보내니 받아 주시고 할 말 다 펴지 못한 채 멀리 붓을 놓나이다.

이에 대한 고봉의 답서는 대강 다음과 같은 사연으로 되어 있다.[7]

오래도록 안부 여쭙지 못하던 차에 지난달 18일에야 비로소 정월 초닷샛날 글월과 책력 한 권을 받았나이다. 선생을 뵈온 후로 취한 듯 기쁨에 젖어 오래도록 그리운 정 가실 길이 없나이다. 病骨에다가 정신마저 혼미하니 어찌 기대에 부응할 수 있사오리까.

선생께서 고치신 사단칠정설은 석연히 깨우쳐진 듯하나 제 생각으로는 理氣의 개념이 먼저 분명하게 된 연후라야 心性情의 뜻이 다 분명하게 떨어질 것이요 사단칠정도 가려내기 어렵지 않을 것입니다. 여러 선생들의 논술이 자세하고도 분명하지 않은 바 아니로되 思孟이나 程朱의 말뜻이 서로 다 다른 것 같은

7) 『文集』, 「兩先生往復書」 卷1, 2~3쪽. "謹伏問令體何如 慕仰無已"

것은 리기의 개념을 가려내지 못했기 때문인 것 같습니다.

우견이나마 펴 드림으로써 좌우의 비판을 받고자 하오나 오래도록 紛忙 중에 있어서 다시 손질해 볼 겨를도 없이 초고대로 보내오니 글로써 표현한 것에 감히 잘못이 없기를 기약할 수 없나이다.

봄여름 사이에 찾아뵙게 되기를 기약하옵니다.

己未 3월 초 5일

後學 高峯 奇大升 上狀

이상은 퇴·고 두 분이 주고받은 첫 편지의 내용에서 골자만을 의역한 것이지만 이에 의하여 몇 가지 사실을 지적할 수 있다.

첫째, '요즈음 선비들 사이에서 떠도는 소문'이란 다름 아닌 정추만의 「천명도설」에 대한 시비를 의미한다고 보아야 할 것이다. 추만의 천명도설서(天命圖說序)가 갑인(1554) 정월 삭조(朔朝)의 작이니 기미(1559)에 앞서기 5년 전이었고, 퇴계는 이미 갑인 전에 그의 초고를 보고 거기에 손질을 할 정도로[8] 이에 깊이 관여하고 있을 때였던 것이다.

그런데 퇴계는 어찌하여 그의 제일신(第一信)에서 고봉에게 사단칠정의 수정설에 대한 의견을 묻게 되었을까. 그것도 겨우 한두 번 만났다가 갈린 후 주고 받는 첫 편지 사연 속에서 이를 다루었을까. 자못 주목함 직한 일이 아닐 수 없다. 그러나 이를 명증할 만한 별다른 재료는 없지만 다음과 같은 추리는 성립되리라고 본다.

고봉이 무오 10월에 퇴계를 만나 뵈었을 때 이미 사칠론에 대한 자기의 사견은 구술했을 것으로 짐작이 되는 것이다. 이때에 추만의

---

8) 『文集』, 「四七理氣往復書·附鄭秋巒天命圖說序」. "退溪證以古說 參用己意 補其所欠 刪其所剩 卒成完圖 其賜己厚 又從而爲之說 附其後而敎之 其幸孰大焉"

천명도설은 들어서 알고 본인이 직접 보여주어서 알고 있었기 때문이다. 그러므로 퇴계는 그때 들었던 고봉의 일가견을 높이 평가했기 때문에 "곧장 '사단의 발은 순수한 리이기 때문에 선하지 않음이 없고, 칠정의 발은 기를 겸하기 때문에 선악이 있다'라 고쳤으니, 이렇게 하면 별 트집이 없겠는가![改云四端之發純理故無不善 七情之發兼氣故有善惡 未知如此下語無病否]"[9])의 태도로 의견을 묻게 되었고, 고봉도 비로소 구술한 자기의 의견을 정리하여 초고를 집필하기에 이른 것이다.[10] 퇴계로서는 미리 고봉의 사칠론에 대한 기본 태도를 모르고서야 어찌 사칠논변의 단서를 그의 제일신 속에서 끄집어낼 수 있었을 것인가. 그러므로 사칠논변은 이미 기미[11] 정월의 「퇴계여고봉서(退溪與高峯書)」에서 비롯되었다기보다는 차라리 그의 묘맥은 이미 그 전해진 무오 10월 '고봉이 퇴계 선생을 서울의 집에서 배알했다[高峯拜退溪先生于京邸]'고 할 때에 싹튼 것으로 보아야 할 것이다.

둘째, 퇴계는 제1신에서 이미 보고 싶던 원을 풀어 마음 깊이 기뻤다[12]는 말과 함께 처세하기 어려운 사정까지를 토로한 것[13]을 본다거나 고봉은 퇴계에게 주는 제1신의 답서에서 황연(怳然) 심취(心醉)한 연모의 정을 토로한 것을[14] 보더라도 두 사람의 인간적 정의는 이만저만이 아니었음을 짐작할 수 있다. 이런 사이이기 때문에

---

9) 퇴계가 고봉에게 준 제1신 중에.

10) 『文集』, 「兩先生往復書」, 3쪽. "欲述愚見以求正於左右 而長在紛忙中 未暇再審 又慮筆之於書 易致差謬不敢焉"

11) 玄相允, 『朝鮮儒學史』, 李滉條, 94쪽.

12) 『文集』, 「兩先生往復書」, 1쪽. "頃者 雖遂旣見之願 條如一夢 未暇深扣 而猶有契合欣然處"

13) 같은 책, 같은 곳, "處世之難 一至於此 奈何奈何"

14) 같은 책, 같은 글, 2쪽. "前年何幸得拜門下 敬聆緖論 開發良多 怳然心醉 撥欲留侍 而病骨難耐苦 寒兼勢有未可 遂決行計 馬首之南 雖絶戀結豁 戀德之思 日遠日積 居常馳想 恨忙奈何"

추만의 「천명도설」과 거기에 따른 사칠논변이 극히 자연스럽게 이루어졌으리라 보이는 것이다.

이렇듯 58세의 퇴계와 32세의 청년 고봉과의 사이에서 맺어진 인간관계는 경신(庚申) 8월에 보낸 퇴계의 글에서 퇴계가 스스로 당시에 서울에 올라와 있었던 것을 크게 다행스럽게 여긴 점으로 보거나[15] 선조에게 고봉을 추천했던 것으로 보거나[16] 고봉이 퇴계의 입사(入仕)를 적극적으로 종용한 것으로 보거나[17] 짐작하고도 남음이 있을 것이다.

(3) 퇴고 중심의 호남제유

호남 거유에 하서 김인후(1510~1560)가 있으니 그는 퇴계의 9년 수하요 고봉의 17년 수상으로서 하서의 처소는 장성인데 고봉의 향리인 광주(光州) 소고용리(召古龍里) 송현동(松峴洞)과는 겨우 오우명(五牛鳴)의[18] 거리밖에 되지 않는 가까운 거리였기 때문에 고봉은 손쉽게 그를 찾아 강학의 기회를 얻을 수 있었던 것이다.

하서는 기묘명현[19] 김안국(1478~1543)의 제자로서 중종 때 퇴계와 더불어 홍문관에서 함께 벼슬산 일이 있다. 을사사화 후 고향인 장성으로 돌아왔으니 이는 퇴계 안동 귀향과 때를 같이하고 있다.

---

15) 『文集』, 「兩先生往復書」 卷1, 31쪽. "戊午入京之行 極是狼狽 而猶有自幸者 以得見吾明彦故也"

16) 같은 책, 序. "宣祖嘗延問退陶 金乹以爲學問人 退陶獨學先生以對稱 以通儒者 見重如此"

17) 같은 책, 「論思錄 上」, 16쪽. "頃日 李晃李恒直植上 來事下事 雖是先王之意 而上所以繼述之者尤美矣"

18) 같은 책, 「兩先生往復書」 卷1, 17쪽. "河西先生 公家長城 與弊蘆 只隔五牛鳴 大升之罷歸 正欲依此 先生以講舊學"

19) 호는 慕齋로서 思齋 金正國(1485~1541)의 형. "圖旣草 則亦不可不見正於長者 遂取質于慕齋思齋兩 先生 兩先生不甚責之 且曰不可輕議 姑俟後日" 「天命圖說」에서 보는 바와 같이 추만의 스승이니 하서는 추만과 함께 모재 문하의 동문인 셈이다.

그때에 하서의 나이는 35세. 이에 하서는 퇴계와 고봉과의 사이에서 인간적으로나 학문적으로나 중간자로서 많은 문제를 안고 있다.

퇴계와 하서는 중종 때 동료로서의 우의가 있는데 고봉은 사칠논변이 시작된 그 이듬해 경신 팔월의 서신에서 퇴계에게 하서의 갑작스런 서거를 알리었다.[20]

하서 선생께서는 정월 16일에 갑자기 병을 얻어 세상을 떠나시니 우리의 불행이 이보다 더한 것이 있아오리까. 대승의 불행은 더할 말이 없나이다. 매양 생각에 의심쩍은 데가 있어도 이제는 물을 길조차 없아옵고 문득 선생을 생각한들 다시 만날 길이 없으니 안타까운 심정을 풀 길이 없어 하나이다. 생각건대 선생님께서 오래도록 서로 사귀어오던 사이인지라 그의 부음을 듣자오면 가슴 아파하실 줄 압니다.

이 소식을 듣고 퇴계는 고봉에게 다음과 같은 답서를 보내왔다.

김하서는[21] 芹泮玉堂에서 서로 함께 지낸 바 있던 처지로서 그 사람됨이 뛰어났더이다. 그의 첫발 디딤이 많이 老莊에 있었기 때문에 중년에는 詩酒에 빠진지라 애석한 마음 어찌할 길이 없더니 듣건대 그의 말년에는 도학에 유의하였고 근자에 얻어본 그의 논술을 보면 제법 정밀한 바 있으니, 그의 숨은 노력은 가상히 여길 만하오. 그런데 갑자기 그가 고인 된 소식을 듣자 하니 비통한 마음 비할 곳이 없구려.

20) 『文集』,「兩先生往復書」 卷1, 17~18쪽. "此先生忽於正月十六日遘疾觀化 斯道之不幸 孰大於是 而大升之不幸 抑又甚焉 每當思索有疑 無處告訴 輒思此 先生不可得矣 想先生久與相知 聞其訃告必傷慟也"

21) 같은 책, 같은 곳, 34~35쪽. "金河西芹泮玉堂 相與周旋 其人游於域中 而放懷物表 其初入處 多在老莊 故中年頻爲詩酒所囊爲可惜 而聞其晩年 留意此學 近方得見其論學文字 其見識儘爲精密 想其閒中所得如此 甚可嘉尙 而遽爲古人 聞來悲慟 又非尋常之比也"

이렇듯 퇴계는 하서의 부음을 듣고 그의 인물됨과 학식을 냉철하게 평하여 고봉에게 알려 줌으로써 옥당 동료 이상의 우의는 보여주지 않고 있음을 볼 수 있다. 이는 고봉이 하서에 대하여 '매양 생각에 의심쩍은 데가 있어도 이제는 물을 길조차 없아옵고……안타까운 심정을 풀 길이 없어 하나이다[每當思索有疑 無處告訴……悶黙含痛 不能自抑]' 할 정도로 깊은 인간적 정이 얽혀 있는 것과는 대조적인 것이다.

퇴계 하서 고봉의 인간적 삼각관계는 위와 같거니와 그렇다면 그들의 학문적 관계는 어떠했을까. 이에 대한 해답을 얻자면 먼저 일재(一齋)와의 관계를 더듬어 볼 필요가 있다.

일재(一齋) 이항(李恒, 1499~1576)은 중종 때 문신으로서 벼슬에 있지 않을 때는 태인에 머물렀다. 고봉은 무오 7월에 과거에 응시차 상경하던 도중 태인에 들려 일재를 만나 「태극도설」을 논한 바 있었던 것이다.[22] 이 논쟁은 그해 11월에 귀향하던 도중에 계속되었으나 어떠한 결론을 얻지 못한 채로이었다. 이 논쟁에 있어서 하서와 퇴계는 어떠한 태도를 취했던가.

먼저 논쟁의 초점을 살펴보면 고봉은 '태극은 음양에 섞여 있지 않은 자를 말한다'[23]는 입장인데 일재는 이에 반하여 '태극은 음양을 떠나서 존재하지 않는다'[24]고 주장하고 있는 것이다. 그러므로 고봉은 태극음양상리론자(太極陰陽相離論者)요 일재는 불리론자(不離論者)인 것이다. 이에 대하여 퇴계는

22) 『文集』 卷1, 「年譜」. "戊午七月 上洛道經泰仁 歷拜一齋李公 論太極圖說"
23) 같은 책, 「兩先生往復書」 卷1, 19쪽. "近者 金君從龍過我 因言曰 奇正字云 太極不雜乎陰陽而爲言耳"
24) 같은 책, 같은 글, 20쪽. "易曰 太極生兩儀 蓋兩儀未生之前 兩儀存乎何處 兩儀已生之後 太極之理 亦在乎何處 從這裏面明辨深思 則庶見其理氣渾然一物而已 余以謂太極未生兩儀之前 兩儀固存乎太極之中 而太極已生兩儀之後 太極之理亦在兩儀之中矣 然則兩儀未生之前 與已生之後 固元不離乎太極也 若相離則無物矣"

李一齋는 오래전부터 그의 이름은 들었지만 그의 학문이 어떤지
는 모르고 있었소. 이제 태극설에 대한 논쟁 왕복서를 받아본즉
자세히 살펴보지는 못했으나 그의 대강은 짐작할 수 있습니다.
잘잘못을 따지기에 앞서 의심나는 점은 후일을 기다리는 것이
좋을 것 같소, 다만 옛말에 '나만 알고 남을 모르는 병'이 있다
고 했는데 이는 결코 작은 병이 아닐 성 싶소.
논쟁점의 한두 마디의 말씀이야 그리 대단할 것은 없고 오직 이
병을 버린 연후라야 학문을 논할 수가 있을까 하오. 내 생각으
로는 일재의 잘못된 곳을 지적했는데 겉으로는 일일이 적중한
것처럼 보이지만 그대도 이 병이 없지 않은 성싶구려! 시골 속
에 파묻혀 있기에 이처럼 그대의 설을 잘못 이해하고 있는지는
모르지만…….25)

이렇듯 퇴계는 이 태극논쟁에 깊이 관여하기를 꺼렸다. 그리고

일재공은 隱居樂志하며 이처럼 자신 있는 태도를 취하고 있는
점은 가상히 여김 직하지만 그의 학문하는 태도와 그의 논점에
서는 잘못이 없지 않소.26)

라는 비판을 내리고 있는 것이다. 뿐만 아니라 고봉에게 대해서도

나 보기로는 일재는 한쪽으로 치우쳐서 너무 해박한 것을 싫어
하니 이는 본시 큰 잘못이거니와 그대는 해박한 데 힘쓰듯 하면
서도 검약하기를 소홀히 함을 면치 못한 듯하오.27)

라 하여 고봉의 태도도 공평하게 비판하기를 잊지 않았던 것이다.
　이 태극 논쟁에 있어서 고봉의 설은 고봉 자신이 수긍한 바와 같

---

25) 『文集』 卷1,「兩先生往復書」, 35～36쪽. "李一齋 久聞其名 未知其學之如何"

26) 같은 책, 37쪽. "但一齋公 隱居樂志 篤於自信如此"

27) 같은 책, 39쪽. "以況觀之 一齋之據經 約一邊而幾詣務博"

이 그것이 바로 하서의 설과 동일하다[28]는 점은 주목할 만하다. 이 논쟁에 있어서 고봉은 비록 퇴계의 동의는 얻지 못했을망정 하서에게 품(稟)하여 그의 동의를 얻음으로써 고봉은 일재에게 대하여 자신을 얻게 되었던 것이다. 그러나 일재는 그와는 반대로 고봉 하서의 동조를 우려하여 그는 하서에게 다음과 같은 글을 보냈다.

> 태극론에 관하여 재삼 역설하는 까닭은 난들 好勝해서가 아니오, 깊이 우려되기 때문이오. 호남에서 특히 뛰어난 학자로서는 그대와 奇君의 설이 그러하다면 아마도 모든 학자들이 그대들의 설만을 따르면서 다시는 생각조차 하려고 들지 않을 것이 걱정이 되는구려.[29]

이처럼 일재가 우려의 뜻을 표하리만큼 태극론에 관한 한 하서 고봉은 밀착된 사승의 관계에 있었던 것이다.

그러나 사칠논변에 관해서는 어떻게 보아야 할 것인가.

하서가 모재의 고족(高足)임은 위에서 논한 바 있거니와 추만 또한 모재의 제자이지만 추만의 천명도설에 대하여는 당시에 있어서는 퇴계만이 자진 궁문(窮問)하였을 따름이오 아무도 시비를 논한 자 없었고[30] 고봉도 그가 비록 하서의 서거를 슬퍼하여 '매양 생각에 의심쩍은 데가 있어도 이제는 물을 길조차 없아옵고[每當思索有疑 無處告訴]'라는 심정을 밝힌 바 있기는 하지만 그것은 일재와의 태극논쟁에서 그러했음이 분명하고, 이 논쟁을 제외하고서는 하서에게「천

---

28) 『文集』,「兩先生往復書」卷1, 24쪽. "後拜河西先生 以稟其說 河西之意 則猶大升之意也"

29) 같은 책, 22쪽. "太極之論 再三力焉者 非吾好勝也 深有憂焉"

30) 같은 책,「四七理氣往復書・附鄭秋巒天命圖說序」. "由是 此圖之草 無所見正 而余之學問 日就荒蕪 幾不能自振 去年秋退溪李先生 誤聞不肖之名 窮問者再三……"

명도설」에 따른 사칠론에 대한 문의는 그 어느 문헌에서도 찾아볼
수 없을 뿐만 아니라[31] 퇴계도 하서학에 대하여 겨우 '들기로는 그
의 만년에 이 학문에 뜻을 두었다고 하고……그의 식견이 모두 정밀
[[聞其晚年留意此學……其見識儘爲精密]'하다고는 했지만 사칠론에 대
한 하서의 견식(見識)에 대하여는 거의 무관심한 태도를 보이고 있는
것이다. 게다가 퇴고의 사칠논변의 이론적 전개는 도리어 경신 정월
서거 후의 일이니 묻자 해도 물을 길 없는 시기였다는 사실을 두고
보더라도 사칠논변에 대한 하서의 관여도는 자못 의심스럽다는 결
론이 이끌어지는 것이다.

그럼에도 불구하고 「하서연보」에는 고봉이 하서에게 물은 후 퇴
계에게 답서를 쓴 것처럼 기록하여[32] 마치 고봉의 사칠론이 하서에
게서 연원한 것처럼 되어 있으니 그 까닭은 어디에 있는 것일까. 그
것은 위에서의 논술을 종합해 본다면 고봉 일재 간의 태극논쟁에 있
어서 '배문하서(拜問河西)'한 것을 더욱 확충하여 사칠논변에 있어서
도 '배문하서(拜問河西)'한 것처럼 착각한 데 기인했다고 보이는 것
이다.[33]

(4) 퇴계 선생(退溪先生) 유묵(遺墨)

경신 8월 초8일자 편지에서 고봉은 퇴계에게 부탁하기를

---

31) 『文集』, 「四七理氣往復書·辨錄」, "戊午秋 高峯先生 與一齋先生 論太極圖說 而久未指論 故河西與有
聞焉 而其說與高峯大略相同 然至羅氏(明儒羅欽順 號整庵)體用之說 四七理氣之辯 河西集旣無一段辯
論之書 高峯集無與河西問難之說 河西外系梁公潑撰家狀 亦無此等文字"

32) 「河西年譜」. "高峯聞退溪理氣互發之說 心竊疑之 問河西而後答退溪"

33) 『文集』, 「四七理氣往復書·附錄」, 奇亨燮 「辨錄」 참조.

大升은 이제 存齋라는 齋名을 갖기로 했사오니 存齋라는 큰 글씨 두 字만 써 주시기 바랍니다. 또 白紙 두 묶음을 보내오니 아울러 한가하신 틈에 眞書나 草書나 써 주신다면 크게 도움이 되겠나이다. 武夷櫂歌나 朱子詩 중에서 가장 警切한 자는 다 써봄 직한가 합니다.……그리고 唐紙 두 폭을 보내오니 求放心・存德性 두 齋名을 써 주시고 存齋銘記도 아울러 지어 주시기 바랍니다.[34]

이에 대하여 퇴계는 9월 1일자 답서에서 다음과 같이 응답하였다.

부탁한 存齋 大字와 白紙 唐牒에 써야 할 것들은 못 한다 하기도 어려워 그대로 두어두고 있습니다. 이제 정력이래야 하루에 몇 幅 쓰거나 아니면 권태로워 종일토록 이런 일을 해낼까 싶지 않구려. 된다 하더라도 별로 대단한 것이 될 것 같지 않은데 하물며 게다가 銘記까지 지어야 할 일은 걱정이 되오. 모두 이 겨울 안에 될지 어쩔지!

마지못해 응낙한 것 같아 보이나 그 이듬해 신유 4월 초10일에 쓴 고봉서에 의하면 거년 11월 회간(晦間)에 무이도가(武夷櫂歌) 화운시(和韻詩)와 기명시(寄名詩) 수폭(數幅)의 필사(筆寫)를 보내왔고[35] 또 회암(晦菴) 주자(朱子)의 숙매계관시(宿梅溪館詩)와 존재(存齋)의 양대자(兩大字)도 아울러 보내왔음을[36] 알 수 있다.

무이도가 화운시는 비록 고봉의 소청에 의한 것이라 하더라도 퇴계로서는 남달리 관심이 있던 시가였던 것이다. 일찍이 무이지를 읽다가 구주에 의심을 품고 하서의 전용주의에 반하여 새로운 입장에

---

34) 『文集』, 「兩先生往復書」 卷1, 18~19쪽. "大升欲以存名齋 伏乞爲作存齋二大字以惠何如……"

35) 같은 책, 같은 글, 42~43쪽. "又於十一月晦間 再奉先生手札 兼收許答書 及櫂歌和韻 併寫寄銘詩諸幅 所幸尤極 厥後歲已改矣 春亦盡焉"

36) 같은 책, 같은 글, 43쪽. "伏收寫晦菴宿梅溪館二絕 併銘詩諸幅 及存齋兩大字二 札皆精密端重 氣韻閒靜 而典刑森然 撫玩以還感戢甚矣"

서 이에 화운시를 지어 보내 왔음을 기록하고 있다.[37]

따로 숙매계관시(宿梅溪館詩)를 필사해 보내 준 내력은 경신 8월 초6일의 서찰에 기인한 것 같다.

> 大升은 요즈음 술이 지나쳐 무척 후회하는 마음 어찌할 길 없던 차 우연히 鶴林玉露記를 본즉 朱子의 自警句 一節이 있는데 澹菴 胡公을 위하여 지었던 것임을 알고 망연자실하였나이다. 이는 학자들의 律己制欲의 방략으로써 가장 警切한 자입니다. 이를 揮毫해 주시면 벽에 걸어놓고 들고날 적마다 자성의 보기로 삼겠나이다.[38]

한 뜻을 받아 이를 필사해 보내 주었던 것이다.[39]

이렇듯 퇴계는 이미 60 노령임에도 불구하고 고봉의 소청을 어김없이 정성을 다하여 이행해 준 점에서 그들 사이의 각별한 인간적 정의를 짐작할 수 있을 것이다.

두 분의 편지는 1570년 12월 퇴계 서거 직전까지 계속되고 있는데 경오 2월 초6일에 고봉은 또 퇴계에게

---

37) 『文集』, 「兩先生往復書」 卷1, 41쪽. “滉閑中嘗讀武夷志 見當時詩人和無夷櫂歌甚多 似未有深得先生意者 又嘗見別槲所刊行櫂歌詩註 以九曲詩首尾學問入道次第 竊恐先生本意 不知如是拘拘也 近有茂長卞成溫 嘗學於金河西 云遠來相見 見示河西所作武夷律詩一篇 亦全用註意 不知公尋常看作如何 又滉嘗和櫂歌極知僭妄 而不敢有隱於左右 今錄寄呈 望賜證評 其中第九曲有二絕 其一用註意者 舊所作也 後來反復 其更覓除是等語意 似不爲然 故又別作一首 不知於此兩義 何取何舍……”

38) 같은 책, 같은 글, 30쪽. “大升近人事出入飮酒過度 頗有自失之悔 偶見鶴林玉露記 朱子自警一絕 謂爲澹菴胡公而發云云 不覺惘然自失焉 仍檢大全集 則題曰宿梅溪胡氏客館觀壁間題詩自警二絕 而首一絕曰 貪生坐豆不知羞 靦面重來躡俊莫向情衣袂 恐君衣袂涴清流 次一絕曰 十年浮海一身輕 歸對黎渦却有情 世路無如人欲險 幾人到誤平生……抑此二絕 皆於學者 律身制欲之方 最爲警切 併乞揮灑以惠何如 思欲黏之屋壁 出入觀省爾”

39) 같은 책, 같은 글, 39~40쪽. “晦菴宿梅溪館詩 如所戒寫呈 但讀示喻 知深創兩斧之爲害 欲消除防險以免於坑塹之辱 此意甚善”

바라옵건대『중용』大文을 틈나시는 대로 써주시면 종신토록 받들겠나이다.[40]

했건만 그때 퇴계는 70 고령으로서 바로 3월 21일자 답장에서 이에 부응할 수 없음을 말하고 있다.[41] 이렇듯『중용』필사는 유산이 되었을망정 퇴·고 두 분의 두터운 정의는 여기에서도 맥맥이 흐르고 있음을 느끼게 한다.

(5) 처세난의 호소

퇴·고 두 분이 처음 만나 후로 편지를 주고받게 된 사연은 이미 밝힌 바와 같거니와 이때에 두 분의 처지에 있어서 상반된 점이 있다면 그것은 다름 아니라 퇴계는 이미 세사에 뉘가 난 사람처럼 병약을 핑계 삼아 퇴장(退藏)의 뜻을 굳힌 지 오래요 고봉은 금방 과거 급제하여 장래 할 관로(官路)가 트여 있는 신예의 청년이었다는 점일 것이다.

그러나 기묘 을사사화의 뒤가 되어서 시세는 결코 그들을 위하여 평탄한 길이 준비되어 있었던 것은 아니다. 도리어 험난한 조건들이 더욱 그들의 처신을 어렵게 하고 있었다고 해야 할는지 모른다. 이러한 고충을 퇴계는 고봉에게 털어놓기가 일쑤이었던 것이다. 기미 정월 초5일의 제1신에서 벌써 퇴계는 고봉더러 "처세의 어려움이 끝내 여기에 이르렀으니 어떻게 할까요![處世之難 一至於此 奈何奈何]"

---

40)『文集』,「兩先生往復書」卷3, 35쪽. "伏望 先生閒餘 爲寫中庸大文 以惠何如 欲爲終身之用 祈功甚至 伏惟鑑納……"

41) 같은 책, 같은 글, 39쪽. "中庸要寫册子來已領悉 但眼昏體倦 手腕乏力 尤難作細字 此等要素 漸不能 應副 恐至終身所戒也"

라 자탄했거니와[42] 고봉도 퇴장과 출세의 중간에 낀 어려움을 토로
하면서 퇴계의 교시를 간청하고 있다.[43] 이에 대한 기미 양월(陽月:
10월) 24일의 퇴계서는 장장 2천여 어(語)에 달하고 있다. 그중에서
중요한 부분만을 적기하면 다음과 같다.

> 대저 출처 거취는 자기가 결심할 일이지 남과 상의할 성질의 것
> 이 아니고 또 남이 이렇다 저렇다 할 수 있는 것도 아닐 것이
> 오……요즈음은 진퇴양난하여 비방은 태산 같고 위태롭기 짝이
> 없소……公의 처세난이 나보다도 더욱 심한 까닭은 그대의 영발
> 한 기개와 동량 같은 재목이 아직 세상에 나오기도 전에 그의
> 명성은 이미 원근에 떨쳐 있고 그대는 첫출발부터 나처럼 병약
> 했던 자와는 다르니, 퇴장하려 한들 어찌 시속사람들이 공을 버
> 려두겠소. 시속사람들은 버리지 않는데 나만 홀로 버리려고 한
> 다면 그럴수록 더욱더 면할 길이 없을 것이니 나처럼 퇴장하려
> 해도 그것은 어려울 것이 뻔하오.……이미 과거에 응했으니 출
> 세를 그만두려 해도 때는 이미 늦은 것 같구려……대체 선비로
> 태어나 出處 愚不愚 간에 자신을 깨끗이 하고 옳은 일만 하면 되
> 는 것이니, 화복 따위야 아랑곳이 없지 않겠소. 그러나 일찍이
> 우리나라 선비들로서 겨우 도의에 뜻을 두거드면 거의 世俗 患
> 難을 겪게 마련이니, 이는 비록 땅덩이는 좁고 사람은 많기 때
> 문이기는 하지만 또한 제가 하는 짓에도 덜된 데가 있기 때문인
> 가 하오. 덜된 데란 다름이 아니라 배움은 未及한데 지나치게
> 높은 자리에 앉고자 하거나 시세는 헤아리지 않고 경세에 만용
> 을 부리기 때문에 실패로 돌아가는가 하오. 높은 명성을 등에
> 지거나 큰일을 담당한 사람은 깊이 이 점을 경계해야 할 것이오[44]

42) 『文集』, 「兩先生往復書」 卷1, 1쪽.

43) 같은 책, 같은 글, 5~6쪽. "性本疎 與世不宜 欲舍而退藏 則形迹難韜 欲俛勉而從事 則身心交悴
等是二者 無寧違俗而就己乎 此事亦嘗素决於心曲 而衆議不同 如秋巒火必應 了了於其間 而其所以言
者 不過世俗之常情耳 豈以大升爲非其人不之告耶 抑鄭丈所見 自有所未至耶 不然則古之所謂爲人謀而
忠者 恐不如是也 病除忘身 以應免新之役 固知非宜 而不免爲衆所迫 昌味畢事 此乃大升知見未高之累
也 尙復何言 然亦可見居此世者 稍有異常之事 不免爲群機衆排 終於於貼身而抑志也 可歎可歎 伏望
先生有以指示也 大升常謂處世固難 然亦患吾學之未至耳 吾學若至 則處之必無難矣 此意如何"

44) 같은 책, 같은 글, 7쪽. "大抵出處去就 當自決於心 非可謀之於人 亦非人所能與謀"

여기에 나타난 퇴계의 깊은 뜻은 학문에 전념할 것인가! 출세의 가도를 달려볼 것이냐의 중간에 끼어 있는 고봉으로 하여금 자기처럼 퇴장(退藏)하지 말고 올바르게 출세의 길에 나서기를 권장하고 있는 것이다. 이에 대한 고봉의 대답은 다음과 같다.

> 보내주신 글을 자세히 읽어보면 제 공부가 이미 處世하기에 무난할 것으로 생각하고 있는 양하셨지만 실로 송구스럽기 짝이 없나이다. 선생님께서는 비록 공부하는 사람들의 실수를 경계하시는 뜻에서 하신 말씀이겠지만 저희들이야 어찌 감당할 수 있사오리까.……사실상 앞날에 머리를 굽혀 免新의 禮를 드리고자 한 것은 다 이런 뜻에서였으나 오늘날에는 신병과 정세가 어려우므로 잠시 물러서려 했던 것입니다. 나아갈 줄만 알고 돌아설 줄 모르는 사람이 되지 않으려고 해서 그러는 것은 아닙니다. 그러나 이 일이 한번 잘못되면 그럭저럭 세상 되어 가는 대로 따라가는 무리가 되어 버릴까 경계하시는 뜻이 보내주신 편지에 서려 있고 더욱이 세속에 아첨하고 勢道와 功利에 따르는 태도는 두려워해야 할 점일 것입니다.
> 앞서 박화숙과 함께 서울에 있을 때 추만 곁에서 이런 이야기를 나누다가 문득 大升은 中樞를 벗어난 末梢가 아니면 중심 없는 無骨蟲임을 면치 못할 것이라고 했더니 추만도 이를 시인하면서 크게 웃더이다. 그러나 명성과 공리의 영화는 사람마다 쉽게 탐닉하고 이해와 화복으로 협박 공갈하면 뼈에 사무칠 것이니 無骨蟲이 되는 것도 그럴 수밖에 없을 것이라 어찌 괴이할 것이 있겠나이까.[45]

이렇듯 출퇴양난의 시절에는 무골충일 수밖에 없음을 실토한 고봉의 말을 퇴계는 다음과 같이 받고 있다.

---

[45] 『文集』, 「兩先生往復書」 卷1, 15~16쪽. "細讀來書 似以大升爲自謂學已至而處之無難者 悚仄之心 無以仰喻"

無骨蟲이란 말은 크게 한 번 웃을 만한 말이오. 이 벌레는 이미 수레바퀴에 덮여도 안 될 것이요. 또 밟힐까 경계해야 하기 때문입니다. 정주 같은 분들은 그들의 명성이 일세에 떨쳤지만 매사를 함부로 하지도 않았거니와 당시의 걱정거리 속에 휘말려 들지도 않았었고, 조금이라도 서운한 대목이 있으면 한사코 사양함으로써 제 뜻대로 나아갔기 때문입니다.[46]

이 무골충론(無骨蟲論)은 당시에 있어서 출처 거취가 어려움을 풍자한 것으로서 퇴계·고봉의 처세난이 여기 부각되어 있다. 이때에 고봉은 출사(出仕)했고 퇴계는 끝내 퇴장(退藏)하고 말았다. 그러나 퇴계는 자기 대신 고봉을 추천하였고 고봉은 선조 정묘 11월 17일 경연에서 조식(曹植)·이항(李恒) 등과 함께 퇴계의 상래(上來)를 촉구하고 있다.[47] 이렇듯 서로 추천 추앙하면서 출사와 퇴장의 엇갈린 길을 걸은 두 분을 놓고 볼 때 고봉이 무골충이라면 퇴계는 유골충(有骨蟲)이란 말인가! 일소어(一笑語)이지만 무골이건 유골이건 이에 그들은 '벼슬을 삼직하면 벼슬을 살고 그만둠 직하면 그만두었던[可以仕則仕 可以退則退]'[48] 진유이었음을 알 수 있는 것이다.

2) 시문(詩文) 교환(交換)

(1) 이별시(離別詩)

학리적인 사칠논변과는 대조적인 의미에서 퇴·고 두 분 사이에

---

46) 『文集』, 「兩先生往復書」 卷1, 33쪽. "其中無骨蟲一語 眞可以發一大笑……"

47) 같은 책, 「論思錄 上」, 16쪽. "頃日 李滉李恒曹植上 來事下事 雖是先王之意 而上所以繼述之者尤美矣……一時賢者 不一其人 而如李滉 則尤爲拔萃者也"

48) 『孟子』, 「公孫丑 上」. "可以仕則仕 可以止則止……"

서 오고 간 시화를 더듬어 보는 것도 일취(一趣)일 것 같다. 그리 많지 않은 칠언절구이지만 두 분 사이의 부드러운 정의를 살피기에는 넉넉하지 않을까 한다.

당시에 있어서 서울에서 안동까지 내려가는 노정은 한강의 뱃길로서 소위 남한강 줄기를 타고 양근(楊根) 여주(驪州)를 거쳐 충주에 이르러 육로로 바꾼 후[49] 조령(鳥嶺)이나 죽령(竹嶺)을 넘어 예천(禮泉)에 이른다.[50] 그의 이웃이 안동인 것이다.

> 강상(江上)의 이별이 꿈결처럼 아득하더니, 양근(楊根)에서 돌아온 김별좌(金別坐)에게 선생의 행색(行色)을 듣고는 슬프고 그리운 마음 갑절이나 더했습니다. 그 뒤 연도(沿塗)에서의 체후(體候)가 어떠하셨는지요? 앙모하는 마음 말로 다하기 어렵습니다.[51]

에서 강상일사(江上一辭)의 강상(江上)은 한강상(漢江上)이오 김별좌(金別坐)의 회양근(回楊根)은 양근(楊根) 지방까지 뱃길로 동행했다가 돌아온 것임을 알 수 있다. 이번에 퇴계의 남행(南行)을 송별하던 고봉은 동호(東湖) 강서(江墅)에서 일숙(一宿)하고 보은사(報恩寺) 반상(般上)에서 전별(餞別)할 때 칠언(七言) 이구(二句)를 봉정(奉呈)하였으니

> 한강수 도도히 만고에 흐르는데
> 선생의 이번 걸음 어찌하면 만류할꼬
> 백사장 가 닻줄 잡고 머뭇거리는 곳

---

49) 『文集』, 「四七理氣往復書」 卷3, 1쪽. "況自驪江顚風苦雨 舟行良艱 出陸於忠州 踏雪踰嶺猶得免 生他病達入 故山則春事方殷……"

50) 같은 책, 「禮集」 卷1, 39쪽. "己巳暮春三日 溪老吾鄕禮安 在嶺南最北 陸路由鳥嶺而行則曰南行 水路由竹嶺而歸則曰東行 皆禮安言也"

51) 같은 책, 「兩先生往復書」 卷3, 1쪽. "江上一辭惘焉如夢 金別坐回楊根 伏聞行色 悵戀音音 不審厥後沿塗 體候何如 慕向難言"

이별의 아픔에 만 섬의 시름 끝이 없어라[52]

이때에 퇴계는 다음과 같이 응답했다.

배에 나란히 앉았으니 모두 다 좋은 사람
돌아가려는 마음 종일 끌리어 머물렀네
한강물 가져다 행인의 벼루에 담아
이별의 무한한 시름 써 내노라[53]

이때 봉은사(奉恩寺)의 일숙(一宿)은 그 어느 때보다 애끊는 이별의
정이 서려 있었으니 그것은 퇴계의 나이 69로서 이듬해 12월의 영
별(永別)을 서로 예감했었기 때문인지도 모른다. 퇴계로서는 그 전
해인 선조 즉위 초에 부득이 승소상경(承召上京)하였다가(7월) 이제
또다시(이듬해 3월) 귀향하는 길이었으니 언제 다시 상경하게 될지
알 수 없는 마지막 길이었던 것이다.[54] 퇴계는 봉은사 일숙(一宿)의
정경을 고봉에게 다음과 같이 써 보내고 있다.

동호의 선상에서 정답게 얘기했던 것이 꿈결 속에 되살아나는
데, 나를 전송하느라 봉은사까지 따라와서 하룻밤을 묵은 것은
그 뜻이 더욱 얕지 않습니다. 각기 술에 취하여 서로 바라보기
만 하고 아무 말도 없이 드디어 천 리의 이별을 이루었던 것입
니다. 그런데 서한과 시를 받으니 다시 얼굴을 대한 듯하여 지
극히 위로되고 다행스러움을 형언하기 어렵습니다.[55]

---

52) 『文集』, 「續集」, 卷1, 37쪽. "江漢滔滔萬古流 先生此去若爲留 沙邊拽纜遲徊處 不盡離腸萬斛愁" 「年
譜」에는 '萬古'가 '日夜'로 고쳐져 있다. 후에 그렇게 고친 것이다.

53) 같은 책, 같은 곳. "列坐方舟盡勝流 歸心終日爲牽留 願將漢水添行硯 寫出臨分無限愁"

54) 「退溪年譜」. "己巳……三月……拜辭出城 寄東湖夢賚亭 己酉乘船東歸 寄奉恩寺……名士傾朝出餞名
賦詩敍別"

55) 『文集』 卷3. 1쪽. "東湖船款 發於夢寐 追宿奉恩 意尤不淺 各困杯勺 相視無言 遂成千里之別 手翰來

(2) 매화시(梅花詩)

퇴계는 분매(盆梅)건 정매(庭梅)건 산매(山梅)건 매화를 좋아했던 것 같다.[56] 많은 그의 매화시(梅花詩) 중에서 고봉의 차운시(次韻詩) 8수(首)를 퇴계매화시(退溪梅花詩)와 함께 적기하면 다음과 같다.

선생의 그윽한 마음 한매에 의탁하고
서울의 풍진 속에 우연히 홀로 왔네
돌아갈 흥 호연하고 봄도 저물지 않으니
성긴 그림자 쇠퇴함 달래 줌이 어여쁘네

갠 창에 한 가지 매화꽃 환히 피었는데
나는 벌 찾아옴 허락지 않네
오늘의 이별 부질없이 괴로워하노니
백 잔을 마셔 쓰러지건 말건

공은 매화 찾아 고향 산으로 돌아가려 하는데
나는 영록 탐해 풍진 사이 체류하네
향 피우고 닻줄 매는 곳 어드메냐
비바람 어둑한데 홀로 사립문 닫았노라

호숫가 황량한 집 푸른 산 의지하니
여윈 매화 긴 대나무 창살에 비친다
지금도 봄소식은 옛날과 같아
공명의 관문 뚫지 못한 내가 부끄럽네

아스라한 맑은 모습 학 위의 신선인데
꽃다운 마음 짐짓 봄 하늘에 드러냈네
누가 정실(鼎實)이 연기와 빗속에 드리워
좋은 싹 심어 눈앞에 있음을 예쁘게 여기나

投 副以詩牋 宛若復奏顏範 慰幸之至 難以形容"

56) 퇴계는 陶山에 梅花 菊花 蓮花를 심어 두고 節友社라 하였다.

영외의 한매는 바로 적선이라
고고한 향기와 나그네 자취 각각 본연을 보전했네
어찌하면 달빛 아래 회포를 열고
복희씨 괘 긋기 이전의 이야기해 볼까

서리도 무시하며 서늘한 달빛 띠었으니
조그마한 창가에 재배되어 은은한 향기 풍기누나
맑은 모습 명년을 기다려 완상하리니
정원지기에게 부탁건대 부질없이 감추지 마오
늠름한 높은 절개 염량을 헤치고서
바람 일고 안개 자욱해도 향은 사라지지 않네
봄날에 온갖 꽃 난만하게 피어나면
물가 숲 아래 장차 깊이 감춰지리[57]

이렇듯 매화로 얽힌 퇴·고의 시정은 기사 3월의 상별(相別) 후 꿈
결에 자주 나타나 보인 퇴계에게 드린 절구 중에도 나타나 있다.

지난밤에 어렴풋이 선생님을 뫼셨고
오늘 밤에도 관곡하게 웃고 이야기했도다
분명히 한 생각은 아직도 세상 걱정하시니
선생께서 매화에만 집착 않으심 알 수 있구나[58]

아무튼 매화는 그들의 시적 정의를 하나로 엮어준 유일한 절우(節

57) 『文集』, 「續集」 卷1, 「仰次退溪先生梅花詩」, 37~38쪽.
　　"先生幽契託寒梅 京洛風塵偶獨來 歸興浩然春不暮 定憐疎影惹摧頹
　　晴愈深著一枝梅 不許遊蜂取次來 今日別離空自若 百觴澆不任欷頹
　　公欲尋梅返舊山 我貪榮祿帶塵間 燒香繫纜知何處 風雨冥冥獨掩關
　　湖上荒蘆倚碧山 瘦梅脩竹映愈間 祇今春信應如舊 愧我功名未透關
　　縹緲淸標鶴上仙 故將芳意露春天 躑躅開實垂煙雨 種出嘉萌在眼時
　　嶺外寒梅是謫仙 孤芳羈斥各全天 何當月下開幽抱 說到羲皇劃卦前
　　暗依霜帶寒帶月涼 小愈培養發微香 氷姿擬待明年賞 報道園丁莫漫藏
　　稜稜高節撥炎涼 風動烟香不廢香 春攬百花從爛慢 水邊林下且深藏"
58) 같은 책, 「夢見退溪先生」, 40쪽. "前夜依俙倚椺陪 今宵款曲笑談開 分明一念猶憂世 可識先生不著梅"

友)였던 것 같다.

(3) 그 밖의 시구들

낙암(樂庵)은 고봉 향리에 있는 고마산(顧馬山) 남쪽에 있고 그 밑 동편에 두어간 집을 마련하여 동료(東寮)라 이름하고 학자들이 모이도록 했으니 그때는 선생의 나이 44세 되는 경오 5월이다.[59] 경오 4월 17일자 고봉이 선생에게 올린 편지[高峯上先生書]를 보면

> 집에서 가까운 언덕에 작은 초암을 신축하여 노닐며 지낼 곳으로 삼기로 하고, 낙(樂) 자를 그 초암의 이름으로 걸고자 합니다. 이는 대개 전번에 주신 글에 "가난을 마땅히 즐겁게 여겨야 한다[貧當可樂]"는 말씀으로 인하여 제 마음에 소망하는 바를 부치려는 것입니다. 산이 비록 높지는 않으나 시계가 두루 수백 리나 되므로 집이 완성되어 거처하게 된다면 진실로 조용하게 수양하기에 합당한 곳이니, 그곳에 종사한다면 정경(情境)이 조발(助發)하는 취흥이 없지는 않을 것입니다. 이 밖의 잡다한 일들이야 개의할 게 뭐 있다고 다시 운운하겠습니까?[60]

이에 대하여 퇴계는 7월 12일자 답서에서

> 높고 넓은 땅에 서실을 신축하여 학문을 닦는 낙을 부치고, 또 서실의 이름을 낙암(樂庵)으로 하는 것이 매우 알맞고 좋다는 것을 알았으나, 한 번 가서 며칠 동안 정답게 지내며 그중의 낙이 어떠한지 참여하여 느껴 보지 못하는 것이 한스럽습니다. 마음을 존양하는 것과 학문을 증진시키는 것이 서책을 완색하는 사

---

59) 「高峯年譜」. "庚午……五月樂菴成"

60) 『文集』, 「兩先生往復書」卷3, 「先生前答上狀」, 41쪽. "家近山崖 新築小庵 擬爲棲遲之所 欲以樂字揭其名 蓋緣前書所示貧當可樂之語 用寓鄙心之所願慕者 山雖不深 眼界周數百里 屋成而居 儘合靜修之地 從事其間 不無情境助發之趣也 此外悠悠 亦何足介意 而更有云云耶"

이에 계합하여 혹 시부로 그 뜻을 드러낸 것이 있거든 아끼지
말고 인편에 부쳐 보내어 이 늙은이의 어둡고 막힌 것을 씻어
주시기 바랍니다.[61]

라 하여 낙암(樂庵) 신축(新築)을 축하함과 동시에 시부영가(詩賦詠歌)의
작품이 있으면 보내달라는 간곡한 부탁도 잊지 않고 있다. 이에 「퇴
계 선생의 「기락암」에 차운하여 이어 선생께 올리다[仰次退溪先生韻
紀樂庵 仍上先生]의 절구를 보면

숲 속 집에 조용히 처함도 광채 있으니
처음으로 서재 만들어 푸른 언덕 기대었네
벼랑의 몇 그루 대나무 밤비에 울리고
고개의 소나무 그림자 노을에 흔들리네
하도 낙서에 눈을 붙임 본래 싫지 않았고
거친 밥으로 창자 채워도 토하지 않았네
또한 성현께서 전수한 뜻 알았으니
어찌 곡직과 횡사를 따질 것이 있으리오[62]

고봉은 재명(齋名)이 존재(存齋)로서 이미 퇴계는 존재기명(存齋記
銘)과 아울러 존재(存齋) 양대자(兩大字)를 써서 보내준 바 있거니
와 '퇴계 선생이 '존(存)'자 운에 화답하여 보내 주셨기에 또 그 운을 써
서 올리다[退溪先生和存字韻寄示又用韻仰次]'를 보면

61) 『文集』, 「明彦令前拜復」, 45쪽. "知新築書室 得地高曠 以寓藏修之樂 又以之揭號甚適且好 恨不得命
駕一造 爲數日之款 得與開其中所樂之如何也 惟望所存所益 有契於玩索 或發於賦詠者 無悋以風寄示
以洗老人昏滯也"

62) 같은 책, 『續集』 卷1, 「仰次退溪先生韻紀樂庵 仍上先生」, 46쪽.
"林廬靜處亦光華 初卜書窓倚翠阿 崖上幾竿鳴夜雨 嶺松孤影羨晴霞
圖書寓目元非厭 疏糲充腸儘不哇 且會聖賢傳受意 何論曲直與橫斜"

한 점의 영대도 보존치 못함 부끄럽나니
지난날엔 앵무새가 말만 능히 했도다
이제 거의 명성(明誠)의 힘을 취하면
나무엔 깊은 뿌리 물엔 근원 있으리[63]

일찍이 퇴계는 그의 『학용어록해의(學庸語錄解疑)』의 중화신간(中和新刊)을 달갑게 여기지 않은 나머지 고봉으로 하여금 그의 원고를 불살라 없애도록 한 일이 있다. 이미 고봉은 느낀 바 있어 다음과 같이 술회하였다.

속학은 문에 끌려 참을 연구 아니 하고
입과 귀로 서로 이으니 도는 더욱 묻히도다
유전하는 차기는 더욱 의심이 많은데
스승에 핑계 대어 다시 사람을 그르치네
태워 버려 완악한 자들 경계하라 공은 내게 명했지만
연마하여 학업함을 뉘 몸소 구할 건가
빈 뜰에 태워 버리고 세 번 탄식하노니
뜬세상 분분하게 괴이쩍다 성내리라[64]

(4) 성학십도

퇴계는 선조 즉위 초 무진 7월에 승소(承召) 상경하였는데 왕에게 계주(啓奏)하기 위하여 『성학십도(聖學十圖)』를 저술한 바 있거니와 그의 초고를 고봉에게 보내면서(이때에는 두 분이 다 서울에 있었으니 퇴계는 判中樞府事 兼 經筵春秋館事였었고 고봉은 工曹參議에서 右

---

63) 『文集』, 「退溪先生和存字韻寄示又用韻仰次」, 45쪽. "一點靈臺愧不存 向來鸚鵡只能言 如今庶取明誠力 木有深根水有源"

64) 같은 책, 卷1, 「中和新刊退溪學庸語錄解疑跋合一册」, 63쪽.
"俗學牽文不究眞 相承口耳道瀰堙 流傳剳記尤滋惑 假託師門更誤人
焚棄警頑公命我 研磨居業孰求身 空庭付燼還三歎 浮世紛紛足怪嘆"

承旨로 승진되었을 때다) "이제 성학십도를 보내니 잘못된 데가 있거든 지적해서 돌려 보내주오"라 했고 특히 "남의 눈에는 띄지 않도록 해주오"라는 단서를 붙여서 보냈었다.[65] 그러므로 이 초고는 고봉 이외의 다른 사람에게는 보이지 않았거나 보였더라도 극소수의 사람이었을 것이라 추측이 된다. 어쨌든 이 초고에 대한 고봉(高峯)의 건곤(乾坤) 외(外) 수조(數條)에 대한 의견서[66]가 미처 퇴계에게 입수되기 전에 이 성학십도는 퇴계의 철야(徹夜) 첨개(添改) 끝에[67] 완결을 보게 되었던 것이다.

그러나 『성학십도』의 완성을 위한 도정에서 퇴계는 '남의 눈에는 띄지 않도록 해주오[姑勿掛人眼]'의 원고를 고봉에게 보여 '잘못된 데가 있거든 지적해서 돌려 보내주오[如有謬誤處指破回示]' 하라 한 점에서 퇴・고 두 분 사이는 얼마나 가까운가 측정할 수 있을 것이다.

(5) 문소전의(文昭殿議)

기사 3월에 퇴계 하향(下鄕) 후 4월에 조정에서는 문소전(文昭殿)에 대한 의논이 분분하게 일어났다. 그의 「논문소전차(論文昭殿箚)」를 보면

세종대왕께서 문소전을 창립하셨는데……모두 만일 옛 전(殿)을

---

65) 『文集』, 「兩先生往復書」 卷2, 57쪽.

66) 같은 책, 같은 글, 59쪽.

67) 같은 책, 같은 글, 58~60쪽. "畢小學 今已多日本館待考證了訖而後 入啓禀開講 諸公之意 固已遲之矣 今乃垂入啓而復修竄改當 改寫正本 則其勢如以爲遲更益甚矣 尤爲未安 故前夜老眼昏燈力疾添改 朝來了訖 未敢呈禀可否 而卽送了 館得其答簡以來 乃今得接別紙之諭 勢難 又請來而添補也 深恨深恨"

수리하고 마땅하게 처리한다면, 그 제도는 비록 지난날과 조금 다르다 하더라도 예의 대체에는 무방하다고 여기고 있습니다. 이렇게 되면 굳이 고쳐서 만들지 않고, 또 옛 잘못을 그대로 따르지 않으면서 서로 마땅함을 얻게 될 것입니다. 그런데 뜻밖에도 혹자들은 원대한 지식이 없고 예문의 본의를 모르면서 세종의 보훈(寶訓)에 가탁하여 오실(五室)의 제도를 지키려고 하면서 끝내 이것을 행할 수 없다는 것을 모르고 있으니 잘못이 아니겠습니까. 대신과 예관은 올바른 예법을 굳게 지켜야 할 것이오나, 그 사이에 처치함에 다소 변통을 가해야 할 것입니다. 그런데 잡된 의논에 현혹되고 세속의 주장에 동참하여 마침내 반을 나누어 간격을 짓자는 규칙을 만들었으니, 국가에서 선조를 받드는 예가 어찌 이와 같이 구차할 수 있겠습니까? 예문을 헤아려 보고 때의 마땅함을 살펴보매 변통하여 올바른 법을 따르지 않아서는 안 될 것입니다. 후침(後寢)은 반드시 한 칸을 더 세우고, 전전(前殿)은 보좌(寶坐)와 상탑(床榻)을 적당히 고쳐 개설하며, 성대한 제기와 추잡한 제품(祭品)들을 또한 마땅히 선왕의 규칙에 부합하게 하고 옛 성인들의 설을 따르도록 힘쓴다면, 거의 옛 법에 어그러지지 않고 지금 세속에도 마땅하게 될 것입니다. 이와 같이 하고도 형편상 통하기 어려운 것이 있을 경우에는 전퇴(前退)와 후퇴(後退)를 또한 통하여 배열해서 처리할 수도 있을 것입니다. 만일 여러 사람들의 장점을 취하지 않고 한쪽으로 치우친 설을 고집한다면 이것은 옛날과 지금의 예를 모두 버리는 결과가 될 것이오니 어찌 옳겠습니까?[68]

라 하여 예도 그의 본의에서 어긋나지 않는 한 시의의 변통이 있어야 한다고 주장하였다.

이에 앞서 고봉은 퇴계에게 문의하기를 잊지 않았다.[69] 그러나 그

---

68) 『文集』 卷2, 40~41쪽. "……世宗大王創立文昭殿……咸謂若修舊殿而處置得宜 則其規制雖或稍異於前日 而禮之大體 自無所妨 則可以不改作不因循 而交得其宜也 不意或者無經遠之識 味禮文之本 托於世宗寶訓 欲守五室之制 而不知略不可行 不亦誤乎…… 後寢必當增建一間 前殿則寶坐床榻 捘宜改排 而器皿之侈大 饌品之猥褻者 亦須稽合先王之規 務循前甲之說 則庶幾不戾於古 而自宜於今也 如是而勢或有難通者 則前後退 亦可通排而處之也 苟或不採衆說之長 而只執一偏之說 則是擧古今之禮而盡棄之也 烏乎可也"

내용을 여기서 일일이 들출 겨를이 없거니와 그럴 필요도 없을 것 같다. 다못 문소전의(文昭殿議)에 있어서는 퇴계 역시 지대한 관심을 기울이고 있던 차[70] 양설(兩說) 중[71] 각위일세설(各爲一世說)에 기울고 있었기 때문에 이는 고봉의 시의변통의 입장을 뒷받침해 주는 것이었음을 지적하고 싶다. 그러므로 인종이 연은전(延恩殿)으로 들어가지 않게 되었을 뿐 아니라[72] 전실(殿室)의 양분(兩分)이나 증실(增室)도 피하게 되었으니[73] 이는 다 퇴·고 두 분의 설이 채택된 결과이었던 것이다.

(6) 이공묘갈명(李公墓碣銘)

퇴계는 융경 3년 6월 9일자 서신에서 자기 선고(先考)의 묘갈명(墓碣銘)을 고봉에게 부탁하였고[74] 이에 고봉은 7월 20일자 편지와 아울러 퇴계 선고 이공묘갈명을 지어 보냈던 것이다.[75] 그러나 이를 받아본 퇴계는 그중에는 자기로서 감당하기 어려운 대목이 있음을 다음과 같이 지적하여[76] 고봉에게 이를 반송하였다.

---

69) 『文集』,「兩先生往復書」卷3, 3쪽.

70) 같은 책, 4쪽. "仍奉仁宗於延恩. 而不入文昭 不知信否 若信有此說 於今意以爲何如 以況愚見 許多議中 此說尤深害義理. 自開此來 日夕憂鬱 不知身之在遠外也"

71) 같은 책, 같은 곳. "竊觀前古議臣所以處此事者 一則曰嘗爲君臣便同夫子各爲一世 一則曰兄弟不相爲後當同昭穆共一位 兩說各爭 後說常勝云……"

72) 같은 책,「論事錄」卷3, 5쪽. "及其殿制 不得增修 於是苟且之論乃起 大臣之議 以爲仁廟乃在延恩殿無妨云 遂據成廟初年文宗遞遷儀軌而言之 雖出於無情實害於義理 人皆憤鬱 旋卽命改其議 而今旣有定……"

73) 같은 책,「兩先生往復書」卷3, 5쪽. "幸而聖智首出 心燭此理 旣命褪祈殿 而又停曾室 可謂深善而至當也"

74) 같은 책, 9쪽. "況先府君以先兄 故追贈嘉善 當時雖已立石墓前 石有瑕玼 圖欲改立 而中遭家禍惶惑遷延 久而不果……願得當世大君子一言之惠 庶有發於潛閟之蹟以示來裔……"

75) 같은 책, 16쪽. "此墓碣文字 謹此仰早 第未知入樣與否 伏祈鑑哉……"

76) 같은 책, 22쪽. "先墓碣文……今況乃獲 逐微願勖於往復數月之間 其爲幸之大至此也 願其中有況所未敢當者數段"

1. 公과 先生의 칭호에 대하여 애초에는 그의 경중을 알 수 없었지만 요즈음은 선생 칭호가 좀 더 중한 것 같소. 銘文 중에서 이야기가 滉에 미치면 이 先生자를 쓰고 先公과 더불어 쓰이고 있으니 惶窘하기 짝이 없구려.……다못 滉의 관직만을 칭하고 선생 두 자는 모조리 없앰으로써 내 마음의 微愠을 가라앉게 해주오
2. 명문 중 道를 칭하는 곳에서 滉의 이야기가 너무 장황하여 남에게 보이기 어려운 점이라거나 후세에 믿음직스럽지 못한 점 등이 있으니 재량하여 착실하게 다루어 주기 바라오.
3. 碣石은 碑石처럼 큰 것이 아니기 때문에 중 정도의 것이라도 1,200자를 넘으면 각자하기 어려운데 보내준 명문은 1,720여 자라 다 새겨 넣기 어렵고 잔글자로 쓴다 하더라도 醴泉石은 품질이 거칠어서 더욱 곤란하니……4, 5백 혹은 3, 4백 자 줄여줌이 좋겠소.
4. 行狀의 기록 외에 더 첨가된 것은 그 깊은 뜻에 감사하오.
5. 先妃寡居四十餘年의 기록은 사실은 36년인데 그렇게 해도 불가할 것은 없을 듯하오.[77]

이에 대한 고봉의 대답은 다음과 같다.

1. 碣文은 400자를 감했으나 아직도 1,300자 이하로 줄이지 못했기 때문에 각자에 곤란을 겪을는지 모르나 그 이상을 깎으면 사실의 처리가 곤란할 듯합니다.
2. 公과 先生의 칭호에 대하여는 경중이 없는데 요즈음 사람들이 그렇게 보기 때문에 경중이 있는 것같이 여기는 것 같습니다. 대개 公字는 대범하게 쓰이고 先生이란 後學이 先覺을 宗師한 경우에 쓰인다는 점이 다소 다르므로 각각 합당한 점이 다를 뿐 거기 抑揚 高下는 없는 줄 압니다. 大升은 본시 門下生으로서 先生이라 칭하는 것이 禮인 줄로 압니다.
3. 명문 중에 稱道 云云하신 점은 당초에 깊이 상량했고 私意가 거기에 끼지 않았으니 어찌 지나쳤다 하겠습니까. 거듭 거듭 생각해도 과당한 곳은 없으니 어찌 사실을 감출 수 있겠습니까.

77) 『文集』, 「四七理氣往復書」, 22쪽.

다못 "實出於天" 네 자만은 선생께서 꾸짖을까 하여 이를 고쳤 습니다.[78]

그 후로도 여러 차례 이 문제를 놓고 서찰이 오고 갔지만 퇴계에 대한 고봉의 선생 예우는 끝내 굽히지 않은 것은[79] 주목함 직한 것이다.

(7) 조상퇴계(弔喪退溪)

고봉은 임신(1572) 11월 초1일에 향년 46으로 작고하였거니와 퇴계는 그보다 2년 전인 경오 12월에 세상을 떠났으니 고봉은 마치 퇴계의 사후를 위하여 잠시 세상에 머물렀다가 곧장 그의 뒤를 따른 양하기도 하다.

경오 12월에 퇴계의 부음을 들은 고봉은 설위통곡(設位痛哭)하였고 이듬해 정월에는 조제(弔祭)를 도산에 보냈다.[80] 그리고 2월에는 퇴계선생묘갈명(退溪先生墓碣銘)을 지으니 그가 본 퇴계의 전모는 다음과 같다.

그 대략을 기록하여 이에 대한 말을 붙인다: 선생은 어려서부터 단정하고 질서가 있었으며, 장성하여서는 더욱 함양하고 결점을 고쳐 나갔다. 중년 이후에는 부귀공명을 단념하고 오로지 학문 탐구에 힘써서 미묘한 진리를 환히 꿰뚫어 충적(充積)하고 발양하여 사람들이 측량할 수 없었는데, 선생은 겸손하고 공손하시어 마치 아무것도 없는 듯이 하였다. 날마다 공부를 새롭게 하고 위로 천리를 통달하여 그치지 않았다. 출처와 거취의 문제에

---

78) 『文集』, 「四七理氣往復書」, 30쪽.

79) 같은 책, 卷3, 「李公墓碣銘」, 13쪽. "降慶三年下 退溪先生致書於大升書曰 況先府君……"

80) 같은 책, 卷1, 「年譜」, 11쪽. "十二月 聞退溪先生訃音 設位痛哭……辛未正月 送弔祭丁陶山"

있어서는 때를 보고 의리를 헤아려 자신의 마음에 편안한 바를 추구하고 또한 끝내 굽히지 않았다. 그 논저는 반복하고 무궁하며 광명하고 위대하여 한결같이 순수하게 정도에서 나왔으니, 저 공맹(孔孟)과 정주(程朱)의 말씀으로 헤아려 봄에 부합하지 않는 것이 적다. 선생 역시 천지에 세워도 어그러지지 아니하고 귀신에게 질정하여도 의심이 없다고 이를 만하니, 아, 훌륭하다.[81]

그리고 이듬해 이월에는 다시 제전(祭奠)을 도산에 보내어 제사를 지내게 하였다.

두 차례에 걸친 제사 때마다 고봉은 정중한 제문을 지어 그를 조제(弔祭)하였고[82] 「퇴계광명(退溪壙銘)」도 지으니 다음과 같다.

아 선생은
벼슬이 높았으나 스스로 높다고 여기지 않았고
학문에 힘썼으나 스스로 학문을 많이 하였다고 생각하지 않으셨네
부지런히 힘쓰고 힘써
허물이 없기를 기대하였으니
옛 선현들과 비교하건대
누가 더 낫고 못할까
태산은 평평해질 수 있고
돌은 닳아 없어질 수 있지만
선생의 이름은
천지와 더불어 영원할 것을 내 아노라

---

81) 『文集』卷3, 「退溪先生墓碣銘」. 4쪽. "敢記大槪而爲之辭曰 先生幼而端予 長益涵茹 中歲以後 絶意外慕 專精講究 洞郞微妙 充積發越 人莫能測 而方日謙虛卑遜 若無所有 盖其日新上達 有不能已者 至於出處去就 相時度義 務求吾心之所安 而終亦無所詘焉 其所論著反覆紆餘 光明俊偉 粹然一出於正 揆諸孔孟程朱之言 其不合者寡矣 亦可謂建諸天地而不悖 質諸鬼神而無疑也, 嗚呼至哉"

82) 같은 책, 卷2, 76쪽. "維隆慶五年 歲次辛未 正月甲子朔 初四日丁卯 後學奇大升 遠且酒果之奠 再拜哭送 敢告于退溪先生靈座之前曰……"
같은 책, 78쪽. "維隆慶六年 歲次壬申 二月戊子朔 十七日甲辰 後學高峯奇大升 謹以酒果 仟奠退溪先生几筵之前曰……"

선생의 옷과 신이
이 산에 의탁해 있으니
천 년 이후에도
행여 이곳을 유린하지 말지어다[83]

이로써 고봉은 퇴계의 죽음에 대하여 그로써 할 바 극진한 예를 다했다고 하겠다.

그러나 퇴계는 말이 없다. 그가 비록 고봉의 손에 의하여 묘갈이 지어진다면 너무 "장황하게 실상이 없는 일[張皇無實之事]이요 세상의 비웃음을 살까[取笑於世]"[84] 이를 꺼린 눈치이지만 고봉은 그 사실마저 그의 묘갈명 안에 기록하여 그의 겸허한 인격을 추모하였던 것이다. 퇴계는 고봉 앞에 항상 겸손하였지만 그는 태산처럼 우뚝하였고 고봉은 퇴계를 하늘처럼 높였건만 항상 이를 부족한 양 여겼던 것이다.

3) 경의 문답

(1) 사칠논변

퇴고 사칠논변은 그 내용보다도 사칠논변의 시종을 통해서 본 퇴고의 관계를 살펴보는 것이 본고의 소관일 것 같다. 사칠논변은 퇴계 몰전(沒前) 4년인 병인년에 고봉이 7월 15일자 편지와[85] 함께 사

---

83) 『文集』卷3,「退溪壙銘」, 45쪽. "嗚呼先生 官雖高而不自以爲有 學雖力而不自以爲厚 晚焉摹摹 庶幾無咎 視古先民 孰與先後 山可夷 石可朽 吾知先生之名 與天地而並久 維衣維履兮 託在玆阜 千載而下兮 尙無躪柔也"

84) 같은 책, 같은 글, 4쪽.

85) 『文集』,「四七理氣往復書」下, 23쪽. "向來四七之說 不揆鄙滯 歷陳管見 幾於傾倒無餘者 唯欲仰承提誨以求眞是 而其或或不能無異同之論 蓋亦因其所見而發 非敢故爲紛紛也"

단칠정총설(四端七情總說)86)·후설(後說)87) 양편(兩篇)을 지어 보내면서 그의 후설 중에서 전일의 자기 견해에 잘못이 있었음을 시인하고88) 퇴계 또한 이를 그의 병인 윤10월 26일자 편지에서 기쁘게 받아들임으로써89) 끝이 났지만 사칠논쟁은 이로써 끝난 것이 아니라 사실은 후인들에 의하여 이로부터 시작되었다고 볼 수도 있을 것이다.

그런데 이 논쟁은 그의 발단이 퇴계의 첫 편지로부터 시작된 것은90) 다시 말할 나위도 없지만 이 논쟁의 도전자는 과연 누구였을까? 퇴계가 추만의 「천명도」에 손을 댄 후로 아무도 이에 대하여 이의를 내건 자 없더니91) 문득 고봉이 이에 맞서서 이의를 내걸었던 것이다. 그것이 구술로서는 위에서 지적한 바와 같이 무오 10월이오 문자로서는 기미 3월 초5일이었던 것이다.

사칠논변을 통하여 나타난 퇴고의 학자적 태도는 장장 7년간의 변서(辯書) 중에 맥맥히 흐르고 있거니와92) 고봉은 후학임을 자처하면서 퇴계를 선생으로 존숭하였지만 논변의 태도는 어디까지나 '사람 구실해야 할 판에는 선생에게도 양보하지 않아야 한다[當仁不讓於師]'93)의 의연한 논리의 전개를 잊지 않았고 퇴계는 수하의 후배를

---

86) 같은 책, 25쪽.

87) 같은 책, 23쪽.

88) 같은 책, 같은 곳. "然朱子所謂四端是理之發 七情是氣之發者 參究反復 終覺有未合者 因復思之 乃知前日之說 考之有未詳 而察之有未盡也"

89) 같은 책, 「兩先生往復書」卷2, 26쪽. "四端七情總說後說兩篇 議論極明快 無悪纏紛拏之病 眼目儘正 當燭觀明昭曠之原 亦能辨舊見之差於毫忽之微 頓改以從新意 此尤人所難者 甚善甚善"

90) 같은 책, 「四七理氣往復書」上, 1쪽. "又因士友間 傳聞所論四端七情之說"

91) 같은 책, 「四七理氣往復書」下, 「附奇秋巒天命圖說序」. "然圖既草 則不可不見正於長者 遂取質于慕齋思齋兩先生 兩先生不甚責之 且曰不可輕議 姑俟後日……"

92) 같은 책, 「四七理氣往復書」上·下 참조.

93) 『論語』, 「衛靈公」.

상대하면서도 '손아래 사람에게도 곧잘 묻는[不恥下問]'⁹⁴⁾ 겸허한 자세로 임한 사실은 퇴·고 두 분이 보여준 언외의 교훈이 아닐 수 없다.

(2) 물격설

사칠논변과는 달리 물격설(物格說)에 대하여는 퇴계가 고봉의 설에 따랐으니⁹⁵⁾ 퇴계가 고봉에게 보낸 경오 양월(陽月: 10월) 15일자 편지에 나타나 있음을 보면⁹⁶⁾ 이는 퇴계 서거 2개월 전 일이다.

퇴계는 물격(物格)을 애초에는 기격(己格)·기도(己到)로 생각했었는데 서울에서 고봉의 이도설(理到說)을 깨우침 받고도 미처 깨닫지 못하고 있다가 김이정(金而精)이 보여준 주자어록(朱子語錄)에 나타난 이도처(理到處) 3, 4조를 상고한 연후에 문득 잘못을 깨닫고 앞서는 본체만 보고 그의 묘용을 보지 못했음을 자인하면서 고봉의 깨우침에 힘입은 바를 다행으로 여긴다고 하였다.⁹⁷⁾

퇴계 말년의 깨우침이 이토록 절실하였고 고봉 또한 퇴계에게 보낸 그의 마지막 편지에서 — 물론 이 편지를 쓸 때는 마지막이 될 줄은 몰랐지만 — 무위지체(無爲之體)와 지신지용(至神之用) 등의 어구에서 깊숙한 이치를 깨달았다고 말하였다. 이야말로 퇴고를 학문적으로 엮은 마지막 유대였다고 할 수 있을 것이다.⁹⁸⁾

---

94) 같은 책, 「公冶長」.

95) 이병도, 『韓國儒學史草稿』 제3편, 「朝鮮朝時代之儒學」, 92쪽. "然而考其晚年與奇高峯書 退溪 幡然改前說 而乃從高峯說"

96) 『文集』, 「兩先生往復書」 卷3, 47~48쪽.

97) 같은 책, 같은 글, 47~49쪽. "硬把物格之格無不到 改作已格已到看 往在都中 雖蒙提論 理到之說 亦嘗反復細思 猶未解惑 近金而精 傳示左右所考出朱子生語及理到處三四條然後 乃始恐怕己見之差誤 於是盡底裏 濯去舊見 虛心細意 先尋簡明所以能自到者如何……向也 但有見於本體無爲而不知妙用之能顯行 殆若認理爲死物 其去道不亦遠甚矣乎 今賴高明提誨之勤 得去妄見 而得新意新格 深以爲幸"

98) 『文集』, 「兩先生往復書」 卷3, 54쪽. "物格理到之說 伏蒙詳諭 忻幸不可言 所辨無爲之體至神之用等語

(3) 심통성정도

심통성정론(心統性情論)은 이학(理學)의 중요한 논쟁점으로서 퇴·고도 도식에 의한 문답이 있었음을 여기에 소개하고자 한다.

고봉은 일찍이 심통성정을 정의한 바 있거니와[99] 천명도 중 심통성정도에 나타난 예남지북(禮南智北) 또 예북지남(禮北智南)에 관한 논란이 잠깐 두 분 사이에 오고 간 일이 있다.

원도는 예남지북(禮南智北)이거니와[100] 퇴계는 하도낙서의 위차(位次)와 동일하게 하였음을 말하고 이에 대한 긴 설명을 붙이고 있다.[101] 그러나 고봉은 옛것대로 두는 것이 좋을 것 같다는 의견과 함께 장황한 설명에 응하지 않고 있다.[102]

이는 물격설과의 동일 서한 속에 끼어 있는 문답이니만큼 말년 여담의 한 토막이라고 할 수 있다.

이 밖에 주제설(主祭說)[103] 악수설(握手說)[104] 퇴계선생문목(退溪先生問目)[105] 등에 관한 것이 있으나 본고(本稿)에서는 이를 깊이 문제 삼지 않는다.

闡發幽微 尤極精密 反復玩味 若承面誨 欽服尤深 但細觀其間 恐有道理不自在之累 未知如何 伏希鑑諒"

99) 같은 책, 「兩先生往復書」 卷3, 18쪽. "靜而具衆理性也 而盛貯該載此性者心也 動而應萬事情也 而敷施發用此情者亦心也 故曰心統性情"

100) 같은 책, 「四七理氣往復書」, '附錄.'

101) 같은 책, 「兩先生往復書」 卷3, 49~52쪽.

102) 같은 책, 같은 글, 53~54쪽.

103) 같은 책, 「兩先生往復書」 卷2, 3~4쪽.

104) 같은 책, 「兩先生往復書」 卷2, 7쪽.

105) 같은 책, 卷3, 65~81쪽.

결미

　퇴・고 두 분의 관계는 1558년(무오) 10월에 시작하여 퇴계의 몰년인 1570년(경오) 12월까지 12년간 계속되었으니 그 사이에 직접 만나기는 무오 10월의 초대면(初對面)을 제외하고는[106] 정묘 6월의 입도(入都)와[107] 무진 7월 입도(入都)하여 기사 3월의 걸퇴허지(乞退許之)[108]에 이르는 동안 서로 상면할 기회를 가졌을 따름이요 나머지 시간은 오로지 서간으로 이를 메웠던 것이다. 그러므로 퇴・고 두 분의 관계는 오로지 서간을 통한 관계의 성격이 짙은 것이다. 그러나 그간에 이루어진 서한은 비록 십유여년(十有餘年)의 단시일일망정 백년지기도 따르지 못할 농도를 지니었음을 우리는 발견하게 된다.

　가까이는 신상에 관한 문제로부터 높이 학리적인 문제에 이르기까지 때로는 시가를 통해서 그들의 관계에는 빈틈이 보이지 않는다. 적선(積善)과 연모(戀慕)가 한데 어울려 끝이 없는 양하다. 그러므로 이들의 사이는 친히 무릎을 맞대고 지낸 시간이 짧은 사실은 못내 아쉽지만 그 대신 서한으로서 맺어야 하는 사이기에 많은 글을 남기게 되었다는 소득도 있다고 말할 수 있을 것이다. 그런 의미에서 퇴・고 12년은 사칠논변의 터전이요 또 우리 두 선현이 남긴 값진 기간이라고 하지 않을 수 없다.

---

106) 「退溪年譜」. "丁巳……閏七月上疏乞致仕 御批不允 赴召入都……己未二月乞暇歸鄕……"
107) 같은 글. "丁卯六月赴入都……八月病免卽東歸"
108) 같은 글. "戊辰七月入都……己巳三月……戊申詣闕謝恩入對 夜對捧懇乞退許之"

9. 고봉 후학으로서 겸재학의 삼대 과제

서언

겸재(謙齋) 기학경(奇學敬, 1750~1831)은 고봉 기대승(1527~1572)의 7대손으로서 학덕이 출중하였음에도 불구하고 별로 챙기는 이 없이 오늘에 이르고 있다. 그의 학덕이 뛰어났음은 윤사순 교수의 다음과 같은 지적에서 알 수가 있다.

> 謙齋란 字를 仲心 이름을 學敬이라고 한 분인데 英祖 26년에 낳아서 持平 校理 獻納 등을 지내다가 69세로 세상을 떠났다. 그는 高峯의 7世孫에 해당한다. 朝鮮朝末葉의 學者인 그는 七條疏같은 훌륭한 時弊改革論을 남긴 한편 晦齋·退溪·高峯·栗谷 등 諸先賢의 性理學說을 소개하는 데 많은 노력을 기울였다. 특히 그의 退高兩先生四七理氣顚末은 兩先生이 행한 사칠논변의 자초지종 내막을 상당히 소상하게 밝혀 놓은 것으로 유명하다. 겸재가 남긴 자료가 이와 같이 고봉의 학문을 포함한 16세기 한국유학을 연구하는 데 크게 도움이 될 것이라는 견지에서 그의 文集을 여기에 수록하였다(「高峯全集附錄謙齋集解題」 중에서).

이렇듯 겸재의 출생은 이미 고봉 후 200여 년이 지난 영정시대로서 다산 정약용(1762~1836)의 출생과 거의 맞아떨어진다. 그러한 의미에서 그의 7조소는 중요한 관심의 하나가 아닐 수 없고 그가 다시금 가학이라 할 수 있는 퇴고 사칠논변을 되새긴 깊은 뜻이 어디에 있는가를 알 수가 있다.

뿐만 아니라 공의 문집의 목차를 일별하면 경의조대절(經義條對節)이 눈에 띈다. 그 내용인즉『논어』,『맹자』,『중용』,『대학』,『주역』,『상서』,『모시』,『춘추』,『예기』 등 사서오경에 걸쳐 있다. 이로써 그의 경학의 폭을 짐작하기에 넉넉하지 않은가.

이로써 고봉학은 겸재에 이르러서 다시금 소생하여 새로운 생기를 일깨운 느낌을 준다. 그러한 의미에서 겸재학은 적어도 다음과 같이 세 가지 측면에서 우리들에게 새로운 과제를 안겨주고 있다.

1. 가학(家學)으로서의 사칠논변
2. 경세학(經世學)으로서의 칠조소(七條疏)-문호남칠폐(問湖南七弊)
3. 경학(經學)으로서의 경의조대(經義條對)

1) 가학으로서의 사칠논변

퇴고 사칠논변의 불씨가 잔 지 200년이 지남으로써 세인의 관심이 뜸해지자 겸재는 가학의 서통을 이어받아 다시금 문제를 새롭게 제기한 것이 바로 그의 퇴고양선생사칠이기전말(退高兩先生四七理氣顚末)이다. 이제 그 내용을 따져본즉 사칠논변의 핵심만을 지적하고 오히려 전말이란 어휘가 뜻하듯이 사칠논변에 얽힌 배경을 자세하게 기록되어 있음이 눈에 뜨인다. 겸재는 동전말(同顚末) 서두에 추만의 「천명도설」의 성립 경위를 다음과 같이 설명하고 있다.

추만(秋巒) 정공(鄭公) 지운(之雲)은 고양(高陽) 망동(芒洞)에 살았는데 정덕(正德) 기묘년에 모재(慕齋)와 사재(思齋)도 망동으로 퇴거(退居)하였다. 추만형제는 모재의 문하에서 수학하며 기서론(其緖論)을 들으면서 기오지(其奧旨)를 강구(講求)하였으나 돌아와서는 성리학의 미묘한 뜻을 준거하여 천명할 곳이 없음을 걱정하고 시험 삼아 주자(朱子)의 설을 주로 취한 후 또 다른 제설을 참고하여 일도(一圖)를 작성하였다. 또 거기다가 답문(答問)의 글을 붙여 천명도설(天命圖說)이라 명명하였다. 이를 드디어 모재 사재 두 선생께 가져다 보인즉 잘못된 점을 지적해 주지 않은 채 자기 책상 위에 놓아두고 생각을 가다듬으면서 여러 날을 보내었다. 혹시 잘못된 데가 없나 여쭈어보면 "오랜 적공을 쌓지 않으면 감히 가볍게 논의할 수가 없다" 이르시고 혹 배우고자 하는 자가 있으면 이 도설을 내보이면서 이야기를 나누기도 하였다. 불행히도 두 선생이 잇달아 몰세(沒世)하시니 이 때문에 이 도설의 초안은 바로잡을 기회를 놓치고 말았다고 하였다. (퇴계 서문에 나온다.) 계축년에 퇴계가 출사하여 서울에 있게 되자 추만은 항시 왕래하면서 이 도설을 보였으니 퇴계는 고서(古書)에서 증거를 취하고 게다가 자기의 의견을 참용(參用)하여 마침내 이 도설을 완성하였다.

이른 것을 보면 이 사실은 대체로 이미 잘 알려진 사실이라 하더라도 「천명도설」 작성경위를 재확인하여 후일 퇴·고 양현의 논변 도출의 배경을 분명히 하고자 한 데에 그 언외의 뜻이 깃들어 있는 것으로 간주된다. 왜냐하면 이 「천명도설」의 작성을 전후하여 일재나 하서가 호남에 있으면서 고봉과 더불어 어느 만큼 관여했는가의 문제가 제기되어 왔기 때문이다. 아니나 다를까 겸재는 이 글에 이어서 다음과 같이 서술하고 있다.

무오년 가을에 고봉(高峯) 선생은 서울에 올라왔는데 두루 일재
(一齋) 선생을 찾아뵈올 때 태극도(太極圖)에 관한 논의가 있었으
나 소견의 합치를 보지 못했고 후에 일재는 서간으로 고봉에게
논변하여 보낸 바 있다. 이로 인하여 장성편(長城便)을 이용하여
하서는 그 서간을 보고 짤막한 서간을 일재에게 보내어 도기(道
器)의 나누어짐을 분명히 하였으나 일재는 이를 받아들이지 않
았다.

고봉은 이러한 내용의 전후 왕복서를 도산(陶山)으로 보내어 잘못
을 바로잡고자 하였다. 고봉은 퇴계에게 올린 서간에서

하서가 일재에게 답한 서간을 미처 참구(參扣)하기도 전에 하서
는 그 뒤에 다시 만날 수 없게 되었으니 애통한 심정 금할 길이
없다.

고 한 것을 보면 일재·하서는 「천명도설」에 관여할 겨를이 없었음
을 암시하는 것이 아닐 수 없다. 왜냐하면 퇴계에게 보낸 전후 왕복
서는 「천명도설」이 아니라 「태극도설(太極圖說)」이었고 그나마도 고
봉·하서·일재가 모두다 한결같이 견해를 달리하고 있기 때문이다.
이 점을 더욱 확실하게 하기 위하여 겸재도 다음과 같이 부연하고
있다.

연보를 상고해보면 무오 10월에 고봉은 등과(登科)하였고 11월
에 퇴계에게 글을 올렸다. 겨울에 서울에서 시골로 내려와 또다
시 일재를 뵈온즉 그의 논의가 전일처럼 서로 같지 않았습니다.
후에 하서 선생을 뵈옵고 이 설(태극도설)을 품의(稟議)한즉 하

서의 의견이 또한 대승의 의견과 같다고 하더이다 운운

한 것을 보더라도 이때의 논의에서 비록 고봉과 하서가 서로 의견을 동일하게 합치하였다 하더라도 그것은 어디까지나 「천명도설」이 아닌 「태극도설」임을 재확인하고 있음을 주목해야 할 것이다.

그러므로 겸재는 여기서 한 걸음 더 나아가

하서년보에서 고봉이 퇴계의 호발지설(互發之說)을 듣고 못내 이를 의심하여 문우하서(問于河西)

했다는 대목에 대하여

선생이 재경시(在京時) 추만과 더불어 변론한 대목은 직절명백(直截明白)하여 다시금 여온(餘蘊)을 남기지 않았는데 어찌 이를 못내 의심하였겠는가.

라 하고 비록 200년이 지난 후라 할지라도 가학의 전통을 되살리기 위해서라도 이 점을 분명히 하고자 다음과 같이 통론(痛論)하고 있다.

고봉 선생이 일재 선생과 더불어 태극도를 논할 제 합치하지 못했고 하서 선생이 일재서(一齋書)를 보고서 논변한 바 있으나 사칠이기설에 대해서는 무오년 선생이 도성 안에 있을 적에 정추만이 천명도설을 내강(來講)하자 선생은 이를 축조(逐條)하여 그의 그릇된 점을 변박하였다. 퇴계는 이 사실을 듣고 서신으로 고봉과 문답하였는데 어느 겨를에 하서에게 나아가 그의 의견을 묻고 이를 전술(傳述)할 수 있었겠는가.

라고 반문한 후 이어서 이르기를

『하서집』 중에는 이미 사칠논변의 서(書)가 없고 『고봉집』 중에도 하서와 더불어 문난(問難)한 설이 없고 하서의 여서(女壻)인 고암(鼓巖) 양자징(梁子澂)이 찬한 하서가장(河西家狀)에도 또한 사칠설이 없을 뿐 아니라 『하서집(河西集)』에서도 많은 문자를 찬술하였음에도 불구하고 사칠설은 찾아볼 수가 없다. 그런데 하서 몰세후(沒世後) 근 200년이나 지났는데 문득 박현석(朴玄石)이 찬한 하서 행장에 비로소 "고봉이 퇴계의 호발설을 듣고 깊이 의심하다 하서에게 묻고 그의 주장을 많이 채용했다[高峯聞退溪互發之說而深疑之 問于河西而多用其說]"라 하였으니 현석이 어디에 근거하여 있지도 않은 말을 가장에 첨입하였는지 알 수가 없다.

고 지적하고 있다. 더욱이

하서의 몰세(沒世)가 경신(庚申) 8월인데 『하서집』에 고봉이 퇴계와 더불어 사칠이기지변(四七理氣之辨)을 다룰 때 매양 선생에게 나아가 논난정구(論難精究)한 후 왕복서신을 보냈다는 것은 논리에 맞지 않을 뿐 아니라 증거댈 데조차 없다.

라 하였음에도 불구하고 오늘에 이르러서까지도 이 문제가 개운찮은 안개 속에 가려져 있으니 겸재의 심정은 어찌할꼬! 여기에 겸재의 소술(所述)을 빌려 다시금 이를 되새겨본 소이가 여기에 있다.

이 사칠이기전말(四七理氣顚末)에 기록된 사칠 이기에 대한 겸재의 이해는 기이왕복서(旣而往復書)에 나타난 내용 그대로이므로 여기서는 이를 생략한다.

2) 경세학(經世學)로서의 칠조소(七條疏)
-(부)문호남칠폐(問湖南七弊)

이는 1802년 임술 순조 2년에 올린 상소문으로서 때는 바야흐로 삼정의 문란기로 접어든 때인지라 조선조 후기의 실상을 촌탁할 수 있는 대문장이다. 고봉이 남긴 『논사록』과 견주어 볼 만한 경세론이라 할 수 있다. 그의 7조를 요약하면 다음과 같다.

(1) 성학을 통해 대본을 세우도록 권한다[勸聖學以立大本]

여기서 이른바 성학(聖學)이란 완경(玩經) 관사(觀史)를 통하여 얻어지는 것으로서

> 실심기립(實心旣立) 갈력향전(竭力向前)한다면 성현의 일어(一語)는 종신토록 수용하고도 남음이 있다.

고 하였다. 그리고

> 옛 성현의 저술을 통하여 교훈으로 세워놓은 말은 정의(精義)가 담겨 있지 않은 자 없으니 오직 침잠송독(沈潛誦讀)하고 심사돈오(深思敦悟)하여 만물의 리를 궁구하고 일기(一己)의 성(性)을 극진히 할 것이니 이는 학문의 극공(極工)일 것이다. 고금을 통하여 학문을 논한 말이 천언만어로 헤아릴 수 없으리만큼 많지만 그 대요는 이에 벗어나지 않는다.

하였으니 여기서 이른바 성현의 저술이란 유학경전을 가리키고 있음은 다시 말할 나위도 없다. 그렇다면 강학의 목적은 어디에 있는

것일까! "강학하는 소이는 정심(正心)함에 있다"라 하고

인주(人主: 君王)의 학은 당연히 명리(明理)함을 우선해야 할 것
이니 리가 분명하여야 심(心)이 바르게 되기 때문이다.

그러나 심성이란 편협한 사욕에 사로잡히기 쉬운 것이다. 그러므
로 다음과 같은 성찰을 요구하고 있다.

예성(睿性)은 영명하야 반드시 물욕의 누를 끼치지 않겠지만 오
로지 천자(天資)의 미덕에만 의시(依恃)하여 성찰극치(省察克治)의
공(功)을 늦추어서는 안 된다. 이제 유독(幽獨)하고 은미한 상황
에서 그의 유심적려(留心積慮)가 조금이라도 사심에 기운다면 천
리를 크게 손상할 것이요 정사에 방해되는 일이 많을 것이다.

라 하여 심성의 성찰을 당부하고 이어서

요즈음 세로(世路)를 돌이켜보건대 이욕은 횡류(橫流)하고 의리
는 도소(都消)하야 탐오(貪汚) 사치(奢侈)하는 습속과 편당(偏黨)
협소한 폐단이 그의 극에 이르고 있거늘 자고로 군신상하(君臣
上下)가 온통 사의(私意)에 힘쓰니 그러고서도 국가가 망하지 않
는 예는 절대로 없다.

고 극언(極言)함으로써 성학이 국가 통치의 대본임을 역설하고 있다.

(2) 기강을 진작해서 인심을 바로잡는다[振紀綱以正人心]

무릇 자고로 입국한 지 오래되면 점차 쇠체(衰替)하게 되는데 반
드시 영렬(英烈)한 군주와 현명한 신하가 출현하여 동심협찬(同

心協贊)하고 수덕시혜(修德施惠)하여 크게 폐정을 혁신한 연후라 야 중흥하여 유신할 수 있을 것이다. 그런 까닭에 국초 이래 명 선조(明宣朝)를 거쳐 오늘에 이르는 400년 동안에 열조 이래(列 朝以來) 양법미제(良法美制)가 속류소인(俗流小人)들의 농간으로 괴파(壞破)되어 폐위(弊僞)가 날로 자심(滋甚)하고 기화(氣化)가 날 로 잦아들어 금일에 이르러 그 극에 이르렀다는 것이다.

대체로 형정(刑政)이란 치민(治民)의 대법이다. 정(政)이란 것은 정(正)이니 인민의 부정(不正)을 바르게 하는 자다. 정(政)으로써 교도하고 형(刑)으로써 제정함은 민지(民志)를 통일하고 풍속을 교정하자는 소이다.

자석 이래(自昔以來) 기강(紀綱)의 퇴폐(頹廢)와 시사(時事)의 간위 (艱危)가 금일처럼 우심(尤甚)한 적은 일찍이 없었다고 본다. 이 러한 현상은 일시일인(一時一人)의 과오로 된 것이 아니라 풍습 에 점차 물들어 그 유래가 이미 오래된 것이다. 그러므로 반드 시 크게 경동(警動)하거나 크게 진작함으로써 폐습(弊習)을 일변 (一變)하여야만 사공(事功)이 분기(奮起)할 것이다.

이렇듯 비록 구체적 사안(私案)을 제시하지는 않았지만 일대 혁신 정책을 시행하여 기강을 확립하지 않고서는 인심을 바로잡을 수 없 음을 우리들에게 일깨워 주고 있다.

(3) 인재를 등용해서 교화를 행한다[得人才以行敎化]

거현론(擧賢論) 또는 용인책(用人策)에 해당하는 절목으로서 초야에 묻힌 현인을 등용하여 그의 언로(言路)를 열어 줌으로써 교화의 실 (實)을 거두도록 하는 것이야말로 영군(英君) 철벽(哲辟)의 도(道)임을 역설한다.

오호(嗚呼)라 자고로 군왕이 현인을 만나지 못하고서도 치적(治 績)을 올린 사례가 있었던가.⋯⋯만약 실심(實心) 성실(誠實)로 현인을 구한다면 어찌 현인이 나오지 않겠는가. 옥(玉)이란 정강이 (걷는 다리)가 없어도 저절로 손아귀에 들게 되는 것은 사람들이 그것을 좋아하기 때문이다. 하물며 현인이겠는가. 만일 나라를 일으켜 국가의 안전을 굳히자면 당대의 유현(遺賢)을 맞아들이고 충성된 대중들을 모조리 채용하지 않고서는 불가능할 것이다. 생각건대 사방천리(四方千里)의 대국(大國)에는 반드시 일대(一代)에 뛰어난 인재가 있을 것이요 벼슬사는 진신사류(縉紳士類) 중에도 어찌 우국충공지사(憂國忠公之士)가 없을 것이며 재야에 묻힌 지사 중에 어찌 회도(懷道) 포덕(抱德)의 인격자가 없을 것인가. 고대 성현들은 미상불(未嘗不) 벼슬을 살았지만 제 진언(進言)을 받아들이지 않을 때만 부득이 떠나 버렸을 따름이다. 어찌 처음부터 독선기신(獨善其身)하기 위하여 산림 속에 잠적(潛跡)했을 것인가.

이렇듯 현인이란 성신(誠信)을 다하여 맞아들여야 하며 그의 진언을 성심으로 수용하여야 할 것이다. 만일 진언을 받아들이지 않는다면 용현(用賢)도 허사가 될 것임은 다시 말할 나위도 없다.

들건대 일세(一世)를 다스릴 수 있는 가모충려(嘉謨忠慮)도 거개가 제신(諸臣)들의 장주(章奏) 속에 담겨 있음에도 불구하고 그 일언일사(一言一事)도 채용되어 실효를 거둔 바 없이 모조리 공언(空言) 무실(無實)의 결과를 낳게 된다면 울밖에 숨어 있는 충의지사(忠義之士)치고 강개우탄(慷慨憂歎)하지 않을 자 없을 뿐 아니라 굳이 진언하고자 하지도 않을 것이니 이는 진정 조정에서 믿어주지 않으므로 헛되이 곧은 체할 뿐 나라에 도움이 될 것 같지 않기 때문이다.

라 한 것은 현인의 가언(嘉言)이 얼마나 중요한가를 보여주는 것이 아닐 수 없다. 여기서 우리는 고봉의 통색언로론(通塞言路論)을 되풀이하여 읽는 느낌을 감출 길이 없다.

(4) 폐정을 혁파하여 민심을 결속시킨다[革弊瘼以結民心]

시폐광정(時弊匡正)을 위한 적극적인 개혁론을 펴고 있다. 순조초기(純祖初期)의 민정(民情)을 자세히 기록하여 위기의식을 북돋고 있어 다산의 세정론(稅政論)을 방불하게 한다. 그 내용을 초록하면 여좌(如左)하다.

> 오호라. 이세(二稅)의 폐(弊)와 적조(糴糶)의 폐(弊)는 오늘에 사는 민생들의 대우(大憂)로서 마땅히 변통(變通)하여야 한다. 신은 멀리 향리에 묻혀 있음으로 조정의 시비나 시정(時政)의 득실에 대하여서는 아직 듣지 못하고 있기에 이를 깊이 알고 있다. 민간의 적폐(積弊)는 결코 한 가지만에 머물러 있지 않고 그중에서도 심한 자는 전부(田賦)의 중세(重稅)로서 고래로 그 유(類)를 비할 데조차 없다. 그러므로 사민(四民) 중 농부가 가장 곤궁하다. 대체로 전답이 있으면 거기에 조세가 따르는 것은 조종조이래(祖宗朝以來) 불역지정제(不易之正制)이므로 전답을 가지고 있으면 무엇을 원망할 것인가. 그럼에도 불구하고 도리어 원망하는 까닭은 다름 아니라 세미(稅米)가 거기에 끼어들거나 환상곡(還上穀)을 함부로 거두어들이기 때문이다.

라 하여 정곡(正穀) 외에 다른 명목의 세곡을 거두어들이기 때문임을 지적하고 있다.

> 옛날 세미(稅米)는 항상 평두(平斗)를 사용하여 14두(斗)를 1석(石)으로 쳤는데 요즈음은 정곡백미(精穀白米)를 전일의 배로 하여 17두 내지 18두를 1석으로 치며 그나마도 읍마다 부동(不同)하고 해마다 다르니 어찌 이렇듯 정규(定規) 없는 남획을 견디어 낼 수 있겠는가
> 지우(至愚)한 듯하지만 신통(神通)한 자는 인민(人民)이다. 인민들이 모두 이르기를 '관(官)'의 창고는 텅 비어 있으니 만일 흉년이

들면 우리들은 무엇을 바라고 살 수 있을 것인가' 하면서 모두
다 사난지심(思亂之心)을 품고 안정(安定)을 잃게 될 것이다.

라 하여 민심의 기밀(機密)을 설한 후

대체로 천하의 화난(禍亂)은 민심의 이산(離散)에서 비롯하므로
천감(天鑑)이 불혹(不惑)하여 민심을 통하여 시청(視聽)하되 인심
(人心)의 이합(離合)과 천명(天命)의 거류(去留)를 결정하나니 바라
건대 이러한 위급한 시운을 기다리지 말고 지금처럼 아직 무사
할 때 덕행을 시행하여 민으로 하여금 노래부순(勞來拊循)하게
하여 민심을 결집하고 천명의 구원(久遠)하기를 기원할 때는 바
로 지금이니 이 시기를 놓쳐서는 안 될 것이다. 민심을 얻는 길
은 오직 민산(民産)을 제정하고 부세(賦稅)를 경감함에 있을 따름
이다.
이때를 맞아 요즈음의 세법을 고치지 않는다면 비록 정주(程朱)
의 정론(政論)을 편다 하더라도 광시구민(匡時救民)의 방법이 없
을 것이니 어찌 헛되이 허법(虛法)을 수호하면서 새롭게 변법해
야 할 것을 생각지 않아서야 될 것인가.

라 하며 이렇듯 혁신론을 강력하게 주장하고 있다.

(5) 작은 현을 합쳐서 옛 봉록을 회복한다[合小縣以復舊祿]

이는 관제의 개편을 종용한 자로서

국가에도 해가 없고 민생의 원성도 듣지 않으면서 生財하게 되
는 대도가 있으니 一은 州縣을 감하는 일이요, 二는 京司의 冗官
을 도태하는 일이요, 三은 財用을 절약하는 일이다.

라 하고 그의 이론적 배경을 다음과 같이 설명하고 있다.

군왕이 건관제록(建官制祿)하는 것은 그 사람의 영화를 누리게 함에 있는 것이 아니라 만기(萬機)가 지번(至繁)하야 홀로 다스릴 수가 없으므로 천하의 총명한 인재로 하여금 겸섭하게 하여 협찬(協贊)의 치적(治績)을 거두게 하기 위함이다. 제왕의 통치는 당우(唐虞)시절이 가장 융성하였고 건관유백(建官惟百)은 하상(夏商)시절이 가장 융성하여 고대에 비하여 배가 넘었던 것은 당시에 있어서 비로소 사해환주(四海丸州)가 통일되었으므로 각직(各職)마다 실적을 거양(擧揚)하였지만 후대에 이르러서는 이 정신은 규명하지 않고 관직만을 넓혀 경비를 헛되이 사용하기 때문에 삼대의 선정이 후대에는 이루어지지 않고 있다.

고 관제의 기본이념을 설명한 후 우리나라 실정을 분석하였다.

아국(我國)은 해외소방(海外小邦)인데도 건관분직(建官分職)이 하상(夏商)의 배가 되니 국용(國用)의 누수나 민생(民生)의 수폐(受弊)는 다 이 때문이다. 나라는 적은데 벼슬자리는 많으므로 봉록(俸祿)도 박할 수밖에 없으니 그 세(勢)가 구차하지 않은가.

관제 축소를 위한 재조정의 원칙을 제시한 점은 다산의 『경세유표』 저술의 정신과도 일맥상통하는 것이라 이르지 않을 수 없다.

(6) 임무를 오래 맡기고 실효의 책임을 묻는다[久其任以責實效]

관료의 삭체(數遞)를 반대(反對)하고 구임(久任; 長期勤務)에 따른 책임행정의 바람직한 점을 지적하고 있다. 다산도 그의 『목민심서』에서 수령이 과객처럼 교체되는 폐단을 지적한 바 있다. 관리의 단기교체에 따른 폐단은 이속(吏屬)의 횡포를 낳게 된다.

삼사육조(三司六曹)가 조개석천(朝改夕遷)하여 여인숙처럼 된다면 각사(各司)의 문서가 모두 서리(胥吏)에게 맡기게 되니 임의 변환하더라도 잠시 지나가는 관원은 전규(前規)가 여하(如何)한 것이었던가를 알 길이 없고 다 서리의 말만을 따르게 되니 소위 서리가 주인이 되고 관원이 도리어 객이 된다 함은 이를 두고 이른 말이다. 그러므로 각사(各司)의 재용(財用)이 어찌 날로 쭈그러들지 않을 수 있겠는가. 민간에서 징수하는 부세가 장차 국용(國用)으로 쓰이겠는가. 아니면 서리들의 사용(私用)으로 돌아가겠는가. 서리의 무리들이 국재(國財)를 좀먹는 자는 옛날에는 행민(倖民)이라 하였는데 이렇듯 요행(僥倖)을 탐내는 행민(倖民)이 많을수록 망국의 근본이 됨을 알아야 한다. 옛날 산림처사는 말하기를 우리나라는 서리로 망한다 하였는데 후현(後賢)들도 다 일리 있는 말이라 하였거늘 요즈음 서폐(胥弊)를 옛날에 비한다면 10배도 더 넘을 뿐 아니라 경사(京師)에서 향촌(鄕村)에 이르기까지 법관(法官)의 실정(失政)치고 어찌 이 서리배들의 농간이 아니겠는가. 만약 이를 발본색원하여 주방(周防)의 도(道)를 다하지 않는다면 이 폐단은 끝내 혁신되지 못하고 그와 더불어 국가도 망하게 될 것이니 통탄스럽지 아니한가.

이렇듯 관리의 구임(久任)은 식간활(息奸猾)을 위해서도 바람직함을 역설하고 있다.

(7) 군정을 가다듬어 변방의 일에 대비한다[修軍政以備邊虞]

군정(軍政)의 문란이 그 극에 달하여 황구첨정(黃口簽丁)·백골징포(白骨徵布)가 자행하려 할 즈음에 숭문천무(崇文賤武)의 풍(風)을 바로 세우고자 한 것이다. 오랫동안 승평일구(昇平日久)함으로써 기강이 해이해진 차제(此際)일수록 외우내환을 다스리는 군정(軍政)을 바로 잡지 않으면 안 된다는 것은 너무도 당연하다 이르지 않을 수 없다.

이상과 같이 7조소를 한 묶음 하여 일이관지(一以貫之)하는 것이 있다면 그것은 아마도 영정시대의 시풍(時風)을 따라 일깨워진 실사구시의 정신에 기인한 자임을 알 수가 있다. 겸재의 입을 빌려 결론을 짓는다면 다음과 같다.

오호라. 신이 여기에 펼친 7조는 많은 사람들이 이미 논술한 바 있는 것이지만 만일 이것들을 버리고 따로 신기한 것을 구한다면 그것은 문식(文飾)에 지나지 않기 때문에 실용에는 부적당할 것이다. 우리 유가의 진실된 통치이념은 일용상행(日用常行)의 실사(實事)이지 고묘(高妙)한 허문(虛文)이 아닌 것이다.……대체로 군왕은 그의 실덕(實德)을 천하에 보인즉 인민들은 다 실심(實心)으로 이에 응하고 허문(虛文)으로 천하에 보인즉 인민들도 다 허심(虛心)으로 이에 응할 것이다.
대체로 실(實)이란 성지(誠之)함을 의미한다. 지성지도(至誠之道)는 무소불통할 것이니 천지가 비록 광대하다 하더라도 성(誠)으로써 귀신을 감응하게 할 것이요. 비록 미소(微小)하더라도 성(誠)으로써 하늘에 감격할 것이어늘 하물며 인민에게 있어서랴! 우리 성군(聖君)께서 실심(實心)으로써 실사(實事)를 행하고 실덕(實德)으로써 실정(實政)을 행하며 수기한다면 반드시 궁행심득(躬行心得)의 실(實)을 거둘 수 있으며 동민(動民: 治民)한다면 반드시 애석독휼(愛惜獨恤)의 실을 거둘 수 있을 것이다. 성(誠)의 일자(一字)를 사실(事實)에 따라서 면려(勉勵)한다면 이상에 펼쳐 놓은 7조는 다 그 실효를 거둘 수 있을 것이다.

이로써 겸재학은 실사구시의 실학인 동시에 지성지학(至誠之學)임을 알 수가 있다.

문호남칠폐(問湖南七弊)

저작 연대는 미상이나 그 내용이 호남에 관한 자료라는 점에서 여기에 그의 일단을 피력하고자 한 것이다. 그가 지니고 있는 민폐(民弊)는 곧바로 한국적인 것으로 통하는 것이 아닐 수 없다.

1. 결역지폐(結役之弊)

정전제(井田制) 대신에 시행된 신법(新法)이지만 시행 과정에서 양전지시(量田之時)에 옥척(沃瘠)이 불분(不分)되고 장광(長廣)이 실실(失實)되었을 뿐 아니라 1결(結) 12두(斗)가 17두로 둔갑하는 폐단이 자생(自生)하였다.

2. 적조지폐(糴糶之弊)

상평법(常平法) 대신에 시행된 신법(新法)이지만 시행과정에서 봉적조지시(捧糴糶之時)의 정곡(精穀) 17두가 분급지시(分給之時)에는 태반이 공곡(空穀)으로서 일포지곡(一包之穀)이 89두에 불과하였다. 이속(吏屬)들의 농간 때문임은 다시 말할 나위도 없다.

3. 균세지폐(均稅之弊)

서리(胥吏)의 농간 때문이다.

4. 조전지폐(漕轉之弊)

수송관용(輸送貫用)의 징수에 따른 폐단이다.

5. 군정지폐(軍政之弊)

부귀한 자는 병역을 기피하고 빈천한 자는 면할 길이 없다. 승도(僧徒)들이 환속(還俗) 입대하는 사례가 많다.

6. 관방지폐(關防之弊)

불필요한 관방시설(關防施設)이 가져오는 민폐(民弊)도 불소(不少)하다.

7. 법령지폐(法令之弊)

법(法)을 세웠으면 범하지 않아야 하고 영(令)이 한번 내려지면 거두어들이지 않아야만 국정(國政)이 그 실(實)을 거둘 수 있으련만 법령이 지켜지지 않음으로써 생긴 폐단이 우심(尤甚)하다.

일대혁신이 요청되는 상황이 아닐 수 없다. 이로써 겸재학(謙齋學)은 실학으로서의 유술(儒術: 治術)이라 이르지 않을 수 없다.

3) 경학으로서의 경의조대

본 절은 비록 어제경의조대(御製經義條對)라는 형식으로 이루어진 타의에 의한 자라고 하더라도 각 조목에 따른 답안의 내용이 풍부할 뿐 아니라 논맹용학(論孟庸學)의 사서에다 시서역예춘추(詩書易禮春秋) 등 오경에 걸쳐 있기 때문에 여기에는 겸재학의 진수가 담겨 있을 가능성이 높다.

백호 사문난적사건 이후 경학에 대한 신의(新義)의 발굴이란 극히 어려웠던 시절인지라 그에 따른 제약의 한계성을 얼마만큼이나 극복하였는지 이에 대한 상고(詳考)는 잠시 후일로 미룬다 치더라도 여기서 이를 적기하여 겸재 경학의 일단이나마 살펴볼까 한다.

(1) 논어

① 학이(學而)의 의미

여기에 쓰인 학(學)자는 이단지교(異端之敎)까지를 포함한 것으로 잘못 이해하기 쉽지만

> 이 학(學)자는 천하가 다 아는 도학(道學)이요 성학(聖學)으로서
> 다시금 이단지학(異端之學)이나 재이사술(災異邪術)이니 하고 의
> 심할 것이 없다.

고 이르고 있다. 이렇듯 구구하게 설명하지 않더라도 성학(聖學)임이 자명하므로 거저 학이(學而)라 했다는 것이다. 이는 학행(學行)까지를 의미하는 것이어야 할는지 모른다.

② 일삼성(日三省)

본문에서는 비록 충신(忠信)만을 일삼성(日三省)하는 것으로 되어 있지만 충신과 효제(孝弟)는 상호 표리관계를 맺고 있으므로

> 증자는 겸약(謙約)하는 뜻으로 일용지간의 모든 일을 심찰(審察)
> 하여 삼회(三回)에 이르되 허물이 있으면 반드시 이를 고치되 없
> 더라도 더욱 노력해야 할 것이다. 모든 상념이 여기에 있고 이
> 를 위하여 부지런히 노력하되 행여나 추호라도 잘못이 있지나
> 않나 저어하나 그러나 그 내실을 본다면 친친(親親: 孝)하지 않
> 고서 능히 타인에게 충(忠)할 수 있겠는가.
> 심(心)에서 발(發)하야 자진(自盡)한즉 충이 되고 타인에게서 징
> 험(徵驗)하여 무위(無違)한즉 신(信)이 되니 충은 이 신의 근본이
> 오 신은 이 충이 발한 것이다. 오로지 일리(一理)가 서로 체용이
> 되어 오상백행(五常百行)이 만약 충신(忠信)이 아니면 어찌하여
> 그 심(心)을 실(實)할 수 있으며 그 일을 행할 수 있을 것인가.
> 스승에게서 배운 것을 물러나 복습한즉 어느 것이고 효제(孝弟)
> 의 추(推)나 구인지방(求仁之方) 아닌 것이 있겠는가. 충신 중에
> 서 효제의 실행을 볼 수 있는 까닭이 여기에 있다.

이는 증자일삼성(曾子日三省)은 곧 충신으로 효제를 실행하는 자로 이해됨을 알 수가 있다. 그러나 효제충신을 사덕으로 보는 견해도

없지 않다.

③ 사무사(思無邪)

공자가 편술한 305편의 시(詩)를 놓고 한 마디로 말해서 사무사(思無邪)라 하였는데 이에 대하여 두 가지 설이 있다. 그것은 곧 작자의 사무사(思無邪)냐 아니면 학자(學者)의 사무사(思無邪)인 것이다. 그러나 겸재는 한유의 작자설(作者說)을 취하지 않고 주자의 일소구설(一掃舊說)에 좌단(左袒)하고 있다. 그러나 고금주(古今註)의 비교를 통하여 논란의 여지를 남겨 놓고 있다.

④ 노나라는 천자의 예악을 썼다[魯用天子禮樂]

겸재는 노군(魯君)이 천자예악(天子禮樂)을 습용(襲用)하는 사실을 긍정적으로 합리화시키고 있다.

노제(魯祭)의 참용왕례(僭用王禮)는 비단 정주만 그 의의를 명백히 해놓았을 뿐 아니라 천하공지(天下共知)의 사실이다. 공자도 이를 굳이 꺼리지 않았기 때문에 삼가지참(三家之僭)도 이 때문이었고 계씨(季氏)의 팔일(八佾)도 이 때문이었다.

는 것이다. 쟁론의 여지가 없지 않다.

⑤ 일관충서(一貫忠恕)

겸재도 정주의 견해에 동조하여 충서이분법(忠恕二分法)을 그대로 수용하였다.

선유(先儒)는 말하기를 일(一)은 충(忠)이요 관(貫)은 서(恕)니 체
일이용수(體一而用殊)함이니 조단(曹端)이 이른바 소위 일은 인지
체(仁之體)요 관은 인지용(仁之用)이라 함이 정밀(精密)하다. 인의
체용이 충서에 불과한즉 일지체(一之體)는 곧 충이요 관지용(貫
之用)이 곧 서인 것이다. 소위 충이란 형(形)이요 서란 영(影)이니
형영(形影)이 상수(相隨)하여 이들이 분리(分離)한 것은 볼 수가
없다.

고 한 데서 알 수가 있다.

⑥ 문장론(文章論)

문질빈빈(文質彬彬)이야말로 성인의 진면목이어니와 제자들의 이
해의 차는 다음과 같은 현상을 가져온다.

대체로 문인의 소학(所學)에는 선후가 있고 소견(所見)에는 천심
(淺深)이 있으니 초학지사(初學之士)는 문장을 보면 문장만을 생
각하고 성도(性道)를 들으면 성도(性道)만을 생각하나니 어찌 성
도(性道)의 발(發)이 문장이 된다는 사실을 알겠는가.

라 하여 문장이란 성(性)과 천도(天道)가 저명(著明)한 것이요 성(性)과
천도(天道)란 문장이 온축(蘊蓄)된 것이라는 것이다.

⑦ 증점욕기(曾點浴沂)

제자들은 거의 예악(禮樂)·문장(文章)·경륜(經綸)·훈업(勳業)에 관
한 이야기로 일관하였는데 증점만이 춘풍욕기(春風浴沂)로 대답하였
음에도 불구하고 공자는 증점과 더불어 할 것으로 대답하였다. 왜 그
랬을까! 겸재는 이르기를

대개 우리 마음에서 자연 유동하는 자는 천지가 만물을 낳는 마음[天地生物之心]인데 증점(曾點)은 초연히 물루지외(物累之外)에서 이를 자득하야 인욕(人欲)을 정진(淨盡)하고 천리(天理)가 애연(藹然)하니 이는 그의 심지가 천하만물로 하여금 일물(一物)일지라도 부득기소(不得其所)한 자 없도록 한 까닭이다. 이는 요순기상(堯舜氣像)과 그 쇄락(灑落)함을 함께할 수 있을 것이다. 증점의 언지(言志)는 곧바로 천리가 자발(自發)하야 화수융양(和粹融漾)가히 이름 붙일 수 있는 길조차 없으므로 특히 요순기상이라 이름 붙였던 것이니 이는 진정으로 요순사업(堯舜事業)을 주득(做得)한 것을 의미한 것이 아니다. 성인(聖人)의 대시육물(對時育物)의 공(功)은 자연에 맡길 뿐 강위(强爲)하지는 않으니 증점의 말은 오로지 자연에서 나왔지 작의(作意)에서 나온 것이 아니다. 오직 천자(天資)가 심고(甚高)한 까닭에 소견(所見)이 초예(超詣)하니 만약 독학(篤學) 역행하여 이를 확충한다면 요순의 치국(治國)인들 못하리라고 여길 수 있겠는가!

증점의 일언(一言)을 요순기상(堯舜氣像)으로까지 깊이 이를 이해하고 있다.

⑧ 자하문인(子夏門人)

교육에는 선후가 있으니

입학차제(入學次第)로 말한다면 소학(小學)에서 비롯하여 격물치지(格物致知)에 이르게 해야 할 것이니 이는 소위 하학이상달(下學而上達)인 것이다. 『역』에서 이르기를 몽양이정(蒙養以正)은 성공(聖功)이라 하였는데 대체로 동몽(童蒙) 시절에서 비롯하여 어버이를 섬기고 어른을 공경하는 도[事親敬長之道]를 교육하며 이로써 타일(他日) 작성(作聖)의 공(功)을 다지게 함이니 만일 먼저 소학(小學)에 가까이 하지 않고 문득 원대(遠大)한 것만을 가르친다면 이미 덕성을 함양하지 못할 뿐 아니라 어찌 정의입신(精義入神)의 경지에 들어갈 수 있으리오.

교육이란 하학상달(下學上達) 등고자비(登高自卑)의 원리에 따라야 함을 역설하고 있다.

(2) 맹자

① 인의와 이(利)의 변론[仁義與利之辯]

맹자 인의지변(仁義之辯)이 안자(顔子) 극복지공(克復之功)에 불하(不下)함을 다음과 같이 설명한다.

> 인의(仁義)란 성명지정(性命之正)이요 이욕(利欲)이란 형기지사(形氣之私)다. 인의로 들어가면 반드시 이욕에서 벗어나게 되니 선악의 구분이 이에서 나누어진다. 의(義)와 이(利)의 구분이 분명하지 않으면서 성인의 문장(門墻) 안으로 들어가고자 한다면 이는 어찌 북문(北門)을 거쳐 남월(南越)로 가려는 것과 무엇이 다르리오. 무릇 범인(凡人)들이 자포자기의 경지에 머무는 것은 어느 경우이고 간에 이욕이 이를 해하여 선으로 나아갈 수 없도록 가로막지 않는 자 없기 때문이다. 그러므로 성인이 범인을 교육할 제 의(義)와 이(利)의 관계를 통찰하게 한 연후에야 명리(明理) 거경(居敬)의 궁극에 이르도록 하는 것이다. 그런즉 맹자수장(孟子首章)의 의리이자(義利二字)는 7편의 종지(宗旨)가 아니겠는가.

② 천인왕패(天人王霸)

왕패의 개념을 천인과의 상관관계로 다음과 같이 설명한다.

> 천인왕패(天人王霸)는 서로 띄어서 생각할 수 없으니 대체로 농시(農時)는 천도(天道)에 속하지만 이를 어기지 않는 것은 사람에게 달려 있는 것이다. 전무(田畝)는 토지 위에 있지만 생산을 제정하는 일은 사람에게 달려 있는 것이다. 상하(上下) 이절(二節)

은 다 천인을 합해서 논하였으니 대체로 천시(天時: 자연법칙)를 이용하여 그의 해생지물(害生之物)을 금한즉 이는 곧 왕도(王道)의 시작이 아니겠는가. 지리(地利)로 인하여 그의 양생(養生)의 예(禮)를 제정한즉 이는 곧 왕도의 완성이 아니겠는가.

라 하고 왕도(이상국가)론을 다음과 같이 펴고 있다.

대체로 근왕출패(勤王黜覇)는 맹자의 본지인즉, 이 일반(一般)에서 어찌 왕패(王覇)를 혼잡(混雜)하여 논할 수 있으리요. 삼대(三代)가 융성할 제 정치제도는 지극히 정비되었고 경계가 바르게 정리되어 빈부의 격차가 없었으며 정지(井地)가 균등하여 인민은 항산(恒産)을 보유한 데다가 겸하여 교육에 법도가 있었으므로 노인의 봉양이며 부녀자의 양육에 각기 분수를 지키지 않는 자 없었으니 맹자가 왕도를 논함에 있어서 어찌 삼대의 제도를 돌보지 않을 수 있었으리오.

라 하여 왕도는 곧 하은주 삼대의 성세(盛世)를 본보기로 하고 있음을 알 수가 있다.

③ 고자성론(告子性論)

고자성론의 비판은 바로 겸재성론(謙齋性論)으로 이어지기도 하기에 여기에 이를 발췌하면 여좌(如左)하다.

정자는 이르기를 '생지위성(生之謂性)의 성(性)은 곧 기(氣)요 기는 곧 성이니 대개 그의 성과 기는 본래 상잡(相雜)하지 않고서 인물(人物)이 겨우 생(生)하였을 때에 문득 성이 있기 마련이요 성은 곧 생의 리(理)인 것이다. 그러므로 성(性)자는 심(心)자와 생(生)자로 만들어진 것이다. 무릇 성(性)자는 생자(生字)를 버리고서는 만들어질 수 없다'고 말하고 있다. 단 고자의 생지위성은 오로지 지각운동(知覺運動)을 지칭하여 말한 것이니 다 같이 동일어이지만 지의(旨義)는 각각 다르므로 사정(邪正)이 판별되는 소이가 여기에 있다. 대체로 정신혼백(精神魂魄)이 능히 지각 운동할 수 있게 하는 것이 기(氣)이다. 나누어서 말하면 지각은 심(心)에 속하고 운동은 신(身)에 속하며 천(天)에서 얻어 인의예지(仁義禮智)의 성(性)이 되는 자가 리(理)이다. 고자는 성이 리가 되는 줄을 몰랐기 때문에 이내 심의 지각과 신의 운동을 성이라 했던 것이다. 대개 성이란 형이상(形而上)의 도(道)로서 생물(生物)의 근원이요 기란 형이하(形而下)의 기(器)로서 생물(生物)의 도구인데 고자는 도기(道器)의 분별을 알지 못했으니 어찌 심성(心性)의 묘리(妙理)를 알 수 있었으리요.

라 하여 고자의 유기론적(唯氣論的) 입장을 비판하면서 성리론을 전개하였다.

④ 의가 난데없이 불거져 나오는 것이 아니다[非義襲而取之]
고자의 습이취지(襲而取之)와 맹자의 집의소생(集義所生)과의 대비에서 겸재는 후자를 취한 후 그의 성론을 여좌(如左)히 전개한다.

의습(義襲)과 의집(義集)과는 그 의의가 정상반(正相反)한데 집의(集義)는 의(義)가 주가 되는 데 반하여 의습(義襲)인즉 의(義)가 객이면서 밖이 된다.

고 하였고

대저 유자의 학은 성명(性命)일 따름이다. 성명의 리(理)는 이 마음속에 갖추어져 있으면서 천하만사는 다 그 직분의 당위다. 하나라도 직분을 다하지 못한다면 천리도 없어질 뿐 아니라 인도도 폐하게 되리라. 대개 심(心)은 리의 기(器)가 되고 리는 심의

도(道)가 되나니 리가 아니면 심에는 준칙이 없고 심이 아니면
리는 운용이 불가능하다. 본래 상리(相離)도 용납하지 않거니와
또한 상혼(相混)도 용납하지 않을 것이다.

라 하여 불상리(不相離) 불상혼(不相混)한 입장이 주목된다. 이는 율곡·
다산 등의 성설(性說)에 접근하고 있음을 알 수가 있다.

⑤ 상서학교(庠序學校)
상서학교(庠序學校)는 비록 삼대에 걸친 제도라 하더라도 주(周)는
그의 전통을 계승하여 후세의 본보기가 되게 한 것이다.

주(周)의 입교(立敎)는 오로지 삼대(三代)의 미제(美制)를 준수하
여 향당주려(鄕黨州閭)에는 다 그 직책이 있으며 육례(六禮)를 닦
아서 민성(民性)을 절도 있게 하고 칠교(七敎)를 밝혀서 민덕(民
德)을 흥기하나니 이야말로 성인의 유풍이 아닌가.

맹자의 수훈(垂訓)으로서 삼대의 미제(美制)가 주(周)에 이르러 상
서학교(庠序學校)로 갖추어졌음을 밝히고 있다.

⑥ 우일향선사(友一鄕善士)
이우보인(以友輔仁)의 도(道)를 구체적으로 여좌(如左)히 설파하고
있다.

여기에 한 선사(善士)가 있다고 하자. 그의 명망과 덕행이 그의
향리(鄕里)에서 뛰어나게 빛날 제 그 향(鄕)의 선사들이 흠모하
여 마지않는다면 나로서도 그와 벗할 수 있을 것이다. 일향(一
鄕)의 선사와 벗하기에 부족하다면 이를 일국(一國)에서 구하여

야 하고 일국의 선사와도 벗하기에 부족하다면 이를 천하에서 구할 수 있을 것이요 천하의 선사와도 벗하기에 부족하다면 또한 장차 이를 성현에게서 구해야 할 것이니. 이것이 소위 사(士)는 자기만 못한 자와는 벗하지 말라 한 것이다. 현현(賢賢)이란 곧 희성(希聖)함이니 이는 상우(尙友)하기 위한 희성지도(希聖之道)이다. 어찌 취우(取友)를 일향(一鄕)에서 그쳐 일향지사(一鄕之士)가 됨에 그치며 취우(取友)를 일국(一國)에서 그쳐 일국지사(一國之士)가 됨에 그쳐서야 되겠는가. 자기보다도 뛰어난 자와 벗하면 내 스스로 부족할 것이요 자기보다도 못한 자와 벗하면 내 스스로 유여(有餘)할지니 스스로 부족하다 이르면 날로 유익할 것이지만 스스로 유여하다 이르면 날로 손상할 것이다 그러므로 반드시 나보다도 뛰어난 선사를 찾아 벗하며 함께 강론(講論)하면서 의리(義理)의 정밀한 점을 천명한다면 저절로 관감이화(觀感而化)하야 그의 기질의 편벽함도 훈도(薰陶) 자익(滋益) 개발(開發) 추광(推廣)하면서 나의 덕(德)이 될 것이니 그의 상수지의(相須之義)가 어찌 성대하다 하지 않으랴!

⑦ 형색천성(形色天性)

겸재는 형색즉천성(形色卽天性)임을 다음과 같이 논술하고 있다. 사칠논변과의 관련이 없지 않으므로 전문을 소개하면 여좌(如左)하다.

子思論天命之性 而不言善之一字 孟子道性善 盖取天命流行之中 而指此理源頭純善處言之也 此所謂擴前聖之未發 而大有功於聖門也 然論性之善而不推其氣稟之不同則有不備者 乃以形色言性者 豈以是歟 形色雖與氣質煞 有不同 而氣質上有形色 形色中便有天性 此性字豈不在於氣質之中乎 形色之性與本然之性 雖若相反 而實則相通 旣曰形色 繼曰踐形 則是指其形色之理也 非謂其形色之氣也 朱子曰形色卽是天性 非離形色 別有天性 故以色 則是空明之 是何異於有物有則 必有則乎 孟子此說 盖因有物有則而發 豈但吾人之形色 觀於萬物之形色 莫不有當然之則 桃紅李白 菊甘 薏苦 物性然矣 人之最靈 不但其性純善 觀於形色 自有絶異者 亦可以知其性之絶異 有是形有是性 而豈不思復其性踐 其形之道乎 此可與性善之說互相發明也 夫形色氣也 天性理也 非以形色爲理也 形色

之中自有其理也 性之所以純善者 以其出於天也 發於形色者 只是性之動
也 亦無有不善 衆人皆有是性 而氣質駁雜 又無涵養之工 天理不明於內
物欲又誘於外 同是耳也而聽之不聰 同是目也而視之不明 雖有是形而其
何以踐之乎 惟聖人得至通至正之氣 與天地同其德 故 有定性而無變也
耳則十分聰 目則十分明 動容周旋 無不中禮 斯可謂之踐形矣 告子生之
謂性 王氏言動是性者 有見乎氣 而無見乎理也 蓋生不足 性也 生之理是
性也 言動足氣也 所以言動者理也 直曰言動是性云者 與形色天性之訓
同乎異乎 語雖相似 義則懸殊 告子之論性 眞所謂隔靴爬痒也

⑧ 진심지성(盡心知性)

상절(上節)과 같은 이유로 원문 그대로 적기하면 여좌(如左)하다.

心之知覺 卽所以具此理而行此情也 惟者心中所具之理 而知其所具之理
則是謂知性也 所以知性者 豈非心之知覺乎 知其性善之理 而收其放心
精以察之 一以守之 則是謂盡心也 性卽理 心卽氣 而理無不善 氣或易差
故明善然後可以誠身 孟子若曰盡其心則知其性云 則是盡心然後知其性
是知其性然後盡其心也 見則字者 字則可得其義也 孟子之知性盡心 與大
學之物格知至 互爲表裏 相與終始 物理之極處 無不到 卽知性也 吾心之
所知 無不盡 卽盡心也 伊川程子曰盡心然後方能知性 是甚未穩 抑或以
心字作意字看而然耶

라 하여 정이천설을 비판하면서 주자설에 좌단하며 여좌(如左)히 매
듭을 짓는다.

明道程子定性之性字 朱子改以定心然後 理義明白 性豈是可定之物乎 伊
川之意亦然乎 夫意者心之用也 意不誠則何以格物乎 此先儒所謂立誠意
以格物也 朱子曰盡心由於知性 此甚簡切明白 蓋謂物格則理明 理明則誠
一而心自正也 大抵程朱解經或有異同只在後學審取之如何耳

(3) 중용

① 천명(天命)과 수도(修道)

천명지성(天命之性) 수도지위교(修道之謂敎)는 인물을 통하여 말한 것이요 자성명지성(自誠明之性) 자명성지교(自明誠之敎)는 인사를 지칭하여 말한 것이다. 수도지교(修道之敎)는 성인사(聖人事)요 자명지교(自明之敎)는 학자사(學者事)이다. 학자는 본래 교(敎)로 연유하여 입학하지만 성인이 어찌 대교(待敎)하여 입학할 것인가. 대개 수(修)란 특히 이를 품절(品節)한다는 것을 말한 것이지 이를 면강(勉强)한다는 것을 말한 것이 아니다. 성인은 그가 지닌 혼연한 본체를 보전하고 때를 만나 지극히 크게 쓰이는 것은 결코 스스로 수도(修道)하며 복초(復初)하기 때문이 아니다. 현인이 교(敎)로 연유하여 입학한다는 것은 애초에는 과불급의 차가 없을 수 없지만 어찌하여 품절지(品節之)하여 (성인처럼) 천하의 법도가 될 수 있을 것인가.

성현이 엄격하게 구별된다는 점에서 성범일여론(聖凡一如論)이라는 거리가 먼 일설이 아닐 수 없다.

② 계구신독(戒懼愼獨)

대체로 계구(戒懼)는 정(靜)한 때의 경(敬)이요 신독(愼獨)이란 동(動)한 때의 경(敬)이다. 정시공부(靜時工夫)는 오심(吾心)이 바야흐로 동(動)하려는 기미에 이르고 동시공부(動時工夫)는 오심의 지미(至微)한 극처(極處)에 도달하게 된다. 그런즉 정시(靜時)에 함양한 자는 동(動)에서 태만하는 것이 아니요 동시(動時)에 성찰하는 자는 정(靜)에서 조홀(粗忽)하지 않는다. 계명자자(鷄鳴孜孜)함은 정(靜)으로써 근본하고 아술시시(蛾述時時)는 동(動)으로써 비롯하나니 학자 용공(用工)하는 방법은 비록 동처(動處)에서 비롯한다 하더라도 그가 용공(用工)하는 근본은 실로 정시(靜時)에 근원하며 심찰(審察)하기 전에 함양할 수가 있고 함양한 후에 또한 성찰할 수 있을 것이다.

라 하여 계구신독은 호상(互相) 종시무단(終始無端)함을 보여주고 있다.

③ 중용의 중화는 내외로 나뉜다는 주장[中庸中和分內外之說]

중용(中庸)과 중화(中和)를 내외로 나누어보는 것은 잘못이다. 유씨(游氏)는 말하기를 '성정으로써 말한다면 중화라 하고 덕행으로써 말한다면 중용이라 한다'고 하였으니 대체로 성정·덕행이란 명목은 다르지만 이치는 같은 것이다. 그 성정의 자연으로 말미암아 중화(中和)에 이르고 그 덕행의 당연을 온전히 하여 중용을 천리(踐履)하나니 그런즉 중용을 천리한다 함은 곧 중화에 이르게 하는 소이요 중화에 이르게 되면 또한 중용을 천리할 수 있을 것이다. 대체로 중용이란 불편불의(不偏不倚)하고 과불급이 없음을 말하거니와 불편불의함은 곧 천하의 대본이요 과불급이 없음은 곧 천하의 달도(達道)인 것이다. 대본·달도 외에 또다시 어디서 중용을 구할 수 있겠는가. 대체로 치중화(致中和)란 계구근독(戒懼謹獨)하여 성정의 정(正)에서 함양하고 천중용(踐中庸)이란 택선고집(擇善固執)하여 사리의 의(宜)에서 합치점을 구하려 하는 것이다. 그러므로 제유는 어시호(於是乎) 내외공부(內外工夫)를 분득(分得)하면서 중화가 중용의 본체임을 모르니 오로지 자사의 미지(微旨)를 잃어버리고 있는 것이다.

라 하여 중화와 중용을 내외로 나누어서 생각하는 이론을 수용하지 않고 있다.

④ 비은(費隱)

비이은(費而隱)이란 한결같이 형이상지도(形而上之道)다. 대개 소당연자(所當然者)는 비(費)요 소이연자(所以然者)는 은(隱)이다. 그러나 소이연자는 사실상 소당연(所當然) 중(中)에 실재하므로 견문이 미치지 못한다. 공자는 이르기를 '신(神)이란 묘만물(妙萬物)을 두고 이른 말이다'라 한 것은 비(費) 중의 은(隱)을 지칭한 것이 아닌가! 동방(東方)의 제유(諸儒)들은 혹 비은(費隱)을 나누어 도기(道器)에 분속하게 하기도 하고 혹은 이르기를 '비(費)는 기(氣)에 속하고 은(隱)은 리(理)에 속한다' 하여 쟁변(爭辨)이 그치지 않으므로 선정(先正) 이황(李滉)은 박정(駁正)하여 이르기를

비은(費隱)은 도(道)로써 형이상지리(形而上之理)를 말하는 것이니
그 현(顯)한 점으로써 말한다면 이를 비(費)라 이르고 그 미(微)
한 점으로써 말한다면 은(隱)이라 이른다.

고 하였으므로 체용(體用)이 일원(一源)이요 현미(顯微)가 무간(無間)한지라 만일 형이하자를 비(費)라 여긴다면 어찌 일원무간(一源無間)이라 이를 수 있겠는가. 비은(費隱)에 일원(一源)인 형이상지도(形而上之道)임을 밝히고 있다.

⑤ 추왕(追王)

주공추왕설(周公追王說)이 있으나 무왕설(武王說)을 수용하고 있다.

⑥ 존덕성 도문학

『중용』에는 본래 지행을 설한 곳이 많다. 가령 도가 밝혀지지도 행해지지도 않았다[道之不明不行]라든지 생지안행(生知安行)이라든지 학문(學問) 사변(思辨) 독행(篤行)이라든지는 다 지행을 말한 자이지만 이 장에서만은 존덕성(尊德性) 도문학(道問學) 이하 십구(十句)가 모두 군자 수덕응도(修德凝道)의 일단(一端)일 뿐 학자들의 용력지방(用力之方)에 관해서는 암매(暗昧)할까 두려운 나머지 주자는 그의 장구에서 상이구(上二句)는 강령으로 삼고 하팔구(下八句)는 절목(節目)으로 하여 각각 유(類)를 따라 나누어 놓았다.

고 하였으나 겸재는 이 점에 대하여 이르기를

진실로 나의 덕성(德性)을 존(尊)하면서 차심(此心)을 대중지정(大中至正)한 영역에서 존(存)하게 하고 나의 문학(問學)을 도(道)하면서 오지(吾志)를 진정진미(盡精盡微)한 경지에 이르게 한다면 저절로 천리(天理)는 밝아지면서 지식이 도래할 것이니 비록 역행하고자 하지 않더라도 저절로 행(行)하되 부득불 역행(力行)하게 될 것이다. 그러므로 역행은 말하지 않더라도 역행은 스스로 그중에 자재(自在)하게 마련일 것이다.

라 하여 역행을 말하지 않더라도 역행은 스스로 그중에 자재하다는 주장[不言力行而自在力行說]을 내세우고 있다.

(4) 대학

① 격물치지

격물치지를 이사(二事)로 보지 않고 일사(一事)로 본 점이 주목된다. 거기에는 고봉 이래 이이일적(二而一的) 사고유형이 깔려 있기 때문이다.

> 특히 육조(六條)로서는 계급을 만들었지만 양조(兩條)는 이사(二事)가 아니다. 팔조공부(八條工夫)를 어찌 편폐(偏廢)할 수 있으랴마는 본래 병진할 수 있으되 차서(次序)가 있을 것이니 격물치지는 이미 일사(一事)인즉 이를 계급으로 나눌 수 있으리요 비록 계급으로 나눌 수 없다 하더라도 격기물(格其物)하지 않고서는 치지(致知)할 수 없을 것이니 용력(用力)의 시종으로 따진다면 격치(格致)는 시(始)가 되고 치평(治平)이 종(終)이 될 것이다.

8조목 중 격치(格致)와 치평(治平)을 나누어서 생각하려 하고 있음을 엿볼 수 있다.

② 보전(補傳)

『대학』의 착간설에 따른 보전의 저술에 관하여서는 이론도 많다. 그는 이 절의 말미에서 "이것은 주자의 정의(精義)를 밝히고, 시끄러운 많은 의심을 깨트릴 수 있다[此可以明朱子之精義 而劈群疑之喧隊矣]"라 했듯이 벽군의(劈群疑)를 위하여 다음과 같이 서두에서 이를 밝히고 있다.

> 주자의 논(論)은 비록 선성(先聖)의 진의를 터득했다고 하더라도

어찌 신중한 심정이 없을 수 있었겠는가. 차(此)는 정자의 뜻을 취하여 가지고 보격치지전(補格致之傳)으로써 이를 증거하려는 소이가 여기에 있었던 것이다. 성의장(誠意章)만이 홀로 일전(一傳)이 된 것은 무슨 까닭이었을까. 위로는 치지장(致知章)과도 연결이 안 된 것은 지행을 분리하기 위함이었으나 그러나 만약 먼저 치지(致知)하지 않으면 어떻게 성기의(誠其意)할 수 있을 것인가. 아래로 정심(正心)과 접하지 않는다면 그의 자수지도(自修之道)로써는 기공(其功)이 정심(正心)에 그치지 않기 때문이다.

라 하여 주자는 보전의 저작을 위하여 신중을 기한 작품임을 개진함과 동시에 성의장(誠意章)의 독립을 역설한 것은 겸재의 명쾌한 탁견이라 이르지 않을 수 없다.

③ 성기의(誠其意)

기(幾)란 심(心)이 욕발(欲發)하되 아직 발하지 못한 동지미(動之微)이다. 선악이 여기서 나누어지는 것이니 군자로서 근독(謹獨)하면서 그 기를 살피지 않을 수 있겠는가. 대개 성은 심지리(心之理)로서 지선(至善)한 자이다. 정(情)은 성에 근원하야 직출(直出)하는 까닭에 선하지 않음이 없으니 맹자가 이른바 기정(其情)인즉 가이선(可以善)할 수 있다는 것이다. 대개 동지초(動之初)에는 기가 미(微)한 까닭에 이를 재단(裁斷)하는 자가 의(意)이다. 이때에 만일 기기(其幾)를 통찰하지 않으면서 기의(其意)를 성(誠)한즉 심이 그 정(正)을 잃고 불선(不善)하게 되는 것이다.

여기서 우리는 고봉의 동기론적(動機論的) 성정론(性情論)의 일단을 엿보는 듯하다.

④ 절차탁마(切磋琢磨)

남산지죽(南山之竹)은 기우이우려(旣羽而又礪)하여 더욱 심기입(深其入)하였고 곤강지옥(崑岡之玉)은 기탁이후마(旣琢而後磨)하여 더욱 치기정(致其精)하였으니 이미 성의(誠意)를 다하고 또다시 차심(此心)을 통찰함이 또한 이와 같은 것이다.

성기의(誠其意) 정기심(正其心)을 더욱 깊이 이해한 대목이다.

⑤ 문장

수신장(修身章)의 결어에서 그 집안을 가지런히 함은 그 몸을 닦는 데 달려 있다[齊其家在修其身]라 하지 않고 변문(變文)하여 이르기를 몸이 닦이지 않으면 그 집안을 가지런히 할 수 없다[身不修不可以齊其家]라 한 것은 경문(經文)을 승계(承繼)하여 결어(結語)하되 본말(本末)로 나눈 것이다.

라 하여 이하 경문구조(經文構造)를 자세히 설명하고 있다.

⑥ 혈구(絜矩)

혈구의 뜻은 선유들이 상세하게 해석하였다. 구(矩)로써 심(心)을 삼는 자는 그 본연의 법칙을 볼 것이요 혈(絜)로써 서(恕)를 삼는 자는 그 추용(推用)의 기밀을 볼 것이다. 권(權) 연후에 경중을 알게 되고 탁(度) 연후에 장단을 알 것이니 구(矩)로써 심을 삼는 자는 소탁(所度)하는 바가 광대할 것이다.

라 하여 혈구지도를 장황하게 설명한 후 다음과 같이 끝을 맺고 있다.

국가(國家)의 장(長)이 되면 재(財)로써 이(利)라 하지 않고 반드시 의(義)로써 이(利)로 삼아야 한다. 덕교(德敎)를 먼저로 여긴 후에 재용(財用)을 뒤로한다면 현자가 나와 예악(禮樂)의 선치(善治)를 하게 되고 소인은 물러가 취렴(聚斂)의 해독이 없어질 것이니 이야말로 혈구의 뜻이 추광(推廣)된 것이 아니겠는가!

이상에서 사서를 통한 겸재 경학의 일단을 약술하였거니와 여기서 우리는 그가 존신주자(尊信朱子)하면서도 거기에서 새로운 뜻을 찾으려는 저의가 깊이 감추어져 있음을 볼 수가 있다.

그러나 사서에 이어서 오경에 대한 조대에도 또한 방대한 내용이 간직되어 있으므로 응당 이를 논술해야 함에도 본 논에서는 사서를 일별견(一瞥見)함에 그치고 오경은 이를 후일로 미루는 까닭은 언젠가는 누구의 손에 의해서든지 간에 겸재 경학이 따로 독립된 논문으로 검토되어야 되겠기 때문이다. 필자는 여기서 겸재 경학이 겸재학에 있어서 중요한 일부분으로 구성되어 있다는 사실만을 제시하고 이 졸론을 맺게 된 것을 서량(恕諒)하라(癸酉元旦).

10. 제봉의 시대와 생애

1) 시대적 배경

　제봉(霽峯) 고경명(高敬命) 선생은 중종 28년(1533) 11월 30일 광주 (光州) 압보촌(鴨保村) 구제(舊第)에서 탄생하였고 선조 25년(1592) 7 월 10일 금산에서 순절하니 향년 60이었다.

　때는 바야흐로 중종 기묘사화(1519) 이후 겨우 14년 만에 태어났 으니 사화의 불씨는 아직 가시지 않은 시기였다.

　공의 조고(祖考) 운(雲: 字는 彦龍, 號는 霞川)은 기묘명현으로서(己 卯名賢錄에 登載됨) 형조좌랑으로 정암 조광조·눌재 박상 등과 더불 어 도의로서 우의를 맺고 있었다는 핑계로 버림을 받자 광주로 낙향 하게 되었던 것이다. 이러한 배경은 마치 고봉 기대승(1527~1572) 이 그의 계부 준(遵)이 기묘명현으로서 그의 형 진(進: 高峯의 先考)이 광주로 낙향한 사실을 방불하게 한다.

　이렇듯 제봉과 고봉이 동향 출신으로서 기연을 맺게 되었고 명종

18년(1563)에는 양공(兩公)이 다 함께 서울에서 벼슬 살면서 서로 편지와 시를 교환한 사실이 제봉년보에 보인다.

이때 제봉의 나이는 31세로 6세 수상인 고봉이 제봉에게 편지를 보냈고(내용미상) 제봉은 시를 지어 이에 사례하였다.

> 깨끗한 同湖에서 좋은 종이 펴놓고
> 술 한잔씩 마시며 시 한 편씩 휘두르는 거야
> 고맙게 부쳐준 편지 몇 차례 읽어보니
> 옛날에 놀던 일이 새삼스레 생각나네.

이 시를 읽어보면 분명히 옛날에 놀던 친교가 있었으니 어느 때 어디서일까. 그것은 분명 향리 광주가 아니었을까?

31세 때 제봉은 "당로자(當路者)에게 꺼림을 받자"(年譜) 낙향하였다가 19년 만에 비로소 재기용되어 명나라에 서장관(書狀官)으로 다녀왔고 그 이듬해에 또다시 고봉을 찾아갔다가 만나지 못하고 뜰 앞에 있는 황·백 두 색깔의 국화가 있는 것을 보고 절구를 읊었으니

> 바른 색은 황색을 귀하게 여기지만
> 타고난 백색 또한 기이하기만
> 세상사람 스스로 구별하지만
> 똑같이 서리 속에 오연한 가지라네[1]

이 밖에도 공의 시문집에는 "식영정사시영(息影亭四時詠)으로 고봉에게 화답하다[息影亭四時詠和高峯]", "사시영(四時詠)으로 다시 고봉에게 화답하고 강숙에게 보이다[四時詠再和高峯示剛叔]"라는 장문의

---

1) 고경명, 『제봉집』 권2, 「詠黃白二菊」. "正色黃爲貴 天姿白亦奇 世人看自別 均是傲霜枝"

시가 있다(시기미상).

이렇듯 고봉과 제봉은 동시대 동향인으로서 모름지기 기묘명현의 가문에 태어난 동지의식으로 굳게 맺어져 있음을 볼 수가 있다. 다만 서로 취향을 달리하여 제봉은 시를 좋아했고 고봉은 성리학에 심취하였다는 점에서 구별되나 이 양공의 교의는 기묘명현의 전통을 계승하였다는 상징적 의미를 간직하고 있다는 사실을 간과해서는 안 될 것이다. 고봉의 문전에서 절의를 상징하는 국화시를 읊은 제봉의 시정은 기묘의 절의와도 결코 무관하지 않음을 느끼지 않을 수 없다.

을사사화(1545)를 계기로 하여 시대는 중종 시대에서 명종 시대로 넘어와 동서분당이라는 당화(黨禍)가 싹이 트기 시작하였다. 이때 고봉은 소윤 윤원형(尹元衡)에 의하여 과시에서 기묘명현의 후예라는 사실 때문에 제2인자임에도 불구하고 낙방의 고배를 삼켜야 했지만 제봉은 26세 때 문과에 장원급제하여 벼슬길에 오른다.

명종 17년(1562) 별시고관이 되어 송강 정철(1536~1593)을 장원급제시켰는데 이 양인의 기연은 평생 동안 부침을 함께하였다.

정송강은 서울 출생이지만 하서와 고봉을 사사한 것으로 되어 있으니 호남 광주와는 인연이 두터운 셈이다.

송강의 관운은 빨라서 장원급제한 이듬해에 병조좌랑(정5품)에서 공조정랑(정5품)으로 승진하였다는 소식을 듣고 기뻐하면서 절구 한 편을 읊으니

임술년 무렵에 문하에 있던 이 선비가
지금은 깨끗한 水曹로 들어왔다네

늙은 나는 쓸모없는 가래나무처럼 되었건만
소나무가 무성하면 잣나무도 반가워한다오.

그 후 송강을 장생동(長生洞) 그의 사택에 찾아가 창문에 절구 한
편을 써 붙였다.

해질 무렵 金鑾展에서 물러 나와
서문밖에 옛 친구 찾아갔었지
술이 깨면 두려운 줄 번연히 알건만은
마음에 쌓인 소리 취중에 다 했었네.

연보에 따르면 정축년(1577) 45세 때 광주에 은거 중 송강이 소세
정에 파초잎에다가 시를 써서 보낸 까닭에 공은 또 시로 이에 응답
하였는데(年譜에는 漏落) 시문집의 '기증송강(寄贈松江)'이 아닌가 싶
어 다음에 이를 전재한다.

장중울(張仲蔚) 자취 감춰 뜰엔 쑥대가 무성한데
귀뚜라미 긴긴 밤을 요란히 울어내데
수전증 더해가니 글씨가 삐딱하고
눈이 어두우니 먹빛은 옅기도 짙기도
수레 낡으니 소리가 요란하고
화려했던 옛술상 이젠 대하기 어렵구나
가을밤 스산하여 병든 사람 꿈 못 이뤘으니
이슬어린 소나무에 학의 울음 처량하다[2]

연보의 다음 일절을 놓칠 수가 없다.

---

2) 『제봉집』 권4, 「寄贈松江」. "仲蔚蓬居久屛蹤 苦吟遙夜特寒蛩 筆因風痹欹還整 墨爲昏花淚又濃 伊軋每
燐行處筍 琉璃難把舊時鐘 秋來病客淸無寐 獨鶴聲高露滴松"

신묘(辛卯: 1591) 59세……여름에는 동래부사를 그만두고 서울로
올라왔으나 도리어 물리침을 받고 시골로(광주) 돌아갔었다. 이
때 간관(諫官)들이 송강을 논박하자 공도 정공에게 추천되었다
하여 아울러 배척했었다.

이때 두 번째 낙향은 송강과의 연루 때문이요, 이듬해 임진란으로
이어지는 낙향이 된 셈이다.

이때 송강은

1589년 다시 부름을 받고 우의정에 올랐으나 얼마 후 동인에게
밀려나 明川·晋州·江界 등지로 귀양 다니고 1592년 임진왜란
을 당하여 귀양에서 풀려나와 평양에서 임금을 맞았다(『국사대
사전』).

고 하여 동인에게 밀려났을 때인 만큼 제봉의 당색도 이쯤되면 서인
에 속했던 것으로 짐작이 간다.

그러나 임란은 다시금 이 양인에게 재회의 기회를 마련해 주었다.

공은 임진 6월 11일 담양에서 군사를 일으켜 태인에 이르렀고 또
전주에 이르러 남원군사를 집합시킨 후 6월 20일에는 삼도체찰사(三
道體察使) 정공철(鄭公澈)에게 다음과 같은 편지를 보냈다(서두와 말
미만으로 요약).

양산과 밀양이 잇달아 함몰되었다는 소문을 들은 후부터 저 왜
적은 이미 승승장구할 기세를 가지게 되었습니다. 저 적들이 바
로 無人之境처럼 여기고 서울로 치다를까 염려하여 걱정하지 않
는 이가 없었습니다. 이때 巡察은 나주에 있었는데 모두 그에게
희망하기를 빨리 군사를 이끌고 서울로 올라가 후원하게 될 것
이라고 믿었습니다.……(중략)……그러나 조금 힘입을 만한 것

은 먼 데건 가까운 데건 간에 義擧한 소문을 듣고 수많은 용사들이 먼 길에 발이 부푸는 줄도 모르고 사방에서 달려와 국가를 위해 목숨을 바치려고 하니 이 억울한 심정을 한 번 暴白할 수 있으리라고 믿습니다. 임금이 辱스러운 일을 당하면 신하로서 죽음을 잊고 적과 싸우는 것은 고금을 막론하고 공통된 의리인 바 앞으로 있을 成敗에 대해서는 따질 겨를이 없습니다. 오직 相公은 이 鄙生의 한 조각 赤心을 밝게 보살펴서 억울한 죽음을 당하지 않도록 하면 매우 다행으로 생각하겠습니다.

이 편지가 정공과의 마지막 교신으로서 양공의 깊은 교의를 이 서신을 통하여 확인하게 된다.

이때 동서분당이 싹틈으로써 서인으로 몰린 송강과의 연루의 혐의를 받았다면 제봉도 서인으로 지적받았을 것으로 여겨지지만 동서분당의 거중자(居中者)로 자처한 율곡(1536~1584)의 눈에는 그렇게 비치지 않았다는 사실은 제봉의 인품을 헤아림에 있어서 흥미 있는 일면이 아닐 수 없다.

제봉이 19년 칩거 후 재기용된 직후 명나라를 다녀온 그 이듬해에는 율곡의 추천으로 원접사(遠接使) 종사관(從事官)이 된 기록과 더불어 공의 사우관계를 다음과 같이 기술하고 있다(「연보」 50세).

이해 봄에 명나라에서 돌아와 복명한 후 서산군수가 되었다. 가을에는 遠接使 從事官에 임명되어 宗簿寺僉正을 맡았다가 司瞻寺僉正으로 옮겨 한강가까지 나아가 사신을 영접하였다. 이때 翰林編修 黃洪憲 給事中 王敬民이 황자가 탄생했다는 詔勅을 가지고 왔었는데 遠接使 율곡 이이 선생이 공의 문장은 국가를 빛낼 수 있다 하여 從事官으로 추천하였다. 栗谷은 본래 公과 顔面이 없었는데 이때 한번 보고 엄중히 여겨 마음에 숨긴 것 없이 다 털어놓고 이야기했으며 華使와 더불어 唱酬할 때 공의 시를 많이 쓰도록 하였다.

대개 공의 사우 연원을 따지면 하서·고봉·송강 제 선생과 더불어 가장 좋아했고 율곡과는 도가 같고 지기(志氣)도 맞아 저절로 남모르게 통하는 점이 있었다.

공과 하서(1510~1560)와는 23년 수상이요, 공의 나이 27세에 타계하였기 때문에 친교는 기대할 수 없는 처지이지만 공은 그의 나이 50에 비로소 『하서집』을 읽고 다음과 같은 감정 젖은 시를 읊었다.

> 높기만 한 하서자(河西子)
> 하늘과 같아 오를 수 없더니만
> 이 사람 지금 간 곳 없으니
> 우리의 도 따라서 묻혀버렸네
> 훌륭한 글 펼치니 흰 눈이 흩뿌리듯
> 텅 빈 마음 기울이니 목욕재계라도 한 듯
> 문장을 날로 낮아만 가니
> 읽고 또 읽어도 회포만 남는구나[3]

여기서 잠시 짚고 넘어가야 할 일은 다름 아니라 이때 조정에서는 영남의 이퇴계, 호남의 김하서가 쌍벽을 이루고 있었는데(이 양인은 교의도 두터웠다) 고봉은 퇴계에게 경도되었고 제봉은 하서에게 심취되었다는 사실이다. 이를 겉으로 보면 지역적인 듯하지만 따지고 보면 고봉은 철학적인 사칠논변으로 퇴계와 밀착하였고 제봉은 문학적인 시문으로 하서를 하늘과 같아 밟고 올라갈 수 없다[如天不可階]로 높이 우러러보았다고 보는 것이 옳을 것이다(퇴계는 고봉에게 준 편지에서 하서의 죽음을 애도하면서 하서의 시주탐닉(詩酒耽溺)을

---

3) 『제봉집』권3, 「讀河西集」. "高矣河西子 如天不可階 斯人今寂寞 此道已沈埋 寶稿披蘭雪 虛襟瑩沐齋 文章方日下 三復有餘懷"

못내 아쉬워하였다).

공의 호시벽(好詩癖)은 19년 낙향기를 주로 시인묵객이 청유(淸遊)하던 무등산하 소쇄원·식영정 등지에서 보냈다는 사실에서 엿볼수가 있다. 그리하여 공의 60평생의 기록은 전적으로 시로 쓴 일기라 해도 결코 과언이 아닌 양하다.

공의 시대적 배경을 한마디로 말하자면 기묘사화 이후 을사사화를 거치면서 동서분당의 당화가 싹트기 시작하였지만, 공은 결코 거기에 흔들리지 않고 시정을 달래며 급기야 마지막 임진왜란을 만나청절을 지키었다고 보는 것이 옳을 것이다.

2) 생애

위에서도 지적한 바 있듯이 기묘명현의 후예로 호남 광주에서 태어나 임진년 금산성 싸움에서 살신성인 순사한 제봉공의 생애는 결코 평탄한 60평생만은 아니었던 것 같다.

공의 나이 26세 때 비로소 문과에 장원급제하였는데 전시(殿試)에서도 수석을 차지하자 즉시 성균관전적(成均館典籍)을 제수시키고 얼마 후에 또 호조좌랑으로 옮기도록 한 것이 경사생활(京師生活)의 시작이었다.

이듬해에는 세자시강원사서(世子侍講院司書)가 되고 또 그 이듬해 28세가 되자 문신정시(文臣廷試)에서도 제일인자가 되어 말 한 필을 하사받는 영광을 누리기도 하였다. 또 사간원정언(司諫院正言)으로 옮겼다가 다시금 형조좌랑이 되어 지제교(知製敎)에 뽑혔다.

29세에는 여러 벼슬자리로 옮겨 앉는 중 가을에는 소명을 받고 입시(入侍)하였다. 잔치를 베풀어 온종일 놀게 하고 시를 지어 바치도록 하였으며 그 이후로는 자주 소명을 받고 입시하는 일이 잦았다. 응제시(應製詩)도 많이 지어 바쳤다. 별시를 보일 때 고관이 되어 송강 정철을 뽑은 일은 이미 앞에서 언급한 바 있다.

그러나 임관 5년 만인 공의 나이 31세 때 뜻하지 않았던 액운이 닥쳐왔다. 홍문관교리(弘文館校理)로 승급(昇給)되었다가 가을에는 전적(典籍)에 좌천되어 울산군수(蔚山郡守)로 나가도록 했는데 부임하지 않고 시골로 내려갔다. 이때 시골은 향리 광주임은 다시 말할 나위도 없다. 좌천된 이유에 대해서는 아무런 설명도 없이 연보에는 다음과 같은 짤막한 기록이 있을 따름이다.

> 이때는 공이 당로자(當路者)에게 꺼림을 받게 되자 벼슬을 그만두고 시골로 돌아와서 독서와 산수에다 낙(樂)을 붙였는데 19년 동안 꼭 집에만 있었다.

이후 19년의 청장년기를 보내면서 온통 시인문사들과 더불어 유유자적하였다.

동시대 동향인으로서 고봉은 자주 남귀(南歸)한 것으로 유명하거니와 제봉 남하 후 8년 만에 고봉이 적벽에 놀러 간다는 소문을 듣고 절구를 지어 보냈고(38세) 40세 되던 해에는 면앙정 송순을 그의 정자로 찾아가 율시(律詩) 두 편을 남기기도 하였다.

그러나 42세 되던 해에 광주목사 갈천(葛川) 임훈(林薰)과 서석산에 올라 유서석록(游瑞石錄)의 기행문을 남긴 것은 그의 은거 중 최대 수확이 아닐 수 없다.

말년에는 「불이재명(不已齋銘)」 또는 「정허명설(靜虛名說)」 등을 지음으로써 인생을 달관하려는 노력의 일단이 엿보인다.

이렇듯 공의 생애에 있어서의 이 19년은 활동이 정지된 공백기라 이를 수도 있지만 속진(俗塵)에 젖지 않은 청허한 그의 인생은 어쩌면 풍만한 시정신으로 꽉 차 있던 가장 보람된 인생수련의 시절이었다고 할 수도 있을 것이다.

49세에 재기용되었다가 임란 직전인 1591년 59세로 다시 관로를 떠난 이 10년간은 제봉에게 있어서는 생애의 무난한 난숙기였던 것으로 보인다.

영암군수로 임용되자마자 얼마 후에 변무사서장관(辨誣使書狀官)으로 임명을 받고 겸직하게 됨으로써 다시금 경사생활(京師生活)이 시작된 것이다. 이때 공을 추천한 사람은 사신(使臣) 황강(黃岡) 김계휘(金繼輝)였고 후일 이로 인하여 광국훈(光國勳)에 녹명(錄名)되었다. 이때 변무사서장관(辨誣使書狀官)으로 명나라 예부상서(禮部尚書)에게 올린 진정서를 지어 외교적 성과를 거두게 한 공적 때문이다. 이때에도 공은 화사(華使)들과 더불어 많은 시를 교환하였다.

명나라에서 돌아온 후 서산군수(瑞山郡守)가 되었다가 가을에는 원접사(遠接使) 이율곡(李栗谷)의 추천으로 다시금 서장관(書狀官)이 되어 화사(華使)들을 접대하였다. 이로써 율곡과도 사우관계를 맺게 된 인연을 갖는다.

51세에 한성부윤의 요직에 임용되었다가 얼마 후에 한산군으로 이배(移拜)되었고 겨울에는 예조정랑에 제수했으나 취임하지 않고 향리로 남하하였다.

이듬해(52세) 여름에 종부시정(宗簿寺正)에서 사복시첨정(司僕寺僉正)으로 옮겼다가 겨울에 사예(司藝)로 부임하였다.

그 이듬해(53세) 봄에는 세 계급 뛰어올라 군자감정(軍資監正)이 되었고 이때 왕은 공의 문장은 하료(下僚)에 둘 수 없다는 특명이 있었지만 여름에는 순창군수로 내보냈다. 줄곧 순창에 머물다가 56세 되던 해 여름에 그만두었다. 57세의 한 해는 향리에서 지낸 듯하고 58세 되던 해 여름에는 비로소 내섬시정(內贍寺正)이 되었다가 승문원판교(承文院判校) 지제교(知製敎)로 옮겨 춘추관편수관(春秋館編修官)을 겸임하였는데 이때의 경위를 연보에는 다음과 같이 기록되어 있다.

대신이 탑전(榻前)에서 공의 문장을 애석히 여겨 추천하자 임금께서 이 승문원지제교(承文院知製敎)로 제수하였다.

59세에 동래부사를 마지막으로 또다시 지척(指斥)을 받아 하향하게 됨으로써 이듬해 임란을 향리에서 맞게 되었으니 여기에는 실로 하늘의 뜻이 깃들어 있는 것일까…….

제봉의 인생 60은 실로 인생고락으로 엮인 일생이었다. 때로는 관료로서 소명과 지척(指斥)을 반복하는 역겨운 파란을 이겨 넘어야만 했는가 하면 때로는 유오산천(遊娛山川)의 낙(樂)도 즐길 만큼 즐겼다. 이듬해 11월이면 60회갑을 맞는다. 이제 여생을 어떻게 보내야 할 것인가. 이제는 '공성신퇴(功成身退)' 내 할 일이 무엇일까……제봉은 스스로의 남은 인생을 어떻게 살아야 할까……심려와 고뇌로 맞은 60이 아니었던가 싶다.

그러던 차제에 급기야 임진왜란은 터지고야 말았다.

사생취의(捨生取義) 신명을 바칠 때는 결국 오고야 말았다. 그의 인생에 있어서 화룡점정해야 할 시기를 결정한 제봉의 결단은 현명한 그의 영지(靈知)의 소치가 아닐 수 없다.

더욱이 구체적인 외적 정세 변화는 그의 결심을 더욱 굳게 하였던 것 같다.

왜적의 진출은 그 속도가 너무도 빨라 4월 14일에 부산진에 상륙하여 5월 초3일에는 서울에 입성하고 대가(大駕)는 송경(松京)을 거쳐 평양으로 떠났으니 누란의 위기란 이를 두고 이른 말이 아닐 수 없다.

게다가 이 어인 오판인가 아니면 비겁한 체념인가 도순찰사(都巡察使) 이광(李洸)은 경성함락의 보(報)를 듣고 관군을 해산하는 우를 범하고 말았으니 말이다. 이렇듯 사분오열된 정황을 어떻게 수습해야 하며 누가 이 막중한 대업을 맡을 수 있을 것인가. 제봉의 소명의식은 이에 불붙지 않을 수 없었던 소이가 여기에 있다.

5월 22일 대가가 급기야 의주까지 이르렀다는 소식을 듣고 대성통곡, 비로소 움직이기 시작하여 두 아들 종후(從厚)와 인후(因厚)를 시켜 본주(本州)에 도망쳐 와 있는 군사를 거느리고 수원진관(水原陣管)까지 이르러 '본주목사(本州牧使) 정윤우(丁允祐)'에게 붙여주고 돌아오도록 하였다.

각지에서 운집한 의병이 추성관(秋城館)에 설단(設壇)하고 분향서천(焚香誓天)한 다음 공을 대장으로 추대하고 삽혈동맹을 맺은 것은 5월 29일의 일이다.

이 소식을 들은 의주 행재소에서는 공에게 공조참의(工曹參議) 지제교(知製敎)를 제수하고 초토사(招討使)를 겸임하게 하였을 뿐 아니라 '열읍을 절제하고 도성을 회복하라'는 교명(敎命)까지 내리었다.

어쨌든 의병장으로서 초토사라는 관직을 겸하게 된 제봉은 이제 이미 신명을 바칠 각오가 섰으리라는 것은 짐작하고도 남음이 있다.

이로부터(5월 29일) 7월 초10일에 순절하기까지의 겨우 40일간에 쓴 격문과 편지만도 20통이 넘고 이를 『정기록(正氣錄)』으로 간행한 사실 하나만으로도 노구를 무릅쓰고 출진한 공의 우국단충을 뉘라서 막을 수 있었으랴.

요약컨대 기묘・을사사화의 뒤를 이어 동서분당이 무르익던 시절에 호남 광주에서 태어나 시정으로 맺은 인맥을 사우로 하여 문신으로서의 생애를 끝맺을 무렵 하늘의 소명을 받아 의병장으로 순절하니 공이야말로 문무겸전한 만고의 충렬이 아닐 수 없다.

11. 수은 강항의 생애와 학문

서언

　근래에 와서 이미 그의 포로 생활 중의 수기인 『간양록』의 저자로
서 널리 알려진 수은(睡隱) 강항(姜沆)에 대한 관심이 부쩍 높아가고
있다. 그것은 지난 3월 11일에 그가 포로로서 적국에 처음으로 상륙
한 일본(日本) 시코쿠(四國) 오즈시(大洲市)에 그의 학덕을 기리는 현
창비(顯彰碑)가 세워짐으로써 그 절정에 이른 감이 있다.

　수은의 포로 생활은 1597(丁酉)년 9월에 영광(靈光) 염산(鹽山) 앞
바다에서 붙잡혀(31세) 1600(경자)년 5월에 부산으로 귀국할 때까지
약 2년 9개월간으로서 길다면 길고 짧다면 짧은 기간이기는 하지만
실로 개인적으로나 어쩌면 두 나라 사이에 엄청난 변화를 가져온 기
틀을 마련한 기간이기도 하였던 것이다. 그것은 정치 군사적인 것이
아니라 문화적인 측면에서 그러했음은 다시 말할 나위도 없다.

그러나 우리가 수은이 한낱 포로의 신분으로서 적국에서의 부자유를 극복해 가면서 그처럼 깊은 문화적 영향을 끼친 직접적인 원인도 있었겠지만 이를 올바르게 이해하자면 우리는 또한 그의 원인(遠因)에 대하여서도 일단 한번 눈을 돌릴 필요가 있을 것으로 여겨진다. 그러기 위해서는 수은의 학통뿐만 아니라 어쩌면 수은의 학문이 성취하게 된 시대적 배경까지도 일별해야 할는지 모른다.

그러나 문제는 거기에 그칠 것이 아니라 도리어 귀국 후 일본에서의 변화에 있다고 해야 할는지 모른다. 당시 일본에 있어서의 새로운 유학에 대한 관심은 마치 여말선초(麗末鮮初)에 있어서의 유불상교(儒佛相交)의 대이변을 초래했듯이 일본에 있어서도 도쿠가와 바쿠후[德川幕府]의 출현과 때를 같이하여 유학의 진흥이라는 대이변의 돌연변이를 일으킨 것만은 아무도 부인하지 못할 것이다. 그러한 의미에서도 우리의 관심은 여기에 쏠리지 않을 수 없다.

그러므로 본론에 있어서는 수은의 생애를 통하여 그의 학문의 배경과 학통을 살펴봄과 동시에 일본에 끼친 그의 학문적 영향이 도쿠가와 바쿠후 300년간에 있어서 어떻게 변화했고 또 발전했는가를 간략하게나마 살펴보려고 한다.

1) 포로가 되기까지

수은(睡隱) 강항(姜沆, 1567~1618)의 자는 태초(太初)요, 영광군(靈光郡) 불갑(佛甲) 서봉(西峯)에서 강극검(姜克儉)의 4남으로 태어났다. 조선조 초기의 명유 사숙재(私淑齋) 강희맹(姜希孟)의 5대손으로서 유가의 명문으로 널리 알려진 가문이다.

1588년 21세로 진사시(進士試)에 합격하고 이듬해 22세에 전주별시(全州別試) 문과(文科)에 급제함으로써 벼슬길이 열리었다. 기억력이 뛰어나 7세 때『맹자』를 하룻밤 사이에 암송하였다는 일화를 남기기도 하였다.

31세 때 적에게 붙잡혀 포로가 될 때까지 10년간의 벼슬을 따진다면 급제한 이듬해 봄에 교서관정자(校書館正字)로 시작하여 그해 가을에는 은실가랑(銀室假郞)으로 입시(入侍)하여 왕을 측근에 모시었다. 임진왜란이 터지자 향리(鄕里) 영광의 수성(守城)에 참여하였고 의곡(義穀) 군기(軍器) 등을 모아 고경명의병소(高敬命義兵所)로 보내기도 하였다. 그 후 벼슬은 루진(累進)하여 성균관전적(成均館典籍)을 거쳐 공조좌랑(工曹佐郞)에서 형조좌랑(刑曹佐郞)으로 옮기기도 하였다. 그러므로 일본에 포로의 신분으로 억류되어 있을 때도 왜인들은 그를 부르기를 좌랑(佐郞)이라 이른 것은 이 까닭인 것이다.

임진(壬辰) 침구(侵寇)가 실패로 돌아가자 초조해진 왜군은 군용을 재정비한 후 정유재침(丁酉再侵)을 기도하였으니 의도적으로 호남 침공의 기세는 치열하였다. 때마침 강항은 분호조참판(分戶曹參判) 이광정(李光庭)의 보좌역으로 남원(南原)에 내려왔다가 남원이 함락되자 부득이 고향으로 돌아올 수밖에 없었던 것이다. 그간의 사정은 그의『섭란사적(涉亂事迹)』에 자세히 기록되어 있으므로 이 이상의 언급은 피하거니와 어쨌든 염산 논령포(論岺浦) 앞 바다를 헤매다가 포로가 된 것은 숙명적 천운이었다고 이를 밖에 다른 말이 있을 수 없지 않나 싶을 따름이다.

그러나 지금까지 우리가 수은을 연구함에 있어서 다소 소홀했던 점이 있다면 그것은 다름 아니라 그의 학력에 관한 문제가 아니었던가 싶다. 그가 포로로서 일본에 전파한 유학이 퇴계학이었다고는 하나 수은이 직접 퇴계에게 사사한 적이 없다고 한다면 어떻게 하여 퇴계학이 수은에게 전수되었을까 문제가 되지 않을 수 없다. 이 문제는 그가 1594년에 교서정자(校書正字)로 있을 적에 우계 성혼 (1535~1598)을 찾아가 원왕성지(遠往省之)한 연보의 기록에 의하여 풀리리라고 여겨진다. 이때에 수은의 나이는 28세 때이었고 성우계는 벌써 회갑이 가까운 58세의 초로에 들어선 노스승의 위치를 굳히고 있었던 시기이었으니 그때에 우계는 30대 청년 수은의 단양(端諒)한 몸가짐을 칭찬한 기록들을 종합해 봄으로써 우계와 수은과의 사제지의(師弟之誼)를 여기서 확인하게 되는 것이다.

그렇다면 우계의 학문은 어떠한 서통을 계승한 자이었을까. 자못 궁금한 일의 하나가 아닐 수 없다. 당대에 있어서의 유학의 서통을 따질 때 우계가 퇴계학을 신봉하였음은 그와 율곡과의 사칠논변에 의하여 분명할진대 우계학의 성격은 이미 명료하다 이르지 않을 수 없다. 왜냐하면 저 유명한 퇴고 양현의 사칠논변이 겉으로는 마무리된 듯하였으나 다시금 율곡 이이와 우계 성혼에 의하여 다시금 재연됨으로써 영남·기호의 양대학파가 조성되기에 이르리만큼 논쟁이 심화된 사실을 우리는 여기서 상기하지 않을 수 없다. 왜냐하면 이 우율 사칠논변은 물론 퇴고 사칠논변의 뒤를 이어받았다는 사실뿐만이 아니라 율곡이 고봉사상의 뒤를 이어받았다고 한다면 우계는 바로 퇴계사상의 뒤를 이어받았기 때문임은 다시 말할 나위도 없다. 그리하여 수은의 유학은 저절로 퇴계-우계-수은의 선상에서 고구되지 않을 수 없는 소이가 여기에 있는 것이다.

그러나 우리는 여기서 퇴계-우계-수은의 선이 의미하는 유학적

의의를 잠시 살펴볼 필요가 있지 않나 싶다. 왜냐하면 수은이 일본에 전했다는 소위 퇴계학을 매개로 한 주자학의 성격을 파악하기 위해서도 절실하게 요구되는 문제이기 때문이다.

우리는 퇴계-우계-수은의 선에서의 의의를 이해하기 위해서는 적어도 두 가지 측면에서의 접근이 필요할 것이다. 하나는 학리적 측면에서의 접근이요 다른 하나는 학풍의 측면에서의 접근이라고 이를 수 있을 것이다. 전자는 학문의 내실이요 후자는 학문의 외연이라 해야 할는지 모른다.

물론 우리는 여기서 이 문제를 풀기 위하여 지나친 현학적 천착에 시간을 허비할 필요는 없다. 그러나 수은의 학문적 역량이 일본에 있어서는 주자학적 국학을 진흥함에 있어서 크게 기여했다는 사실을 고려한다면 이 문제에 관하여 어느 정도의 이해를 갖추지 않으면 안 된다는 사실 때문에 우리는 잠시 이 점에 대하여 수은의 입장을 정리해둘 필요를 절실하게 느낀다고 이르지 않을 수 없다.

먼저 학리적 측면에서의 입장을 정리하자면 물론 퇴고 사칠논변을 거론하지 않을 수 없음은 다시 말할 나위도 없다. 여기서 사칠논변에 관한 한 퇴계-우계와 고봉-율곡의 대립에서 이미 정리되었고 그것이 수은에까지 계승되지는 않았음을 다시 말할 나위도 없다. 그럼에도 불구하고 왜 수은을 퇴계-우계의 학문적 서통으로 이해하려 하는 것일까.

여기서 우리는 냉정하게 우리의 입지를 정리할 필요가 있지 않나 싶다. 그것은 다름 아니라 수은이 일본으로 잡혀갔을 때 나이 겨우 31세밖에 되지 않은 청년 관료[佐郞]였다는 점을 상기한다면 아직 그에게서 난숙한 학문적 경지를 기대한다는 것은 애당초 무리한 요구가 아닌가 싶은 것이다. 아니나 다를까 그의 문집을 통하여 살펴본다 하더라도 그러한 심오한 학문적 업적은 찾아보기 어려운 것이 또한 사실이기도 하기 때문이다.

그렇다면 어떠한 관점에서 퇴계－우계－수은의 학통을 증명할 수 있을 것인가. 그것이 다름 아닌 학풍의 전승이라는 측면에서 이를 다루지 않을 수 없는 소이가 깃들어 있다고 해야 할는지 모른다.

학풍이란 과연 무엇일까. 한 마디로 말해서 퇴계야말로 철저한 주자학풍의 묵수자라는 사실을 우리는 여기서 다시 한번 다짐하지 않을 수 없다.

사칠논변의 원점(原點)은 물론 정추만의 천명도로까지 거슬러 올라가게 된다. 이때에 이른바 추만의 "사단은 리에서 발하고, 칠정은 기에서 발한다[四端發於理 七情發於氣]"를 퇴계는 이를 "사단은 리의 발이고, 칠정은 기의 발이다[四端理之發 七情氣之發]"로 수정하면서 그것이 주자지의(朱子之意)에 합당하다는 점을 강조하였다. 여기서 '발어이기(發於理氣)'가 '이기지발(理氣之發)'로 수정되었다는 사실도 중요하지만 끝내 퇴계는 그의 이기지학(理氣之學)을 이기호발설(理氣互發說)로 낙착시키면서 주자학적 이원론의 세계에서 벗어나지 못했다는 사실이 더욱 중요한 우리들의 관심사가 아닐 수 없다. 왜냐하면 그의 상대자인 고봉－율곡은 그들의 이기이원론을 이이일적(二而一的) 불가분론(不可分論)으로 정리했을 뿐 아니라 율곡은 급기야 퇴계의 호발설을 반파(半破)한 후 그의 기발설만을 수용한다는 성리학의 이변을 서슴지 않고 선언했을 뿐 아니라 비록 "주자가 다시 난다 하더라도 내 이 말은 고치지 못할 것이라"는 말을 서슴지 않고 토로했기 때문이다.

이상과 같은 사실들을 정리한다면 이들의 학리적 시비는 별문제로 치더라도 조선조 유학에 있어서의 퇴계는 주자학의 철저한 신봉자로서 그의 학풍을 확립했다는 사실을 확인하지 않을 수 없다. 그러한 의미에서 수은 또한 우계를 중간자로 하여 퇴계학풍을 통하여 주자학풍을 체득하였으리라는 사실은 얼른 이해하기에 그리 어렵지 않으리라 이를 수 있음도 다시 말할 나위가 없다.

2) 포로 생활과 『간양록』

불의의 환란을 만나 적국의 포로가 된 수은은 붙잡힌 직후 바다 속으로 뛰어들어 투신자살을 꾀했으나 죽음마저도 뜻대로 못 하게 한 것은 역설적으로는 오히려 살아서 조국을 위하여 전력투구하라는 천명이 거기에 깃들어 있었는지도 모른다. 그러한 의미에서도 수은의 포로생활은 살을 깎고 피를 말리는 고난의 연속이었지만 일초일각도 조국을 잊지 않고 오로지 여명(餘命)을 나라와 민족만을 위하여 쓰이기를 기원할 따름이었다. 뜻하지 않게도 그가 포로 생활의 모든 것을 『간양록』으로 남기게 된 사연도 그의 애국일념에 기초하여 이루어진 것이라 이르는 소이도 여기에 있는 것이다.

우선 그의 포로생활을 연보식으로 분석해 보면 다음과 같다.

1597 정유년 9월 14일에 영광이 함락되자 적은 일대살륙작전(一大殺戮作戰)을 감행하였다. 야반도거(夜半逃去)하여 논령포(論岺浦)에서 승선(乘船)하였으나 갈 길이 막막하였다. 괴머리[猫頭] 비로초(飛露草) 흑산도 낙월도(洛月島) 등지를 헤매다가 23일에 문득 적선과 만났으니 이 배는 소위 사도노카미(佐渡守) 토도 타카토라(藤堂高虎)의 배로

서 사도(佐渡)는 지금의 이요주(伊豫州) 오오츠성(大津城: 大洲城)이다. 이때의 아들 용(龍)과 첩(妾)의 소생인 애생(愛生)의 익사는 너무도 애처로운 기록으로 남는다.

적의 예인에 끌려 배는 쏜살같이 달린다. 영산창(榮山倉) 우수영(右水營)을 거쳐 순천에 이르렀다. 한 여인의 애절한 울음소리를 듣고 수은은 다음과 같은 애사(哀詞)를 읊는다.

임그려 우는 여인
달빛도 유난한 밤
눈물이 바다되어
뱃전을 적시나니
이 설움 저 설움 얽혀
헤어날 길 없어라

창원(昌原) 안굴포(安骨浦)를 거쳐 10월 초에 쓰시마에 이르렀고 이요주 오오츠성에의 도착은 중순경(中旬頃)으로서 일자의 기록은 분명하지 않다. 수은은 동지를 맞아 울적한 심회를 다음과 같이 읊는다.

지난해 이날에는 우리임 뫼셨거니
엎드려 올린 술잔에 태평(泰平)을 빌었더니

임그린 일편단심(一片丹心) 어디선들 잊으리오
한줄기 솟치는 시름만 가슴속에 어리누나

이듬해 6월에 오사카(大坂)로 건너가 후시미성(伏見城)으로 이송되기까지 약 8개월간 이곳에 머물면서 억류생활로 지새웠다. 여기서 막내형 환(渙)의 딸 예원(禮媛)이 병사하고 중형(仲兄) 준(濬)의 아들

가희(可喜)가 잇따라 병사하는 참변 속에서도 나라를 생각하는 충정(衷情)은 가실 길이 없었다. 이때에 일본내정에 관한 정보를 얻었으니 『간양록』에는 그 사정을 다음과 같이 기록하고 있다.

> 금산 출석사(出石寺)에 호인(好仁)이란 중이 있었는데, 그는 문필도 넉넉한 사람이었습니다. 우리들의 사정을 가엾이 여겨 언제나 따뜻이 대하여 주는 고마운 사람이었습니다. 그가 제 나라 사적에 관한 문헌을 서슴지 않고 보여주었는데, 그 안에는 지리며 관제며 샅샅이 기록되어 있었습니다. 신은 돌아와서 바로 이를 모조리 옮아 베끼었습니다. 또 좌도(佐渡)의 아비 백운(白雲)이가 가지고 있는 제 나라 지도도 꽤 자세한 것이란 말을 듣고 통역을 시켜 이를 본떠 오도록 하였습니다. 거기다가 신이 실지로 본 왜국 형세와 우리나라의 국방 대책과를 서로 비교하여 가지고 군데군데 어리석은 소견이나마 첨가하여 놓았습니다.[1]

이로써 그의 오오츠성에 있어서의 정보활동의 대강을 짐작할 수가 있다.

이 기록은 수은의 첫 상륙지인 오오츠성에 있어서의 중요한 기록임에도 불구하고 승호인(僧好仁)에 관한 인적 상황이 불분명한 아쉬움이 있다. 호인(好仁)이란 고유명사냐 아니면 보통명사냐 하는 말이 새어나올 정도로 승호인(僧好仁)에 관하여서는 아무런 기록이 없고 다못 수은에게 좌도(佐渡)의 아비 백운(白雲)과 함께 제나라의 정보를 제공한 인물로 기록되어 있을 따름이다. 동시에 설인(舌人: 通譯)도 한인인지 일인인지도 분명하지 않다. 백운(白雲)과의 관계에 있어서

---

1) 강항, 『간양록』, 「賊中封疏」. "有金山出石寺僧好仁者 頗解文字 見臣哀之 禮貌有加 因示臣以其國圖判
則方輿職官 該錄無餘 臣旋則謄寫 又聞 佐渡之父白雲 有基國輿圖 甚詳備 因舌人摸出 復以目擊之形勢
較我國防禦之長箄而間以愚者之千慮 竊議於其間……"

는 귀국 후의 기록인 『섭난사적(涉亂事迹)』에 다음과 같은 회고의 시 일구가 실려 있을 따름이다.

佐渡의 아비 白雲의 집에 늙은 玄鶴이 있다.
感懷가 없지 않아 한 首를 읊으니
사람 사는 고장에 仙鶴이 웬일이냐
푸른 잔디 우거진 곳에 언제나 돌아가리

천년을 곱게 지낼 그대이거니
이 곳 赤間關은 몇 해나 되오

티끌을 털지 못해 허대는 모습
푸른 바다 건너 山이 그리울게요

언제 다시 후두둑 둥실
기花핀 고개를 넘나들 건가.

오오츠성시절에 있어서 특기할 사실의 하나는 탈출 계획의 실패 담을 들 수가 있다. 그간의 기록을 전기(轉記)하면 여좌(如左)하다.

서울 대전 거리에서 살다가 임진년에 잡혀 온 사람이 있다. 왜 정에서 도망쳐 이예주로 와서는 날마다 내게 놀러오는 것이었다.
"어떻게 돌아갈 길은 없을까요?"
"일을 한번 꾸며 볼까."
"글쎄요."
"글쎄요가 아니라 돈만 있으면 되지."
"돈은 좀 있어요."
"그러면 되었군. 그런데 왜말은 어떤가?"
"좀 알지요."
"되었어 되어. 그대의 힘을 빌려 고국산천을 다시 보게 된다면 이 몸을 털어서라도 그 은혜를 보답하겠네."

"원 천만에 말씀을 다하십니다."

이렇게 해서 서로 의논이 맺어졌다. 그리하여 5월 25일날 밤길을 타 서쪽으로 빠져나왔다. 밤길 80리를 다퉈 오고 보니 발바닥은 부르트고 피까지 줄줄 흐른다. 낮에는 대숲 속에 숨었다가 이튿날 밤에 다시 길을 떠났다. 그날 밤 판도현(板島縣)을 지나다가 문득 성문 위에 줄글 한 장을 써 붙였다.

"너 이놈들! 네놈의 군신 놈들의 죄를 들어보아라. 명분이 서지 않는 군사를 일쓰켜 죄 없는 나라를 치다니! 선왕의 종묘를 헐고 선왕의 능을 파헤칠 뿐 아니라 노약을 죽이고 자제들을 끄집어가니 닭, 돼지, 강아지, 풀잎새, 벌레에 이르기까지 너희놈들의 독기에 시달리지 않은 거라고는 하나도 없다. 아마도 인류 창생 이래로 병란이니 전화니 해도 너희들 군신 놈들의 행패에 더 덮을 참변은 없을 것이다. 너희들은 언제나 해와 달게 제사를 모시어 좋은 징조를 바라기가 일쑤요 석가모니를 숭상하여 복을 구하지 않느냐? 해와 달은 내 두 눈이니 아래 너희 놈들의 잘 잘못을 내려다보아 복과 화를 가려내어 너희들에게 베풀어 준다. 석가모니도 내가 내려보내어 너희들의 스승이 되게 한 것이다. 살상하지 말라 하여 살리기를 좋아하는 내 뜻을 널리 너희들에게 알리기 위해서인 것이다. 바다의 안팎을 통틀어 다 나의 소관 아닌 곳이 없으니 조선 백성들도 다 내가 사랑하는 족속이다. 너희들은 그런 줄을 모르고 죽이고 모조리 살상하자 악착을 떨고 덤비니 일월이 너희들 편만을 들어 줄 줄 아느냐. 석가모니가 너희들의 잘못을 쓸어 덮어 줄 줄 아느냐. 작년에 네놈들 서울성이 무너져 많은 인명과 가축이 상하지 않았더냐. 그래도 깨닫지 못하느냐. 금년에는 동남 지방에 물난리가 나서 보리 모가지 한 톨도 남기지 않았는데 그래도 모르느냐. 너희들 먹보 같은 놈들에게는 한 번 더 깨우쳐 주자는 것이 이 글이다. 이제 주동방가모니불(主東方迦牟尼佛)을 보내어 너희들에게 이 글로써 알리는 것이다. 만일 조선 백성들을 위하여 너희들이 손을 거두지 않는다면 큰 재앙을 너희들에게 퍼부어 조금도 용서가 없을 것이다. 명심하라. 나는 두 번 다시 이르지 않을 것이니 후회함이 없도록 하라."

왜놈들은 본래 귀신을 숭상하여 항상 해와 달게 제사를 모시고 자나 깨나 중얼중얼 염불을 외우는 버릇과 풍습이 있기에 천명이니, 부처님 말씀이니를 빌려 그들을 한 번 놀래주자는 것이었다. 행여나 조금이라도 깨닫는 바가 있을까 해서다. 그래서 그랬든지 어째서 그랬든지 적괴 수길이가 6월 초부터 병을 얻어 드러눕더니 가을바람이 불자 죽지 않았나! 내 말이 결코 헛되지 않았던 것 같다.

판도에서 서쪽으로 10리만큼 떨어진 곳에 한 대숲이 있었다. 들어가 잠깐 쉬기로 했다. 웬 늙은 중 하나가 나이는 예순 남짓이나 될까 폭포에서 몸을 씻고 밥을 지어 햇님께 제사를 모신다. 그러고선 바위 위에 올라 이울이울 낮잠을 자는 것이었다. 통역을 보내어 슬쩍 우리의 온 뜻을 전해 보았다.

"노승님."

"왜 그러오."

"우리들의 사정을 좀 들어주시려오."

"뭔데."

"말씀드리기가 딱해서!"

"말을 해야 알지."

"고럼 여쭙지요."

"말을 하래도 그러네."

"다름 아니라 이 강을 건너 서쪽으로 빠져 가야 할 사람들이오. 우리들은 조선 사람이오."

"허허 응 그런가. 그래. 그래야지. 어서들 가야지."

그 중은 쾌히 승낙하여 우리들을 풍후(豊後)까지 배로 건너 주기로 했다. 우리들은 어찌나 좋았던지 발걸음도 가분가분하게 중의 뒤를 따라 내려오는데, 통역이 앞을 서고 중이 그 뒤를 따르고 우리들은 조금 떨어져 그 뒤를 따랐다. 열 발자국이나 내려왔을까 웬 왜적 한 놈이 병졸 놈을 데리고 불쑥 나타나지 않겠나. 우리들을 보고선

"도망꾼이야! 조선놈들이야!"

졸병놈들이 칼로 치자고 덤벼든다. 할 수 있나 한 번밖에 더 죽으랴 싶어서 목을 빼 내밀었더니 우리들을 끌고 판도시(板島市) 성문 밖으로 간다. 거기는 나무 여남은 토막을 걸쳐놓고 죽은 사람의 해골을 수 없이 걸어 놓았다. 여기는 소위 외국인 거류지다. 우리들을 그 밑으로 끌고 가더니 목을 벨 듯이 엄풍이를 떤다. 한 놈이 나서더니 그리 말라 타이르고 우리들을 성안으로

보내 준다. 성문을 지날 때 웬 놈이 쑥 나서더니 가자고 하는데, 본즉 맨 처음 우리들을 붙들어 왔던 신칠랑(信七郞)이란 자이었다. 술과 밥상을 잘 차려주며 한 사흘 묵혀 놓더니 도로 대진성으로 압송이다.[2)]

이 긴 인용문을 통하여 탈출 경위를 상세하게 음미할 수가 있다. 당시 억류인들에 대한 감시는 비교적 헙수룩했던 것 같다. 왜냐하면 승사(僧寺)에 대한 출입도 자유로웠고 더욱이 사도노카미(佐渡守)의 아비 백운(白雲)과의 상봉(相逢)도 그리 어렵지 않았던 것으로 미루어 보아도 이를 짐작할 수가 있다. 그러나 탈출 실패의 원인의 하나는 그들의 현지 상황파악이 너무도 소홀했던 것이 아닌가 싶다.

이 긴 인용문 중에 판도현(板島縣) 성문(城門)에 써 붙인 격문을 보면 수은의 불굴의 의기를 짐작하고도 남음이 있다. 지루함을 무릅쓰고 일독을 권하는 소이가 여기에 있다.

어쨌든 『간양록』의 중요한 부분의 하나인 「적중봉소(賊中封疏)」도 여기 오오츠 시절[大津時節]에 작성된 것이요 비록 첫 주자였던 김석

2) 『간양록』, 「涉亂事迹」. "京師竹肆居人 被擄於壬辰 自倭京 已奔伊豫州 逐日來見曰 倘可相濟而歸耶 余曰賴汝得見故國天日 當以一死報汝 彼有銀錢 且善倭語 故力懇不已 遂以五月二十五日 乘夜西出 夜行八十里 兩足流血 晝隱于竹林中 翌夜過板島縣 大書付城門曰 汝日本君臣 興無名之師 伐無罪之國 夷其先王宗廟 發其先王陵寢 斬殺其耗倪 係累其子第 以及於鷄豚拘彘之畜 昆虫草木之微 亦不免其莽毒焉 蓋自有生民以來 兵火之慘 未有甚於汝君臣所爲者也 汝好祭日月以求吉祥 尊釋迦以求福利 日月者 吾之兩目 昭臨下土善惡 以告於余而禍福之者也 釋迦者 吾之所遣 以爲生民師表 禁殺傷以導余好生之意也 環海之外 盡吾所覆 朝鮮之民 亦吾赤子 汝一方君臣珍滅之殘傷之 未有遺育 日月豈爲汝私阿 釋迦豈享汝非義哉 上年京師城陷 壓溺民畜而汝不悟 今年東南大水 大無麥禾而汝不懲 汝一方之盲聾 一至於此哉 今遣土東方迦牟尼佛 書以告諸汝君臣 以爲朝鮮子遺之民 請命于汝君臣 汝君倘不覺 吾悟將大降害于汝一方不少延 汝其念哉 吾不貳言 汝無後悔 倭人尙鬼 飮食必祭日月 寤寐常誦梵唄 故因其所明 而借天命佛語以驚動之 庶幾其萬一覺悟 未幾而賊魁自六月初寢疾 至秋而死 此言亦不可謂無驗矣 自板島西出十里許 憩于林莽中 有一老僧 年可六十餘 浴身瀑布 炊米祭日 假眼巖石土 舌人潛往晤語 及西歸事 則僧諾以船濟豊後州 吾等喜甚 從僧下來 舌人先僧次之 吾等稍後 十步之內 忽逢一倭敵 領卒倭二人猝至 見吾等曰 朝鮮人亡走者也 承之以劍 吾等引頸受刃 賊令卒倭扶曳 回至板島市門外 有長木十餘條 多懸死人頭 乃賊中藁街也 置吾等于其下 爲斫頭之狀 有一賊援劍止之 乃送吾等于城中 路經市門 有一倭自門內突出引入 乃初擄我家信七郎者也 饋茶酒羹飯 留三日 勤還于大津城"

부편(金石福便)에 보낸 제1편 모국전달(母國傳達)이 실패로 돌아갔지만 피로(被虜) 9개월간의 작품치고는 불멸의 명작이라 이르지 않을 수 없다.

괜한 생각할는지 모르지만 필자는 상륙 당초(上陸當初)의 견문으로서 수은의 다음과 같은 말을 항시 머리에 떠올리곤 한다.

좌도란 자의 사성(私城)이 셋인데, 대진은 그중의 하나입니다. 이곳에 와서 본즉 우리나라 남녀의 무리들로 앞서거니 뒤서거니 놈들에게 붙들려 온 수가 아마 천은 훨씬 넘으리다. 금방 온 무리들은 떼를 지어 길거리를 헤젓고 다니면서 소리쳐 울며불며 야단법석들을 떨고, 진작 와서 있던 패들은 되돌아갈 길이 막힌 탓이겠지요. 거의 왜놈이 다 되어 버린 성싶었습니다. 몰래 서쪽으로 빠져나가 보자고 슬쩍 그들에게 타일러 보아도 그러자는 놈은 한 놈도 없더이다.[3]

라 하였으니 임진 이래(壬辰以來) 당시(丁酉)에 이르기까지 오오츠성에만 해도 증래자(曾來者) 무려 1,000여 인이요 그들은 모두 반화위왜(半化爲倭)하고 귀계(歸計)마저도 이절(已絶)하였으니 그 후 무심한 세월은 400년 가까이 흘러간 후 오늘에 있어서의 그들의 소식은 어떻게 들을 수는 없는 것일까. 궁금한 일의 하나가 아닐 수 없다.

수은은 그의 두 형인 환(渙)과 준(濬)과 함께 1598년 6월에 오오츠성을 떠나 후시미성(伏見城)에 연금(軟禁)된 후로 1600년 4월에 후시미를 떠나 5월에 부산에 도착하기까지의 약 2년 가까운 세월을 보내면서 실로 불후의 족적을 일본에 남긴 사실은 이미 널리 알려진 바

---

3) 같은 책, 같은 글. "佐渡者之私邑三城 大津其一也 旣至則我國男女前後被擄來者 無慮千餘人 新來者晨夜巷陌嘯哭成羣 曾來者半化爲倭 歸計已絶 臣暗以挺身西奔一事 開諭莫有應者"

와 같이 여기서 다시금 되뇔 필요조차 없을는지 모른다. 그러나 이를 그냥 지나쳐버릴 수 없으므로 그 대강을 간추려보면 다음과 같다.

그것은 수은과 후지와라 세이카[藤原醒窩]와의 관계를 서술한 아베 요시오(阿部吉雄)의 글을 다음에 역재(譯載)하여 저간의 경위를 살펴보기로 하자.

> 근세유학의 開祖 藤原醒窩(1561~1619)가 그의 생애에 있어서 어떠한 사상적 편력을 거쳐 僧籍을 버리고 敢然히 儒者로서 독립하여 불교와의 대결을 굳히었는지에 대하여서는 본시 여러 가지 객관적 사회조건도 없지 않았으나 그가 정유재란 때의 포로 강항(1567~1618)과의 친교를 통하여 격려받은 것이 환속의 機緣을 맺게 된 것이다. ……그 이전에 조선의 許筬에게서도 의외의 啓發을 받았지만 그가 姜沆을 만나기 이전에 宋學에 대하여 어느 程度의 소양을 쌓았는지에 관하여서는 별로 분명하지 않다(『日本 朱子學과 朝鮮』).

고 간명하게 밝힌 바와 같이 강항과 후지와라와의 해후는 실로 후시미성의 일대 사건으로 기록되지 않을 수 없다. 『간양록』에 자주 나오는 순수좌(舜首座)가 바로 그 사람으로서 순수좌(舜首座)란 환속직전(還俗直前)의 승명(僧名)임은 다시 말할 나위도 없다.

후지와라와 수은을 이야기할 때 빼놓을 수 없는 인물에 아카마쓰 히로미치[赤松廣通, 1562~1600]가 있다. 그는 반슈타츠노[播州龍野]의 성주로서 학자라기보다는 유학에 심취한 호학도라고나 해야 할는지 모른다.

이 3인의 관계에 있어서 가장 중요한 사실의 하나는 아카마쓰씨[赤松氏]의 후원으로 강항을 중심으로 하여 십수인(十數人)의 조력을 얻어 사서오경을 필사한 일로서 그 연월일은 확실하지 않으나 경력 4년 2월 15일에 오경발(五經跋)을 쓴 것으로 보아서 이로써 그 시기는 대강 짐작할 수가 있다. 뿐만 아니라 후지와라 씨[藤原氏]는 강항에게서 조선의 과학(科學)·석존(釋尊)·경연강의(經筵講義) 등에 관한 지식을 얻어듣고 아카마쓰 씨[赤松氏]로 하여금 일실(一室)을 마련하게 하여 이를 실천에 옮긴 사실도 이 기록에서 빼놓을 수가 없다.

『간양록』에는 의안(意安: 吉田意安 혹은 吉田宗恂)·이안(理安: 吉田素庵) 등의 이름이 나오는데 이들은 어떠한 인물들인가. 소위 요시다 이안(吉田意安)은 『역대명의전략(歷代名醫傳略)』의 찬자(撰者)로서 그의 문인인 요시다 소안(理安)의 소개로 이 책의 서문을 남기고 있다. 수은은 이 서문의 말미에서 「조선국 선무랑 전형부원외랑 호부랑중 청천 강항서(朝鮮國 宣務郎 前刑部員外郎 戶部郎中 菁川 姜沆序)」라는 긴 타이틀을 기록하고 있거니와 이로써 강항의 문재(文才)에 감복한 그들이 후지와라 씨[藤原氏]에게 강항을 소개한 것이 아닌가 추측하기도 한다.

결국 이들의 성원을 얻어 귀국하게 되지만 귀국 후 1618년 52세로 정침고종(正寢考終)할 때까지 죄인으로 자처하면서 우국충정을 달래며 일생을 마치었지만 그가 일본에 남겨놓은 유학은 길이 일본 국학의 씨앗이 되어 엄청난 발전을 이룩한 사실을 여기서 다시 한번 상기하지 않을 수 없다.

후시미성에 있어서도 오오츠성에서와 마찬가지로 두 가지 유사한 사건을 저질러 아슬아슬한 사경(死境)을 넘어선 일을 여기서 빼놓을 수가 없다.

제2차 탈출 사건의 실패담은 여좌(如左)하다.

왜놈의 땅에 온 후로 여태껏 한시도 돌아가고픈 마음을 버릴 수
가 없다. 왜놈들의 풍습이란 돈이면 귀신도 부릴 수 있는 고장
이다. 왜승 순수좌(舜首座)에게 글씨를 팔아 은전을 좀 벌었다.
임진년 때 포로 신계리(申繼李)·임대여(林大興)과 몰래 결탁하여
중형이 계리 등을 데리고 은전 팔십 문으로 배 한 척을 샀다.
뱃일이 거의 준비되기를 기다려 막 떠나려 할 무렵에 계리가 또
일을 저질러 사실을 누설하니, 좌도(左渡)는 중형과 계리 일행을
묶어다가 대판(大坂)으로 끌고 갔다. 가두어 놓고선 하루에 한
사람씩 본보기로 죽이는 것이었다. 중형은 왜말을 모르기 때문
에 필시 계리 등의 꾐에 빠진 것으로 거꾸로 생각하고, 사흘 동
안 가두어 두었다가 복견성(伏見城)으로 돌려보내 주었다.[4]

라 하였으니 이도 또한 준비가 소홀하여 비밀 누설로 인하여 실패로
돌아가고 말았던 것이다.

수은은 유자들과의 두터운 교유를 맺으면서도 귀국 탈출의 일념
은 가시지 않았고 적괴 히데요시[秀吉]에 대한 증오심 또한 촌각인
들 사라질 리가 없다. 다음 일단을 살펴보면 여좌(如左)하다.

적괴 수길이 죽자 그를 북문 밖에다 묻었다. 그 위에 황금전
(黃金殿)을 짓고, 왜승 남화(南化)가 글을 지어 그 문 위에 큰 글
씨로 써 붙였다. "대명일본(大明日本)에 일세를 떨친 호걸. 태평
길을 열었으니 바다는 넓고 산은 높다." 한 번 구경삼아 놀러
갔다가 하두 어이가 없기에 붓으로 쭉쭉 문질러 버리고 그 곁에
다 이렇게 써 놓았다. "반생 동안 한 일이 흙 한 줌인데 십층 금
전(十層金殿)은 울룩불룩 누구를 속이자는 거야! 총알이 또한 남
의 손에 쥐어지는 날 푸른 언덕 뒤엎고 내닫는 것쯤이야……"
왜승 묘수원순수좌(妙壽院舜首座)가 이 일이 있은 후로 내게 와

---

4) 『간양록』, 「涉亂事迹」. "自吾之入倭中 歸骨之心 未嘗食息解 倭土之風 有錢則可使鬼 遂從倭僧舜首座
傭其書得銀錢 暗與千辰被擄人申繼李 林大興輩相結 仲兒率繼李等 以銀八十文買一船 待船事粗完 將盡
起身而繼李輕薄 又漏於倭 左渡家掩仲及繼李等 囚之大坂 日殺一人 以仲不解委言 必是 繼李等誘之囚
三日 放歸伏見"

서 하는 말이다. "앞서 대합의 총전(塚殿)에를 가 보았는데 써놓은 것이 아마 당신의 소작 같은데 웬 사람이 그래 조심성이 그리 없소?"5)

적지에서의 청년 수은의 기개 이만할진대 실로 마음 든든한 바 있다 이르지 않을 수 없다.

아이러니컬하게도 히데요시의 호코쿠신사[豊國神社] 앞길 건너편에 원한의 비총(鼻塚)이 있으니 수은은 여기에 애도문(哀悼文)을 지어 원혼을 달랜 바 있다. 『간양록』에서 이르기를

수길이 우리나라를 재침략하려 할 때 여러 장군들에게 이르기를 "사람마다 귀는 둘, 코는 하나다."

라 하면서 졸병마다 목 대신에 우리나라 사람들의 코를 베어 올려 저희들의 서울로 보내게 하였다. 보내 온 코를 대불사 앞뜰에 묻었는데 그로 인해서 큰 산 하나가 새로 생겼다. 그 높이가 애탕산(愛湯山) 허리춤만큼 되었다니 얼마나 참혹한 정경인가! 우리나라 사람들이 쌀을 거두어 가지고 제사를 모시기로 하여 내게 제문(祭文)을 청해왔다. "有鼻耳西峙修蛇 東藏帝巴藏鹽鮑魚不香之語"[고사(故事)인 듯. 미상(未詳) - 역자]를 써 올렸다.6)

당대에 이미 적지 동포들에 의하여 제사를 올리었고 수은이 제문

---

5) 같은 책, 같은 글. "賊魁秀吉死 埋於北郊 其上作黃金殿 倭增南化大書其銘其門 日大明日本 振一世豪 開太平路 海闊山高 嘗出遊 以筆奎沫 題其傍曰 半世經營士一杯 十層金殿殼崔嵬 彈丸亦落他人手 何事 靑丘捲土來 倭僧妙諝院舜首座者 後來見我曰 向見大閤塚殿所書 乃足下筆也 何不自愛也"

6) 같은 책, 같은 글. "秀吉之再冠我國也 令諸將曰 人皆兩耳 鼻則一也 令一卒各割我國人鼻以代首級 輪 致委京 構成一丘陵 埋之大佛寺前 幾與愛宕山腰平 血肉之慘 擧此可知 我國人聚米以祭 要余作文 有鼻 耳西峙修蛇 東藏帝卍藏鹽鮑魚不香之語"

까지 지어 올렸음에도 불구하고 400년 원혼은 오늘에도 풀 길이 없으니 어이할꼬.

수은은 귀국 후 초고를 묶어 『건차록(巾車錄)』이란 이름으로 상재(上宰)하려 하였으나 뜻을 이루지 못하고 발문에서도 기록된 바와 같이 그의 문인 윤순거(尹舜擧)에 의하여 1654년에 『간양록』이라는 이름으로 개제(改題)하여 간행하였다. 내용인즉 「적중봉소(賊中封疏)」, 「적중문견록(賊中聞見錄)」과 「고부인격(告浮人檄)」은 포로의 신분으로 적지에서 기록한 것이요 「예승정원계사(詣丞政院啓辭)」와 「섭난사적(涉亂事迹)」은 귀국 후에 정리한 기록들이다.

이들을 합편(合編) 찬술(撰述)하였기 때문에 전후가 다소 중복된 기술도 없지 않으나 대체로 일관된 포로생활의 기록으로서 오늘에도 우리들에게 생소한 양식으로서 존중받아 마땅하다 이르지 않을 수 없다.

3) 후지와라[醒窩] 유학의 발전

한 알의 밀알이 자라서 느티나무가 된다는 말은 후지와라 유학[醒窩儒學]의 발전을 두고도 이를 수 있는 말이라 해도 좋을는지 모른다. 그는 비록 도쿠가와 바쿠후의 후대(厚待)에도 불구하고 이를 사양한 미담을 남기기도 하였지만 그의 제자인 하야시 라잔[林羅山]의 참여로 도쿠가와 바쿠후의 문치(文治)에 크게 기여하고 있음은 이미 널리 알려지고도 남음이 있다.

기록에 의하면 후지와라는 근세 주자학의 개조(開祖)로서 정평이 나 있으며 주자의 「연평문답(延平問答)」을 가장 존신(尊信)함으로써 사제전수(師弟傳授)의 저본(底本)으로 하여 하야시 라잔에 수여한 것으로 되어 있다.

이렇듯 씨앗이 뿌려진 후지와라 유학은 하야시 라잔에 의하여 다듬어졌고 하야시 라잔의 독서는 퇴율(退栗)은 물론 조선유학에 관하여 광범위한 영역으로 확대됨으로써 퇴계학(退溪學)의 도입에도 크게 기여하였다. 그러므로 야마자키 안사이[山崎闇齋]가 출현하자 퇴계학풍을 통한 주자학의 이해라는 새로운 학적 기반을 구축하기에 이르렀던 것이다. 따지고 보면 후지와라 세이카는 수은(睡隱)과의 교유에서 자신을 얻은 후 주자학풍을 조성하기에 이르렀고 그렇듯 조성된 주자학풍은 하나의 학파를 형성하기에 이르자 거유(巨儒) 야마자키 안사이에 이르러 크게 결실(結實)하여 주자학을 통한 퇴계학의 정착이라는 성과를 거두기에 이르렀던 것이다.

일본학계 특히 도쿠가와[德川] 300년을 통한 일본학계는 거의 주자학 일색이라는 평을 받던 조선조 500년의 유학적 배경과는 다르다는 점에 유의할 필요가 있다. 왜냐하면 일본국학의 다양성 속에서 주자학을 통한 퇴계학의 정착이라는 과업이 성취되었기 때문이다.

일본에 있어서는 적어도 양명학은 물론 원시유교를 근간으로 하는 고가쿠파[古學派]가 있었고 오랜 시절부터 우리나라에서는 척사위정의 대상이 되었던 서교가 난가쿠[蘭學]이라는 이름으로 발전하여 자연과학사조를 골격으로 하는 소위 실학의 형성에 크게 기여하였다. 그리하여 일본의 무사도 정치는 새로운 문치로 단장하기에 이르렀으니 이러한 문무겸전의 일본문화 형성이라는 새로운 일본의 일면을 우리는 결코 간과해서는 안 될 것이다. 그러한 역사적 배경 하에서 야마자키 안사이에 의한 퇴계학의 수용은 어떠한 경로로 발전하였을까. 우리의 관심은 일단 여기서 쏠리지 않을 수 없다.

그러나 이 과제에 대하여서는 이미 위에서도 언급한 바 있는 아베 요시오의 역저 『日本朱子學과 朝鮮』 제2편 「山崎闇齋의 朱子學과 李退溪」에 자세하므로 오히려 도청도설적(塗聽塗說的)인 이 글에서는 그의 목차만이라도 각주를 붙인다는 뜻으로 여기에 부기함으로써 일본에 있어서의 퇴계학의 비중을 살피는 데 도움이 되었으면 한다.

第二篇 山崎闇齋의 朱子學과 李退溪
第一章 闇齋의 朱子學 成立過程과 李退溪
第一節 序說-李退溪의 儒學史上의 地位와 本 研究의 目的
第二節 闇齋의 思想成立過程과 그의 退溪研究
闇齋의 退溪研究의 槪略……思想成立過程……自省錄에 感激……敬齋箴의 表章……大家商量集의 編輯과 陸王學의 否定……自省錄 退溪文集의 入手……結語
第三節 闇齋 退溪學風의 異同
主要한 相異點……朱子의 篤信과 異學의 否定……自主的 批判的 態度……體認自得과 存養學……道學의 提唱……朱子學의 民族化
第四節 李退溪의 白鹿洞揭示의 解釋과 그의 闇齋에의 影響
(1) 李退溪의 白鹿洞書院 揭示의 深解 孔門의 遺意를 求하는 態度……理學을 生活化하는 態度……心性의 修養을 重視하는 態度……道義와 功利의 峻別
(2) 闇齋 및 그의 學派에의 影響
闇齋에의 反映……崎門 및 日本 敎育史에 미친 影響
第二章 闇齋의 朱子學文獻研究와 李退溪
(1) 朱子의 文集 語類의 研究
羅山의 研究態度……闇齋 退溪의 研究態度
(2) 中國俗語의 研究
筆錄所引의 語錄解義와 退溪文集……朝鮮經由의 俗語研究
(3) 朱子의 定未定說의 識別
退溪 闇齋所說의 一致와 不一致……朱子의 特定文章의 表章
(4) 朱子學 文獻의 眞僞의 辨別과 佚文의 蒐集

二程粹言……朱子訓蒙詩……朱子佚文의 蒐集과 眞僞의 辨別

(5) 大全의 批判과 朱注書의 復舊

大全批判과 그의 淵源……四書定本의 設定과 朱子原著와 佚書의 復舊

(6) 元明諸儒의 批判

陳北溪의 批判……闇齋 退溪의 批判의 不一致

(7) 結語

第三章 闇齋의 朱子學 思想과 李退溪

第一節 闇齋의 理氣心性說과 退溪의 說

體認과 日常語에 의한 表現……闇齋의 理氣心性의 語錄……筆錄所引의 退溪說……醒窩 羅山 등의 理氣哲學……闇齋 退溪의 理氣哲學

第二節 闇齋의 仁說과 退溪의 說

問題의 所在……闇齋說의 特色 體認……退溪의 仁說과 西銘考證講義……仁說問答編著의 動機와 退溪說……愛之理의 新解……絅齋尙齋의 仁說……愛와 生命……闇齋仁說의 史的意義……附錄 淺見絅齋 心之德 愛之理說

第三節 闇齋의 敬說과 退溪의 說

敬重視思想의 由來와 闇齋說의 特色……筆錄所引의 退溪說……退溪의 敬第一主義……闇齋의 敬說과 그의 敬齋箴講義……人間의 一身五倫 具備說과 一身重視說의 由來……退溪와의 關連……明代修身重視說……大學과 敬에 관한 說……明德說에 대한 誤解……靜坐의 重視……敬義內外說……結語

第三編 日本朱子學史 中의 李退溪

第一章 李退溪著書의 江戶時代 刻本

心經附註……延平答問……天命圖說……自省錄……朱子行狀……朱子書節要……易學啓蒙傳疑……聖學十圖並戊辰封事……西銘考證講義……李退溪書抄……七先生遺像贊

第二章 李退溪尊敬의 事例

이로써 아베 요시오의 야마자키 안사이와 이퇴계 연구의 대강을 살필 수 있거니와 이를 종합하여 한마디로 표현한다면 후지와라 세이카를 일본의 주자라 한다면 야마자키 안사이야말로 일본의 이퇴계라 이름 직하다 이르지 않을 수 없다. 그리하여 명치 시대에 이르러 구마모토[熊本] 주자학파(朱子學派)의 후예인 모토다 토노[元田東野, 1818~1892]는 메이지 천황(天皇)의 시강(侍講)으로서 그들의 소위 교육칙어(敎育勅語)를 기초하여 일본 교화에 지대한 영향을 끼친 사실을 우리는 끝으로 여기서 상기하지 않을 수 없다. 그들이 신봉한 교전은 이퇴계(李退溪) 소찬(所撰)의 『주자서절요』이었음은 다시 말할 나위도 없다.

이렇듯 수은-후지와라-야마자키-퇴계로 이어지는 학맥이 일본의 문치교화에 지대한 영향을 미치고 있음에도 불구하고, 우리들이 조심스럽게 유의하여야 할 점이 있다면 그것은 다름 아니라 우리들이 끼친 일본문화 발전에의 기여를 너무 지나치게 과시해서는 안 된다는 사실이다. 왜냐하면 이러한 공적은 따지고 보면 수은 일개인의 애국충정과 거기에 따른 뜻하지 않았던 성과로써 얻어진 것이지 우리 민족 전체의 소산이라 이를 수는 없기 때문이다. 그럼에도 불구하고 우리들은 이러한 사실들에서일망정 왜 긍지를 느끼는 것일까. 물은 높은 곳에서 낮은 데로 흐르기 마련이다. 그러한 의미에서 수은 일인의 이 엄청난 일본에서의 문화사 아니 유학사적 성과는 그것이 모국에 있어서 이미 축적된 그의 역량의 소산이라는 사실을 우리들은 잘 알기 때문이다. 이러한 문화사적 우위를 보여준 수은의 공적이 길이 민족사적 우위로 지속되도록 우리 모두 힘을 합쳐야 함은 다시 말할 나위도 없다.

12. 호남경학의 본질

호남의 정신사를 정립하기 위한 기획시리즈의 일환으로 쓰이는 표제의 논문이 과연 제대로 쓰일 수 있을는지는 대체로 확실하지 않다. 왜냐하면 경학이란 개념은 본시 유학의 경서학으로서 일반론적인 의미를 간직하고 있는 데 반하여 호남 경학이라 한다면 그것이 바로 호남이라는 지역적 제약을 받는 개념으로 축소되어 버리기 때문이다. 손쉽게 말하자면 유학에 있어서의 경학은 일반적으로 존재하지만 그것이 곧바로 호남이라는 지역 안에 그대로 존재하느냐는 이를 따져보기 전에는 확실한 대답을 얻기 어렵기 때문이다. 어쩌면 호남 경학의 존재는 엉뚱하게도 부정적인 결론을 얻을 수밖에 없는 가능성을 전연 배제할 수도 없기 때문이다.

1) 경학(經學)이란 무엇인가

유교란 물론 공자교의 별칭으로 저 멀리 선진시대로 거슬러 올라

가야 하지만 유교를 배경으로 하여 성립된 그의 경학은 그로부터 수백 년이 지난 한나라 때로 비접하게 된다. 정확하게 말하자면 한무제 때 동중서의 「현량대책(賢良對策)」에 의하여 오경박사제도가 마련됨에 따라 소위 경학시대의 문호가 열리게 되었고 이로 말미암아 경학이 비로소 유학의 핵심으로 인식되기에 이른 것이다.

이 시기에 있어서의 오경은 『시』·『서』·『역』·『예』·『춘추』 등으로 거기에 악(樂)을 더하면 육경이 되었고 오경의 삼례(儀禮·周禮·經記), 삼춘추(公羊·穀梁·左丘明)에다가 『논어』·『맹자』·『소학』·『이아』를 보태면 십삼경이 되기도 하였고 후일 한대의 경학은 송대에 이르러 사서삼경학이 되어 이를 칠서학이라 이르기도 하였으니 사서란 논맹용학(論孟庸學)이요 삼경이란 시서역(詩書易)을 가리키고 있음은 다시 말할 나위도 없다. 그러므로 우리들이 여기서 경학이라 한다면 한대의 오경학이 십삼경학을 거쳐서 송대의 사서삼경, 곧 칠서경학으로 집약되었고 그것이 또 정다산에 의하여 육경사서학으로 재정리되어 오늘에 이른 것을 가리키고 있는 것이다.

그렇다면 한대에서 비롯한 경학은 과연 어떠한 발전의 경로를 밟아 오늘에 이르고 있는 것일까. 이미 널리 알려진 바와 같이 유학 경전은 진시황의 갱유분서의 화를 입어 『역』을 제외한 모든 경서들이 자취를 감추었다가 다시금 재기의 기회가 된 경학시대를 맞아 발달하게 된 것이 다름 아닌 훈고학이었음은 다시 말할 나위도 없다. 그러므로 한대의 경학은 훈고학에 의하여 선진시대의 실천유학으로 하여금, 주충석어(注虫釋魚)로 표현되는 자구의 해석학으로 탈바꿈한 것을 의미한다. 그것은 또한 어쩌면 생동적인 인간학으로서의 유학이 문물제도의 무미건조한 해석학으로 전락했음을 의미하는 것이라 해야 할는지 모른다. 뿐만 아니라 한대에 이르러 경학으로 부흥한 유학은 학리적으로도 새로운 모습을 갖추기에 이르렀으니 그것이 다름 아닌 재이설적 참위사설의 침투가 아닐 수 없다. 이들은 따로 술수학이라 이르는 것으로서 한대경학에 침투한 부정적인 요소 중의 하나이기는 하지만 그것들의 기초가 되는 음양오행설은 후대에 지극한 영향을 끼쳤다.

　이상에서 약술한 바와 같은 오경 또는 십삼경 중심의 한대경학은 송대로 접어들면서 사서삼경학이 됨과 동시에 사서 중심의 학으로 변질되었고 사서 중에서도 특히 용(庸)·학(學) 이서(二書)에 치중하여 성리학의 발달을 이룩하기에 이른다. 단도직입적으로 말한다면 한대의 훈고학적 경학이 송대에 이르러 인성론적 성리학으로 바꿔지면서 소위 경학적 성격에 일대 변혁을 가져왔다. 다시 말하면 한대의 경학은 송대의 성리학에 의하여 그의 경학적 본질이 크게 변하였음을 의미한다. 다시 말하면 경학이 이학화(理學化), 곧 철학화함으로써 경학의 본질이 크게 희석되었음을 의미한다. 그렇다면 여기서 문제가 되는 것은 유학 안에 있어서의 경학과 훈고학과 성리학과의 삼자관계를 어떻게 이해하여야 하느냐의 과제인 것이다. 좁혀서 말하자면 한대에 있어서의 훈고학은 유학 안에 있어서의 경학 성립의 디딤돌이 되었음은 의심의 여지가 없지만 송대에 이르러 변질된 성리학적 경학도 이를 경학 안에서 다루어져야 할 것인가 아니면 경학 밖으로 튕겨나간 유학의 새로운 과실로 여겨야 할 것인가의 문제인 것이다. 이에 있어서도 두 가지 해답이 다 가능할지도 모른다. 다시 말하면 송대의 성리학도 결국 경학의 일부인 용학(庸學)의 진리를 밝혔다는 점에서 경학의 울 안에 드는 자로 받아들이는 긍정적인 입장과 성리학이란 소위 육경사서학으로 정리된 경학의 입장에서 본다면 용학(庸學)이라는 극히 미소한 일부 경서의 해석에서 우러나온 새로운 이학(理學)이라는 점에서 이는 경학을 이단으로 간주할 수밖에 없다는 부정적 입장이 아닐 수 없다.

그러므로 경학의 개념을 넓은 의미로 받아들인다면 경학 안에 훈고학과 성리학도 함께 포함시킬 수 있지만 경학의 개념을 좁게 풀이한다면 성리학은 경학 밖으로 밀려나지 않을 수 없다. 그러한 의미에서 호남경학도 이해하지 않을 수 없기 때문에 호남경학을 넓은 의미로 받아들인다면 호남에 있어서의 훈고학적 경학과 아울러 호남의 성리학도 그 안에 포함시킬 수 있지만 만일 호남 경학의 개념을 좁게 풀이한다면 여기서 성리학을 제외한 훈고학적 경학만을 다루지 않을 수 없다. 그러나 본고에서는 아무래도 넓은 의미로 받아들이는 호남경학의 본질을 문제 삼지 않을 수 없다.

2) 복권되어야 할 고봉사상

호남경학의 성리학적 측면에 관하여서는 이미 안진오 교수의 「성리학의 발전과 호남성리학의 특징」(『금호문화』, 1989.10.)이라는 논문이 발표되었기 때문에 여기서, 왈가왈부 사족을 다는 것보다는 차라리 모든 것을 그쪽으로 미루어 버리는 것이 옳을는지 모르지만 이 글의 성격상 다소 중복이 된다 하더라도 여기서 한 마디 언급하지 않을 수 없다. 때로는 똑같은 소재를 가지고도 보는 각도에 따라서는 또 다른 문제점을 이끌어낼 수도 있기 때문이다.

사실상 성리학이란 따지고 보면 리와 기의 관계를 논한 이기지학

(理氣之學)에 지나지 않는지도 모른다. 그러기에 거기에는 주리(主理)·주기지학(主氣之學)이 있는가 하면 유리(唯理)·유기지학(唯氣之學)도 있는 것이다. 그렇다면 호남의 성리학은 어떠한 양상으로 발전하였을까.

호남성리학의 발전과정에 있어서 가장 주목해야 할 일대사건이 있다면 그것은 다름 아닌 퇴고 양현의 사칠논변이 아닐 수 없다. 이 논변의 발단과 경위, 그 전말에 관해서는 양현의 문집에 밝혀져 있으므로 여기서 재론할 필요가 없지만 한 마디 딛고 넘어가지 않을 수 없는 것은 지금까지 이 논변의 결과를 일방적인 고봉의 승복으로 매듭지어 버린 사실이다. 전후 7년여에 걸친 논변의 마지막 서한에서 고봉은 퇴계에게

> 그러나 주자가 이른바 사단은 곧 리의 발(發)이요 칠정은 곧 기의 발이라 한 것은 거듭하여 연구하였지만 끝내 깨닫지 못하여 생각을 거듭한 결과 이제 전일의 논술이 상세하지 못했고 전일의 관찰이 아직 미진하였음을 깨달았나이다.

라고 한 대목을 들어 이를 고봉이 퇴계에 낸 논변의 항서(降書)로 간주하려는 경향이 짙다. 그러나 그것은 하나만을 알고 둘은 모르는 태도라 이르지 않을 수 없다. 왜냐하면 왕복서 후론 말미에서 고봉은 퇴계에게 다음과 같은 글을 남긴 사실을 우리는 간과해서는 안 된다.

> 사단은 리가 발하고 기가 따르며, 칠정은 기가 발하고 리가 탄다[四端理發而氣隨之 七情氣發而理乘之]라는 이구(二句)는 또한 지

극히 정밀하다. 그러나 나의 생각으로는 이를 두 갈래의 의사(意思)로 생각하는데 칠정(七情)인즉 겸유(兼有)하지만 사단(四端)인즉 오직 이발(理發)의 일변(一邊)이 있을 따름이다. 대승(大升)은 이를 다음과 같이 고치고자 한다. 정(情)이 발하자 혹 리가 동(動)하면서 기가 갖추어지기도 하고 혹 기가 감(感)하면서 리가 타기도 한다.

이 글은 퇴계와 고봉의 사상을 가름하는 중요한 구절로서 퇴고사상의 분수령이라 이를 수도 있다. 왜냐하면 이는 퇴계사상의 진수인 이기호발설(理氣互發說)에 대한 고봉의 반론으로서의 정발설(情發說)의 제창이기 때문이다. 실로 고봉의 정발설이야말로 이기철학에 있어서 새로운 경지를 개척한 자임에도 불구하고 그 후 오늘에 이르기까지 이를 주목하는 이 없음은 어찌된 사연일까.

복잡한 사연을 여기서는 들출 겨를이 없거니와 어쨌든 퇴계의 그늘에 묻혀 제대로의 값을 치러 받지 못하고 있는 고봉의 정발리동기감설(情發理動氣感說)은 이제 다시금 복권되지 않으면 안 된다. 왜냐하면 고봉의 주정설(主情說)은 퇴계의 주리설(主理說)과의 관계에 있어서 한국유학사의 쌍봉을 이루기에 조금도 손색이 없는 창의적인 인성론이기 때문이다.

고봉사상의 복권은 곧 그것이 바로 호남유학의 위상을 올바로 정립하는 문제와도 직결하고 있다. 왜냐하면 사실상 고봉사상은 퇴계의 그늘에 묻혀 제자리를 찾지 못하고 있었을 뿐 아니라 후일 그의 후배인 율곡에 의하여서도 그의 올바른 지위를 빼앗기고 있었기 때문이다.

율곡은 고봉의 전면적 부정과는 달리 호발설의 일방적 반론에 그치고 있다. 다시 말하면 율곡은 퇴계의 호발설 중 이발은 부정하되 기발만은 수용하는 어정쩡한 태도를 취하면서 그의 주기철학을 정립한 것이다. 그것은 곧 고봉의 주정설의 주기설적(主氣說的) 수용이라 이를 수도 있다. 그럼에도 불구하고 후세의 사가들은 소위 유학사의 두 봉우리인 영남·기호의 정상에 퇴계와 율곡을 앉히고 고봉은 제외해 버림으로써 오늘에 이르기까지 돌보는 이 없음은 어인 까닭일까.

그러므로 필자는 여기서 다시금 고봉의 유학사적 위상이 정립되지 않는 한 호남유학의 올바른 위치는 제자리를 가누지 못할 것임을 강조한다. 고봉의 주정설은 후일 다산에 의하여 감성적인 성기호설과 상응하여 그에게 활성론적(活性論的) 근거를 제공했을 뿐 아니라 율곡의 주기설의 철학적 근거도 제공한 단서가 되었다. 물론 호남유학의 지렛대 역할을 해온 유학자는 결코 하나둘이 아니다. 고봉의 선배 구실을 담당해온 일재 이항이나 하서 김인후 같은 명유들의 이름을 우리는 여기서 빼놓을 수가 없다. 조선조 말기에 이르러 호남유학의 명맥을 이어준 석유 노사(蘆沙) 기정진(奇正鎭)의 유리철학이나 그 뒤를 이은 간재(艮齋) 전우(田愚)의 이름도 우리는 기억해야 할 것이다. 그러나 이들은 한국 유학사에서 제대로 평가를 받고 있지만 고봉 기대승만은 위에서도 누차 지적한 바 있듯이 그의 사상의 독창성에도 불구하고 제대로의 평가를 받지 못한 결과 호남유학의 손실을 우리는 여기서 못내 아쉽게 생각하는 것이다. 그러므로 고봉의 정당한 복권은 그것이 바로 호남경학의 일익을 정비하는 중요한 작업이 될 것임을 여기서 거듭 강조하지 않을 수 없다.

위에서도 이미 지적한 바 있듯이 한대의 경학이 송대에 이르러 성리학적 유학으로 변모하였거니와 이러한 변모 과정에서 한대의 훈고학적 경학은 어떻게 되었을까. 놀랍게도 한대의 훈고학은 송대의 성리학에 의하여 그의 학문적 왕좌를 고스란히 넘겨줌으로써 역사적으로는 한주(漢注) 또는 고주(古註)라는 이름으로 남게 되었고 청조에 이르러서야 비로소 고주에 대한 향수를 배경으로 하여 고증학풍이 일게 되었으니 소위 조선조 후기에 불어닥친 실사구시학풍이 바로 그와 더불어 맥을 같이하는 것이라 할 수 있다. 정다산의 경학은 바로 이러한 신학풍의 정맥을 이어받음으로써 이룩된 것인 것이다.

이처럼 성리학에 밀려 인멸 직전에 놓여 있던 훈고학적 경학은 송대의 유학자 중 주자만이 성리학적 경학으로서의 칠서학을 정리하였을 뿐이요 그 때문에 주자 이후 경서학적 칠서학의 발전은 빈약했다. 그런 중에서도 주자의 주석만을 묵수하며 이를 따르지 않는 자는 사문난적으로 모는 판에 어디 지역적 학문인 호남경학이 독립적 학문으로 존재할 수 있었겠는가. 그러한 폐쇄적인 학문세계에서 어찌 경학인들 자유롭게 발전할 수 있었겠는가. 그럼에도 불구하고 다산은 강진으로 유배되어 오자 곧장 경서의 주석작업에 착수하여 그의 유배기간 18년 동안에 육경사서학을 완결하였던 것이다. 이를 우리는 다산경학이라 하여 다산의 경학적 공적을 높이 사고 있다. 이로써 전남 강진이야말로 다산경학의 산실이라는 점에서 이를 호남경학으로 다루어야 할 것인가 자못 문제점이 없는 것은 아니지만 호남 울 밖으로 내보낼 수도 없다는 점에서 우리는 이를 여기서 문제삼지 않을 수 없다. 다시 말하자면 다산경학이야말로 호남경학의 유일무이한 독생자가 아닐 수 없다. 그렇다면 다산경학의 발생은 어떠한 배경에 의하여 이루어졌을까.

다산경학이 호남과 인연을 맺게 된 원인은 두말할 것도 없이 1801년 신유년 옥사로 다산이 강진으로 귀양 오게 된 인연을 손꼽지 않을 수 없다. 왜냐하면 다산이 만일 신유년 사건에 연루되어 강진으로 귀양오지 않았다면 다산경학은 태어나지 않았을는지도 모르기 때문이다. 다산은 신유년 이전에 있어서는 정조를 모신 자리에서 『대학』·『중용』·『모시』 등을 강의하여 그의 기록을 남긴 바 있기는 하지만 육경사서의 방대한 기록을 체계화하기 위한 시간적 여유나 이를 위한 채비가 갖추어지지 않았기 때문에 그의 경학은 결코 후세에 남길 만한 체모는 갖추지 못했을 것이다. 그러므로 역설적으로는 강진 유배야말로 다산에게 그의 학문을 정리하게 한 절호의 기회를 마련해 준 셈이 되었고 그때 강진 유배지는 다산경학, 나아가서는 다산학의 산실의 구실을 톡톡히 해냈다.

다산경학의 방대한 업적을 여기서 일일이 따질 겨를이 없거니와 이들을 묶어서 그의 특성이랄까 아니면 본질을 한마디로 간결하게 표현한다면 이를 어떻게 설명할 수 있을 것인가. 이를 위하여 우리는 다산의 『논어고금주』 「위정」편 '학이불사(學而不思)'절의 주를 한번쯤 읽어보는 것이 좋을 것 같다.

> 한유들이 낸 경서의 주석은 고고(考古)로써 법(法)으로 삼았기에 명변(明辯)이 부족하다. 그러므로 참위사설이 함께 수용된 잘못을 면치 못하였다. 이는 학이불사(學而不思)한 폐단인 것이다. 후유[宋儒]들의 경서 설명은 궁리를 주로 삼았기에 고거가 혹 부실하다. 그러므로 제도명물(制度名物)이 때로는 엇나가는 잘못이 있게 마련이다. 이는 사이불학(思而不學)의 허물인 것이다.

이를 한데 묶어서 요약한다면 한대 이래의 경학의 주해는 한주(漢註)거나 송주(宋註)거나 간에 다 같이 일장일단이 있으므로 이를 전적으로 받아들일 수는 없고 이를 선택적으로 비판하면서 이를 받아들일 수밖에 없음을 분명히 한 것이다. 그렇다면 다산경학이 뿌리내리려야 하는 근원적 배경은 어디서 찾아야 할 것인가. 그것이 바로 원시유교를 토대로 하는 공자교 자체임은 다시 말할 나위도 없다. 그것을 우리는 수사학(洙泗學)이라 이르며 요·순·주공·공자의 도라 이르는 자이기도 한 것이다. 이를 전문적으로는 선왕(先王)의 도라 이르기도 한다. 그러므로 이 선왕의 도는 공자교의 순수성을 그대로 간직하고 있기 때문에 한주의 훈고학이나 문장학이나 술수학 등에 의하여 오염되지 않았음을 의미한다. 그리하여 우리들은 이러한 다산경학의 본질을 생긴 그대로 간직하기 위하여 개신유학이라는 새로운 이름을 붙여 부르기로 하였으니 이에 따르는 구체적인 사례를 예시해보면 다음과 같다.

3) 호남경학의 독생자, 다산경학

첫째, 다산경학은 한주의 훈고학이나 송주의 성리학적 범주에서 벗어나 수기치인의 고전적 인간학으로 돌아온 사실을 지적하지 않을 수 없다. 공자의 인(仁)도 따지고 보면 논리적 실존으로서의 인간의 발견이 아닐 수 없다. 그러므로 인이란 남에게 주는 사랑으로서의 한 사람의 인격이기에 실천윤리학적인 것이다.

다산경학에 있어서의 실천윤리학적 입장은 모든 윤리적 가치는 결과론적이라는 점을 주목해야 할 것이다. 송주(宋註)에 있어서의 인의예지는 선험적인 존재로 이해되었지만 다산경학에 있어서의 인의 예지는 인간의 자율적이요 자성적인 노력의 결과로서 비로소 얻어 지는 귀중한 윤리적 가치인 것이다.

둘째, 다산경학은 르네상스적 복고주의가 그의 기저에 깔려 있음을 알아야 할 것이다. 그러한 다산경학의 입장을 우리는 수사학이라 이르거니와 이러한 다산경학의 수사학적 입장은 거저 원색적으로 복고하는 것이 아니라 그의 복고적 정신의 현대적 수용이라는 점을 잊어서는 안 될 것이다. 다시 말하면 고대 정신의 현대적 회귀로 받아들여져야 할 것이다.

그러므로 다산은 그의 『대학공의』에서 명덕의 덕목을 효제자로 설정한 후 그의 자덕(慈德)으로 하여금 목민자(牧民慈)의 덕으로 설정하여 현대 속으로 다시금 회귀하도록 하였던 것이다. 그리하여 다산의 인(仁)은 공자에게서처럼 효제충신에 그치지 않고 맹자에게서처럼 오륜에 그치지 않고 육륜·칠륜으로 확충하여 목민자의 새로운 윤리로서 절실한 시대적 요구에 부응하도록 하였던 것이다. 이러한 다산경학의 새로운 측면은 그의 육경사서 안에서 산견하게 된다.

셋째, 가장 중요한 다산경학사상의 핵심은 다름이 아니라 공자교, 다시 말하면 유교의 핵심은 중(中)에 있듯이 다산경학의 핵심도 또한 중에 있음을 여기서 밝혀보고자 한다.

앞서 우리는 다산경학을 수기치인의 인간학으로 이해함을 지적한 바 있다. 여기서 우리는 군자로서의 목자의 인격은 애오라지 수기와 치인이 반반이 되어 불편불의(不偏不倚) 정중지상(正中之象)을 이루어야 함을 이해하여야 할 것이다. 수기와 치인이 어느 한쪽도 결여될 수 없음은 너무도 당연 논리인 것이다.

다산사상은 모든 면에 있어서 중을 지향하고 있다. 그의 인성론에 있어서의 천명과 인성의 일여(一如)는 또한 천명 인성의 정중이 아닐 수 없다. 다산의 성론을 성명론(性命論)이라 이르는 소이가 여기에 있다.

다산은 그의 역리론(易理論)에 있어서도 오행설의 순환 논리를 배격하고 음양의 대대원리만을 취하여 옥극설(屋極說)을 제시한 것도 따지고 보면 그의 기저에는 정중원리가 깔려 있다는 사실을 알 수가 있을 것이다. 그러므로 다산에 있어서는 상생상극법칙은 존재하지 않고 음양정중의 원리만이 그의 경학사상의 핵심이 되어 있음을 알아야 할 것이다.

넷째, 다산경학에 의하여 유학의 경전은 전부 주석되었다는 사실이다. 한나라 때의 오경박사 시대만 하더라도 오경이 한 사람의 박사에 의하여 전부 주석되었는지는 아직 확실하지 않다. 다만 각 경서에 따른 사승의 원칙은 오늘에 전해지고 있으며 오경이 십삼경시대를 지나 사서삼경시대가 된 후 주자에 의하여 비로소 칠서대전이 이루어졌다 하더라도 『서전』은 채침(蔡沈)에 의하여 완성된 만큼 그의 공을 주자 일인에게 지우기에는 개운치 않은 일면이 없지 않은 것이다.

그러나 다산경학 시대를 맞게 되자 그는 『중용자잠』·『대학공의』·『맹자요의』·『논어고금주』 등 사서는 물론이거니와 『시』·『서』·『역』·『예』·『춘추』·『악』 등 육경을 완성하였고 게다가 십삼경 중에 끼어 있는 『소학』과 『이아』에까지 손을 댄 다산의 경학이야말로 경학의 대단원을 이룩한 것이라 이르지 않을 수 없다.

필자는 이 글을 초하기 위하여 붓을 들고 생각을 가다듬었지만 과연 호남의 경학이 존재하느냐에 대하여는 실로 회의적이었던 것이다. 그러나 막상 이 글을 끝맺기 위하여 다산경학을 들추고 본즉 호남경학이야말로 한국경학의 온상인 동시에 다산경학을 통하여 호남경학을 정립하지 않고서는 앞으로의 한국유학도 정립될 수 없음을 분명히 깨닫게 된 것이다.

이제 호남경학은 외지인인 다산 유배에 의하여 천재일우의 호기를 맞아 설립되기에 이르렀다 하더라도 적어도 우리는 그의 경학을 남의 것으로 치부할 수 없음은 너무도 당연하지 않은가. 이로써 다산은 전남의 다산이요 전남의 다산이기에 다산의 경학이야말로 우리들이 소중하게 가꾸어야 할 우리들의 유산인 것이다.

그러므로 호남경학은 성리학적 입장에서는 고봉이 있고 훈고학적 입장에서는 다산이 있음을 우리들은 길이 기억해야 할 것이다.

13. 노사 선생의 생애

노사(蘆沙) 기정진(奇正鎭) 선생은 정조 22년(1798)생으로서 그의 졸년은 고종 16년(1879)이니 형수(亨壽) 82세요 그의 생애는 한말 19세기의 격동기를 일관한 셈이다.

기선(其先)은 중종조 기묘사화 때까지 올라가야 한다. 왜냐하면 기묘명현인 기준(奇遵)의 중씨(仲氏) 원(遠)은 사화를 피하여 호남 장성에 점거(占居)하게 되므로 인연하여 장성기 씨의 후예가 되었기 때문이다.

그의 일생을 연보와 행장에 의하여 간추려 본다면 그중에서 그의 출세와 인격과 학문이 부각될 것이다.

선생은 장성에서 멀지 않은 순창군(淳昌郡) 구수동(九水洞)에서 태어났고

노사와 화서는 別로히 전수한 연원도 없이 다 각각 獨力으로 평지에서 掘起한 독학자(현상윤, 『조선유학사』, 385쪽)

로 알려지고 있다.

과거에의 응시는 꽤 늦은 편이어서 34세 되던 해 봄에 비로소 사마시(司馬試)에서 장원했음을 알 수 있다(年譜).

이듬해(35세)에 강릉참봉(康陵參奉)을 제수받았으나 나아가지 않았고 현릉참봉(顯陵參奉: 38)도 불취(不就)하고 사옹원주부(司饔院主簿: 40)도 불취(不就)하였다. 전설사별제(典設司別提: 45)는 6일 만에 그만두고 평안도군사(平安道都事: 45)는 불취(不就)하였다. 훨씬 후에 무장현감(茂長縣監: 60)을 제수하였으나 부임하지 않았고 사헌부장령(司憲府掌令: 64)을 배명받았고 3년 후에 사헌부집의(司憲府執義: 67)가 되었다. 다음다음 해에는 동부승지(同副承旨: 69)의 벼슬을 받았고 이에 호조참의(戶曹參議)가 되었다. 곧이어 공조참판(工曹參判)이 되었으며 그 후 또다시 호조참판(戶曹參判: 79)이 마지막이라 할 수 있다.

이렇듯 그의 벼슬은 늦은 응시로 출발이 늦었을 뿐만 아니라 초기에는 벼슬에 나아가지 않는 것으로 일관하다가 말년에야 겨우 몇 부서의 벼슬을 받았으나 그다지 혁혁한 것은 아니랄 밖에 없다.

그러나 그의 학문의 길은 꾸준하여 촌각이 빈틈도 없는 양하다.

5세 때 이미 『효경』·『격몽요결』 등 서(書)를 통독하였으되 '눈길이 간 것은 잊지 않는[過眼輒不忘]' 재기를 보였으며 문리도 터져 곧잘 글도 지었다. 6세 때 두후(痘後)에 좌안(左眼)을 잃었다.

7세에 『소학』을 익히고 8세에 『통감강목(通鑑綱目)』을 필(畢)하였다고 한다.

이로부터 경사(經史) 간에 별로 어려움 없이 익히게 되니 융패소융(融沛昭融)하여 수답여류(酬答如流)했다고 한다.

9세 때 『춘추』를 보았고 10세에 『대학연의(大學衍義)』를 읽었다.

이때에 이르러 성리설을 문답하였으며 가위 신동이라 하였다.

이로부터 '성현의 글에 전념[專心聖賢之書]'하였고 신동의 칭이 있었으나 부박재승(浮薄才勝)하지 않았고 침잠간묵(沈潛簡黙)하였다. 13세 되던 해 3월에 백암사(白巖寺)에 들어가 협책(挾册) 정염(靜念)하니 "12·3세 때 거의 장자(長者)의 어구(語句)를 깨달았다"고 술회하였던 것이다.

선생은 말수가 적었으며 나이 15에 이미 문장으로 자기(自期)하였으나 20에는 이를 단념하였다. 고인문장(古人文章)에 역불급(力不及)할 뿐만이 아니라 도리어 화를 불러일으킨다고 생각했기 때문이었다. 21세 때 자술(自述)한 것을 보면

> 자유(自幼)로 다질(多疾)하여 12 전후로는 자주 위경(危境)을 겪었고 오래도록 책을 읽을 때는 신기(神氣)가 현전(眩轉)하여 책을 덮고 눈을 감으면 잠시 후에 깨어나곤 하였다. 40, 50이 되면서도 점차로 좋아지더니 60 이후에는 오히려 20 때보다도 나아졌다.

고 한 것을 보면 그가 스스로 믿는 것은 '인기내질(忍飢耐疾)'했다는 그의 가난을 극복하는 의지로서 병을 이겨낸 결과라 해야 할는지 모른다.

그가 『납량사의(納凉私議)』를 쓴 것은 46세 때의 일이다. 여름에 남암사(南菴寺)로 피서가서 완성했다고 기록되어 있으며 이 글은 그의 77세 때 개고수단(改稿數段)하였다고 한다. 그의 81세 만년작(晩年作)인 『외필(猥筆)』과 아울러 그의 사상이 집약된 대표작으로 알려져 있다.

그가 주리파로서 세운 업적의 평가는 잠시 뒤로 미루고 그의 인물

됨을 연보에 의하여 살펴본다면 겨우 3세 때 일로서 "이웃집 아이가 얕잡아보면서 장난으로 침을 뱉었는데, 그가 자리에서 떠나기를 기다렸다가 비로소 닦은[嘗隣兒 慢戲唾 而俟其去 始拭之]" 태도에 대하여 사람들이 그 연고를 물었다. 대답하기를 "그가 얕보며 장난을 한 것이니 내가 닦으면 반드시 다시 침을 뱉을 것이다[彼慢戲 拭必又之]"라 하므로 그의 아량에 경복(警服)하였다고 한다. 지략이 뚜렷함을 엿볼 수 있다. 좀 더 자라서인 14세 때의 일로서

한 우인(友人)의 집에서 요귀가 나와 밤이면 떼지어 시끄럽게 굴었고 혹 금침(衾枕)이 거꾸로 뒹굴기도 하였다. 선생께서는 거기다가 노막(蘆幕)을 지어 놓고 하룻밤을 지낸즉 그로부터 요귀가 없어졌으니 사람들은 '정기(正氣)가 이르는 곳에서는 사기(邪氣)는 병식(屏息)된다'고 하였다.

라 한 것을 보면 그의 담력과 신념을 짐작할 수가 있다.
이와 관련하여 그의 41세 때 일로서

통(痛)이 심해지자 점장이가 말하기를 '기도를 드려야 합니다. 기도드리지 않으면 위태롭습니다.' 선생께서 말씀하시기를 '무엇을 기도드리란 말이냐.' 병이 좀 나으시니 '점(占)칠 것이 없느니라' 하시었다.

라 하였음을 보면 공자도 자로의 기도의 청을 물리치고 스스로 독자적 기도의 경험을 가진 사실과 상하상응(上下相應)한다고 할 수 있을 것이다.

『논어』, 「술이」편에

> 선생께서 병으로 누우시니 자로가 기도드리도록 청을 드렸다.
> 선생께서 '그런 일도 있느냐.' 자로가 대답하기를 '있습니다. 주
> 문(呪文)에 상하신지(上下神祇)에게 너를 기도드리노라' 하였습니
> 다. 선생께서 말씀하시기를 '내가 기도드린 지는 이미 오래되었
> 노라' 하시었다.

라 한 것이 곧 그것이었다.

노사의 일생은 거의 가난과 병고와의 싸움으로 일관한 느낌이다.
그러나 그는 또한 안연처럼 청빈의 낙을 즐길 줄도 안 양하다.

그의 40세 때의 기록을 보면

> 살길이 막혀 입을 의복도 없고 먹을 양식도 없었으며 집은 허물
> 어지고 벽은 무너지는 중에서도 태연히 소요하시었다. 선생을
> 위해서 걱정하는 사람이 있으면 선생께서는 웃으시면서 '조화
> 옹(造化翁)이 나를 죽지 않도록 대우해 주신 것만도 이미 후대하
> 신 것이다.'

라 하였으니 공자가 안연을 두고 이르기를

> 잘났구나! 안회여, 한 종기 밥과 한 그릇 물로써 누항(陋巷)에서
> 살면 사람들은 그 근심을 견디어 내지 못하는데 안회는 자기 도
> (道)의 락(樂)을 바꾸지 않으니 잘났구나 ! 안회여(『論語』 「雍也」).

라 한 것을 보면 노사의 씻은 듯 가난한 속에서도 생(生)만으로도 조
화옹의 후덕으로 여겼었으니 어찌 안연의 불개기락(不改其樂)의 경지
만 못하다 하겠는가.

선생은 이러한 청빈 속에서도 속수(束脩)마저도 사양하면서 교회불권(敎誨不倦)하였으니 선성(先聖) 공자의 모습마저 엿볼 수 있다.

> 사방의 유림들이 날로 지알(贄謁)하며 모여들되 선생은 사도(師道)로써 자거(自居)하지 않고 속수(束脩)도 받지 않으셨다. 그러나 교회(敎誨)를 게을리하지 않고 각기 재질에 따라서 그들의 역량을 채워주시었으니 사람들은 '선생의 말씀을 한번 들으면 좋아하고 오래 들으면 더욱 좋아하니 현우간(賢愚間)에 모두 그들에게 이익(利益)이 되도록 했느니라.'

하였다.

그는 결코 사도로 자처하지 않았기 때문에 속수(束脩: 강의료)도 받지 않았던 것이니

> 공자께서 말했다. "마른 고기 정도의 예물을 가지고 왔을망정 나는 제자로 삼아 주지 않는 일이 없었다."[1]

라고 한 공자의 태도와는 다르다 하더라도 그가 공자처럼

> 공자께서 말했다. "잠잠히 마음속에 새기고, 배우기를 싫어하지 않으며, 가르치기를 게을리하지 않는 그런 일은 나도 하기 힘든 일이야!"[2]

라고 한 점에서 공자 회인불권(誨人不倦)하던 태도에 접근해 있음을 볼 수 있다.

---

1) 『論語』, 「述而」. "子曰 自行束脩以上 吾未嘗無誨焉"
2) 같은 책, 같은 곳 "子曰 黙而識之 學而不厭 誨人不倦 何有於我哉"

사실상 그는 문장학을 기(忌)하여 저서를 즐기지 않았으니

> 평소에 저서는 그다지 즐기지 않았으며 항상 말하기를 '문장가
> (文章家)는 허장성풍(虛獎成風)하니 옛사람들이 한번 문인이란 칭
> 호를 얻으면 다른 것은 보잘 것이 없느니라' 한 것은 이를 두고
> 이른 말이다.

라 하였다 한 것은 이를 두고 이른 말이다. 그러므로 중년까지는 그
에게서 별다른 저작을 찾아볼 수 없고 그의 대표작 『납량사의』도 겨
우 그의 46세 때의 저작임을 보더라도 짐작할 수가 있다.

이 『납량사의』의 저작으로 인하여 그의 주리파로서의 입장이 굳
어지기는 했지만 그의 진의는 수사학에 있었지 성리학에 있지 않았
음을 주목할 만하다.

> 선생께서 교인(教人)하시되 계급을 엄하게 하셨으니 항상 말하
> 기를 '손수 쇄소(灑掃)의 예절은 모르면서 입으로 성리만을 평론
> 하는 것은 우리나라 유생들의 큰 병이니 이 점이 바로 후세 학
> 문이 수사학과 다른 점이다. 천하에는 오직 하나의 시(是)와 하
> 나의 비(非)가 있거니와 상고성현(上古聖賢)의 수세입교(垂世立教)
> 를 따르면 오직 시(是)를 찾는 것이 되지만 이기에 대하여는 별
> 로 이야기한 바 없다. 동인(東人)은 개구(開口)하면 문득 이기를
> 설하니 병이 아닐 수 없다.'

에서 노사가 설령 성리를 설한다 하더라도 그는 어디까지나 실천유
학을 본령으로 하는 수사학에 경도했음을 짐작하게 한다.

선생은 당시에 있어서 고질적인 당색에는 초연하여 오직 고인지
학(古人之學)에 전심하였기 때문에 그를 따르는 학자들도 한결같이

당색에는 구애받지 않았던 것이다.

> 선생은 평소에 당론의 시비는 말하지 않았다. 남들이 말하는 자가 있으면 선생은 '그만두게, 그만두게. 뒷사람으로 하여금 공(公)에게 현혹되게 하는 것이니 시비란 당색에 의한 설일 따름이다.'

라 하였다. 산서녹서(山西錄序)에서 색언(索言)할 때 상하 간에 당색에 아부하지 않는 자가 없었지만 선생만은 홀로 초연하여 말하기를 '나는 동서남북지인(東西南北之人)'이라 하였다. 그러므로 내학(來學)하는 자는 색목(色目)에 구애하지 않았다. 일찍이 색목에 따라 스승을 좇아야 한다는 주장[色目從師之說]을 묻는 자가 있으면 선생은

> 고인을 배우고자 하면 고인에게는 色目이 없으며 今人을 배우고자 한다면 금인에게 물으라 하였다.

라 한 것은 저간의 소식을 잘 전해주고 있다.

선생의 성격과 기질을 살필 수 있는 몇 가지 이야기들을 엮어보면 다음과 같다.

선생은 사진을 불허하였다

> 오상봉(吳相鳳)이 사진을 찍고자 한즉(초상화인지도 모른다) 선생은 말하기를 '모추(貌醜)하니 사양하겠다'고 하셨다. 김석구(金錫龜) 등 제인(諸人)이 미의(微意)를 살피기 위하여 다음 날 나아가 말하기를 '일찍이 선현의 유진(遺眞)을 배(拜)한즉 기경지심(起敬之心)이 목주(木主)와는 자별(自別)하더이다. 이에 세상에 공

덕이 있는 이는 사진을 후세에 남겨야 하는 의의는 불소(不少)합니다' 한즉 선생왈 '위대하기로 당우(唐虞)와 같은 이도 그 사업인즉 일점 부운과 같을 따름이다. 사람이 낳게 된 것은 기화(氣化)에서 얻어진 것이니 그가 죽으면 기와 더불어 다 함께 소멸될 것인데 어찌하여 또다시 초상을 남겨 세상에서 다시금 응체(凝滯)하게 할 것이냐.'

하셨다. 그의 기화론(氣化論)은 마치 서화담의 사생설(死生說)을 방불하게 한다.

그리하여 사진이 없는 그의 초상은 다음과 같이 기록되어 있다.

선생은 키가 커서 7.5척이나 되었고 상체가 길었다. 몸의 뼈대도 헌걸차게 컸고, 기질은 맑고 여위어 마치 옷도 이기지 못할 정도였다. 몸은 솟구치고 머리는 곧아 일월각(日月角)이 또렷했고 얼굴은 엷은 누런빛을 띠었고, 두 광대뼈가 약간 불거졌다. 긴 얼굴에 수염은 드물었고, 큰 귀와 각진 입에 긴 눈썹과 수려한 눈매였다. 정좌(靜坐)를 하면 늘 눈은 감았고, 눈을 뜨면 인품이 응어리진 정수가 빛났다. 목소리는 단전(丹田)에서 나와 큰 종을 두드리는 것 같았다. 바라보면 우뚝한 것이 태산(泰山)이나 교악(喬岳)과 같았고, 마주하면 향기로운 것이 온화한 바람이나 단비와 같았다.[3]

이로써 선생의 모습은 그림으로 보는 듯하다.

한 요인(妖人)이 있었는데 신(神)을 끼고 방술(方術)하여 이르는 곳마다 풍미한다는 칭(稱)이 있었다. 때마침 선생이 묵고 있는 암자에 이르러 선생께 배례하였다(71세). 그를 대우하되 심히 엄하게 하니

---

3) 『蘆沙集 附錄』권1, 「年譜」. "先生身長七尺有半而上體長 軀幹神頂碩而氣質淸臞 退然如不勝衣 身竦頭直 日月角 容色微黃 兩顴微竦 長面踈鬚 大耳方口 長眉秀目 靜坐常闔眼 開眼精彩凝人 聲出丹田 如叩洪鐘 望之 嶷然如泰山喬岳 卽之 薰然如和風甘雨"

그 요인(妖人)이 황공(皇恐) 실석(失席)하였다. 제생(諸生)이 물러가 서로 말하기를

> 선생을 모신 지 오래지만 오직 일단(一團) 화기(和氣)만을 보았는데 그처럼 숙연하여 범할 수 없는 모습은 비로소 오늘에야 볼 수 있었다.

고 하였다.

어느 날 밤에 대호(大虎)가 사문(沙門)을 부수고 산애(山崖)가 파열(破裂)할 듯 포효하니 생도 및 치배(緇輩)들은 모두 실색(失色)하여 선생에게 의근(依近)하였다. 그러나 선생은 신색(神色)이 조금도 변하지 않고 평소처럼 담소하니 생도들이 물러가 말하기를 "군자는 사생 간에 이처럼 태연한가 보다"라 하였다.

노나라 정공 15년에 송사마(宋司馬) 환퇴(桓魋)가 공자를 죽이려고 한 일이 있다. 이때에 공자는 태연자약한 태도로 "하늘이 내게 곧은 인격을 마련해 주셨는데 환퇴인들 제가 나를 어떻게 할 터인고!"[4]라 하였으니 환난에 임하여 평소의 신념을 흩트리지 않는 그의 기본태도는 서로가 조금도 다르지 않다고 해도 좋을 것이다.

노사의 몰년을 현존 문헌(例『國事大事典』등)에는 고종 13년 병자(79세; 1876)로 되어 있으나 연보에 의하면 이해 "정월에 아들인 만연이 세상을 떠났다[正月 子晩衍卒]" 했을 뿐 "2월에 호조참판에 배수되었다[二月 拜戶曹參判]" 했고 불행히도 "풍병을 앓다가 몇 달이 지나서 나았다[苦風眩 數月而愈]"로 기록되어 있다. 그의 졸년은 그

---

4) 『論語』, 「述而」. "天生德於予 桓魋 其如予何"

후 3년 후인 고종 16년(1879) 12월 29일로 정정되어야 할 것이다.

그가 풍병(風病: 고혈압 뇌졸중 등에서 오는 症候)으로 투병하시던 정황은 다음과 같이 기록되어 있다.

> 풍병(風病)으로 말미암아 입이 비뚤어졌는데, 약으로 치료하라고 명하자 이렇게 말했다. "나는 70 이후로 병이 들어도 약을 먹지 않았다. 늙어서 병들어 죽는 것은 일상사일 뿐이기 때문이었다. 그러나 이 병은 예전과 같은 면모와 소리를 낼 수 없도록 만드니, 지하에 돌아가 부모님을 모실 것을 생각하면 내 마음이 절박하다."[5]

라 하여 사생을 초월한 체념의 일면을 엿볼 수 있다.

이러한 상황 속에서 그가 그의 학문적 2대 역작 중의 하나인 『외필』을 초하여 문인 조성가(趙性家)에게 보인 것은 그의 나이 81세 되던 해 8월이요 그가 82세 되던 해 12월 29일 '고종우침(考終于寢)' 하기에 앞서기 1년 유여(有餘)밖에 되지 않는다.

그의 80 장수는 '자유다질(自幼多疾)'한 체질에서 가위 기적적이라 할 수 있고 이에 81세에 『외필』을 남긴 것은 그의 학문적 의욕에서 풍기는 하나의 불멸의 생기(生氣) 같은 것을 느끼게 한다.

노사 선생의 일생, 곧 그의 생애는 한 마디로 말해서 이의(理義)로 일관하였다고 해야 할 것이다. 이의를 거꾸로 말하면 의리(義理)요 요즈음 말로는 이성이요 통속적으로는 의지라 해야 할는지 모른다. 곧 이성[理]이 감성[氣]을 지배하고 억제하는 그의 철학적 배경과 근거를 그대로 보여주는 그의 일생이었다고 해도 결코 과언이 아닐 것이다.

---

5) 『蘆沙集 附錄』 권1, 「年譜」. "以風祟轉成口喎 命藥治之曰 吾七十以後 有病不服藥 盖老病死常事耳 此病不得以舊樣面貌語言 歸待先父母於地下 私心切迫"

선생에게는 사승이 없었던 것으로 지적되고 있다. 그럼에도 불구하고 19세기에 있어서의 마지막 거유로서의 그의 유학사적 위치와 아울러 업적은 너무도 뚜렷한 것이다. 그것은 그의 주리론이 지니고 있는 독창적인 논리 전개 때문인 것이다.

그러나 우리는 여기서 그의 학설의 내용을 검토할 계기가 아니다. 오히려 그의 업적이 지닌 시대적 의의를 살피고 넘어가는 것이 옳을 것이다.

19세기에 난 가장 뚜렷한 세 사람의 유학자를 든다면 노사 선생과 아울러 추사 김정희(1786~1856)와 혜강(惠岡) 최한기(崔漢綺, 1803~1879)를 들 수 있을 것이다. 이들이 거의 동시대에 태어났음에도 불구하고 그들의 학문적 성격은 서로 뚜렷하게 다르다는 사실이 흥미로운 것이다.

추사는 유학자로서의 실사구시를 표방한 금석학자로 널리 알려졌으므로 어쩌면 후기 실학자 중에서도 누구보다도 실증주의라고 일러야 할 것이다.

혜강은 철저한 경험론자로서 성리학적 관념론과는 좋은 대조를 이룬다.

이렇듯 전통적인 정주학의 세계에서의 초탈을 시도하던 시절에 굳이 이기논쟁을 정리하여 "이치와 나넘이 원융하여 본체와 쓰임이 근원을 하나로 하고, 드러난 것과 미세한 것에 사이가 없어, 같음 안에 다름이 있고 다름 안에 같음이 있다"[6]라 하여 이분원융설(理分圓融說)을 내세움으로써 이조성리학의 마지막을 장식하였다는 점에서

---

6) 『蘆沙集』 권16, 「納凉私議」. "理分圓融 所謂體用一原 顯微無間者 同中有無 異中有同"

그의 업적은 높이 평가되어야 하지 않을까 여겨지는 것이다.

이조 후기에 있어서의 개신유학을 내세우던 많은 실학자들이 거의 주기적 경향을 지니었던 시절에 그의 형이상적 주리설은 전통유학의 마지막 보루로서의 의미를 가진다고 해야 할지 모른다.

더욱이 그의 이분원융설은 비단 유학적 입장에서뿐만이 아니라 한국적 묘합의 원리로서도 새로운 주목을 기울여야 할는지 모른다. 그것은 모름지기 한국적 '한'의 원리와도 일맥상통하는 것이 아닐 수 없기 때문이다.

14. 동학사상

1)

    동학이란 단어는 교주인 최수운(崔水雲, 濟愚, 1824~1864)이 "나는 역시 동에서 낳고 동쪽에서 도를 받았으니 도는 비록 천도지만 학은 동학이다"(『東經大典』「論學文」)라 한 데서 유래하였거니와 이는 서학 또는 서교(기독교)와의 상대적 의미로 쓰인 것만은 분명하다. 그렇다고 해서 동학사상은 서학과의 관계에 있어서 흑과 백의 빛깔처럼 완전히 구분되는 것일까? 그러나 그것은 한낱 피상적인 관찰이요 그의 내실에 있어서의 한울님 사상은 그들이 비록 무교적인 색깔에 깊이 젖어 있다손 치더라도 소위 서교적인 천주사상과의 거리는 그리 먼 것이 아니라는 의심은 어떻게 풀이되어야 할 것인가. 이러한 점을 분명히 하기 위해서는 먼저 동학사상의 시대적 배경에 따른 연원을 더듬어볼 필요가 있을 것 같다.

    동학의 교주인 최수운이 난 시대로 말하면 19세기 전반에서 후반으로 넘어가던 시기였기 때문에 조선조 후기의 폐정으로 인한 민란은 거의 극에 달하였고 그의 처형 2년 전에 진주민란(1862)이 발생하였다는 사실이 이를 여실하게 증명해주고 있는 것이다.

뿐만 아니라 소위 서교라 불리던 천주교가 신유교난(辛酉敎難, 1801)을 겪었음에도 불구하고 헌종 5년(1839)에 다시금 대탄압을 내릴 만큼 그의 교세는 확대일로에 있었다.

이러한 시기에 수운은 서교를 비판하기를

> 서양의 그리스도교는 우리의 교와 비슷하면서 서로 다르다. 즉 하느님을 위하는 듯하면서 그 실속은 없다. 그러나 타고난 시대의 운수는 같고 내세우는 도도 같다. 그렇지만 지니고 있는 그 교리는 같지 않다(같은 책, 같은 곳).

한 것을 보면 그가 비록 그의 학을 동학이라 스스로 부르고 있기는 하지만 소위 서학과의 거리는 앞서 지적한 바와 같이 그리 멀지도 않은 양 보이기도 하는 것이다.

이렇듯 서교와의 비슷한 근사치를 자인하면서 스스로 동학이라 자처하고 있지만 사실상 그가 주장한 동학은 소위 동학적인 내실을 어떻게 갖추고 있는가 하는 것이 문제가 되지 않을 수 없다. 동학이란 어휘가 지닌 강력한 인상은 동방 고유의 전통사상을 연상하지 않을 수 없다. 그것은 유학을 비롯한 불교 또는 도교까지도 문제가 될 것임에 의심의 여지는 없다. 다시 말하면 유·불·도(선) 3교에 대한 동학의 태도는 어떠한 것일까? 동학이란 이 3자의 통합된 진리를 간직하고 있는 것일까?

아니면 그 어느 하나를 주축으로 했거나 그것도 아니라면 독자적인 동학을 창도한 것일까 하는 문제들에 대한 해명이 있음으로써 비로소 동학사상의 올바른 이해가 있게 될 것이다.

또 하나의 문제가 되는 것은 동학사상은 수운에 의하여 제창되기는 하였지만 동학란을 전후하여 동학사상은 최시형(호는 海月)에 의하여 정리되었고 그 후 3대 교주인 의암 손병희에 의하여 천도교라는 교명으로 동학의 정통을 이어받았으니(1905) 이에 동학은 종교로서의 기틀이 확립되기에 이르렀다고 보아야 할 것이다(1910년의 교도는 30만이었다고 한다).

이러한 변화과정 – 성장과정 – 을 통하여 성숙된 동학사상은 이미 교조의 그것과는 상당한 격차가 생겼을 것임에 의심의 여지는 없을 것이다. 물론 그가 지닌 기본사상이 근저로부터 흔들렸을 리는 없겠지만 그의 사상의 초보적 형태는 교리적 근거를 확립함으로써 비약적인 탈바꿈이 있었을 것임은 상상하고도 남음이 있을 것이다.

또 하나 우리의 주목을 끄는 문제는 한 시대의 산물이라는 입장에서 태어난 동학사상이니만큼 동학사상이 근세 개화사상에 끼친 영향이라고 할까, 아니면 적어도 근대사상과의 관계에 있어서 새로운 서구문화를 어떻게 받아들였는가에 문제가 있다.

다시 말하면 동학이 지닌 배타적 요소가 곧장 정치적으로는 양왜(洋倭)를 배척하는 면으로 나타나기는 하였지만 농민을 기반으로 한 동학이었고 동학군의 주력이 농민이었다는 점에서 동학사상은 최소한 고질적인 전통사상에 대하여 반체제적인 입장을 취하지 않을 수 없었을 것이요 그러기 위해서는 서정 개혁의 개화사상을 수용하지 않을 수 없었던 점에 주목하지 않을 수 없다.

2)

　동학사상의 원초적 기반은 "동양사상에 입각하여 민족 내부로부터 일어났다"(朴鍾鴻 『哲學概説』)는 입장에서 고려되어야 할 것이다. 이제 이 동학사상을 좀 더 구체적으로 따진다면 '한울님'에 대한 그들의 태도에서 살펴보지 않을 수 없다. 수운은 그의 포덕문(布德文)에서

> 뜻밖에도 이해 4월의 어느 날 마음이 아찔아찔하고 몸이 부들부들 떨렸다. 병이라 해도 무슨 병인지 알 수 없고, 말하려고 해도 형용할 수 없었다. 이 순간에 어떤 선어(仙語)가 문득 들려왔다. 나는 소스라쳐 일어나 깨어 물었다. '무서워 말고 두려워 말라. 세상 사람들이 나를 상제(上帝)라고 부르는데 너는 상제도 알지 못하느냐'라고 하느님은 대답하였다. 나는 하느님이 이렇게 나타나시는 까닭을 물었다. '나도 역시 일한 보람이 없었다. 그러므로 너를 이 세상에 나게 하여 이 법을 사람에게 가르치려고 한다. 부디 내 이 말을 의심하지 말라'라고 하느님이 대답하였다.

라고 하였는데 이 인용문은 동학사상의 원초적 형태를 이해하는 데 있어서 중요한 문제점을 안고 있기 때문이다. 적어도 이상의 인용문은 동양의 전통적인 유교사상이나 불교 또는 도교에서는 찾아보기 어려운 것이다. 첫째, 아찔아찔하고 부들부들 떨리면서 무슨 병적 증상인지도 모르는 상태는 흔히 Shaman의 초기증상으로 간주되는 것이요, 둘째, 상제와의 대화는 무교에 있어서의 '신들림'의 현상을 연상하게 한다는 것이다. 그러한 점에서였음인지 한우근 교수도 "동학사상의 제2의 기반을 샤머니즘에 두지 않을 수 없다"(『韓國通史』)

고 지적하고 있다. 그것은 교주 수운 자신이 안수요병과 주술적 신앙을 내세우게 된 근거를 우리들에게 보여준 자가 아닐 수 없다. 이로써 Shamanism은 동학사상의 제2의 기반이 아니라 오히려 제1의 근거라 해야 할는지 모른다.

왜냐하면 농민을 기반으로 하는 서민계급을 놓고 생각해본다면 그들에게는 오히려 토속적인 무교가 가장 핍진한 감동력을 지니고 있었기 때문이다.

이러한 수운의 초기적 신인대화(神人對話)가 마치 기독교적인 신인 감응으로 오해될 것을 수운은 경계하고 있음을 주목해야 할는지 모른다. 그는 그 포덕문에서 다음과 같은 주목할 만한 글을 남기고 있다.

> '그러면 서교로서 사람을 가르치려고 하십니까?'라고 나는 다시 물어보았다. '그렇지 않다. 나는 영부(靈符)를 가지고 있는데 그 이름은 선약이고 그 모양은 태극과 같기도 하고 궁궁(弓弓)과 같기도 하다. 나로부터 이 영부를 받아 사람들을 질병으로부터 구해주고 나로부터 주문을 받아 사람을 가르쳐서 나를 위하게 하여라. 그러면 너도 장생하여 천하에 포덕할 것이다'라고 하나님은 대답하였다.

에서 양재초복(禳災招福)하는 무교적 일면이 뚜렷한 것이다. 이는 당시에 있어서의 민간신앙으로 나타난 태극·궁궁 등의 무교를 연상하게 하는 것이다.

그러나 여기서 주목해야 할 점은 수운에게 있어서의 무교요소는 소위 『주역』이나 기타 동양의 고전에 나타난 단편적인 사상들이 거기에 산발적으로 가미되어 있다는 사실이다. 거기에는 음양오행이니 천도니 무위이화니 하는 것들이 점철되어 있다.

얼추 보아 이러한 단어들은 아무런 체계도 논리도 없는 듯이 보이지만 그의 시류의 일점은 곧 '천(天)'에 대한 주시라는 데에 있다. 수운의 일념은 '한울님'에 있었고 그는 이미 '한울님'과의 대화를 통하여 상제의 존재를 굳게 믿었으나 그것이 무교적인 설명만으로는 이를 그려낼 수 없는 안타까움이 다름 아닌 『주역』이나 『예기』나 노자 등은 물론이거니와 민간에 흩어진 모든 술수잡가들의 위서까지를 끌어다가 횡설수설 '한울님'을 설명하려고 했던 것이다.

그러한 그의 한울님에 대한 신앙은 동양 전래의 경천애인사상과도 깊은 관련이 있었음을 부인할 수 없다. 동양에서의 경천사상은 외천사상(畏天思想)이요 순천사상(順天思想)이다. 경외하는 천의 존재 앞에 순수천명(順受天命)하는 것이 동양 전래의 천사상이었던 것이다. 여기에 수운의 무교적 단계가 종교적 인내천의 사상으로 발전할 수 있었던 제2의 기반이 있었던 것이다.

3)

이러한 수운의 '한울님' 신앙은 "시천주조화정(侍天主造化定) 영세불망만사지(永世不忘萬事知)"라는 13자의 주문에 집약되었다. 이에 대한 자신의 풀이가 있기는 하지만 시천주의 천주는 내재적 천주로 그의 위치를 바꿈으로써 비로소 교리적 종교 형태의 소지를 마련하기에 이르렀다고 보아야 할는지 모른다.

그것은 그의 후계자인 해월 최시형(1829~1898)에 의하여 더욱 심화되었음을 엿볼 수가 있다.

그는 "사람이 하늘이니 사람 섬기기를 하늘처럼 하라[人是天 事人

如天]" 하였으니 사람과 하늘은 이위일체(二位一體)인 것이다. 하늘은 사람을 떠나서 따로 존재하는 것이 아니라 사람이 곧 하늘인 것이다. 동양의 옛 성인들은 "하늘의 소리는 인민을 통하여 들으라" 하였지만 그들은 인민이 곧 하늘임을 알지 못하였다. 인간의 존엄이 이에 이르면

> 도인의 집 부인은 경솔하게 아이를 때리지 말라. 어린아이를 때리는 것은 한울님을 때리는 것과 같아 한울님이 싫어하고 기백을 상하게 한다(海月說法).

에서 보는 바와 같이 그의 극에 달한 사상이라 하지 않을 수 없다. 그리하여 해월사상은 경천에서 경인으로 심화됨과 동시에 수심정기(守心正氣)를 수양의 목표로 삼았던 것이다. 맹자의 존심양성을 연상하게 하는 그의 수심정기는 이제 동학사상에서 그의 무교적 요소를 완전히 불식하였음을 보여주는 것이 아닐 수 없다. 동양에 있어서의 많은 현인들은 거의가 다 인간 파악의 방법으로서 '심(心)'을 문제 삼고 있는 것이다. 맹자의 구기방심(求其放心)은 곧 방종하기 쉬운 인간의 마음을 다시 찾자는 것이요, 해월은 본심을 잃지 않도록 하자는 것이다. 해월의 기의 사상은 수운의 무선무악한 기를 맹자의 호연지기처럼 정기(正氣)로 간직하자는 것이다.

이러한 수심정기하는 자기수련이 없이 인간은 한울님이 될 수 없을는지 모른다. 여기에 또다시 인간에게는 성(誠)·경(敬)·신(信)의 윤리적 규범이 요구되는 것이다.

'인시천(人是天)'이란 대인접물(對人接物)할 때의 문제이지만 성·경·신은 인간 스스로의 자기완성의 길인 것이다. 그러므로 해월도

"우리 수운 대선생도 극성(克誠)·극경(克敬)·극신(克信)하신 대성인이신 것이다" 함으로써 극기의 성인임을 밝힌 바 있듯이 이제 주술적인 동학사상도 여기에 이르러 비로소 윤리적 종교로서의 기틀이 잡혔다고 해야 할 것이다.

그리하여 동학사상은 의암 손병희(1861~1919)에 의하여 천도교라는 종교의 형태를 완비하였고 교회의 조직도 강화하여 교리를 정비하기에 이르렀다. 그는 해월의 '인시천(人是天)'을 '인내천(人乃天)'이라 하였으니

> 사람의 이치가 곧 하늘의 이치니 하늘과 사람은 영심이 하나인지라 사람의 말이 곧 하늘의 말인 것이다. 형태를 가진 하늘이 사람이요, 형태 없는 사람이 하늘이니 하늘과 사람은 하나요 둘이다(박종홍, 『철학개설』).

에서 단적으로 표현한 것이라 할 수 있다. 인과 천은 심만의 일체가 아니라 형태까지도 일체인 것이다. '인내천(人乃天)'의 '내(乃)' 자는 곧 그러한 일체관을 나타내는 조사인 것이다.

이제 동학사상은 비록 무교적인 형태에서 출발하였지만 천도교라는 종교로 반전함에 따라서 그의 무교적 요소는 가시고 교리적 종교로서 성립하기에 이르자, 새로운 몇 가지 특색이 부각되기에 이르렀다.

첫째, 천도교란 본시 동학의 일파인 이용구(李容九)가 일진회(一進會)를 조직하여 일제 총독부의 앞잡이가 되어 매국행위를 자행하게 되자 이를 좌시할 수 없었던 의암 손병희가 동학의 정통을 계승하여 조직하였다는 경로를 상기할 필요가 있다. 동학이란 이미 제폭구민(除暴救民)을 목표로 하여 궐기했던 전통이 있었기 때문에 그것이 종

교화한다 하더라도 거기에는 내세적인 요소는 깃들기 어려운 것이다. 인내천은 곧 인간세를 중시하는 사상이요 인간세를 중시한다는 것은 곧 지상천국을 그의 궁극적 목표로 삼는다는 것을 의미하는 것이다. 그러기 위하여 보국안민(保國安民) 포덕천하(布德天下) 광제창생(廣濟蒼生)하는 혁신 개벽을 구현하고자 하는 것이다. 3.1운동 독립선언서 민족대표 33인 중 천도교 15명 기독교 16명으로서 기독교와 더불어 천도교가 유교와 불교에 앞질러 그의 주축을 이루었음은 결코 우연이 아닌 것이다. 이에 동학사상은 민족의 종교로서 그의 기반을 굳게 구축하였다고 해야 할 것이다.

흔히 인내천의 사상에는 서교 곧 천주교적 요소가 깃들지 않았나 하는 점도 있으나 그것은 '시천주(侍天主)'라는 천주의 이름에서 오는 형식적인 것이지 절대자요 주재자요 유일신으로 우리의 위에 군림하는 서교적인 천주와는 완전히 구별되는 자가 아닐 수 없다. 인내천의 사상에는 구세주로서의 그리스도 신앙은 찾을 길이 없음을 알아야 한다.

4)

이제 마지막으로 현세적인 동학사상은 마치 19세기 후반에 걸친 소위 개화기에 싹텄고 그가 또한 동학군의 봉기라는 역사적 사건을 통하여 반봉건적 투쟁의 선봉에 섰던 경력이 있었던 만큼 이에 대한 한마디의 말을 사족으로나마 붙이지 않을 수 없다. 애초에 동학교도들이 내건 슬로건은 '탐관오리(貪官汚吏)의 징창(懲創)'과 '척왜양창의(斥倭洋倡義)'로 요약할 수 있을 것이다. 당시에 있어서의 삼정(還穀·田

政·軍政)의 문란은 소위 탐관오리들의 온상이었고 그로 인한 농민의 수탈방법은 그의 교묘의 극에 이르렀던 시기였으니만큼 농민을 중추세력으로 한 동학교도들로서는 당연한 구호이었을 것이다. 게다가 외세—왜양(倭洋)—의 침구는 또한 우국충정에 불을 지르는 상황이 아닐 수 없었다.

그러므로 이때에 있어서의 소위 동학군이 내건 요구조건은 대체로 이상의 두 가지 면으로 집약할 수 있을 것이다. 이제 여기서 한씨의 말을 잠깐 빌려 보자.

> 그 조항의 대부분의 것은 삼정의 문란에서 오는 무궤도한 증세, 즉 가렴주구에 대한 금단 시정의 요구와 또 지방관이나 향리들의 부정부패에 대한 구체적인 시정의 요구조항들로 채워져 있다. 그리고 다른 한 면에서는 미곡의 유출과 이에 따르는 외국 상인 특히 일본 상인들에 대한 상권 침해에 대한 금단을 요구하는 조항들이었다(같은 책).

는 것은 동학군의 관심이 내정 외환에 한하여 있다는 것을 말해주고 있는 것이다.

불행히도 그들의 개혁투쟁은 결실을 맺지 못하였지만 박씨도 지적한 바와 같이

> 갑오년의 동학혁명운동은 부패한 봉건제도에 대한 항쟁이었고 갑신년의 개화운동 때에는 斷髮黑衣혁신시위로서 민족의 자각과 생활의 개선에 선구적 몫을 하였다(같은 책).

는 것이다. 이러한 점에서 동학사상은 곧 조선조 말기에 있어서의

개화혁신운동의 선도적 역할을 자임한 것이라 해야 할 것이다.

이러한 말기증상에 따른 농민들의 봉기가 왜 전라도에서 발단하게 되었던가 하는 문제를 마지막으로 다루어 보기로 한다면 그것은 탐관오리의 집중적 수탈지였기 때문이다. 게다가 사가들은 1888~1889년에 걸친 전라도의 대한발을 지적하고 있으며 고부군수 조병갑(趙秉甲) 일개인의 예는 그의 빙산의 일각에 지나지 않는 것이다. 다산도 이미 반세기 전에 그의 『목민심서』에서 누누이 지적한 바 있듯이 적년(積年)의 폐습이 아니고서는 그러한 폭발적인 봉기는 어려운 것이 아닌가도 여겨지는 것이다.

이제 동학사상을 한마디로 끊어서 말하라 한다면 민족신앙의 결실이라고 해야 할는지 모른다. 우리의 민족신앙은 사실상 단군설화 이후 Shaman 터전 위에서 자랐고 화랑도 또한 Shaman이 승화된 자라 한다면 Shaman적인 민족신앙은 그것이야말로 우리의 고유한 신앙형태가 아니었던가. 불교도 무교적인 기반 위에서 비로소 성장하였고 이설도 있을 수 있지만 기독교도 그의 하나님사상은 우리나라 한울님사상에 의하여 쉽게 받아들이게 된 사실을 상기할 때 기독교의 일부에서 이를 주장하고 있다. 동학사상이 무교의 기반 위에서 싹텄다는 사실은 너무도 당연한 것으로 받아들일 수 있는 것이다.

그러나 동학사상은 그러한 원시적인 무교에 머물러 있었던 것이 아니라 민족의 운명을 자임하고 나섰다는 점에 민족의 종교가 된 것이다. 그들의 반봉건적 개혁운동은 비록 일시적 실패로 돌아갔지만 그들이 지니었던 주체의식은 대외세에 대한 민족의식 형성에 크게 이바지했음은 물론 길이 명기되어야 할 것이다.

15. 동학의 사상적 구조

1) 시대적 배경

수운(水雲) 최제우(崔濟愚, 1824~1864)에 의하여 창도된 동학은 19세기 전반기라는 역사 상황하에서 생성되었던 만큼 이씨 왕조의 말기증후와 아울러 서구문물의 도입과도 뗄 수 없는 관련이 있음은 쉽사리 짐작할 수가 있다.

이때에 있어서 소위 말기증후란 흔히 임진·병자의 양란을 치르는 사이에 이루어진 민막(民瘼)을 두고 이른 것이니 수운이 특히 '보국안민(輔國安民) 포덕천하(布德天下) 광제창생(廣濟蒼生)'을 외친 소이(所以)가 여기에 있고, 그의 이러한 위민사상(爲民思想)은 급기야 제폭구민(除暴救民)이라는 동학혁명의 불씨가 되기에 이른 것도 결코 우연이 아닌 것이다.

민생이란 도탄의 극에 빠지면 그들에게는 두 가지 길밖에 없게 된다. 다시 말하면, 소위 폐정(廢政)의 희생이 되면 반정적(反政的) 폭민

(暴民)이 되거나-이는 적극적 태도라 할 수 있다-아니면 종교적 신앙인이 되거나-이는 소극적 태도라 할 수 있다-하는 것이다. 동학혁명은 전자에 속한 자이거니와 이때의 종교적 신앙이란 곧 서교-천주교-의 신앙이나 천주교가 신유 이후 누차에 걸친 탄압에도 불구하고 민생들의 가슴 깊숙이 파고든 소이도 바로 여기에 있는 것이다.

그러나 소위 민생들의 신앙이란 결코 교리적인 것이 앞서지는 않는다. 그것은 또한 무교적인 무조건 신앙의 요소가 거기에 곁들이지 않고서는 얼른 받아들이지 않는다. 여기에 천주교의 천주의 성격이 무교적 상제와의 결합의 가능성을 배제할 수 없는 까닭이 있다. 그러므로 동학 형성의 배경을 간추리면 대강 다음 몇 가지 요소를 들 수 있을 것이다.

(1) 서학

소위 서학이란 태서학(泰西學)의 약칭으로서 서구과학사조와 아울러 천주교까지를 포함하고 있다. 이는 폐쇄적인 동방의 세계에 침투된 새로운 문물제도가 아닐 수 없다. 특히 동학이라 강조한 까닭도 서학을 상대한 저의에서인 것이다.

(2) 무교

무교적 요소는 한국민의 서민의식 속에 깊이 뿌리박고 있다는 사실은 이미 많은 학자들이 지적하고 있거니와 동학의 발생이 대서학적이기는 하지만 동학의 토양은 상층적 관료가 아니라 바닥에 깔린 서민들이라는 점에서 무교적 요소가 직설적인 의미를 갖기에 이른 것이다.

(3) 유교

동양적 풍토는 유·불·도(仙) 삼교의 정립 위에서 조성되었다는 사실을 시인한다면 유교는 동학의 성립에 제일차적으로 고려하지 않을 수 없다. 유교는 그의 원시적 윤리성은 고사하고라도 역학적 우주관과 송학적 이기설도 동학의 생성에 크게 이바지한 사실을 간과할 수 없을 것이다.

(4) 불교

불교가 송학과의 근친관계에서도 동학에 간접적인 영향을 미치고 있다 할 수 있거니와 동학의 심성론적 특색은 또한 불교와의 접근을 느낄 수 있다.

(5) 도(선)교

노장의 자연주의는 무위이화(無爲而化)의 교리로 발전하였거니와 선(仙)은 또한 그러한 점에서 동양적이다. 이상과 같은 몇 가지 요소들이 혼융하여 동학을 이룩하였거니와 이제 항을 달리하여 좀 더 살펴보기로 하자.

2) 수운의 서학관

동학사상이 유불선의 동양적 풍토에서 시천주(侍天主)의 주문을 근간으로 하여 종교화 과정을 밟게 된 것은 주로 천주교와의 관계에서 이해되어야 할 것이다. 그러므로 동학은 그가 비록 서학과의 상대적 입장을 강조하지만 수운 자신이 "도는 같지만, 리는 다르다[道

則同也 理則非也]"(『東經大典』「論學文」)라 했듯이 서도와의 거리는 그리 멀지도 않은 양하다. 왜냐하면 그가 그의 도를 천도라―인도가 아니라―한 데에서 연유하였기 때문이다. 그러나 수운은 비록 천도사상 어쩌면 천주사상을 기독교적 상제사상에서 빌려 왔다손 치더라도 그는 유일신적 절대자로 받아들이지 않고 나와 더불어 존재하는 어쩌면 인간화한 천주로 받아들이었던 점에서 이를 구별해야 할는지 모른다. 그가 '도동이이(道同理異)'라 함은 곧 이를 두고 이른 말인지도 모른다.

흔히 동학사상은 시천주조화정(侍天主造化定)으로 시작되는 21자의 주문에 집약되어 있다고 한다. 그중에서도 시천주는 서학과의 관계를 이해하는 관건이 될는지도 모른다. 그것은 하나의 상식론인지도 모르지만 시천주의 천주는 천주교의 천주와 동명이실자(同名異實者)냐, 아니면 명실상동자(名實相同者)냐 하는 점에서인 것이다.

이 문제만으로 많은 말이 필요하겠지만 한마디로 말하라 한다면 동학이 비록 서학의 천주를 상념(想念)하였다 하더라도 이 점에서 비로소 서학과 구별되기에 이르렀다는 것이다. 그것은 천주라는 개념이 '하눌님'이라는 인격신이기는 하지만―그것이 인내천(人乃天)이라는 사상으로 정리되기까지에 있어서의 '시(侍)'자가 지니는 의미는 실로 미묘한 바가 없지 않다.

侍者 內有神靈 外有氣化 一世之人 各知不移者也(같은 책, 「論學文」)

에서 이미 이를 세 가지 각도로 설명하고 있다.

첫째, 내유신령(內有神靈)이라 한 것은 신령의 내재성을 지적하였으니 이는 인간존재와 더불어 존재하는 신령의 현존성(現存性)이기도 하다. 신령이란 어쩌면 외경의 대상이요, 하민(下民)에의 군림자인지도 모른다. 상제로 호칭하는 존엄한 주재자(主宰者)이기도 한 것이다. 그러나 신령의 내재성은 신령의 인격화를 의미하며 거꾸로는 인간의 신령화를 의미하기도 한다. 곧 인격(人格)과 신격(神格)이 시공의 일치를 가져옴으로써 후일 인내천사상으로의 발전 소지를 마련한 것이 아닐 수 없다.

인격신으로서의 신령의 내재성은 서교에 있어서도 그리스도의 인간 내 현존설을 방불하게 하는 자이기는 하지만, 후자는 전에서처럼 인신의 일체관이라기보다는 죄인으로서의 인간 내 현존이니만큼 신격의 인간 내 존재로 보아야 한다는 점에서 구별해야 하지 않을까 한다.

둘째, 외유기화설(外有氣化說)은 다음 유교와의 관련에서 이를 설명해야 할 것 같다.

3) 유교적 요소

외유기화(外有氣化)의 기(氣)는 맹자의 호연지기의 기처럼 천지 사이를 가득 채울[充塞于天地之間] 뿐 아니라 배의여도(配義與道)하여 실로 형이상학적 의미까지를 지닌 생기가 아닐 수 없다. 그것은 모든 생명의 원천이요 윤리적 도의의 연원이기도 한 것이다.

이러한 생기는 결코 청탁이 혼합된 질량적 기가 아니라, 음양양의의 생생지기(生生之氣)처럼 발육만물하는 기이기 때문에 그것은 청탁 이전의 순정(純正)을 지닌 기라야 한다. 그러므로 이 기는 역도(易道)

의 원동력이기도 한 것이다.

　그러나 송유들의 기는 이기(理氣)의 기(氣)로 그것은 기질지성의
기이기 때문에 거기에는 청탁수박이 있다고 주장한다. 이 기는 비록
리와의 상대적 위치에서는 형이상적인 것으로도 간주되기는 하지만,
리의 무형무질(無形無質)에 비하여는 유형유질(有形有質)의 편에 선다.
그러므로 외유기화의 기는 그러한 형질적인 기는 아닐 것이다. 그렇
다면 어떠한 기일 것인가. 이 기를 이해하기 위하여 다음과 같은 몇
구를 음미해 봄 직하다.

　　盖上古以來　春秋秩代　四時盛衰　不遷不易　是亦天主造化之跡　昭然于天
　　下也(布德文)

에서 춘추사시(春秋四時)의 자연주의적 역도(易道)를 천주조화(天主造
化)의 적(跡)으로 간주하였음을 볼 때 유교에서의 역도－음양변화의
기[陰陽變化之氣]－를 천주조화의 적으로 간주하였음을 알 수 있다.
이는 천주조화도 역도에 의하여 은현(隱顯)함을 의미하는 것이다.

　　夫天道者　無形而有跡　陰陽相均難百千　萬物化出於中　獨唯人最靈者也
　　(『東經大典』論學文)

에서는 분명히 만물의 화생은 음양 양기(兩氣)의 상균(相均)에서 비롯
함을 지적하고 있는 것이다. 그러므로 외유기화의 기는 역도에서의
기로서 만물화생의 기이니만큼 만화의 원동력이요, 그것은 곧 생명
의 원천이 아닐 수 없는 것이다.

　그러나 동학에서의 기는 결코 그러한 만물화생의 생기에 그치는

것이 아니라 내유신령이라는 표리의 관계에 있음을 잊어서는 안 될 것이다. 그러므로 외유기화의 기는 한낱 물리적인 Energy에 그치거나 화담의 그것처럼 일기장존(一氣長存)하는 태허지기(太虛之氣)이거나 송유의 그것처럼 이기지기이거나 선진의 그것처럼 야기(夜氣) 또는 호연지기이거나 한 것이 아니라 그것은 신령지기(神靈之氣)인 것이다. 신령이 외화(外化)로 나타난 기요 신령의 외적 표현이요 어쩌면 외적 활동이기도 한 것이다.

그러므로 동학에서의 기화는 유교에서의 역도적(易道的) 기화가 신령의 기화에로의 승화라 해야 할는지 모른다.

4) 무교적 영향

동학에서의 무교적 영향은 다음과 같은 포덕문의 일구가 이를 똑똑히 보여 주고 있다.

> 뜻밖에도 이해 4월의 어느 날 마음이 아찔아찔하고 몸이 부들부들 떨렸다. 병이라 해도 무슨 병인지 알 수 없고, 말하려고 해도 형용할 수 없었다. 이 순간에 어떤 선어(仙語)가 문득 들려왔다. 나는 소스라쳐 일어나 깨어 물었다. '무서워 말고 두려워 말라. 세상 사람들이 나를 상제(上帝)라고 부르는데 너는 상제도 알지 못하느냐'라고 하느님은 대답하였다.

에서 보는 바와 같이 이유를 알 수 없는 병증후란 Shaman의 초기증상으로서 널리 알려진 것임은 다시 말할 나위도 없다. 그러한 상태에서 선어(仙語)를 듣고 또 그 선어의 주인공이 다름 아닌 상제라는 사실은 숨길 수 없는 무적(巫的) 현상이 아닐 수 없는 것이다.

이러한 것들은 최수운 자신의 체험에 속하고 있음을 주목해야 할 것이다. 동학의 무교적 영향은 이러한 교주의 체험에서 우러났던 만큼 그것이 서민들에게 침투할 수 있는 소지가 마련된 것이요 그만큼 동학은 서민화의 길이 트였다고도 볼 수 있는 것이다.

그러나 동학은 그러한 서민적 무교의 단계에서 머물러 있지 않고 그것이 바로 동학교리와 연결되었다는 사실을 상기할 필요가 있다. 흔히 무교는 오로지 무교리적(無敎理的)인 양재구복(禳災求福)에의 길로 속화(俗化)하는 것이 상례로 되어 있음에도 불구하고 동학에서의 무교적 현상은 동학교리와 직결하였다는 사실은 후일 그것이 인내천의 교리에로의 승화를 위한 초보적 구실을 했다고도 풀이될 수 있을 것이다.

여기에 나타난 상제는 제인구병(濟人救病)에 그치는 것이 아니라 포덕천하(布德天下)라 하였으니 그것은 구병(救病)이 아니라 구세(救世)가 되는 것이다. 무(巫)란 본시 신인상응(神人相應)이라는 일대일(一對一)의 관계 위에 서 있는 자이지만 포덕천하는 범인류적인 것이요 범천하적인 것이다. 이로써 동학은 종교화 가능성이 이미 그 안에 내포되어 있었다고 보이는 것이다.

동학의 종교화의 디딤돌이 된 무교는 곧장 유학 그중에서도 자연주의적 천도를 다룬 역도와도 중요한 관련이 있는 것으로 분석해야 할 것이다. 거기에는 음양과 태극이 큰 비중을 차지하고 있으면 때로는 천문지리도 거기서 배제되지 않고 있음을 본다.

夫天道者 如無形而有跡 地理者 如廣大而有方者也 故天有九星以應九洲士也
有八方以應八封 而有盈虛秩代之數 無動靜變易之理『東經大典』「論學文」)

에서 무교적 상제는 이미 천도로 환면(換面)하였고 이 천도는 곧장
유교적 역도로 변모하였음을 볼 수 있을 것이다.

5) 노장적 자연주의

「논학문」에서

吾道無爲而化矣 守其心正其率其性 受其敎化於自然之中也

라 한 것은 곧 동학이 선교의 교리라 볼 수 있는 자연주의적 무위이
화론(無爲而化論)을 흡수한 흔적을 살필 수 있다.

노자는 이르되 '도법자연(道法自然)'이라 하였거니와 이 자연은 곧
무위자연을 의미하고 있음은 물론이다. 그러나 동학에 있어서의 무
위이화는 그 마음을 지키고, 그 기를 바로잡으며[守其心正其氣] 그 성
을 따르고 그 가르침을 받는[率其性受其敎] 유교적 교리와 밀착된 무
위이화인 것임을 주목해야 할 것이다.

유교에서도 요순지치(堯舜之治)는 자기를 닦고 바르게 남면하는 것
일 뿐[修己正南而已]이라 하였는데 이는 유교적 무위이치(無爲而治)라
할 수 있다. 거기에서는 수기라는 조건이 따르며 그것은 결과적으로
교화의 극치를 설파한 자라 할 수 있을 것이다.

그러한 면에서 살펴본다면, 동학에서의 무위이화도 결코 무위자
연만에 그치지 않고 수심정기(守心正氣) 솔성수교(率性受敎)라는 수기

(修己) 교화(敎化)의 극치에 의한 무위이화가 아닐 수 없다. 따라서 무위이화의 화(化)도 자연(自然)의 화생(化生)이 아니라 목적론적 진화의 화(化)라 해야 할 것이다.

동학은 시자(侍者)……외유기화(外有氣化)라 했고 이 기(氣)化는 령기지화(靈氣之化)임이 확인되고 있는 만큼 그것은 곧 인류문화의 궁극적인 목표이기도 하다. 모름지기 노장의 자연주의도 그것이 결코 기계론적 음양역리(陰陽易理)에 그치고 있는 것이 아니라 천주의 일속성(一屬性)이오 천주의 기능으로 승화되었다고 보아야 할 것이다.

6) 불가의 심성론

심학(心學)은 사실상 맹자의 심학이 심성론의 선하를 이루고 있기는 하지만 송학에 이르러서는 그의 성격이 불가의 그것에 연유하고 있음은 이미 널리 지적되고 있는 사실이다. 그러므로 동학에서의 심성론적 일면은 수심정기(守心正氣)의 입장에서는 맹학(孟學)의 테두리를 크게 벗어나지 않고 있지만

心兮本虛 應物無跡 心修來而知德(「歎道儒心急」)
顧吾心之明明(같은 곳)

에서는 심성의 허명을 설한 점에서 불성을 연상하게 한다. 주자도 명덕을 허령불매(虛靈不昧)하다 하였는데 이러한 해석은 다 같이 불심의 명경지수설(明鏡止水說)을 방불하게 한다. 그러나

心修來而知德德惟明而是道

라 했듯이 그 심(心)도 덕(德)과 도(道)로 연결된 심(心)이 아닐 수 없다. 그것은 결코 허무적멸(虛無寂滅)하고 무념무상(無念無想)한 심(心)이 아니다. 그러므로

吾心卽汝心也(『東經大典』「論學文」)

라 하여 천하만민이 심동무이(心同無異)함을 밝히었고

不知命之所在 顧吾心之明明

이니 그 명심(明心)은 지명(知命)하기 위한 심(心)인 것이다. 지천명(知天命)은 공자에게서도 50에서의 경지인 것이다. 실로 천명의 자각은 천도의 이해라 할 수도 있다. 그러므로 동학에서의 심(心)은 명경과 같은 불심인지도 모르지만, 그것은 곧 명명(明命)의 심(心)이 아닐 수 없는 것이다.

7) 결어

끝으로 동학사상의 구조를 총람하자면 역설적인지는 모르지만 과연 동학이란 서학 없이 존립할 수 있을까 하는 문제가 제기된다. 왜냐하면 수운에 의하여 항상 서학과의 구별을 위하여 많은 말들을 남기고 있으며 특히 '하느님'에 대한 해석에서 더욱 그렇다.

그러나 하느님 곧 천주—상제—의 개념은 서학에서뿐 아니라 이

미 중국 고대에도 있었던 것이요. 또한 그것이 무교와의 관련에서 생각하게 된다면 그것은 꼭 서학에서 끌어 왔다고만 보기도 어려울 것이다.

여기서 동학의 상제-천주-개념에 대하여 반드시 밝혀두어야 할 점은 그것이 인간주의적이라는 점일는지 모른다. 다시 말하면 절대자로서의 상제가 아니라 인간 내 현존으로서 상제요 한 걸음 더 나아가 인간이 곧 하느님이니 천인일체로서의 상제이니 이는 천인이위일체관(天人二位一體觀)이라 해야 할는지 모른다. 이는 유교의 인간주의가 인내천(人乃天)이라는 교조(敎條)에 의하여 종교화된 자라 해야 할는지 모른다.

단적으로 말하자면 동학사상은 유교적 인간지상주의와 서교적 천주절대주의와의 조화로써 이루어진 것인 양하다. 그러한 줄기를 중심으로 하여 동양의 자연주의적 이론이 첨가되어 동학사상의 저변구조를 형성했다고 보이는 것이다.

16. 전남향토문화 개발의 방향

1) 서설

　민족의 통일과 국민의 총화가 그 어느 때보다 절실하게 요청되는 현시점에 있어서 제1차적인 우리의 관심사는 문화의 동질성의 문제가 아닐 수 없다.

　한민족의 문화는 그들의 의식주의 양식으로부터 사회적 관습이나 종교적 양식 등을 통하여 이루어진 사상적 정신세계에 이르기까지 공생공감의 바탕 위에서 성립한다는 사실을 지적하지 않을 수 없다. 그러한 의미에서 우리 한민족도 결코 예외일 수 없음은 다시 말할 나위도 없다. 오랜 역사과정을 통하여 우리 민족은 그들의 독자적 문화를 형성 발전시켜 온 사실은 아무도 부인하지 못할 것이다.

　그러나 소위 향토문화란 그러한 민족문화를 모태로 하여 성립된다는 사실을 우리는 간과해서는 안 될 것이다. 향토문화가 비록 특이성을 뚜렷하게 지니고 있다손 치더라도 그것은 어디까지나 한문화의 일환으로 존재한다는 사실은 마치 전체성과 개체성과의 관계로서 이해되어야 할는지 모른다. 그러한 의미에서 오늘의 전남향토문화의 규명에 있어서도 그러한 한문화의 배경하에서 추구되어야한다는 대전제를 잊어서는 안 되리라고 여겨진다. 그러므로 어쩌면우리는 향토문화의 이해에 앞서 한문화 자체의 이해가 선행되어야할는지 모른다.

어쨌든 문화란 그것이 전체적인 민족문화이건 개체적 향토문화이건 간에 동질적 조화의 기능에 의하여 생성되고 발전하는 것이다. 그러므로 현시점에서 우리들이 염려하는 것은 정치적인 점에 앞서문화적 이질성의 심화인 것이다.

그것은 남북 간에 있어서뿐만이 아니라 동 세대 간에 있어서도 마찬가지다. 그것은 서구문화와 고유문화와의 관계에 있어서 나타나는이질적 괴리는 동질문화 성립의 저해요인으로써 지적되지 않을 수없다. 이러한 입장에서 우리는 근원적으로 우리 민족의 전통문화의본질을 규명함과 동시에 우리 전남의 향토적 특색을 천명하여 앞으로 발전 방향의 정립을 위한 절실한 요청에 직면하고 그것은 경제적발전과 병행하여 어쩌면 보다 더 우선하여 발전하여야 할 우리들의과제인지도 모른다. 그로 인하여 비로소 우리 전남의 향토는 일체감이 넘치는 총화가 이룩될 수 있을 것으로 기대되기 때문이다.

2) 지리적 조건

전남의 위치는 한반도의 서남단이라는 절대적 여건에 의하여 점거되어 있다. 이는 천여 도서를 옹한 굴곡진 해안선을 끼고 황해와 남양에 접해 있는 것이다. 제주도와도 지호지간에 있음은 다시 말할 나위도 없다. 전남은 또한 호남의 남반부로서 노령 이남의 지대를 점유하고 있음으로 옛말을 빌리자면 왕의 교화가 미치지 못한 땅[王化未及之地]이요 더 남쪽으로 가면 장려지지(瘴癘之地)로서 귀양살이 유배자들의 한 서린 곳이기도 한 것이다. 그러나 이를 분석해 보면 다음과 같은 특징을 지적할 수 있다.

(1) 해양성

노령 이남의 전남지방은 양면이 바다로 둘러싸여 있기 때문에 북방으로 뻗은 대륙과의 연결이 매우 먼 반면에 남방에 바다를 끼고 멀리 해양성 제국과의 교류가 활발했을 것으로 예상되는 것이다. 서로 중국대륙과는 일의대수의 관계에 있으며 남으로는 안남교지나 여송 유구는 물론이거니와 일본과의 교섭도 다른 어느 지역보다 밀접했던 것이다. 따라서 이 지대는 서방에의 진출도 있었을 것으로 짐작이 되지만 반면에 남방에서의 유입도 간과해서는 안 될 것임은 물론이다. 장보고의 웅도나 허생의 상혼이 이 지역을 중심으로 한 해양진출의 일례이지만 남방성 농경문화는 또한 해양성 유입에서 힘입은 자가 아닐 수 없다.

전남북에 산재한 모정과 같은 것은 멀리 그 예를 남방제국에서 찾게 되는 것은 흥미 있는 자가 아닐 수 없다(이병도설). 이렇듯 한문화의 대륙성에 곁들이는 해양성은 전남 어쩌면 호남으로 하여금 그의 다양성의 조화를 강요하게 되었는지도 모른다. 이는 곧 이중성의 일원화의 기능을 의미한다. 실로 우리는 여기 이 지대는 한반도의 서남단이라는 벽지가 아니라 대륙에서 해양으로 뻗은 천하지중앙이라 해야 할는지 모른다. 당시의 천하는 중국만이 아니라 동북아 및 동남아를 비롯한 일본까지를 영역으로 친다면 분명히 이 고장은 대륙적 보수성과 해양적 진취성과의 다양한 조화에 의하여 독자적 특질이 형성되었을 가능성을 우리는 배제할 수 없을 것이다.

(2) 남방성

우리들은 흔히 "흑산도에서 청명한 날 새벽에는 상해에서 우는 닭소리가 들린다"는 말을 듣는다. 그것은 흑산도와 상해와의 거리가 가깝다는 뜻으로 풀이가 되지만 이 지역은 중국의 남방 양자강안과의 통로라는 뜻도 간직되어 있는 것이다. 중국문화는 남북방문화로 갈려져 있는 것으로 특징지어져 있다. 황하유역을 중심을 하는 북방문화는 현실적이고 윤리적이지만 남방문화는 자연적이고 예술적이다. 그러므로 전자는 공자가 이를 대표하고 후자는 노자가 이를 대표한다. 한반도의 지리 풍토도 중국적 유형에 따른다면 북방은 현실적이고 남방은 예술적이라는 점에서 대조적이지만 더욱이 남방은 기후가 온화하고 북방의 산악에 대하여 평야를 옹하고 있기 때문에 어염시량(魚鹽柴糧)이라 이르는 생활물자가 풍요하기 때문에 문화창조의 호조건을 구비한 셈이 된다. 뛰어난 예술적 기능이 이 지역에서 활발히 전개된 것도 이러한 지리적 배경하에서 결코 우연이 아님을 짐작하게 하는 것이다.

(3) 3대 문화권

행정구역의 관념을 떠나서 전남 지역을 중요한 문화권으로 나눈다면 다음과 같이 분류할 수가 있다.

① 백암산 문화권

이 지역은 장성문화권이라 명명할 수도 있지만 광역적으로는 광주, 담양, 화순, 나주, 영광, 함평까지 포함해야 할른지 모른다. 이 지역 내에는 비록 백양사나 불갑사 등이 있으나 국보적 문화재가 없는 대신 유교 부문에서는 명현거유가 배출되었다. 한국유학의 정상을 이룬 고봉 기대승과 육대가의 한 사람인 노사 기정진 및 송강 정철과 면앙정(俛仰亭) 송순(松純)을 빼놓을 수가 없으며 나주의 백호(白湖) 임제(林悌)도 잊을 수가 없다. 뿐만 아니라 의병장 광주출신 충장공 김덕령(金德齡)과 담양의 제봉 고경명(高敬命)을 필두로 하여 나주의 김천일(金千鎰)도 빼놓을 수 없다. 순유문사(純儒文士) 의병장이 집중적으로 배출된 이 지역은 넓은 의미로써 유교를 배경으로 한 사실을 상기한다면 이 지역은 일명 유교문화권이라 일러도 좋을는지 모른다. 아니나 다를까 임란 포로로서도 끝내 충절을 지킨 영광의 수은 강항(姜沆)과 함평 정호인(鄭好仁) 형제도 유교 정신이 골수에 박혔던 인물들이었던 것이다.

② 조계산(曹溪山) 문화권

이 지역은 일명 순천 문화권이라 할 수도 있지만 보다 더 넓게는 여천, 구례, 보성, 고흥 등지가 여기에 포함되어야 할 것이다. 조계산(曹溪山)의 이름 그대로 조계종 발상의 총본산으로서의 불교문화권의 냄새가 다른 어느 지역보다도 짙은 곳이다. 송광 선암 양사가 조계산의 앞뒤에 있으며 멀리 지리산 화엄사가 이 지역의 불교적 풍취를 한결 돋보이게 해주고 있다. 연곡사도 한결 불교문화의 면모를 돋우어 주는 것에 속한다. 한말지사 매천 황현(黃炫)은 구례출신이지만

이 지역의 불교적 풍취를 감싸기에는 너무도 요요하다. 그러므로 이 지역은 백암산 지역을 유교권이라 이르는 것과는 대조적으로 불교문화권이라 일러야 할는지 모른다.

③ 대둔산 문화권

이 지역은 강진 해남을 중심으로 하여 진도 완도와 영암 장흥 그리고 무안 목포까지도 포괄할 수 있을 것이다. 이 지역은 실로 다양한 일반문화의 집약지역이라 이를 수 있다. 해남 대흥사의 서산대사 유물관과 강진 무위사의 벽화보존각은 불교문화의 정수요 해남안의 윤고산기념관과 거기에 따른 공제 윤두서(尹斗緖) 화집은 북종화의 대표작이다. 진도출신 소치 3대 화풍은 이 고장 남화의 주맥인 것이다. 강진에 있는 고려청자 도요지는 가위 단지화되어 일대장관을 이루고 있으며 오동 다산초당은 조선조 실학의 산실로써 국내외의 각광을 받고 있다. 영암에 있어서의 도갑사에는 고려국초의 도선국사 비가 흘립해 있고 시대적으로 더 올라간 백제 왕인의 유적지설로 이곳 구림을 한결 돋보여 주게 하고 있다. 목포 고하도의 충무공 이순신(李舜臣) 장군의 유적지를 기점으로 하는 임란 사적지의 순례수로 에는 아직도 민족정혼이 서려 있는 것이다. 그러므로 이 지역이야말로 전남의 문화적 생명선이요 또 주맥이라 일러야 할 것이다.

3) 역사적 조건

이 지역에 있어서의 역사적 조건은 결코 단순하지 않다. 왜냐하면 이 지역을 백제라는 왕조문화로 단순화하여 이해하려고 시도되고 있지만 그것은 삼일왕 678년의 백제왕국이 이 지역을 전부 감쌀 수는 없는 것이다. 오히려 그 전후의 양상이 우리들의 관심을 쏠게 해주고 있음을 알아야 할 것이다.

(1) 백제 이전의 문제－전기

이 지역 토착문화의 모체로서의 선사 유적은 영산강 유역을 중심으로 우리들의 관심사가 아닐 수 없다. 다도해에 점철된 수많은 도서도 결코 소홀히 간과해 버릴 수 없는 선사유적의 보고일는지 모른다. 그럼에도 불구하고 아직까지 이에 대한 초보적인 조사도 시도되어 본 적이 없고 근래에 와서 경기, 충청 등지에서 신석기시대 유적 등이 조사 발굴됨으로써 그의 하한선의 남하에 대한 관심이 점고되고 있음을 엿보게 할 따름이다.

역사시대로 접어들면서는 마한문화 그것을 정확하게 말한다면 진국[目支國]문화에 관한 우리의 관심인 것이다. 소위 중국문헌에 산재한 진국의 영역은 삼한 지역을 통할하고 있기는 하지만 그것은 북방의 유목지대와는 대를 이루는 농경지대로서의 많은 특징을 가지고 있다. "마한54국 병위백제"라는 기록은 마한이 백제의 선진임을 가리키고 있음에도 불구하고 이에 관한 문헌과 유적은 인멸부전하는 까닭에 그의 정확한 문화적 양상은 상고할 길이 없지만 그것이 백제문화의 모체로서의 구실을 함으로써 백제문화 속에 융섭되었으리라는 추론은 결코 무리가 아닐 것이다. 다시 말하면 백제문화 속에 융화된 마한문화의 요소를 가려내는 작업도 이 지역문화 연구의 한 과제가 아닐 수 없다.

(2) 백제시대 - 중기

백제 문화를 이해하는 데 있어서 유의할 몇 가지 점이 있다면 첫째로 백제건국은 신라처럼 토착적 육촌에 의하여 된 것이 아니라 고구려의 일지족(부여족)의 남하(유랑)에 의하여 성립되었다는 사실을 지적하지 않을 수 없다. 그것은 곧 외래 부여족이 토착적인 마한을 점거한 건국인 것이다. 이러한 정치적 상황에서는 두 가지의 결과를 상정해야 하는데, 하나는 정복자에 의한 피정복자문화의 말살이요 다른 하나는 정복자에 의한 피정복자문화의 수용인 것이다. 전자의 예는 일정 피침시대의 일제의 소위에서 볼 수 있는 것이다. 백제문화는 어떠했을까! 백제는 유랑민족인 유목민의 생활양식(문화)을 가지고 있었음은 그의 은정월(음12) 제천의식에서 엿볼 수 있으나 그 후 시월필공의 제례로 바꾸어진 것을 보면 농경민의 생활양식에로의 전이를 엿볼 수 있는 것이다. 여기서 우리는 백제인들의 마한 지역에서의 토착화를 엿볼 수 있으나 이는 백제문화 창조의 중요한 기능의 일면이 아닐 수 없다. 이에 우리는 이를 양극적(외래와 토착) 요소의 조화기능에 의한 문화 창조라 이를 수 있는 것이다. 이제 백제문화는 무령왕의 금관, 일본 법륭사불상, 정림사의 5층탑, 익산 미륵사지 탑 등을 대표로 하는 높은 수준에 이르렀고 왕인의 이름과 더불어 유교적 예교도 해외에 널리 소개되리만큼 생활화되어 있었던 것으로 짐작되는 것이다. 이러한 백제왕조문화가 왕도 중심으로 고구되어야 할 것인지는 실로 전남의 입장에서는 크게 주목되어야 할 과제가 아닐 수 없다. 소위 신라 천년의 문화를 마치 경주는 일개 소도시 지역에서 개설되듯이 백제문화도 공주, 부여 그리고 기껏해야 익산까지를 포괄한 지역에서 운위되는 것은 실로 우려를 억누를 길 없는 소승적 견해라 하지 않을 수 없다. 실로 백제의 강역이 황해를 내해로 하여 중국대륙 동남부 연안까지 확대되었음을 상기한다면 적어도 백제문화의 개발은 역사적인 입장에서 볼 때 왕도 중심에서 지양하여 전남북과 충청경기를 포괄하는 광역 안에서 조사 정리되어야 할 것이다. 그러므로 전남에서의 백제 문화는 왕도 중심에서 탈피하여 왕도권 외 문화의 발굴에 집중될 수밖에 없다. 이곳에 잔류된 사찰이나 왕인 유적과 같은 것들이 주목되어야 하는 것은 그 까닭인 것이다. 그러나 이곳 전남지역은 오히려 백제망국 이후가 더욱 중요한 과제로 부각될는지 모른다.

(3) 백제망국 이후의 과제 ─후기

우리는 백제시대의 찬란했던 문화도 문화려니와 망국 이후의 이 지역에서의 문화적 변형은 하나의 변풍으로서의 창조적 의미를 갖는다. 계백의 분전과 삼천 궁녀의 정열은 길이 유교적 충효열로 설명이 되지만 그 후 백제망국민의 의병화는 길이 이 지역에 있어서도 하나의 망국한으로 남는다. 마한 54국으로 알려진 백제전역은 백제민의 정복하에서 고차적인 문화를 창조하였지만 이제 또다시 신라의 기반하에서 망국민의 설움을 되씹지 않을 수 없게 된 것이다. 여기에서 그들의 높은 수준에 이르렀던 그들의 문화창조의 기능은 보다 더 세련된 예술적 승화를 가져오게 되었던 것이다. 그러므로 후기에 있어서의 이 지역의 문제는 적어도 다음과 같은 세 각도에서 분석 관찰해야 할 것이다.

① 의병의 봉기

지금까지 백제의병에 관한 관심은 비교적 미약하였지만 단재(丹齋)는

> 이에 신라본기 김유신전 해상잡록 당서 일본지기 등 각서를 참
> 조하여 보면 당시 백제의 의병이 일어난 지방이 대략 3이니 갑
> 은 백제남부 곧 전라 동북의 금산 내지 진안지요, 을은 백제 서
> 부의 서반 곧 충청 서반의 대흥 공주 내지 임천 등이오, 병은
> 백제중부 곧 충청도의 연지등지니……

라 한 것을 보면 백제 고지의 각 지방에서 의병들이 항쟁 봉기하였
음을 알 수 있다. 이러한 의거 항쟁은 우리 역사상 최초의 기록이라
는 점에서 이 지역의 역사적 특수성이 있는 것이다. 이러한 반항의
식은 후일 후백제를 표방한 견훤을 낳게 하였고 이와 세를 겨루다가
승리하여 고려를 세운 왕건이 그의 훈요십조 중에서

> 여덟 번째. 차령 남쪽 공주강 바깥에 있는 땅과 산은 모두 배역
> (背逆)의 형세이므로 사람들도 그럴 것이다.……비록 선량한 백
> 성들이라 하더라도 등용해서 쓰지 말라[其八曰 車峴以南 公州江
> 外 山形地勢 竝趨背逆 人心亦然……雖其良民 不宜使在位用事].

라 하여 이 지역민을 기용하지 않은 정치적 탄압도 결코 우연이 아
님을 짐작하게 한다.

② 예술적 승화

이 지역은 백제망국을 딛고 일어서는 길로서 예술적 승화와 종교

적 귀의가 있는 것이다. 전기 의병의 적극적 항거와 달리 소극적 평정의 길이라 해야 할는지 모른다. 여러 가지 복합된 원인이 있게 마련이지만 삼국시대 이래 각지에 산재했던 요지만 하더라도 특히 중국풍을 도입하여 이를 자가낭중에 넣음으로써 저 우아한 고려의 취색을 창조한 것도 백제유민의 우거지라 해야 할 강진, 부안 등지이었던 것도 결코 우연히 아닐 것이다. 이 고장은 어쩌면 천민 또는 서민이 모여 사는 고장이라는 명예(?)를 간직하게 된 것도 이 까닭인 것이다. 화랑의 후예로서 가무음곡의 보유자인 재인들도 이 고장 구석구석에 모여 살았고−재인청의 소재지−풍전세류의 멋과 춘향의 로맨스도 전라도라는 이 고장의 소산이라는 사실을 알아야 할 것이다. 이러한 예술적 풍토는 줄곧 조선조로 넘어와서도 남화풍의 산수화가 특히 성행하고 시문학이 이 고장에서 다산되는 소이도 결코 우연이 아님을 짐작하게 한다.

③ 종교적 귀의

　종교적 문제에 관하여는 여기서 깊이 언급할 많은 자료를 갖지 못하고 있으나 한 가지 지적하고자 하는 것은 조선조 후기에 있어서의 소위 신흥종교는 집중적으로 계룡산 주변에서 발생하였고 비록 최제우는 경주 태생이고 대구에서 처형되었으나 동학의 봉기는 전북 고부라는 사실도 이 지역의 역사적 배경에서 빚어진 결과가 아니었던가 싶기도 한 것이다. 원불교의 발상지가 영광이라는 사실도 결코 간과해서는 안 될 것이다. 이상과 같은 지리 및 역사적 조건의 분석에 의하여 이 고장의 문화적 특성은 과연 어떻게 이해하여야 할 것인가.

4) 문화적 특징

　문화란 어느 지역의 어느 민족에게 있어서나 상하 단층이 없는 단일문화이어야 하겠지만 군이 이를 구별한다면 귀족적 상층문화와 서민적 하층문화의 둘로 나눌 수가 있다. 단적으로 말한다면 신라 백제의 왕조문화는 전자에 속하고 백제망국 이후의 호남지역은 후자에 속한다고 할진대 더욱이 백제왕궁에서도 멀리 떨어진 노령 이남이야 더할 나위 없는 왕의 교화가 미치지 못한 땅[王化未及之地]으로서의 서민문화의 본토가 아닐 수 없으리라는 추론이 나오게 되는 것이다. 그렇다고 해서 귀족과 서민의 단층이 흑백의 그것처럼 엄격한 것은 아니다. 다 같은 한문화의 범주 안에서 그들이 지닌 체질만을 달리하는 자라는 점에서 우리는 이제 한문화 자체의 본질을 간단히 살펴보아야 할 것 같다. 민족문화의 본질적 이해 없이는 향토문화의 본질은 이해할 수 없기 때문이다.

(1) 한문화의 본질

　한문화는 중원의 한족문화와의 대조적 위치에서 성장 발전하였고 그로 인하여 독자적 특질을 갖추기에 이르렀던 것이다. 그것은 중국 문화의 특징의 하나인 이원성(음양설) 또는 다양성(오행설)을 한민족은 이를 묘합의 원리로서 초극하는 데에서 비롯하였던 것이다. 최치원(崔致遠)이 그의 난랑비서문(鸞郎碑序文)에서 "나라에 현묘한 도가 있으니 풍류라 한다.……실로 삼교를 포함하고 있다[國有玄妙之道 曰風流……實乃包含三敎]"라 한 단구를 음미하면 얼른 이해할 수 있을 것이다. 한문화는 적어도 삼국시대에 있어서는 삼교라는 다양성을 현묘지도라는 조화의 기능에 의하여 단일화하였던 것이다. 한민족의 문화창조의 역량이 여기서 발로되었고 그것이 길이 후세에 전통으로 이어졌던 것이다. 이러한 한문화의 전통이 삼국시대에 있어서 어떻게 형성되었는가의 문제는 여기서 다룰 여유가 없다. 다못 우리는 곧장 이 지역에 전승된 문화적 과제만을 다룰 수밖에 없다.

(2) 서민문화(庶民文化)의 창조적 기능

이원성 또는 다양성의 극복에 의한 창조적 기능이 가장 다채롭게 이루어질 수밖에 없었던 지역이 바로 백제만강(百濟萬彊)이 아니었던가. 백제유하민(流下民)이 마한 지역을 점하자 외래민과 토착민과의 이원적 갈등이 있었을 것이니 그것은 단순한 외래와 토착과의 관계에 그치는 것이 아니라 유목민의 관습과 농경민의 습속과의 이질적 괴리도 존재하였을 것이다.

이러한 이율배반에 의한 시련은 곧 신문화창조의 절호의 기회이었는지도 모른다. 그러한 천부의 기회가 없었더라면 역설적 의미에서는 백제문화는 존재하지 않았을는지도 모른다.

그러나 삼국 중 그 어느 나라보다도 앞서서 이 난제를 거뜬히 소화하였다. 그럼으로써 비로소 나라 안에서는 신라문화에 깊은 영향을 끼치었고 바다 건너 일본에도 절대적인 영향을 끼치었던 것이다.

그러한 바탕이 있었기 때문에 백제유민들의 후예들은 길이 제가 살던 고향에 뿌리를 깊숙이 박고 새로운 문화를 만들어 냈으니 그것이 오늘에도 우리의 주변에서 생동하고 있는 서민문화의 숨결이 아닐 수 없다.

앞서도 지적한 바 있듯이 서민 문화의 본향으로서 자부해도 좋은 이 고장은 백제망국 이후 정치적 불운과 예술적 승화라는 이율배반적 이원성을 극복하기 위하여 오늘에도 스스로 거센 숨결을 자제하고 있는 것이다. 그러나 우리들의 선인들이 그러했듯이 이러한 시련을 극복하는 데에서 오히려 이 고장의 위대한 문화가 이루어질 수 있는 가능성을 안고 있는지도 모른다.

그러나 이제 한문화는 결코 상하 단층으로 논할 계제가 아니다. 어쩌면 왕조적 상층문화는 이미 역사적 증록으로서 또는 박물관의 유물로서 존재하고 그의 하층 서민문화만이 민중들의 혈맥 속에서 생동하고 있는지도 모른다. 멋과 가락의 전승이 바로 그것이 아닐 수 없다.

5) 문화개발의 방향

(1) 종합개발계획의 수립

전남문화의 후진성의 중요한 요인 중의 하나는 그가 왕도를 가지고 있지 못하기 때문이다. 그가 비록 뛰어난 문화유산을 보유하고 있다 하더라도 그것은 한 곳에 집중적으로 존재하지 않고 산발적으로 흩어져 있다. 겨우 1년 전에 박물관이 세워졌다 하더라도 신안(新安) 송원대(宋元代) 유물이라는 타력에 의하여 건립되었다는 사실은 이 지역 문화개발의 취약성을 여실히 드러낸 것이 아닐 수 없다. 조선조의 서울인 한양은 더 할 말이 없거니와 신라의 경주라거나 백제의 공주, 부여, 나아가서는 이궁설이 도는 익산에 이르기까지 개발되어 있음에도 불구하고 전남 지역에는 말없는 고요만이 깃들고 있는 실정이다. 그러나 우리는 이 시점에서 그러한 원인을 따지기보다는 전남 전 지역에 산재한 모든 문화재적인 요소를 조사 정리하여 그의 총체적 전모를 밝혀내야 할 것이다. 그것이 비록 한 지점에 집중되어 있지 않다 하더라도 전체적인 종합은 양적으로나 질적으로나 선진개발 지역에 뒤지라는 법은 없을 것이다.

(2) 3지역 개발의 의의

백암(白岩) 조계(曹溪) 대둔(大芚)의 3지역의 개발은 전남문화의 핵심적 요소로서 중요한 의미를 갖는다. 거기에는 유형적인 문화재도 있지만 무형적인 정신적 요소도 충분히 깃들어 있기 때문이다.

백암산(白岩山) 지구에서의 고봉은 근래 개신유학의 제일조로서의 지위에 있으며 그의 방계손인 노사(蘆沙) 또한 후기유학을 밝힌 샛별이기도 하기 때문이다. 조계산 지구에서의 송광사(松廣寺)는 조계종(曹溪宗) 발상의 성지로서의 의미가 짙고 강진(康津) 도요지와 다산초당(茶山草堂)은 앞으로 세계적 학자들의 관심사이기도 한 것이다. 이제 백제 문화권 개발이라는 왕조 중심적 개념에서 벗어나 보다 더 광역적인 개발에 의하여 이 지역문화의 독자성이 천명되어야 한다. 그럼으로써 소위 백제문화개발의 하한선이 익산에 머물지 않고 훨씬 남하해야 한다는 우리의 주장은 결코 근거 없는 공언이 아닌 것이다. 그런 의미에서 나불도(羅佛道) 개발의 문화적 의의는 전남의 생명선의 개발이라는 점에서 실로 막중하다고 하지 않을 수 없다.

(3) 전남인상의 정립

지금까지의 논술을 통하여 전남이라는 특수지역은 그런 대로 특이한 점이 있음을 발견하게 된다. 그것이 지닌 지리적 개방성과 역사적 소외는 오히려 전남인으로 하여금 자유인으로서의 성장의 가능성을 부여해 주었다고도 해석이 된다. 불의에의 항거와 예술의 창조는 자유인의 특권인 것이다. 전남은 어쩌면 정의에의 의지와 예술적 정열이 공존하는 숙명적인 지역이었는지도 모른다. 정의에의 의지는 백제 망국 이후 임란을 거쳐 일제치하에 이르는 사이에 남달리 다져졌고 예술, 유학, 불교, 시문, 회화, 음악 등에 뛰어난 재질을 발휘하였다. 눈동자는 천하를 한눈으로 비쳐보면서도 자기 자신은 보지 못한다. 전남의 정의와 예술은 만천하에 비쳐주면서도 전남인 자신을 모르면서 오늘에 살고 있다. 전남—어쩌면 호남은—한국전통문화의 정수인지도 모른다. 이 점이 다름 아닌 전남의 '뿌리'요 '줄기'인 것이다. '정의(도의)와 예술' 그것이 바로 '마음의 고향'의 참모습이라 해야 할는지 모른다. 이제 우리는 이 '정의와 예술'의 전통적 근간을 찾아 오늘에 되살려 우리의 심신이 함께 여기서 살아야 하는 내 고향을 가꿀 역사적 사명을 지고 오늘에 태어났음을 피차 서로 격려하며 자각해야 할 것이다.

17. 호남학은 가능한가

1)

　호남학이 가능한가 하는 과제는 한국학이 가능한가 하는 과제보다도 더 한층 어려운 문제점을 가지고 있을 것이 분명하다. 왜냐하면 한국학은 그의 지역적 배경 때문에 얻어진 외래요소들도 오랜 역사적 전통 속에서 이미 한국적인 것으로 혼융되어 버렸음에도 불구하고 한국학은 아직도 정립되지 못한 채 유동적인 개념 속에서 벗어나지 못하고 있음에 비추어 볼 때 호남학이란 단순히 그 지역적인 요소만을 가지고 과연 호남학이란 학적 과제를 풀 수 있을 것인가는 자못 의심스럽다고 하지 않을 수 없기 때문이다.

　그러나 호남이라는 지역은 한국이 이미 그의 이웃인 중국이나 일본 등과도 달리 한국적인 것이 형성되어 있음으로 해서 그의 역사, 지리, 언어, 예술 등 각 분야에 걸쳐서 깊이 한 특질이 형성되었고 이들을 체계적으로 정리할 때 한국학은 정립될 수 있는 가능성이 충분히 있을 것으로 믿어지듯이 호남도 그의 이웃인 영남, 관서 등과는 달리 호남적인 것이 그의 오랜 전통 속에서 형성되어 있고 그의 특질들을 정리, 체계화할 때 과연 호남학이 성립될 수 있는가? 자못 흥미 있는 과제가 아닐 수 없다.

뿐만 아니라 호남학이 가능하다면 영남학, 관서학 등도 가능할 것인가. 아니면 호남학만이 가능할 것이고 영남, 관서학 등은 그의 특질 면에 있어서 불가능할 것인가 하는 문제도 충분히 살펴볼 필요가 있을 것이다.

그러나 이러한 문제점들은 차라리 호남학의 과제를 푸는 과정에서 풀어보는 것이 좋을 것 같다. 왜냐하면 호남적인 것의 형성과정에서 이미 다른 지역의 지역적 특질은 저절로 한 묶음 비호남적인 것으로 되어 버리기 때문이다. 그러한 비호남적인 것들이 따로 별도의 영남, 관서 등의 지역학으로서 성립될 수 있느냐의 문제는 아마도 본론의 소관이 아닐 것이오, 설령 소관이 될 수 있다 치더라도 이에는 논급을 회피하는 것이 좋을 것 같다.

2)

호남이란 지역적인 면에서 전라남·북도를 합쳤다는 설과 거기에 충청남·북도까지를 합쳤다는 설과 또 거기에 경기 일부까지를 넣어서 소위 백제 고지로서의 호남이라는 설 등 세 가지가 있는데 우리는 여기서 어느 일설에 구애될 필요가 없다. 적어도 이들 지역에 있어서 찾아볼 수 있는 공통적인 특질이 있느냐 없느냐가 이들 지역의 구역을 결정지어 줄는지 모른다. 그러므로 호남이란 물론 한 지역을 대표하는 단어이기는 하지만 그 지역의 범위는 어느 특질의 산포(散布) 범위에 의하여 결정지어져야 한다는 뜻이다.

오랜 역사적 흐름 속에서 호남이란 애초에 삼한시대 마한고지로서ㅡ현 익산(益山) 중심ㅡ그 후 백제에게 쫓겨 남하하여 버렸지만 삼국시대에 이르러서는 백제의 흥망성쇠를 맛본 지역이라고 할 수 있다. 그러므로 호남이 비로소 문화라는 역사적 산물에 접하게 된 시초는 아마도 백제를 상한선으로 해야 할는지 모른다. 백제 이전에 있어서는 소위 고고학적 의미에 있어서의 호남이 지닌 의의 같은 것이 문제가 되지 않는 바 아니지만 그런 것들은 어느 의미에 있어서는 다른 지역들과도 공통적인 것들이기도 하고, 또는 설령 그것이 새로운 것이라 하더라도 그것은 지역적인 우연성이지 호남적이라는 특질에 속할 수 있느냐에 대해서는 논쟁의 여지가 없지도 않을 것 같다.

그러므로 호남의 문화적 특질은 소위 고고학적 자료에 의한다기보다는 아마도 백제 이후에 형성된 문화적 소산들이 백제의 흥망을 계기로 하여 하나의 전통을 형성했고 그것들이 오늘 현재까지도 호남적인 것으로 잔류해 있는 것들 중에서 찾아야 하지 않을까. 그리하여 그러한 호남적인 유산들을 어쩌면 그것들이 호남적인 것에 그치는 것이 아니라 범한국적인 것으로까지 승화될 수 있는 요인이 될는지도 모른다. 여기에 호남학의 성립을 위한 백제의 유산이 크게 문제되는 소이가 있을 것이다.

3)

이제 호남학의 문제는 백제문화 또는 백제사와는 뗄 수 없는 관계

에 있다는 사실에 주목할 필요가 있는 것으로 여겨지기 때문에 거기에 따른 몇 가지 문제를 살펴본다면

첫째, 백제정사가 김부식의 『삼국사기』에 의하여 제대로 쓰였느냐 하면 그것은 이미 부정적인 대답을 갖고 있는 것이다. 왜냐하면 김부식은 고려인인 데다가 신라에 의하여 통일된 이후 백제사의 자료가 올바로 남아 있지 못했으리라는 점과 설령 남아 있었다 하더라도 그것들은 정복자들에 의하여 왜곡되기도 하고 폐기되기도 했을 것임은 의심의 여지가 없다. 그러므로 지금까지 전해 오는 백제사는 김부식에 의하여 경시되었던 만큼 이에 대한 재정리가 무엇보다도 먼저 선행되어야 하고 그럼으로써 삼국의 그 어느 나라보다도 찬연했던 백제문화의 올바른 모습이 부각될 것임에 틀림이 없다. 공주에 있어서의 무령왕릉의 출토품이 그의 일단을 우리들에게 보여준 것이라 해도 무방할 것이다.

둘째, 백제정사의 정리에 의하여 부각될 백제문화를 기반으로 하여 백제망국 이후 그들의 유민들에 의하여 전승된 문화유산은 어떠했던가. 시대는 이미 고려를 거쳐 이조에 접어들었고 이조 500년을 거쳐 오늘에 이르렀다 하더라도 백제유민들에 의하여 전승된 유산은 오늘의 호남지역에 뿌리 깊이 도사리고 있지는 않는 것일까. 이를 한마디로 말해서 권력도 금력도 없는 백제유민, 곧 서민이나 천민들에 의하여 간직된 소중한 문화유산을 말하는 것이다.

그것은 중국고대에 있어서 은나라 유민들에 의하여 전승된 문화유산이 바로 유학이었던 것과도 비슷한 의미에서 망국민의 유산이라고 해서 우리는 결코 소홀히 다룰 수 없는 것이다.

그리하여 이들은 권력이나 금력에 의존하지 않고 스스로가 지닌

슬기에 의하여 그들 자신의 예술은 창조되었던 것이다. 그의 일례가 고려자기요 재인들에 의한 창의 발달이기도 한 것이다. 서민문화는 우아하면서도 소박하고 소박한 중에서도 그들의 끈질긴 생의 강근성(强勤性)이 그 안에서 약동하고 있는 것이다. 이런 요인들은 호남적인 것에 그치는 것이 아니라 범한국적인 서민의 멋이 될는지도 모른다.

셋째로 게다가 호남은 정치적으로 고려태조 왕건의 훈요십조에서 관로를 막는 실로 인간 이하의 취급을 받았고 경제적으로는 영농지역의 특수성에 비추어 역대왕조의 수탈의 대상이 되어 있었던 만큼 이 지역 유민들의 저항정신은 한의 전통을 이루고 있다.

백제망국 이래 백제사에서 간과했던 의병의 전통도 또한 호남이 지닌 의거정신(義擧精神)의 지주이었던 것이다.

백제유민들에 의하여 이루어진 호남적인 문화적 또는 정신적 요인들은 이 지역의 특질을 이루고 있는 반면에 영남 또는 관서 등 그 어느 곳에서도 찾기 어려운 요인들임에 틀림이 없다. 그것은 예술적인 면뿐만이 아니라 정치, 경제, 사회 등의 부면에 이르러서도 그들이 지닌 서민적인 요인은 하나의 전통을 형성하였고 그것은 아마도 한국적인 것에로의 승화의 길이 트여 있기는 하지만 길이 호남적인 특색으로 지적되지 않을 수 없으리라고 보아야 할 것이다.

그렇다면 이러한 관점들이 극히 제한된—다시 말해서 백제적인 것만을 중심으로 한 호남이라는 점에서—논술이 될는지 모르나 그것이 도리어 호남학이 학으로서 성립될 핵을 이룰 수 있다는 점에서는 아무래도 일차적으로 고려되지 않아서는 안 될 문제점이기에 이에 역점을 두어 본 것이다.

그렇다면 사실상 호남학은 가능할 것인가—우리는 여기서 호남문화의 특질은 그 어느 지역보다도 짙은 색조를 띠고 있음을 자부해도 좋으리라고 여겨지기는 하지만 그렇다고 해서 호남학으로까지 발전할 수 있을 것인가. 적어도 그것이 학으로서 성립되자면 일관된 체계가 필요하다는 점에서 우리는 호남학의 성립 여부를 결론적으로 서두르기 전에 이에 대한 특질들의 정리사업이 선행되어야만 할 것이 아닐까.

그러한 작업의 결과로서 호남학은 성립될 수 있는 가능성이 결정될 것임은 다시 말할 나위도 없다. 여기서 우리가 마지막으로 지적할 것은 호남적인 것들은 다른 어느 지역적인 것들에 비해서도 호남학 성립의 충분한 자료가 될 수 있으리라는 가능성인 것이다. 그것이 바로 호남학의 가능성이 될는지 모른다는 것이다.

18. 남도문화의 특성

서언

문화란 인류생활양식의 총화다. 그것은 지리적 환경과 역사적 유전과 더불어 형성된다. 전자는 문화의 지역성이요, 후자는 문화의 시대성이다.

1) 지리적 조건

풍토 또는 산수라고도 이른다. 기후의 온냉(溫冷)과 토지의 비폐(肥廢)도 문화형성에 크게 작용하였고 대륙과 해양도 간과할 수 없을 것이다.

(1) 남북의 대립

남과 북의 개념은 기후의 온난(溫暖)과 한랭의 개념으로 통한다.『중용』에서는 "너그럽고 유순한 태도로 가르치며 무도한 자라도 보복하지 않는 것[寬柔以敎 不報無道]"을 남방적 기질이라 하였고 "갑옷을 입고 죽음도 마다하지 않는 태도[衽金革 死而不厭]"를 북방적 소질이라 하였다. 그러므로 남방은 온유(溫柔)하고 북방은 강인(强靭)하다고 할 수 있다.

북방적 기질은 현실적이요 남방적 기질은 이상적이기도 하다. 그러므로 전자는 정치·경제·윤리·철학 등으로 발달하였고 후자는 문학·시가·기예·종교 등으로 발달하였다고 할 수 있다.

그렇다면 남도문화는 어느 쪽에 속한다고 보아야 할 것인가.

(2) 호남(南道)의 영역

풍토상으로는 남방에 속하였고 지역적으로는 삼남(三南), 남도(南道), 호남(湖南)의 총화로 이해되지만 좀 더 구체적으로는 금강(錦江) 이남으로서 전남·북에 충청 일부가 포함된다. 일설에는 제천의림제(堤川義林堤) 이남설과 김제벽골제(金堤碧骨堤) 이남설 등이 있으나 취하지 않는다. 역사적 시대성을 감안한다면 호남이란 백제집강(百濟集强)으로서 경기, 충청, 전라라는 반도의 서남 일대를 가리키게 된다. 그런 점에서 이 지역은 대륙과 해양의 접촉지대로서 다양한 문화창조의 배경을 이룬다.

(3) 전남의 독자성

노령산맥(蘆嶺山脈)의 단절로 왕화(王化: 백제문화)의 미급지지(未及之地)가 되어 마한(馬韓) 이전 고문화(古文化)의 온존지대(溫存地帶)로 지목된다. 곡창지대로서 경제적 부가 축적되어 있다. 다도해의 해양성은 천하의 중심이 되었다(張保皐). 풍전세류(風前細柳)란 문화의 고차원적 발달을 상징한다.

2) 역사적 배경

마한(馬韓)의 고강(高彊)으로서 나주(羅州) 영암(靈岩) 일대는 목지국(目之國)으로 지목된다(통설은 益山 일대). 중국문헌에 나타나는 한문화(韓文化)는 숭신사상(崇神思想)을 중심으로 하는 민중적(民衆的) 예술[歌舞] 문화로서 이는 농경문화의 정수인 것이다. 일본문화의 원류로서 신라문화와는 크게 대조를 이룬다. 백제의 망국은 이곳에 한의 문화(항쟁·예술·종교)의 씨앗을 뿌려놓았다. 이도령(李道令)의 풍류 춘향(春香)의 항거 월매(月梅)의 양재구복(攘災求福)은 이를 단적으로 설명해주고 있다.

3) 남방적 예능

숭신사상(崇神思想)의 예능화는 가악신사(歌樂神事)로 이루어진다. 예능인으로서의 재인(才人)계급이 형성되고 농악이 민중악으로 정착된다. 한의 가락은 육자백이를 뽑아냈고 이를 기초로 하여 판소리라는 독자적인 창극을 창조하였다.

회화의 세계는 크게 남북종화(南北宗畵)로 나누는데 남종화의 대가로 허소치(許小痴)가 있으며 북종화의 대가로 윤공제(尹恭齊)가 있다. 이들이 남도화단의 양대 산맥을 이루어 예향(藝鄉)의 이름을 뒷받침해 주고 있다.

고려청자는 강진(康津)에서 비색(秘色)의 극치를 이루었고 양산보 (梁山甫)의 소쇄원(瀟灑園)과 윤고산(尹孤山)의 보길도(甫吉島)는 한국 정원문화의 정수를 이루고 있다. 다산초당(茶山草堂)의 원지(圓池)도 여기서 빼놓을 수가 없다.

4) 시문학

남도시문학은 한국시문학의 정화다. 윤고산·정송강·송면앙정이 이를 대표하고 근세에 이르러서는 조운(曺雲)·이병기(李秉岐)·김영 랑(金永郞)·박용철(朴龍喆)·신석정(辛夕汀)이 있고 소설에 박화성(朴 花城)을 빼놓을 수가 없다.

유배문학의 범주에 들지만 다산의 조선시(朝鮮詩)와 선시(禪詩)도 여기서 간과해서는 안 될 것이다.

5) 학술

학술을 나누자면 유학과 개신유학(실학)으로 크게 둘로 나누어진 다. 유학에 있어서의 고봉 기대승은 사칠논변을 통하여 이퇴계의 학 에 도전하였고 하서 김인후 또한 호남의 석유로 꼽힌다. 강진 다산 초당은 다산학의 산실이요 이웃 장흥 관산은 존재 위백규의 출생지 다. 실학의 주맥이 여기서 형성되었음을 잊어서는 안 될 것이다.

6) 민족종교

문화란 유형·무형의 두 가지 유형으로 표출된다. 유형문화란 의식주를 위시로 하여 소리, 색채, 문자 등으로 나타나지만 철학적 사유나 종교적 심성은 형태를 이룰 수 없기 때문에 이를 우리는 무형문화의 범주로 분류할 수밖에 없다.

우리 한민족은 단군 이래에 독자적인 한문화를 형성하여 삼한－삼국문화시대를 거쳐 그의 뿌리를 이 지역에 심어 놓았다. 그것은 예능, 시가, 학술 등으로 계승되어 오늘에 이르렀지만 눈에 보이지 않는 남도의 심성은 어떻게 되었을까. 민족종교의 현황을 살펴보려는 소이가 있다.

한말의 민족적 위기에 봉착한 우리 겨레의 심성은 대종교라는 민족신앙으로 집약되었다. 대종(大倧)이란 위대한 신인(神人)의 뜻으로 단군을 가리킨다. 보성출신의 나철이 중광한 대종교는 망명 의열들의 정신적 지주가 되었다. 천도교의 전신인 동학은 전라 고부에서 봉기하여 비록 실패로 돌아갔다 하더라도 민족정기를 바로잡는 데 일익을 담당하였다. 해외에서 대종교 국내에서 동학(천도교)이 제폭구민과 정치적 슬로건을 내건, 대신 영광의 원불교와 금산사의 증산교는 민중교화에 주력하여 후천개벽을 약속한다.

7) 절의

백제의병의 효시는 복길(福佶)과 도침(道琛)의 항쟁에서 비롯한다. 임란의 의병은 광주의 고경명, 나주의 김천일, 화순의 최경회를 첫

손가락으로 꼽지 않을 수 없다. 그것이 근세에 이르러 동학과 광주 학생사건으로 맥이 이어진다.

8) 민속문화

강강술래의 원무(圓舞)는 회삼귀일의 일원상을 상징하고 고싸움은 평화적 대결의 해원상생의 놀이인 것이다.

남도의 맛(젓갈)은 멋의 진수다.

9) 풍류도의 정맥

남도문화는 자연과 신과 인간의 회삼귀일에 의하여 형성되었다. 인간과 자연의 일치로 시문을 낳고 인간과 신의 조화로 종교를 낳았다. 그리하여 인간 중심의 한 문화의 정맥을 계승하여 오늘에 이른 것이다.

19. 영광얼의 근세사적 배경

서언

역사란 흐르는 물과 같아서 백년세월만 하더라도 그간의 역사적 사건들을 들어서 알기도 하고 또는 스스로 어떤 사건과 더불어 직접 겪기도 해서 알게 된다. 그러한 의미에서 필자에게 그 긴긴 세월을 통해 듣고 겪은 사연들을 기록해 보라는 뜻에서 글을 써 달라는 것으로 이해하지만 필자의 나이가 80을 넘어선 탓으로 집필의 어려움을 느낀다. 역사적 기록은 객관적이면서도 정확해야 함에도 불구하고 진정 아무런 재료도 갖지 않은 채 이 글을 써야만 하게 되었다. 그러한 의미에서 이 글을 앞으로 우리 고향 영광의 정신사를 정리하기 쉬운 길잡이가 되었으면 할 따름이다.

나는 이 글을 대체로 다음과 같은 세 가지 측면에서 살펴볼까 한다. 하나는 교육정신의 측면이요, 또 다른 하나는 청년활동의 측면이요, 마지막으로 문학활동의 측면으로 나누고자 한다.

1) 교육정신

결론부터 먼저 이야기하라 한다면 우리 영광은 어느 고을에도 지지 않으리만큼 교육열이 팽배했던 것으로 기록되어야 할 것이다. 자못 그것이 종근성실(種根成實)하여 뿌리를 내림으로써 열매를 맺지 못한 아쉬움을 남긴 것이 한스러울 따름이다.

필자에게 아주 옛날 옛적 사진으로서 소위 광흥학교(光興學校) 졸업식 사진을 갖고 있다. 졸업생 3, 40명으로 추정되는 기념사진으로서 사진의 한복판에는 태극기가 똑똑하게 찍혀 있는 것으로 보아서 적어도 1910년 한일합방 이전의 사진임이 분명하다. 그러나 거기에 필자의 선친이 찍혀 있는 것으로 보아 연대를 측정하자면 1905~1910년 사이를 벗어나지 않을 것으로 여겨진다. 이 사진의 배경은 향교 대강당을 등에 지고 있는 만큼 향교를 출입하는 유생들의 개방 정신으로 이 광흥학교는 졸업생을 배출하게 되지 않았나 추측해본다. 여기서 하나 아쉬운 것은 이 학교의 교과과정의 내용이 무엇이었던가 하는 문제로서 교육사 전공 학자에게 물으면 혹시나 하는 생각도 든다. 그러나 대체로 외국어로서 일어는 필수이었을 것이요, 신학문으로서 수학이 들어 있을 가능성을 배제할 수 없을 것이다.

그러나 우리는 여기서 역사의 흐름은 단절이 아니라 연속이라는 사실을 알아야 할 것이다. 그것은 곧 1922년 영광 중학기성으로 이어지기 때문이다. 곧바로 당시 발기 상황을 보도한 동아일보 1922년 10월 29일자 기사를 다음에 옮겨 보면 당시의 상황이 눈에 훤하게 떠오른다.

영광교육협회 임원회에서는 靈光中學期成을 발기하기로 결의하였다 함은 旣報한 바와 같거니와 지난 23일 총회의 경영인 영광학원 교실 낙성식을 기회로 하여 영광중학기성 발기회를 개최하였는데 7, 8백 명의 내빈 및 학부형이 만장한 가운데 曺秉謨 씨가 중학설립의 필요 및 발기의 취지를 설명한 후 기성위원 및 평위원을 군내 유지 中으로 선정하고 내빈 축사에 들어가 영광군수대리로 군속 崔相坤 씨와 영광경찰서장대리로 久永部 宮村公校長 草谷小學校長 제씨의 축사와 東亞日報杜 朝鮮教育協會 徵文高普校 普成高普校 湖榮講習院 東光學校 朝鮮民友會 등의 각 團體와 李商在 閔泳煥 宋鎭禹 鄭大鉉 金性洙 林圭 高璟鎭 總馨厚 金哲 朴東煥 成秉祚 등 각 사회명사 및 在京靈光學生一同의 축전 낭독이 있은 후 다시 기일을 정하여 임원회를 열기로 하고 폐회하였으며 계속하여 운동회에 들어갔는데 용감 활발한 생도의 기상과 경기에는 만장의 갈채가 끊기지 않았다. 이에 시민들은 중학기성회를 축하하기 위하여 가장행렬, 기행렬, 연등행렬을 수십대로 나누어 밤 12시까지 시내외를 돌던 중 만세성에 차인 남녀는 무려 5천 명이라 야심을 불구하고 열광에 취한 광경은 영광초유의 장관을 이루었다. 당선된 중학임원은 아래와 같다.

위원장   曺喜璟
부위원장   鄭東明
        曺喜陽
위원
        朴正煥
        金鍾琯
        許珍卿, ○白餘人

이 기사를 통하여 영광시민 5천이 야심토록 열광적인 축하의 모습은 오늘의 우리의 피 속에서도 그대로 흐르고 있을 것이다. 이러한 영광의 교육열은 그 어느 고을에서도 그 유례를 찾아보기 어려운 사례이었음에도 불구하고 2기생의 단명 중학이 된 실패의 후일담을 여기에 어떻게 기록해야 좋을는지 모르겠다. 자못 그때 필자는 제2기생으로 뽑혔다가 폐교의 비운과 더불어 서울로 유학하게 된 기억만이 남아 있다. 15, 6의 어린 나이로 향교 은행나무 아래서 공을 차면서 노닐던 그때 그 시절의 기록은 어디서 어떻게 찾아내야 할까.

그 후 세월은 흘러 역사는 단절된 것 같지만 1945년 해방과 더불어 영광 출신 대학(전문학교포함) 졸업자를 중심으로 하여 정주연학회(靜州硏學會)를 조직하여 교수진(敎授陳)을 담당하고 영광민립남녀중학교기성회(靈光民立男女中學校期成會)를 조직하여 그해 9월에 개교하게 된 영광남녀중학은 결코 1922년도에 실패한 영광중학(靈光中學)과 무관하지 않는다. 이도 또한 외관상 그 자취를 감추어버렸지만 면면히 이어온 영광인의 교육정신은 결코 역사의 뒷길에서 잠재운 채 버려지지는 않으리라 굳게 믿고 싶다.

교육정신을 이야기하는 자리에서 또 하나 빼놓을 수 없는 것이 다름 아닌 유치원교육의 선구자(先驅者)들이다. 이에 깊이 관여했던 인사로서는 조희관(曹喜灌), 김동설(金東設), 정종(鄭悤) 등의 이름을 기억해야 할 것이다.

또 하나 영광의 교육사에 그 이름이 기억되어야 할 인물로서는 허진경(許珍卿)을 빼놓을 수가 없다. 자수성가한 입지전적의 인물로서 영광보통학교의 신축과 농업실업학교 설립에 거액의 정재를 희사하여 영광교육에 크게 기여한 공을 여기서 다시금 회상하지 않을 수 없다.

2) 청년활동

어느 국가나 그 나라의 청년의 기상이 시들면 그 나라는 결코 오래 버티지 못한다. 왜냐하면 청년들이야말로 민족정기의 중추가 되기 때문이다.

소위 3.1운동은 필자 9세 때의 어린 시절의 일이기에 직접 참여는 못했을망정 당시 애국청년들의 불 뿜는 만세소리만은 아직도 역력히 귀에 울려오는 것 같다. 소위 옥고를 치른 인물들의 명단은 다 여기에 기록할 수 없지만 차츰차츰 장성하면서 그분들의 훈도를 받게 되자 위계후(魏啓厚), 조희충(曺喜忠), 조철현(曺喆鉉), 류일(柳一), 서은(徐隱), 조희태(曺喜兌) 등 제씨(諸氏)는 우리들의 곁을 항시 떠나지 않았다. 이에 관하여서도 동아일보 1921년 7월 31일자 '靈光青年의 活動-湖南의 理想鄕'이라는 선배들의 기상을 회고하고자 한다.

이제 재외동포 위문회 강연단 一員이 되어 조선 각 지방을 순회하던 중 호남의 一隅에 있는 영광군에 대하여 당지청년들의 왕성한 의기와 열렬한 활동을 목격하고 위연한 정감의 잔영이 아직도 기억에서 사라지지 않는지라 당지청년의 활동 중 그 하나를 다음에 소개할까 한다.

靈光은 湖南中 海隅地이며 또한 山僻의 鄕이라 따라서 교통도 심히 불편하다. 그러나 당지에 들어가면 青年會가 있으며 勞動友愛會가 있으며 幻稚團이 있으며 少年部가 있으며 小作人會가 있으며 殖産組合이 있으며 교회가 있으며 부녀 야학이 있으며 현대적 소위 문화적 시설이라고 하는 것은 물질적 방면을 제외하고는 그 기관이 완비할 뿐 아니라 그 내용도 충실하고 그 幹部의 임에 당한 사람은 전부 青年會員이라. 그러므로 그 기관이 형식상으로는 독립적 조직을 형성하였으나 그 이면에는 정신적으로 호상 연락하며 호상 화협하여 필요에 응하야는 거군일치의 태

도를 취하고 평소에 있어서는 각기 분장사무에 노력진취하여
완미한 성과를 기대하는 상태라……靑年들은 禁酒를 단행하며 亂
搖를 絶禁하며 奢侈를 경계하야 10전, 12전씩 혹은 1원의 잔금
을 모아 저축하여 회관을 수리하며 도서를 구입하며 그 외 활동
경영에 필요한 경비를 자급자족할 뿐 아니라 지금에 와서는 그
와 열렬한 성심과 공정한 활동이 一郡文化의 중심노력이 靑年會
에 집중하는 느낌이 없지 않다.
이리하여 향교는 청년회의 직할 경영의 靈光 學院이 되었으며
射亭은 勞動友愛會의 회관으로 변하였다. 모든 文化의 시설기관
을 新文化의 건설기관으로 변용하는 것이 더욱 시급한 사실이
아닌가(이하 생략).

이 글은 실로 역사적인 귀중한 자료로서 전문을 소개하고 싶지만
그 반을 잘라 전반부만을 소개하는 아쉬움을 남긴다. 그러나 이 글
의 필자는 다음과 같이 끝맺고 있다.

언제든지 주장하는 바이지만 一國文明을 完美하게 하는 도리는
각 지방의 문화를 진흥하는 데 專在할 것이다.

영광청년의 노력이 어찌 영광 일부에만 한하고 止하리요, 그 파
급과 영향이 전 조선에 통하여 막대한 것은 日을 期하고 待할
것이다.
이러한 점에 있어서 同郡 靑年諸君은 益益 奮鬪를 요망하며 아울
러 賀慶多福하기를 祝하노라.

지금으로부터 약 60년 전 우리들의 선배 영광 청년들의 기상과
활동은 거울에 비친 내 얼굴을 보는 듯하여 깊은 감회에 젖게 한다.
이 시기는 필자의 나이 13세의 소년시절로 손꼽힌다. 그 후 필자는
서울 유학생활 10개년의 세월을 보냈고 대체로 하계방학을 이용한

귀향활동에 참여하였던 기억(기록이 없기 때문이다)이 새롭다. 음악회, 강연회, 연극발표 등의 문화활동과 축구대회와 같은 것을 통한 단합대회 같은 것을 주도하여 청년들의 열혈을 고무하였던 것이다. 이러한 청년운동이 소위 영광체육단사건으로 그 맥이 이어질 수밖에 없음은 다시 말할 나위도 없다.

1935년에 동아일보는 정간되고 소위 경찰의 탄압과 감시는 날로 심해갈 무렵 비사상적 단체 조직은 체육밖에 있을 수 없는 상황하에서 애초에 정말체조조기회(丁抹體操早起會)로 비롯한 조직이 축구단으로 바뀌고 또다시 체육단으로 팽창하여 전군적인 조직으로 확대됨으로써 일경의 눈초리는 날카로워져 급기야 일대옥사를 일으킨 것이 소위 영광체육단사건이다. 이 시기에 국내에서는 한글학회사건 등을 위시로 한 일제탄압이 산발적으로 있었고 이 사건으로 말미암아 영광에 있어서의 청년운동의 맥은 해방을 맞이하기까지 잠시 그 숨통이 끊기었다고 보는 것이 옳을 것이다. 다시금 그 맥이 이어져야 할 그날까지…….

3) 문학활동

호남의 이상향으로(동아일보 1921.7.31. 기사) 표현되던 우리 영광은 외형적인 활동뿐만 아니라 내면적인 지적 활동에도 눈부신 자취를 남기었다.

앞서 인용한 동아일보의 기사 중 다음과 같은 일절을 그대로 지나칠 수가 없다.

그러면 그와 같이 排布를 설하여 경륜을 행할 만한 지적 역량은 누구의 지도이며 누구의 활동인가, 이것도 당시 청년 공동작용이며 전체 활동인 것을 吾人은 간파하였도다.

그 이유는 당시 청년의 독서열이 왕성한 것이며 청년회관의 좌우벽상에 도서규정 10여 조로 나누어 붙어 있었으나 월 1冊에 한하는 조목이라 그 이유를 물은즉 書籍閱讀의 경쟁이 너무도 심하므로 이러한 규약을 정한 것이라 한다.

서적의 목록은 청년수양에 관한 총서, 교육, 산업, 노동문제 지방발전에 관한 각종 서적 그 밖에 각종 신문 잡지 등이다. 이리하여 巡覽討論한 결과 이상을 실제에 실현하여 충분히 이해하며 수백 청년이 그 지식 정도가 도리어 학교를 수료하고 聞見이 넓은 도시 청년에 비교하여 손색이 조금도 없다.

그러므로 각종단체의 기관조직도 共和制를 실시하여 전체의 협력하에 2~3인의 위원, 혹은 간사 등이 그 사무를 집행하는 모양이다.

이로써 우리 영광청년들의 지적 욕구는 타의 추종을 불허하는 높은 수준에 이르렀던 사실을 짐작할 수가 있다.

이로써 영광체육단사건과 동시에 탄압을 받았던 소위 갑술구락부(甲戌俱樂部)라는 조직의 맥을 찾아낼 수가 있다. 갑술구락부의 조직은 필자도 유학을 끝내고 돌아온 25세 시절에 최연소자로 조직에 참여하였고 조직의 발기 및 주도자는 조운(曹雲) 씨였던 기억은 지금도 생생하다.

어쨌든 영광청년운동은 이렇듯 교육열의 배경이 되었을 뿐 아니라 문예활동의 중추적 역할을 담당하였음이 분명하다. 이러한 배경하에서 조운(曹雲)・조희관(曹喜灌)・정태연(鄭泰淵)・수의현(壽宜鉉) 등과 같은 시인 문사(文士)를 배출하여 문향(文鄕)으로서의 맥을 보존하였고 박화성(朴花城)과 같은 여류소설가가 영광학원의 초임교사시절에 그 싹이 텄다는 사실도 결코 우연이 아님을 자랑해도 좋을 것이다.

이렇듯 교육정신, 청년활동, 문학정신의 종합체로서의 영광얼의 맥은 이제 어디서 찾아야 할 것인가. 피는 물보다 진하다고 한다. 역사는 흐르는 물처럼 변하지만 우리들의 피 속에서 흐르는 영광의 얼은 어느 때 어디서나 변하지 않고 이어지리라 굳게 믿으면서 각필(擱筆)한다.

20. 남도문화의 종합적 고찰

서론

　필자는 일찍이 1960년대 초에 전남대학교 박물관장직에 있으면서 호남문화연구를 창설하여 이 지역 남도문화에 대한 관심을 갖기 시작하였다. 당시만 하더라도 호남문화니 또는 남도문화니 하는 개념이 얼른 손에 잡히지 않을 뿐 아니라 진정 그러한 특수문화가 있었을까 하는 의문마저도 없지 않았던 것이다. 그러한 연유로 해서 필자는 최초로 호남문화의 개념을 정립하기 위한 서론적 시도로서「호남문화의 개관」이란 글을『호남문화연구』지 제2집에 실었고 동시에 이병도 박사의 「지리역사상으로 본 호남」과 박종홍 박사의 「사상사적으로 본 호남」도 함께 수록한 바 있다. 이를 계기로 하여 호남 중심의 남도문화에 대한 이 지역 향토사가들의 관심이 드높아짐에 따라 호남문화의 본질을 더욱 심도 있게 다루고 이해하려는 모임으로서 강연회 학술심포지엄 등이 계속 개최되었고, 기회 있을 때마다 필자의 견해는 더욱 다듬어지면서 오늘에 이르는 것이다.

때마침 오랜만에 이병도 박사의 내방을 받고 이런저런 이야기를 나누던 끝에 문득 이경수(李敬洙) 박사의 회갑을 기념하는 논문집 간행 계획이 있음을 알게 되었다. 누차 사양하였으나 간절한 소청을 저버리지 못하고 원고 마감날은 다가오고 말았다.

굳이 이경수 박사와 나와의 인연을 따지자면 이 박사는 1951년에 전남대의대를 졸업하였고 그때 필자는 동의대 부속병원 약국장으로 있으면서 약제학을 강의한 짧은 인연이 있었지 않나 싶다. 그 후 이박사는 목포를 중심으로 하여 의업을 본무로 하면서도 많은 교육 문화사업에도 정열을 쏟고 있다는 사실을 알게 되었다.

한 사람의 일생을 몇 기로 나눈다면 회갑이란 옛날처럼 귀한 것이 아니기는 하지만 한 번쯤 인생을 정리하는 계기일 수 있지 않나 싶다. 그러한 뜻에서 그의 인생의 한몫을 차지하는 이 회갑기념논문집을 위하여 무슨 글을 써야 할지 필자로서는 얼른 그 제목이 손에 잡히지 않았다. 궁리 끝에 표기한 대로의 「남도문화의 종합적 고찰」로 결정한 까닭은 앞으로의 이박사의 앞날에 다소나마 도움이 될까 하는 점에서일 뿐 아니라 내 자신을 위해서도 호남문화의 개관을 쓴 이후 근 30년 가까운 세월이 흐른지라 그간의 나의 생각도 정리해보고 싶은 뜻에서임을 여기서 밝혀두고 싶다. 인생은 결코, 회갑이 끝일 수는 없다. 앞으로 고희(古稀)·희수(喜壽)·미수(米壽)·백수(白壽) 등 만리장성처럼 길게 뻗어 있는 것이 우리 인생이기도 한 것이다. 이를 위하여 이 한 편의 졸문을 초하게 되었음을 기쁘게 생각하면서 이경수 박사의 앞날에 신의 축복이 항상 깃들기를 기원할 따름이다.

1) 지리적 조건

(1) 남북의 대립

무릇 인류문화의 발전과정을 살펴보면 지리적 환경과 역사적 유전이 크게 작용하고 있음을 알 수가 있다. 그중 지리적 조건은 흔히 풍토라고도 하고 산수라고도 하거니와 이는 곧 기후의 한열과 토양의 척박과 비옥을 가리키고 있다. 그중에서도 기후의 한냉과 온난은 인류문화생활에 보다 더 깊은 영향을 미친 조건의 하나로 손꼽지 않을 수 없다.

적어도 동양, 그중에서도 중국을 중심으로 한 기후풍토를 논할 때에는 남과 북으로 나누어 북한남온(北寒南溫)을 말하고 있다. 여기서의 남북의 개념은 꼭 어느 지역을 꼬집어서 말하는 것이 아니라 북이란 삭풍의 진원지로서의 북극을 상기하면서 그의 차가운 기후를 생각하게 되고 남이란 남양의 따뜻한 기운과 더불어 살기 좋은 낙원을 상기하게 된다. 이렇듯 남·북의 개념에서 우리는 많은 것을 유추하게 된다.

인간의 기질을 놓고 보더라도 북방은 강(剛)하고 남방은 유(柔)한 것으로 되어 있다. 중국의 고전의 하나인 『중용』이란 책에서는 남방의 기질을 논하여 이르기를 "너그럽고 유순한 태도로 가르치며 무도한 자라도 보복하지 않는다[寬柔以敎 不報無道]" 하였고 북방의 기질을 논하여 이르기를 "갑옷을 입고 죽음도 마다하지 않는다[袵金革死而不厭]"고 한 것을 보면 북방사람의 기질은 죽음도 싫다 하지 않는 강근성(强勤性)이 있고 남방사람의 기질은 관대 온유하여 보복할 줄도 모르는 유약성(柔弱性)을 지니고 있는 것으로 이해되고 있다.

이러한 기질의 차에서 연유하는 그들의 재예(才藝)의 차(差)는 어떻게 나타나는 것일까. 북방의 기질에서 오는 재예는 현실성이 강하기 때문에 학문으로 치더라도 정치·경제·윤리·철학의 발달을 볼 수가 있는 반면에 남방적 기질에서 오는 재예는 이상주의적 기풍이 강하기 때문에 문학·시가·예능·종교 등이 발달하게 됨을 볼 수가 있다.

그렇게 볼 때 우리 호남을 중심으로 하는 남도는 어디에 속한다고 보아야 할 것인가. 그 대답은 너무도 자명한 것이 아닐 수 없다. 반도의 서남단에 위치한 남방문화권에 속하고 있음은 다시 말할 나위도 없다.

(2) 호남의 영역

호남의 강역문제에 관해서는 전기논문(「호남문화의 개관」)에서 비교적 자세하게 검토하였기 때문에 여기서는 그의 개략만을 집고 넘어가려고 한다. 호남(湖南)이니 호서(湖西)니 하는 호(湖)는 금강을 표준으로 하여 그의 서(西)는 호서요 그의 남(南)이 호남이 됨으로써 호남은 전라도 전역과 충청도 일부에 걸쳐 있는 것으로 여겨진다. 그러나 몇 가지 다른 설이 있으니 위로는 제천의림지이남설(堤川義林堤以南說)이 있고 아래로는 김제벽골제이남설(金堤碧骨堤以南說)이 있어서 얼른 갈피를 잡기가 힘들게 되어 있다. 그러나 이러한 여러 갈래의 설(說)일망정 그것이 집중적으로 모여 있는 곳은 전라도 전역과 충청도 일부지역이라고 할 수 있다. 이 지역은 영남지역과는 상대적으로 대립되는 고장인 동시에 옛날의 백제강역으로 구분되는 곳이 아닐 수 없다. 그렇다면 호남지역이란 백제구역으로서 충청·전라를 한데 묶어서 이를 통칭하는 지역이라 해야 할는지 모른다.

이렇듯 백제강역으로서의 정치적 판도만이 아니라 호남이란 한반도의 서남단에 위치하여 남으로는 해양으로 뻗어 있고 북으로는 대륙과 이어짐으로써 대륙과 해양이 서로 마주치던 지역이라 이르지 않을 수 없다. 그러므로 이 호남이란 지리적으로서도 다양한 문화유산을 간직하고 있을 가능적 지역이라 이르지 않을 수 없다.

(3) 전라도의 성격

팔도강산의 일부분으로서의 전라도는 전주와 나주의 합칭으로서 노령을 한계선으로 하여 근자에 남북으로 갈라선 것이다. 그러나 이러한 분계는 근세의 일로써 전라도 남북이 하나로 이루어진 모습에서 그의 독자적 성격이 모색되어야 함은 다시 말할 나위도 없다.

첫째, 이 지역은 팔도 중 어느 도보다도 물산이 풍부한 지역으로 평가할 수 있을 것이다. 왜냐하면 노령 이북의 만경평야뿐만 아니라 이남의 나주평야에서 생산되는 곡물은 양도의 곡식을 이룸으로써 농경국가의 재정적 기반이 되어 왔고 서남해안선을 끼고 도는 개펄에서는 풍부한 어염이 또한 그 외 어느 지역보다도 높은 수준의 수확을 거두었기 때문이다. 그러므로 "약무호남 시무국가(若無湖南 是無國家)"라고 한 이충무공의 정치군사적 술회를 따라 일제시대에 있어서의 위인들마저도 호남을 손에 넣지 않고서는 반도를 지배할 수 없다고 한 소이연을 알 수가 있다.

둘째, 호남은 노령을 분수령으로 하여 그 이남은 소위 왕화미급지대(王化未及地帶)로서의 불모성(不毛性)도 간과할 수가 없다. 그런 까닭에 백제건국 이래 줄곧 남하를 계속해 온 북방대륙문화는 노령 이

남으로 넘보지 못한 채 일본으로 횡류(橫流)하였다고 한다면 노령 이남이야말로 삼국 이전의 고문화의 온존지대라 이르지 않을 수 없다.

셋째, 노령 이남의 변방 지대는 북상해양문화의 상륙지점으로서 대륙과 해양이 서로 접착한 지역인 것이다. 이질문화의 접촉은 새로운 문화창조의 기틀이 된다는 점에서 다른 지역과 달리 풍부한 문화유적을 간직한 지역으로 구별되어야 할 것이다.

넷째, 흔히 이 지역을 일러 유배문화권이라 이르기도 하거니와 이는 수준 높은 문화권 형성에 많은 유배인들의 공헌이 컸음을 지적하는 것이라 할 수 있다. 그러나 이 점에 대한 구체적인 성과는 아직 가려낼 겨를이 없으므로 일설에 그칠 따름이다.

이상과 같은 이 지역의 문화적 성격을 규정짓는 요소들은 모름지기 다른 지역과는 비교할 수 없으리만큼 풍부한 여건들이라고 이르지 않을 수 없다. 그러한 의미에서 호남문화는 풍류도로서의 국풍의 정통성을 계승하여 비운유학 포류수금(飛雲遊鶴 蒲柳水禽) 등의 예술성으로 승화된 풍전세류(風前細柳)의 기질을 낳은 새 문화가 창조된 지역으로 평가하지 않을 수 없다.

2) 역사적 배경

인류문화 창조의 또 다른 여건의 하나인 이 지역의 역사적 배경으로서는 실로 그의 상한선의 설정이라는 문제를 맨 먼저 지적하지 않을 수 없다. 인류역사의 기록을 전후로 하여 그 이전을 선사시대라 한다면 그 이후는 저절로 역사시대라 이를 수 있음은 다시 말할 나위도 없다. 그러한 의미에서 이 지역에 있어서의 선사시대의 문화는 이를 증명할 만한 고고학적 유물이 최근에 와서야 비로소 신구석기 시대의 것들이 발굴되기 시작하고 있기는 하지만 그의 영세성에서 벗어날 길이 없으므로 논외로 치더라도 역사시대로 넘어와서는 아무리 줄잡아도 마한시대의 영역으로서의 이 지역의 문화적 특성은 문제 삼지 않을 수 없음은 다시 말할 나위도 없다.

(1) 마한시대의 문화

우리나라 역사에 있어서의 삼한시대는 단군조선시대를 계승하여 이를 삼국시대로 이어주는 중요한 시대임에도 불구하고 그의 기록은 부실하여 증거될 길이 막연한 것이 사실이다. 그러나 우리는 삼한문화야말로 삼국문화의 기층문화로서의 역사적 중요성에 대하여는 우리는 이제 공통된 의식을 함께 갖지 않아서는 안 될 것이다. 그런 의미에서 이 지역은 백제문화의 유산을 간직한 지역이기에 앞서 마한문화가 그의 기층에 짙게 깔려 있는 지역임을 잊어서는 안 될 것이다.

중국문헌에 나타난 마한문화는 몇 가지 특성을 갖추고 있음을 여기서 지적하지 않을 수 없다.

첫째, 농경문화를 배경으로 하는 숭신사상(崇神思想)을 바탕으로 하고 있음을 알아야 할 것이다. 그들이 숭상하는 천신은 풍요를 기원하는 곡신(穀神)인 동시에 이를 잘 길러주는 지모신(地母神)이랄 수도 있을 것이다. 이는 단군설화 중 환웅의 주곡신(主穀神)이 바로 그것인지도 모른다.

둘째, 이들의 숭신(崇神)은 소위 가악신사(歌樂神事)로 나타남으로써 종교의 예술적 승화를 엿볼 수 있다. 가악(歌樂)뿐만이 아니라 무용도 곁들인 민중성을 간과해서도 안 될 것이다. 거기에 곁들인 음주가무에서 한문화의 대중성이 깊게 자리하고 있음을 지적하지 않을 수 없다.

셋째, 역사시대의 꽃으로 불리는 백제문화도 이 지역의 선진문화로서의 마한문화 없이는 뿌리 없는 절기(折技)처럼 피어날 길이 없었을 것이라는 사실을 명기해야 할 것이다. 다시 말하면 마한문화야말로 백제문화의 온존지대라는 사실을 지적하지 않을 수 없다. 어떻게 온존하고 있는 것일까! 그것들은 백제문화라는 탈 속에 깊이 뿌리내리고 있거나 아니면 민속문화의 구조적 성격을 형성하고 있거나 그도 아니면 고분문화의 형태로 보존되어 내려오거나 그도 또한 아니면 해외에 있어서의 중국·일본 등지의 문헌 속에 묻혀 있게 마련일 것이다. 근자에 와서 한(韓)나라의 중심세력인 목지국(目之國)의 영역 문제에 있어서도 익산설(益山說)과 영암설(靈巖說)이 엇갈리고 있기는 하지만 어쨌든 호남권을 벗어나지 않는다는 점에서도 이 지역과 마한문화와의 관계는 밀착되어 있음을 알아야 할 것이다.

(2) 백제문화의 뿌리

삼국통일이 신라에 의하여 이루어진 이래 우리의 역사는 통일된 하나의 문화권 형성에 좋건 싫건 크게 기여하기는 하였지만 그 반면에 백제사는 간 곳이 없을 뿐만 아니라 그의 문화적 유산 또한 어디로 갔을까. 아니면 어디에 묻혀 있을까! 우리의 관심사의 하나가 아닐 수 없다. 이에는 두 가지 길을 생각할 수 있는데 그 하나는 소위 일본 위주의 도래문화가 되어 일본 땅에서 그들 문화의 원류가 되었고 또 다른 하나는 토착문화로서 망국의 한을 남기게 되었다고 해야 할는지 모른다.

첫째, 일본문화의 원류로서의 백제문화의 이해는 역설적인 것이 아닐 수 없다. 왜냐하면 백제라는 탈을 쓴 우리의 고문화가 우리에게서보다는 그들에 의하여 보존 전승되어 있기 때문이다. 그러므로 우리는 백제문화를 다시 찾기 위해서는 거꾸로 일본으로 건너가야 한다는 역사적 아이러니를 느끼지 않을 수 없다.

둘째, 망국에도 백제구역에는 백제의 유풍이 여러 가지 형태로 서려 있으리라는 상정이 가능하다고 보아야 할 것이다. 그러한 의미에서 필자는 세 가지 형태를 상정해 보았던 것이다. 그것은 곧 민중의 항쟁과 예술적 승화와 종교적 귀의인 것이다.

망국의 한을 안고 낙화암의 이슬이 된 3,000궁녀의 죽음은 곧 전승자에 대한 소극적 항거라 한다면 끝까지 항쟁으로 일관한 복신(福信)·도침(道琛) 등의 의병은 곧 적극적 항거라 이르지 않을 수 없다. 그런 의미에서 백제의 항쟁은 우리 역사상 최초로 기록될 사건임과 동시에 이 지역에 있어서의 항거정신의 효시라 일러야 할는지 모른다.

다음으로는 이 지역은 다른 어느 지역보다도 시문과 재예에 뛰어난 예향의 칭호를 갖게 된 것도 결코 우연한 일이 아님을 지적하지 않을 수 없다. 그것은 풍요로운 물산과 더불어 이루어진 상승작용에 의하여 이 지역은 더욱 수준 높은 예술성이 제고되지 않았나 싶은 것이다.

또한 이 지역에 있어서의 종교성은 한말에 국가적 위기에 직면하자 보성의 나철은 대종교를 중광하여 항일항쟁의 정신적 지주가 되었고 영광의 박중빈은 원불교를 창건하여 물질과 정신의 공시개벽(共時開闢)을 제창하였고 정읍의 강일순은 신인(神人)이 되어 천지공사 해원상생(天地公事 解寃相生)을 부르짖었고 최제우에 의해서 제창된 동학은 전북 고부에서 봉기함으로써 천도교의 기틀이 짜였으니 이러한 민족종교의 발생도 호남이라는 지역을 배경으로 한 한 맺힌 민중의 숨결과 더불어 무관하다고 이를 수는 없지 않나 싶은 것이다.

그러므로 백제 망국의 한은 불의에 대한 항거정신과 정서의 순화를 꾀한 재예의 발달과 선경의 도래를 기원하는 민족종교의 발상으로 꽃피게 되었음을 지적하지 않을 수 없다.

그러한 의미에서 이 지역에 있어서의 역사적 배경으로서의 마한 백제의 문화는 그의 전통성을 유지하면서 오늘에 계승되어 남도문화의 꽃을 피게 하였다고 이르지 않을 수 없다.

여담이 될는지 모르지만 춘향의 러브스토리가 이곳 호남의 중심인 남원을 배경으로 하여 이몽룡의 서민성과 성춘향의 항거정신을 표출시킨 것도 결코 우연이 아님을 느끼게 한다.

3) 남방적 예능

여기서 좀 더 구체적으로 몇 가지 남도문화의 특성을 열거함에 있어서 맨 먼저 지적하고 싶은 것은 다름 아니라 그들이 지니고 있었던 재예를 들 수가 있다.

(1) 가악신사

위에서도 지적한 바와 같이 중국문헌에 비친 한민족의 풍습이랄까 기질은 제천(신)과 아울러 종일음주가무(終日飲酒歌舞)로 기록되어 있다. 이러한 간단한 기록을 통해서도 한민족은 본질적으로 신들림의 무아경 속에서 가무를 즐기던 민족이었음을 알 수가 있다. 그중에서도 뛰어난 접신무(接神巫)를 재인(才人)이라 칭하여 하나의 계보를 형성하여 오늘에 이르고 있음은 이미 민속학에 의하여 밝혀지고 있거니와 그중에서도 이쪽 남방에 있어서는 그 재예가 더욱 뛰어났고 농악으로서의 대중악이나 판소리로서 창악에 이르러서도 그 어느 지방보다도 뛰어난 예능을 보유하고 있음은 무슨 까닭인가. 이는 오랜 전통을 가진 가악신사(歌樂神事)의 뿌리에서 농악의 신기나 판소리의 절창이 나오게 되었다고 이르지 않을 수 없다. 다시 말하면 가악(歌樂)이야말로 이 고장 남도문화의 제1차적인 뿌리라고 이르지 않을 수 없다.

(2) 농악과 판소리

농악과 판소리는 한국의 가락을 대표하는 자로서 전자를 야외악(野外樂)이라 한다면 후자는 실내악(室內樂)이라 해야 할는지 모른다. 이들이 비록 한문화를 대표하는 자라 하더라도 어찌하여 특히 남도문화와 깊은 관련을 맺고 있는가를 다음에 잠시 살펴보기로 하자.『국사대사전』농악조를 보면 다음과 같이 기록되어 있다.

농부들이 반주삼아 하는 일종의 鄕土音樂. 노동 수행에 있어서 전체의 균일적 통일과 피로의 감소를 목적으로 발전된 것으로 그 역사는 문헌의 빈약으로 자세히 알 수 없으나 한민족이 농사일에 종사하기 시작한 것이 삼국시대 이전이었으니 농악도 이미 삼국시대 이전에 있었던 것이 아닌가 추측되고 있다. 즉 삼국시대에는 5월의 파종 후와 10월에 농사일이 끝난 뒤에는 제천의식을 행하고 남녀가 군집하여 가무음주하였다고 하니 농사와 관계있는 행사이었으며 농악이 따르지 않을 수 없었을 것으로 믿어진다.

고 하여 농악의 기원을 농경사회에 있어서의 제천의식과 관련지어 그의 가악신사(歌樂神事)에 두고 있음을 밝혀주고 있다. 이어서 이르기를

이후 고려조에서는 그 악기의 구성으로 보아 농악기도 있었던 것으로 추측하며 속악이 발전함에 따라 농악 또한 성행하였을 것이다.
이제현의 解詩로 농부가 沙里花가 있었고 특히 제26대 충열왕 같은 이는 농악에 관심이 커 장려한 바까지 있다는 기록으로 미루어 추정할 수 있다.

고 하여 농악은 고려조에 이르러 국가적인 대중음악으로 정착되었음을 알 수가 있다.

이조 때에는 제4대 세종이 민속음악에 관심을 둔 이래 제7대 세조는 농악과 농가에 대한 관심이 커서 농가에 능한 사람을 불러 연주하게 하였고, 農歌人 農歌嫗를 도왔으며 歌妓로 하여금 농악을 장려하게 하였다.

고 한 것을 보면 이조에 접어들어 농악은 점차 전문화하게 되었음을 알 수가 있다. 이어서 이르기를

성종을 거쳐 고종 때에는 경복궁 수축공사에 농악을 곁들였을 뿐만 아니라 밤에는 농악대회를 열어 노역인부들을 위무하는 농악을 육성시키었다. 그 뒤 오늘날에 와서는 농사일에는 물론 山祭·祈雨祭·名節 때의 마을 전체의 모임이나 행사에 없어서는 안 된 위치를 차지하고 있다.

고 하여 농악이 오랜 전통을 계승하여 국민악으로 정착되었음을 말해주고 있다.

이제 우리 농악은 우리의 국민악으로 그치는 것이 아니라 소위 꽹과리・징・장구・북 등 사물(四物)에 의한 사물놀이로 승화하여 그의 고도로 발전된 예술성은 세계인의 심금을 울림으로써 비로소 세계악으로서 발돋움하고 있다.

끝으로 한말에 창교된 증산교단에 있어서는 특히 농악을 숭상하여 그 안에 깃들인 우리 민족의 심성을 읽으려 하고 있다는 사실도 우리는 여기서 기억을 새롭게 해두지 않을 수 없다. 그러한 농악이 비록 우리 한민족의 것이라 하더라도 특히 농경문화가 발달된 남도에서 더욱 신운(神韻)에 가까운 예능으로 발전하였다는 사실을 잊어서는 안 될 것이다.

이어서 판소리 또한 남도악의 일익을 담당한 자로서 상기 사전 판소리조에서 다음과 같이 서술하고 있다.

> 이조 중기 이후 중부 이남 지방에서 서민들이 창극에 붙여 부르던 노래(일명 劇歌). 일정한 극적인 내용을 광대 혼자 육성과 창극조로 두서너 시간씩 부르던 민속악으로서 歌曲・歌辭・時調나 雜歌・民謠와는 달리 우리 향토의 선율을 토대로 진양조・중모리・자진모리 등 여러 가지 장단에 따라 변화시키고 또 아니리 '白'과 발님(科)으로써 극적인 효과를 얻는 등 특색을 갖는 국악의 하나이다.

라 하여 판소리의 독자성을 기록하고 발생의 배경을 설명하고 있다.

판소리의 발생은 모든 평민적인 문화가 발흥하기 시작한 이조

肅宗 무렵이었는데 春香歌·沈淸歌·興甫歌·박타령·龜鼈歌－토끼타령·水宮歌·赤壁歌·華容道·장끼타령·변강쇠타령·武叔이타령·裵裨將타령·江陸梅花傳·宿英浪子傳·옹고집전 등 무당의 열두 굿과 같이 열두 마당으로 꾸며졌다.

고 하여 판소리는 조선조 중기에 민속악으로 발생하였다 하더라도 그의 형태는 무가(巫歌)와 무관하지 않음을 보여줌으로써 그의 서민적 대중성을 짐작하게 하고 있다.

가곡의 창법이 보급되어 유행을 보게 된 데 힘입어 河漢潭과 崔先達을 효시로 하여 영정조 사이에 權三得을 거쳐 순조 때에 高壽寬·宋興祿·廉秀達·牟興甲 등의 명창에 이르러 번성을 하게 되었으니 申在孝가 종래 되는대로 불러오던 광대소리를 춘향가·심청가·박타령·토끼타령·가루지기타령·적벽가 등의 여섯 마당으로 개작하여 일대 更張의 기운을 일으켰고 많은 광대를 길러냈다. 그로부터 광대들은 이 극본을 부르게 되었다.

고 하여 전북 고창 태생 신재효에 의하여 판소리의 중흥이 이루어졌음을 밝혀 놓았다.

판소리는 중부이남지방에서 발달되었고 또 이를 부르는 광대들도 대개가 전라도의 巫人階級 출신들이 이를 전업으로 삼아왔으며 원래는 單唱에 다만 고수 1명만으로서 申在孝 이후 근 100년 동안이나 演唱되었던 것이 光武年間에 官內府 직할인 국립극장 圓覺社가 창립되어 상연되면서부터 여러 사람에 의한 창극으로 발전하게 되었다. 8.15해방 후 민속음악의 수립을 지향하며 국악의 한 분야로서 발전되어 가고 있다.

고 한 사실들을 종합해 본다면 판소리야말로 전라도 무인(巫人)들에 의하여 전승되어 온 국악의 대종이라는 점에서도 남도문화를 이해함에 있어서 **빼놓을** 수 없는 것으로 평가하지 않을 수 없다.

(3) 회화와 청자

남도문화에 있어서 회화가 차지하는 비중은 결코 가볍지 않다. 남도를 예향이라 부르는 이유 중에서도 회화는 가장 뚜렷한 자기 위치를 차지하고 있기 때문이다.

대체로 동양화는 남·북종화로 나누는데 남종화란 명나라 동기창(董其昌)이 제창한 화파의 호칭으로서 일명 남화라 이른다. 심전석(沈田石)·문징명(文徵明)을 중심으로 명청시대에 유행한 화가들로서 중국남방의 풍토와 문화를 기반으로 하여 개화했으며 깊은 역사의 흐름과 인간성을 토대로 하고 소박과 자유를 중요시하여 주로 시정이 풍부한 산천화를 그렸다. 구도는 자연의 전경을 대관하고 산이나 바위의 굴곡은 부드러운 선으로 묘사하고 모호한 원경이나 음영을 표시하기 위해서는 반점(斑點)을 사용하였다.

이러한 남종화의 주풍을 이어받아 이를 대성한 분이 다름 아닌 진도(珍島) 운림산방(雲林山房) 주인 소치(小痴) 허유(許維)로서 그는 1807년생으로 벼슬은 지중추부사(知中樞府事)에 이르렀다.

시서에도 능하여 시서화 삼절의 칭으로 이름을 날렸는데 완당 김정희는 그를 평하여 "화법이 심히 아름다우며 우리 고유의 습성을 타파하여 압록강 이동에는 그와 겨룰 사람이 없다"고 하였다.

소치 이후 미산(米山)·남농(南農)에 이르는 삼대 화맥은 이 고장 호남에 남화의 깊은 뿌리를 내리기에 넉넉하였고 그의 방계로서 돌출한 의재(毅齋)의 존재도 우리는 잊을 수 없으리라고 여겨진다.

북종화란 남종화와 대립하는 중국에 있어서의 이대 화파의 하나로서 남화에 비하여 선이 굵고 강한 것이 특색이다.

이러한 북종화의 풍은 해남 윤두서(1668~?)에 의하여 한국화로 대성하였다고 본다. 그는 시성 윤선도의 후예로서 공재라 하고 다산 정약용의 외증조로서 그의 실학에 깊은 영향을 미친 것으로도 유명하다. 1693년에 진사에 합격한 후로도 서화에 능하여 인물, 동식물을 그릴 때 반드시 종일 관찰하여 그의 참모습을 그려내고야 말았다. 그는 공민왕 이래 명장이라는 평을 받았으나 제작 태도가 고고하여 마음이 내켜야만 붓을 들었다. 그의 자화상은 세계적 명작으로 전해 오고 있다. 현재(玄齋)·겸재(謙齋)와 더불어 삼재(三齋)라 불릴 뿐 아니라 그도 또한 낙서(駱西)를 거쳐 배고(背皐)에 이르는 삼대화맥을 이음으로써 남화의 소치와 더불어 남도화맥의 쌍벽을 이루는 자라 이르지 않을 수 없다.

판소리나 회화와는 달리 이름 없는 도공들에 의하여 한민족의 시름을 달랜 예술의 세계가 있었으니 그것은 다름 아닌 강진의 청자라 이르지 않을 수 없다. 만고의 비색을 갖춘 천여기의 요지에는 아직도 그들의 숨결이 사라지지 않고 널리 깔려 있는 파편의 상처 속에서 숨 쉬고 있다.

근자에 와서 그의 재현의 노력이 줄곧 이어지고 있기는 하지만 언제 이의 천고비밀이 백일하에 제 모습을 나타내게 될는지 남도인의 기대는 그치지 않는다. 그러한 의미에서도 반도의 서남해안에 위치한 강진은 청자의 푸른 뜻에 심취한 나그네들의 발길이 끊기지 않는 그들의 마음의 고향이라 이르지 않을 수 없다.

(4) 정원문화

이 고장 남도는 억세고 섬세한 북종화보다는 유하고 부드러운 자연의 산수화를 즐기던 풍전세류의 고장에 알맞은 한국정원문화의 본고장이기도 한 것이다. 삼남에 있어서도 모정(茅亭)은 전라도의 들판에서만 찾아볼 수 있을 뿐 아니라 한국정원사의 이름난 정원이 여기에 모여 있다는 사실도 자연과 더불어 숨 쉬며 살아온 이 고장 전통을 배경으로 하지 않고서는 이루어질 수 없는 이 고장 문화유산의 하나로 손꼽지 않을 수 없다.

한국정원[園林]의 대표적 작품의 하나인 무등산 기슭에 자리 잡은 양산보의 소쇄원에 관해서는 『전남의 문화와 예술』이란 책에서 「전남의 원림」이라는 제목으로 정동오(鄭東旿) 교수는 다음과 같이 서술하고 있다.

> 1530年代에 조영한 소쇄원의 주인 양산보(1503~1557)는 은사인 정암 조광조(1482~1519)가 南袞에게 몰려 능주로 유배되어 죽게 되자 출세의 뜻을 버리고 서울을 떠나 향리인 이곳에 터를 잡고 草廬를 지어 일생을 자연 속에 묻혀 살다 갔다.

고 그 동기를 서술한 후

> 소쇄원은 산기슭의 南敍面에 溪流를 중심으로 하여 자연지형을 직선적인 계단상으로 처리하고 상단에는 주인이 거처할 霽月堂을 세웠으며 하단의 계류가에는 별당격인 光風閣을 지어 찾는 이의 휴식과 遊樂 處所로 하였다.

고 하여 그의 대체적인 규모를 서술하였다. 중략하고 그의 결론을 보면 다음과 같다.

소쇄원 계단상의 後園양식이라든가 風流的인 공간 구성 光風閣·齋月堂·待鳳實·挑塢·梅實·石假山·鼈岩 등과 같은 사상의 표현 자연지형에 대한 적절한 공간처리와 디자인 기법 등에 있어서 단연 한국의 정원을 대표할 만하다.

고 단정하고 있다. 그리하여 이 소쇄원은 1972년 전라남도 지방문화재로, 그리고 1983년에는 국가문화재로 지정되었음을 우리는 여기서 명기(銘記)하지 않을 수 없다.

다음으로 우리들이 잊을 수 없는 원림의 하나는 다산이 그의 「자찬묘지명」에서 "무진년 봄에 다산으로 옮겼다. 대(臺)를 쌓고, 못을 파고, 꽃나무를 열 지어 심고, 물을 끌어 폭포를 만들고, 동쪽 서쪽에 두 암자를 짓고, 서적 천여 권을 쌓아놓고 글을 지으며 스스로 즐겼다. 다산은 만덕사(萬德寺) 서쪽에 있는데, 처사(處士) 윤단(尹慱)의 산정(山亭)이다. 석벽(石壁)에 '정석(丁石)' 두 자를 새겨 표시했다[戊辰春居茶山 築室穿池 烈植花木 引水爲飛流瀑布 治東西二菴 藏書千餘卷 著書以自娛 茶山在萬德寺西 處士尹慱之山亭也 石壁刻丁石二字以識之]"라고 한 기록에서 그가 귀양 살던 강진 만덕산 기슭에 있는 다산초당 원림을 조성한 사실이 확인되거니와 이에 대하여 상기 정 교수는 다음과 같이 기록하고 있다.

다산초당은 숲 속에 있어 생활공간으로서 부지는 넓지 않으나 한국의 전통정원양식의 축소판이라 할 수 있다. 초당의 동편에는 方池가 있고 中島上에는 三峯의 愧石山이 있는데 三神의 신선 사상을 상징하고 있다. 湧泉으로부터 引水하여 飛瀑을 만든 것도

하나의 특징이라 할 수 있다. 초당의 좌우편에는 6계단의 花階
가 있는데 다양한 內外産 30여 종의 조경식물이 심어져 있다.
다산은 茶山花史 12수를 지어 그들의 이름을 간직한 시를 남겨
놓았다.

고 하여 유배 중에서도 자연의 멋을 길이 남긴 다산의 시정(詩情)을
여기서 느끼게 한다.

시정과 뗄 수 없는 인연이 맺어진 정원으로서는 보길도에 있는 고
산 윤선도의 부용동원림(芙蓉洞園林)을 빼놓을 수가 없다. 이에 대하
여 정교수는 또 다음과 같이 기록하고 있다.

부용동 원림은 병자호란 후에 고산이 숨어 살기 위하여 조영한
것이다. 格紫峰의 북쪽 기슭에 거처인 樂書齋를 짓고 그 곁을 흐
르고 있는 朗吟溪와 건너편 산허리 그리고 芙蓉洞의 마을 어귀
에 휴식과 산책과 유락 목적의 정원을 꾸몄다. 郞吟溪 주변에
는 方池가 있고 池中에는 怪石으로 세워진 산의 유적이 있다. 하
지만 가장 주목을 끄는 것은 동리어구에 만들어진 洗然亭域이
다…….

고 하여 그 규모를 자세히 설명하고 있다.

이상과 같이 양산보의 소쇄원과 정다산의 다산초당과 윤고산의
부용동은 한국정원의 대표작들로서 자연을 사랑하며 즐기던 이곳
선비들의 멋을 흠뻑 느끼게 하는 자들이 아닐 수 없다.

(5) 시문학

다른 어느 지역보다도 시정이 넘쳐흐르는 남도 시문학의 연원은
저 멀리 삼국시대까지 올라가게 된다. 삼국 이전에 있어서도 이미

가악신사(可樂神事)를 통하여 시가의 대중화가 이루어졌음은 다시 말할 나위도 없다. 소위 남도의 시가문학은 그 연원을 마한(馬韓)의 집단가무(集團歌舞)에 두고 있다는 소이가 여기에 있다.

이러한 집단가무는 후대로 내려오면서 속요(俗謠)·단가(短歌)·가무(歌舞)·창극(唱劇) 등으로 발전하여 고아한 풍류미로 나타났다. 이러한 배경하에서 송강 정철의 시가나 면앙정·송순 등의 시가 등을 낳기에 이르지 않았나 싶은 것이다.

남도문학에 있어서도 가무문학(歌舞文學)뿐 아니라 현대에 이르러서도 시조에 이병기(李秉妓)·조운(曹雲) 등이 신경지를 개척하였으니 그중에서도 조운의 존재는 언젠가는 재조명되어야 하리라고 믿는다.

영광출신의 조운은 조선문단을 통하여 프로 문단에 대항하여 이겸준(李兼峻) 등과 함께 국민문학파를 형성하여 민족문학을 주장하였다. 석류(石榴)·고매(古梅)·파초(芭蕉) 등 신운(神韻)이 감도는 절묘한 시정을 노래하였다.

동시대에 있어서의 이병기는 전북 출신으로서 조운과 함께 시조의 부흥과 더불어 현대화에 힘썼고 영남의 이은상(李殷相)의 시조가 감각적이요, 형식의 근대화를 꾀한 반면 이병기의 그것은 동양적 운치가 넘쳐흘렀다.

근세에 이르러 시문학파로서는 김영랑(金永郎)·박용철(朴龍喆)·신석정(辛夕汀) 등을 빼놓을 수 없고 이어서 서정주(徐廷柱)·김현승(金顯承) 등의 활동도 괄목할 만하다 이르지 않을 수 없다.

강진 출신의 영랑 김윤식(金允植)과 송정리의 용아(龍兒) 박용철은 정지용(鄭芝鎔)과 더불어 시문학파 시인으로서 특히 프로시를 지양하는 순수시운동을 전개하여 서정시 발전에 선구적 구실을 담당하였다. 그러면서도 김영랑은 음악성을 강조한 서정시인으로서 유미주의적 특색을 강조하였다. '모란이 피기까지는' 등 여성적인 섬세함이 잘 나타난 반면 용아의 시는 보다 더 정열적이고 남성적인 맛이 있다는 점에서 영랑과 대조적이다. 그 후로도 이 지역의 시단은 실로 군방쟁염(群放爭艶) 이루 다 헤아릴 수 없는 신인들을 배출하여 타지역의 추종을 불허하리만큼 성시를 이루었음을 여기에 부기하여 두지 않을 수 없다.

때마침 이 필(筆)을 마무리하자니 꼭 한 분의 기록을 빼놓을 수가 없다. 그는 바로 『조선문단』 창간호에 방년 25세로 '추석전야(秋夕前夜)'를 발표하여 수많은 작품을 남기고 80고개에서 세상을 떠난 박화성(朴花城) 바로 그분이다. 그는 여류작가답게 섬세한 감각으로 사회현실을 묘사하여 철저한 리얼리스틱한 작품세계를 개척하였다. 문학에 있어도 피의 아들 천승세(千勝世)를 비롯하여 송영·전병정(田炳淳)·이석봉(李石奉)·송기숙(宋基淑)·문순태(文淳太) 등 이루 다 헤아릴 수 없지만 여기서는 이에 그치고 다음 절로 넘어가기로 한다.

(6) 학술

남도문화를 종합적으로 관찰함에 있어서 학술적 측면을 가볍게 다룰 수 없지마는 여기서는 대충 세 가지로 나누어서 그의 개략만을 집고 넘어가려고 한다.

① 유학사상

유학에 있어서는 전통적 정주학과 이를 비판하는 입장에 선 개신유학이 있거니와 여기서는 전자에 관하여 한 마디 언급하지 않을 수 없다. 기묘명현 기준의 후예인 기대승의 유학사상은 한국유학 사상 독특한 일면이 있음에도 불구하고 그것이 학계에 제대로 알려져 있지 않고 있다는 사실을 여기서 지적하지 않을 수 없다. 왜냐하면 한국유학사상에 있어서의 퇴계와 고봉 사이에 이루어졌던 소위 퇴고 사칠논변은 결코 퇴계의 일방적인 승리로 매듭지을 성질의 것이 아니었기 때문이다. 어쩌면 오히려 퇴계의 존주적(尊朱的) 보수성향에 비한다면 고봉의 반론이 보다 더 참신한 뜻을 간직하고 있다고 해야 할는지 모르기 때문이다.

여기서 고봉의 사상을 샅샅이 다루어야 할 계제가 아니므로 단적으로 말한다면 퇴계의 사상은 철두철미 이기이원론의 입장을 견지한 반면 고봉은 이러한 정주학적 성향에서 벗어나 주정설적(主情說的) 이이일원론(二而一元論)을 제창하였던 것이다. 이러한 고봉의 입장은 율곡에 의하여 이기묘합론(理氣妙合論)으로 전개함으로써 고봉은 그의 선구적 위치를 굳힌 사실을 우리들은 까맣게 잊고 말았던 것이다.

단적으로 말하자면 후일 한국유학이 퇴계와 율곡에 의하여 영남·기호의 두 학파로 나누어졌지만 사실상 율곡은 고봉의 뒤를 이었기 때문에 그의 자리를 고봉에게 넘겨주어야 한다는 것이 필자의 오랜 기반을 두고 역설하는 주장이다. 멀리 기묘사화의 뒤에 양산보는 소쇄원에 묻힌 반면 고봉은 그의 참신한 새로운 유학사상으로 길이 역사에 큰 자취를 남기게 되었다는 사실을 여기서 지적하고 넘어가지 않을 수 없다.

② 개신유학-실학

개신유학이란 조선조후기 실학의 별칭으로서 여기에 다산 정약용
과 존재 위백규의 두 거유를 내세우지 않을 수 없다.

다산 정약용은 그가 비록 1801년 신유사옥에 연루하여 강진으로
유배되어 비록 유배지에서 그의 학문을 대성하였다 하더라도 그의
학문적 배경이 이 지역이었다는 사실을 우리는 간과해서는 안 될 것
이다.

소위 강진에서 집대성한 그의 학은 오로지 순정유학(醇正儒學)인
수사학(洙泗學), 곧 원시공자학(原始孔子學)에 의거하고 있다는 점에서
이를 전통적 정주학에 비하여 개신유학이라 부른다. 그러한 의미에
서 전통적 정주학이 이기론적 철학이라는 성격을 갖춘 반면에 개신
유학은 수기치인의 실천윤리학이라는 성격을 갖추었다는 점에서 서
로 크게 다르게 된 것이다.

다산 정약용은 개신유학에서뿐만 아니라 한국사상의 입장에서도
다시금 그의 사상체계를 주목하지 않을 수 없다. 왜냐하면 그는 정
주학에 있어서의 성리학을 성명학(性命學)으로 이해하고 태극이설(太
極理說)에서 벗어나 태극옥극설(太極屋極說)을 주장함으로써 이이일원
론적(二而一元論的) 한국사상에 접근하고 있기 때문이다.

존재 위백규는 장흥 관산 출신으로 혁혁한 학통이나 관작도 없이
옥과현감이 고작이었다. 그러나 그의 실학자적 학문은 광범위한 기
록으로 남겨졌던 것이다.

이로써 호남실학은 이 두 사람에 의하여 그 어느 지역보다도 풍부
한 실학정신을 남겼다고 보아야 할 것이다.

(7) 민족종교

필자는 여기서 기이하게 한말에 있어서 발흥한 4대 종교인 대종교·천도교·원불교·증산교 등이 한결같이 이 지역 호남과 직간접으로 밀접한 관계를 맺고 있다는 사실을 상기하지 않을 수 없다.

① 대종교

대종교는 한민족의 민족신앙의 주체인 삼일신사상(三一神思想)을 교리로 한 민족종교로서 그의 주신은 물론 단군이다. 그러므로 대종교란 국조 단군을 주벽(主壁)으로 하는 단군교의 별칭이기도 한 것이다. 대종교는 한말 한일합방 직전에 이 고장 보성 출신인 홍암대종사(弘岩大倧師) 나철(羅喆)에 의하여 중광된 것으로서 주로 망명(亡命), 의열(義烈)들의 정신적 지주가 되었다.

대종교의 교리는 소위 한사상의 원천으로서 신인합일(神人合一)과 회삼귀일(會三歸一)로 요약된다. 이는 한사상의 본질로서 한문화의 뿌리를 이루어 오늘에 이르고 있다.

신인합일의 정수무(精髓巫)의 철학적 형태로서 천도교에 의하여 인내천(人乃天)으로 승화하였고 회삼귀일은 원융의 표상인 삼일교리(三一敎理)의 근거로서 원불교에 의하여 일원상(一圓相)으로 승화하였다. 그러한 의미에서도 대종교는 민족종교의 대종(大倧)으로서 다른 민족종교의 선구적 역할을 자임하고 해외에서 민족정기의 불멸의 정신적 지주가 되었던 것이다.

② 천도교

천도교는 동학으로 시작하여 국내에서 외세에 항거하며 제포구민

(除暴救民)의 기치하에 민중적 투쟁의 주체가 되었다. 교주 최제우는 비록 경주에서 출생하여 혹세무민의 죄를 뒤집어쓰고 대구감영(大邱監營)에서 순교하였지만 그의 주동세력인 동학은 전라고부(全羅古阜)에서 봉기하여 전주를 침공하는 등 기세를 올림으로써 이 지역을 온통 새로운 신천지의 개벽으로 물들게 하였다.

이렇듯 해외의 대종교와 해내의 동학(천도교)은 민족정기의 주도적 역할을 담당하였으나 또 다른 입장에서의 구국을 자임한 민족종교가 있었으니 그것이 다름 아닌 전남 영광에서의 소태산 박중빈의 원불교와 전북 정읍에서의 증산 강일순의 증산교라 이르지 않을 수 없다.

③ 원불교와 증산교

반도의 서남단 백제의 구역(舊域)은 망국의 유민이 뿌리내리고 살던 고장으로서 그들은 항상 미래불을 기대하는 종교에 빠지기 쉬운 소지를 안고 있었던 것이다. 그러기에 동학이 봉기하여 눈앞에 새로운 개벽이 이루어질 무렵이었음에도 불구하고 그것의 실패를 예견한 또 다른 세력으로서 굴기한 자가 다름 아닌 원불교와 증산교였음을 상기한다면 이 지역이야말로 민족종교의 발상지로서의 역사적 배경을 지니고 있는 지역으로 평가하지 않을 수 없다.

필자는 여기서 그들이 안고 있는 여러 가지 의미를 길게 서술할 여유를 갖고 있지 않다. 그러므로 이들을 요약하여 결론만을 도출한다면 원불교와 증산교는 천도교에서 이끌어낸 이란성 쌍생아라 이르지 않을 수 없다. 왜냐하면 천도교의 인내천의 교리가 대종교의 신입합일의 철학적 이념화라 한다면 원불교는 그의 인격화요, 증산

교는 그의 신격화라 이르지 않을 수 없기 때문이다. 더욱이 원불교
의 일원상은 대종교의 삼일원리의 신앙화요, 증산교의 신인합발(神
人合發)은 삼일신의 신격화라는 점에서 적어도 이들의 관계는 다음
과 같이 표기(表記)할 수가 있다.

大倧敎(三一神)-天道敎(人乃天) ─── 圓佛敎 (一圓相)
─── 甑山敎 (神人合發)

각설하고 4대 민족 종교 중 해외에서 교단활동을 전개한 대종교
를 제외하고는 모름지기 여타의 세 종교는 모두 다 한결같이 호남일
대를 배경으로 하여 교세를 떨쳤다는 사실에서 그들의 역사적 의미
를 되새겨 보아야 할 것이다.

(8) 절의문제

백제 망국 이래 이 지역의 불운은 줄곧 한 줄기 절의사로 이어졌
으니 『호남절의록(湖南節義錄)』은 그의 일단을 우리들에게 보여주는
것이 아닐 수 없다.

이미 알려진 바와 같은 의병사의 첫 음을 장식한 자는 바로 백제
의 복신(福信)과 도침(道琛)의 항쟁이었거니와 그 후로는 이 지역은
보다 더 많은 외세의 침략으로 시달려 왔다. 임진·정유로 이어지는
7년 왜란을 치르면서도 이 지역의 의병활동이 없었던들 충무공의
위훈(偉勳)도 무색할 뻔하지 않았나 싶은 것이다.

오죽해야 충무공은 "호남이 없다면 국가도 없다[若無湖南 是無國
家]"라 하였겠는가.

전절에서도 이미 언급했듯이 한말의 외세를 가로막고 척사위정을 부르짖던 장성의 송사(松沙)뿐 아니라 갑오경장을 외치던 동학일당도 고부의 전봉준에 의하여 비로소 항쟁의 횃불을 들게 되었던 것이니 이 지역이야말로 절의의 불씨로 가득 찬 고장인지도 모른다.

그러한 의미에서도 일제치하에 있어서의 광주학생사건은 그의 불씨는 비록 사소한 것이었다 하더라도 활화산처럼 타올라 전국을 휘몰아친 소이연(所以然)을 우리는 가슴 깊이 아로새겨보지 않을 수 없다.

불의에 결코 굴하지 않는 의열의 정신은 오늘에 살아남은 이 지역의 불멸의 생명력이 아닐 수 없다.

(9) 민속놀이

이제 본론을 마무리함에 있어서 한마디로 말해서 이 지역 남도는 재예(才藝)의 고장이요, 신앙의 고장이요, 절의의 고장으로서 길이 민족문화의 정맥을 이어 오고 있거니와 끝으로 몇 가지 민속놀이에서 또한 우리 고장의 남다른 일면을 살펴보고자 한다.

첫째, 강강수월래의 군취원무(群聚圓舞)를 거론하지 않을 수 없다. 이미 중국인들에게 미친 한문화(韓文化)는 제천군취가무(祭天群聚歌舞)로 기록되어 있음은 이미 위에서 지적한 바 있거니와 강강수월래의 원형은 한민족의 오랜 전통의 소산이라 이르지 않을 수 없다. 그의 원형이 이 고장 진도에 온존(溫存)되어 오늘에 이르고 있다는 사실은 실로 기이하다 이르지 않을 수 없다.

둘째, 고싸움을 주목하지 않을 수 없다. 우리 한민족은 큰 활을 어깨에 메고 다니었지만 결코 살상을 즐기는 전투족은 아니었다. 그러므로 공자는 무구중(武具中)에서도 활에 관한 한 "군자는 다투지 않는다. 있다면 활쏘기 정도지. 서로 절하면서 당상에 오르고, 지면 술을 마시니, 군자들의 싸움이지![君子無所爭 必也 射乎 揖讓而升 下而飮其爭也 君子]"라 하여 궁사(弓射)는 군자의 노름으로 간주하였다. 다시 말하면 활쏘기란 평화적 놀음이다. 그러한 평화놀음의 민속적 놀이지만 고싸움처럼 대중적이면서도 웅장한 놀음은 다시 찾아보기가 힘들 정도다. 오죽해야 88올림픽에서 고싸움만은 민속놀이의 정수로 뽑히었을까. 고싸움이야말로 강강수월래와 함께 이 고장에서 길이 보존되어 온 대표적 민속놀이라 이르지 않을 수 없다.

셋째, 민속놀이라 이를 수는 없으면서도 이 고장 남도문화의 일익을 담당하고 있는 맛의 문화를 잊을 수가 없다. 그중에서도 다양한 젓갈은 이 고장을 찾는 외래인들의 선망의 표적이 아닐 수 없다. 맛은 멋으로 통하기 때문에 이 고장이 아니고서는 이루어질 수 없는 신의 뜻이 거기에 깃들어 있기 때문이 아닌가 싶은 것이다.

결어

한 지역 또는 민족이 창출한 문화란 종합적 요인에 의하여 이루어진다는 사실에 입각한다면 우리 한문화 또한 그러한 범주에서 벗어날 수 없음은 너무도 당연하다. 그와 동시에 그와 더불어 맥을 같이하는 남도문화도 어찌 단순한 맥락으로 설명할 수 있을 것인가. 그러므로 거기에는 반드시 몇 가지 요인이 깃들어 있을 것임에 틀림이 없기 때문에 지금까지 필자는 너무도 거친 문맥을 구사하면서 여기에 이르렀다. 그러나 끝으로 이들을 한데 묶어 그의 요점을 뽑아 기록하여 독자들의 이해에 다소나마 도움이 되게 함은 필자의 의무가 아닌가 싶어 여기에 다음과 같이 기록하고자 한다.

1. 이 지역은 고문화, 특히 삼국 이전의 선사문화의 온존지역이다.

2. 백제문화의 뿌리는 일본문화의 원류가 되어 있다.

3. 서민문화의 예술성이 풍부하여 시가와 속요가 뛰어나다.

4. 민중종교의 온상이다.

5. 민족항쟁의 전통성이 이어져 오고 있다.

6. 그러한 의미에서 한국풍류도의 정맥을 계승한 예향이라 이를 수 있다.

호남 임진왜란
사료집 총설

서설

그로부터 어느덧 400년이라는 세월이 흘러가 버렸건만 임진왜란은 지금도 우리들의 현실 속에서 살아 움직이며 어떠한 의미를 가지고 있는 것일까. 지금에 와서 왜 새삼스럽게 지나간 옛 묵은 문건들을 들추어야만 하는 것일까.

이미 잘 알려진 바와 같이 임진왜란이야말로 우리나라 역사 있은 이래 공전절후의 일대국란이었음에도 불구하고 진정 그의 진실이 제대로 우리들 앞에 총체적으로 조명되어 있다고 장담할 수 있을 것인가.

지나간 그 옛날을 돌이켜 볼 때 임진왜란은 적괴 풍신수길에 의해 저질러졌고 성웅 이순신에 의하여 대세를 휘어잡기는 하였지만 사세는 이것만으로 끝나지 않고 지금도 우리는 그의 망령처럼 살아 있는 저 오만한 경제대국 일본의 정치적 변화를 직시하지 않을 수 없다. 그들은 과연 우리들의 선린인가 아니면 악연의 적수인가. 저 멀리 임란의 그날을 다시금 회상하지 않을 수 없는 소이가 여기에 있다. 그런 의미에서 임란은 전운을 재단한 몇몇 장성들의 대결에 그치는 것이 아니라 총력전에 참집한 국민대중의 사생결단이었다는 사실을 이에 우리들은 명기해야 할 것이다.

이제 막상 우리들이 임란을 회상하면서 새로운 인식을 촉구하고자 함에 있어서 그 접근방법에 있어서는 모름지기 두 가지 입장이 있을 것으로 여겨진다. 하나는 일위대수(一葦帶水) 가까운 이웃으로서의 일본과의 역사적 관계상황에서 밝혀야 할 그들의 실상(實相: 정체)이요 다른 하나는 임진국란을 방위한 우리나라의 국정(國情)과 국력의 실재를 따져보아야 할 것이다.

이러한 관점에서 그간의 연구업적은 얼마만큼이나 축적되어 있는 것일까. 전단(戰端)의 당사국인 일본에 있어서의 기록들은 물론이거니와 구원군을 파견했던 명조(明朝)의 기록들도 방증(傍證)을 얻기 위한 자료로서의 중요성을 인식하지 않는 바 아니지만, 이를 잠시 차치(且置)하고라도 국내의 기록들도 방대한 자료들이 수많은 문적 속에 묻힌 채 전승되어 오고는 있지만 아직은 미정리된 상태로 방치되어 있는 실정이다.[1]

이렇듯 한·중·일 삼국에 걸쳐서 흩어져 있는 자료들을 근거로하여 쓰인 임란사 및 그에 관련된 논문 또한 수적으로도 그리 많지 않지만 질적으로도 그리 풍요롭다 이를 수 없다. 그러나 따지고 보면 일제치하에 쓰인 일인(日人) 어용학자들의 논문들은 소위 식민사관(植民史觀) 또는 황국사관(皇國史觀)으로 왜곡된 기록만이 횡행하였기 때문에[2] 지금에 와서는 하나의 휴지구실밖에 아무런 소용도 없

---

1) 趙爰來, 「명량대첩의 재조명」, 6쪽. "따라서 한국사학계는 여전히 임진왜란 해전사연구를 심화한 체계적인 저서 한 권을 내놓지 못하고 있는 실정이다."

는 자료가 태반을 차지하고 있다.

어찌된 셈인지 우리나라 사학자(史學者)들에 의하여 쓰인 논문들도 거의 지나간 성웅사관(聖雄史觀)에 휩쓸려 있기 때문에³⁾ 민중사적(民衆史的) 입장에서 쓰인 논문은 눈을 씻고 보아도 그리 많지가 않다.

어쩌면 7년이라는 짧지 않은 역사의 한 토막을 뒤흔들어 놓은 이 임진왜란에 관한 자료의 정리나 그에 따른 논문의 기술이 어처구니 없으리만큼 이처럼 학계의 무관심 속에 방치되어 있을 뿐 아니라 이 시대를 살고 있는 우리 국민들의 인식 또한 너무나도 한심스럽도록 무지하다 이르지 않을 수 없다.

생각건대 임란은 국가적 일대 환란임에도 불구하고 때로는 지역성이 문제되기도 한다. 그중에서도 적군의 상륙 통과 지점으로서의 영남과 병참지대로서의 호남과의 관계상황은 미묘한 대칭관계를 노출시키고 있다. 근자에 와서 많은 사람들의 입에서 오르내리는 "호남이 없었더라면 국가도 없었다[若無湖南 是無國家]"라는 충무공의 사언절구(四言絶句)는 호남의 중요성을 강조하면서도 성웅사관과 맞물린 민중사적 지역성의 절규라는 점에서 도리어 역설적 의미를 간직하고 있는 것으로 받아들이지 않을 수 없다. 이로써 국가에 봉사한 호남의 공적은 성웅이 아니라 이 지역의 민생이라는 점에서 이 지역에 있어서의 인적·물적·공적의 총화(總和)를 상기하게 된다.

---

2) 許善道, 「壬辰倭亂論」 중 日人의 임란사 歪曲節. "이에 동원된 대표적 관학자들로 池內宏을 들 수 있다. 그는 文祿慶長之役 등의 저술을 통해 임란을 오직 조선 측에만 불리하였던 것으로, 따라서 初戰의 전황 등에만 중점을 두어 기술하였던 것이다."

3) 같은 글, 聖雄史觀 讚揚節. "오직 郭再祐 李舜臣 등 몇 분의 뛰어난 명장에 의하여 겨우 나라와 민족이 유지되었는데, 그분들은 天降紅衣將軍 곽재우, 성웅 이순신으로 추앙되는 바와 같이 처음부터 우리 일반과는 다른 특별히 신이하고 성스러운 존재이었다고 잘못 인식되고 있다. 필자의 愚見으로는 郭忘憂堂과 李忠武公 역시 동서고금 어디서나 존재하였고 또 존재한 모든 인간과 본질상 다름이 없는 한 사람의 인간에 불과하였다."

의병(義兵)의 문제만 하더라도 그의 발생론적 배경과 아울러 그의 지역성이 지니고 있는 그의 성격과 공과(功過)는 임란 이해에 있어서의 중요한 열쇠의 하나가 아닐 수 없다. 해전에 있어서의 충무공 장군이 제아무리 뛰어난 지장(智將)이요 용장(勇將)이었다손 치더라도 그가 이끌고 지휘한 막료장성(幕僚將星)들의 지략과 용전의 뒷받침 없이 그의 위훈(偉勳)이 이루어질 수 없음은 너무나도 자명하다. 이러한 임란의 실상이 이에 따른 자료의 발굴로 밝혀져야 함은 다시 말할 나위도 없다.

한편 『호남절의록』 등에 수록된 의열들의 문헌적 고증도 우리 세대가 짊어진 의무가 아닐 수 없다. 관군과의 부즉불리(不卽不離)의 관계로 밀착된 의용군으로서의 향토방위군이 그의 본연의 선을 넘어 뛰어 근왕(勤王)의 대의(大義)에 순절(殉節)한 우리 의병장 및 의병들의 치열한 공적이 또한 이 자료집을 통하여 천하에 밝혀져야 함은 다시 말할 나위도 없다.

어쨌든 이제 임란사는 다시금 재허가(再許價)하며 그 첫머리부터 다시 쓰여야 하지 않을까 싶은 것이다. 지금까지의 편견과 억측과 독단의 늪에서 벗어나 이제 밝게 비친 태양 아래서 다시 쓰여야 한다. 그러한 의미에서 우리들은 지금 그러한 일들을 수행하여야 할 선각들을 위하여 임란에 관한 자료들을 정리하려고 한다. 그러나 자그마한 우리들의 이 노력은 태산을 쌓기 위한 한 삼태기 흙에 지나지 않음을 어찌하랴.

1) 승자는 누구인가

일본열도는 그 아득한 옛날 대륙에서 뻗어난 한 줄기 육지가 태평양상으로 떨어져나간 것으로 되어 있다. 그러므로 한반도의 분신인 일본열도는 지리적으로나 역사적으로나 우리와 더불어 태곳적부터 이미 천부의 인연으로 얽혀 있음이 분명하다.

그렇다면 일본문화는 언제부터 어떠한 경로로 성숙되었을까. 그의 고고학적 논증은 잠시 차치하고라도 문헌상으로도 한반도 삼국문화의 일방적 일본에의 이동은 의심의 여지가 없다. 왕인(王仁)으로 대변한 제1차적 이동은 그들 자신이 오히려 우리들보다도 더욱 깊이 이를 인정한다. 임나일본부설(任那日本府說)을 강변하는 측도 없지는 않지만……

그러나 여기서 우리들이 주목하고자 하는 것은 일본은 언제부터 얻어진 이름인지에 관하여서는 보다 더 깊은 상고(詳考)가 필요하겠지만 『삼국사기』 이래 곧잘 왜구로 기술되고 있음은 잘 알려진 사실이다. 왜구의 노략질은 국가적 차원에서 저질러진 행동인지 아니면 그들의 타고난 호전적 기질에서 우러난 개별적 범행인지는 분간하기조차 힘들지만 천수(千數)로 헤아릴 만큼 쉴 새 없이 침노(侵擄)를 일삼는 그들의 버릇은 실로 평화를 수호해야 할 인민의 적이 아닐 수 없다.

그러한 의미에서 임란을 일으킨 왜구의 수괴 풍신수길의 출현은 결코 일조일석에 생긴 것이 아니라 오랜 왜구의 전통에서 우러나온 자라 이르지 않을 수 없다. 그러므로 이는 그들이 고대로부터 왕인이래 면면히 받아 온 문화적 은의(恩誼)를 역으로 갚는 반역행위라 이르지 않을 수 없다. 이렇듯 은혜를 원수로 갚는 이러한 부도덕한 행위를 통하여 일본은 과연 무엇을 얻었다고 보아야 할 것인가.

　때마침 여기에 다산 정약용의 「일본론」이 있으므로 그중 일절을 인용하면 여좌(如左)하다.

> 다이라노 히데요시가 백만 대군을 동원하고 십주(十州)의 재력을 다 기울여 두 번이나 큰 전쟁을 일으켰지만 화살 한 개도 돌아가지 못했음은 물론 나라도 따라서 망했다. 그래서 백성들이 지금까지 원망하고 있으니, 그들이 다시 전철(前轍)을 밟지 않을 것이 명백하다.[4]

라 하였으니 이를 음미해보면 다음과 같다.

　첫째, 재거대사(再擧大事)란 물론 정유재란(丁酉再亂)을 가리킨 것이어니와 여기서 일촉불환(一鏃不還)이라 한 것은 충무공의 편범불반(片帆不返)의 의연한 전략의 결과임은 다시 말할 나위도 없다. 본국에서는 이미 히데요시가 불의에 횡사하고 전황의 패색이 짙어지자 강화(講和)를 강청(强請)하였다. 그러나 이에 불응한 충무공은 편범불반의 전략을 세워 왜군의 퇴로를 차단하였으니 다산의 일촉불환은 결코 허언이 아니었던 것이다.

　이 전란에서 우리는 촌철(寸鐵)의 배관(賠慣)도 문 적이 없고 척토(尺土)의 영지도 할애한 일이 없으니 이 전쟁의 승자는 과연 누구이며 패자는 과연 누구일까. 궁금한 일의 하나가 아닐 수 없다.

　전쟁의 승부는 적어도 두 가지 측면에서 허가되어야 한다. 하나는

---

4)「日本論」2, Ⅰ~12, 3~4쪽(2-282). "平秀吉 動百萬之衆 竭十州之力 再擧大事 一鏃不還 國遂以亡 百姓至今怨之 其不宜踏轍 審矣"

장기적 측면이요 다른 하나는 단기적 측면임은 다시 말할 나위도 없다. 그러므로 장기적 안목에서 볼 때 임란 7년의 전과는 다산의 지적처럼 일촉불환한 왜군의 참패로 그들은 일패도지(一敗塗地)하여 종결지어졌던 것이다. 그럼에도 불구하고 왜 우리들은 임란의 망령과 더불어 패배의식을 떨치지 못하는 것일까.

그것은 이미 많은 사가(史家)들이 지적한 바와 같이 임란초기에 있어서 왜군이 상륙하자 아군은 망연자실(茫然自失) 망풍대궤(望風大潰)하여 적군으로 하여금 승승장구 서울과 평양을 점령하게 한 약 2개월간의 전세를 놓고 임란 7년의 전과를 평가하려는 우를 범하고 있기 때문이다.

그러나 선조(宣祖) 몽진(蒙塵)의 대가(大駕)는 비록 서울의 도성을 버리고 의주(義州)로 파천(播遷)하였지만 결코 명조(明朝)에 내부(內附)하지 않고 급기야 명군(明軍)의 내원을 얻어냈고[5] 게다가 호남이 건재하여 병참지원으로 대세를 만회하기에 이르렀으니 이 시기에 있어서의 해상의 연전연승과[6] 내륙에 있어서의 의병의 봉기 활약 또한 괄목할 만한 성과를 거두었음은 췌언(贅言)을 불허하는 역사적 진실이 아닌가.

명군(明軍)의 월강(越江) 이후 왜군은 궤주일로(潰走一路) 7년 고전 끝에 일시 정유재침(丁酉再侵)을 시도하였으나 명량대첩(鳴梁大捷)은 또한 왜군으로 하여금 재기불능의 궁지로 몰아세웠던 것이다. 이렇듯 해륙을 일관한 아군의 승전은 임란 7년의 장기적 성과였음이 분

---

5) 柳成龍『懲毖錄』참조.

6) 조원래, 「명량대첩의 재조명」중에서 "이 玉浦海戰의 戰勝이야말로 조선수군으로 하여금 능히 적을 제압할 수 있는 확신감을 갖게 해준 중요한 일전이었다.……반면에 적군으로서는 初戰大敗의 충격으로 인하여 크게 전의가 손상되었음은 물론이거니와……"

명하다.

비록 한때 서울과 평양이 왜군에 의하여 유린되고 금산과 진주성이 일시 함락되어 천추의 한을 남기기도 하였고 칠백의총(七百義塚)의 원혼과 대불사전(大佛寺前) 비총(鼻塚)의 통분(痛憤)은 달랠 길이 없지만 그것은 한낱 단기전의 일시적 기복에 지나지 않는 것이다.

그러므로 장기적 안목에서 평가할 때는 우리는 결코 이 전쟁에서 패배하지 않았고 최후의 승리를 거둔 것이다. 그렇다면 7년 전쟁을 애오라지 승리로 이끈 그의 국력의 근기(根基)는 어디에 있었던 것일까.

군력(軍力)의 중추는 관군인가 의병인가. 의병의 기의(起義)는 보위군(保衛軍)으로서인가 아니면 근왕군(勤王軍)으로서인가. 해상수로는 누가 지키었던가. 충무공인가 만호첨사(萬戶僉使)인가.

전술적 측면에서 볼 때 옥쇄(玉碎)작전의 성과인가 아니면 청야(淸野)작전에 의한 수확인가.[7] 어쨌든 전쟁의 승패는 총력전의 형태에서 이해되어야 하고 전과의 평가는 역사적 긴 안목에서 이를 판단해야 함은 두말할 나위도 없다.

둘째, 그러한 의미에서 다시금 다산의 말을 재음미하자면 "화살 한 개도 돌아가지 못했음은 물론 나라도 따라서 망했다. 그래서 백성들이 지금까지 원망하고 있다[一鏃不還 國隨以亡 百姓至今怨之]"는 결과적으로 빗나가 버린 것이다. 여기서 사족(蛇足)인지 모르지만 이를 재음미하고자 하는 소이는 다산이 이른바 "그들이 다시 전철(前轍)을 밟지 않을 것이 명백하다[不宜踏轍 審矣]"를 일본은 급기야 메이지유신기에 이르러 대륙침략의 기치 아래 이를 어기고 말았다는

---

7) 허선도, 「亂辰倭亂論」, 참조.

사실을 우리는 여기서 다시금 상기하지 않을 수 없기 때문이다.

다산의 말대로 천하를 통일한 도요토미 히데요시도 그의 폐사(斃死)와 때를 같이하여 도쿠가와 이에야스에게 천하를 빼앗겼으니 이어찌 국수이망(國隨以亡)이 아닌가. 임란 7년의 참화는 피습당한 우리만의 피해에 그치는 것이 아니라 출정 군졸들의 거의 전수(全數)가 일촉불환의 운명에 동참하였으니 이 어찌 백성들이 지금까지 원망하고 있다[百姓至今怨之] 하여 그의 통한이 하늘에 사무치지 않았겠는가. 소득 없는 7년 전쟁을 치른 일본백성들은 결코 또다시 외국침공은 하지 않을 것이라는 다시 말하면 전철을 밟는 우를 범하지 않을 것이라는 다산의 선의(善意)의 견해는 보기 좋게 빗나가고 말았다. 왜구의 피는 어찌할 수 없었던 것인지 메이지 초에 도요토미 히데요시의 권좌를 상징하는 오사카성(大坂城)의 복원과 더불어 히데요시의 망령이 되살아나기에 이르렀던 것이다.

다산이 이 시대에 다시 살아난다고 한다면 이러한 명치의 정치적 침략(한일합방)을 어떻게 볼 것인지. 임란 7년의 군사적 침략을 정치적 침략으로 탈바꿈했을 따름이요 그 속에서 흐르는 왜구의 피는 좀처럼 가시지 않는다는 역사적 엄연한 교훈을 우리는 외면해서는 안 될 것이다.

그렇다면 여기서의 승자는 누구일까. 그들이 비록 조명연합군(朝明聯合軍)의 위력으로 후퇴하였다 하더라도 그들의 왜구근성을 버리지 않는 한 도요토미 히데요시의 망령은 사라지지 않을 것이다. 그러므로 임란 7년이나 왜정 36년이나 간에 영원한 승자도 패자도 없다고 해야 할는지 모른다. 다못 피아간에 선린(善隣)의 이웃이 되기 위해서는 왜구의 수괴인 도요토미 히데요시의 망령이 다시금 소생

해서는 안 된다는 사실을 일본은 대오각성해야 하며 우리들은 이를
(일본) 경계해야 함에 있어서 조금도 소홀히 해서는 안 될 것이다.

2) 의병의 역할

왜구의 침략으로 전국토가 초토화하게 된 상황에서 이에 대한 저
항세력으로서의 의병의 역할은 막중하다 이르지 않을 수 없다. 관군
이 무력화되자 자생적으로 궐기한 의병은 전국 각지에서 빠짐없이
국가보위의 일익을 담당했다는 사실만은 여러 가지 기록에 소연(昭
然)하게 보존되어 있다. 의병 중에서도 임란의병의 성격은 그 어느
시대의 그것보다 수적으로나 질적으로나 다양한 형태로 봉기하였던
것으로 추정된다.

적병이 향토를 유린하였을 때 민생들은 어찌 할 수 없이 공성(空
城) 도피할 수밖에 없지만 시간이 흐름에 따라 자위의식(自衛意識)이
싹트게 되자 그러한 자위의식을 바탕으로 하여 선각자적 의열(義烈)
이 창도하여 지역적으로 의병은 집결한다. 그러므로 그의 발생론적
입장에서는 그의 지역성을 배제할 수가 없을 것이다. 함경도의병,
충청도의병, 경상도의병, 전라도의병 등으로 호칭하는 소이가 여기
에 있다.

그러나 목적론적 측면에서 고찰해본다면 의병은 창도자의 목적의
식(檄文 등에 含蓄된다)에 따라서 지역방위적 성격과 더불어 한 차원
높은 단계로 승화된 근왕성(勤王性)을 지적하지 않을 수 없다. 근왕
성이란 지역방위에서 국가보위에로 승화된 목적의식을 지칭하는 것
이 아닐 수 없다.

임란 초기에 있어서의 전국(戰局)의 대세는 부산에서 서울을 거쳐 평양에 이르는 장정 수천 리에 걸친 남북의 강토가 일사천리로 쏟아진 흉적의 발굽 아래 유린되고 오직 반도의 서남단에 위치한 호남만이 지리(地利)를 얻어 겨우 병참기지로서 적침의 화를 모면한 형편이었다. 그러므로 적군의 직접적인 침공을 받은 지역은 일로(一路) 공성(空城)으로 맞섰으니 이는 후대사가들이 이를 청야작전(淸野作戰)이라 미화하기도 하였지만 결과적으로는 향토방위군으로서의 의병을 양성할 시간적 여유를 안게 한 배경을 이룬 자이기도 한 것이다. 그러나 실로 따지고 보면 공성피화(空城避禍)한 민초(民草)들의 살길은 오직 두 가지밖에 없음을 어찌하랴! 하나는 적에게 사부(私附)하여 반국가적 대열에 가담하는 길이요 다른 하나는 무기를 들고 때로는 적수공권(赤手空拳)으로 맞서 싸우는 길밖에 없지 않겠는가. 이렇듯 적침의 후방에서 자생한 의병은 일차적으로 이러한 향토자위적 성격이 짙다고 이르지 않을 수 없다.

그러나 적침이 아직 이루어지지 않았던 지역에서의 의병의 자생을 우리는 어떻게 이해하여야 할 것인가. 그러한 의미에서 아직 적침이 미급한 호남지역에서의 의병의 자생은 일괄적으로 근왕의병(勤王義兵)의 대열에서 이해하게 되는 것이다.

좀 더 구체적으로 말한다면 우리는 호남의병장으로서 고경명(高敬命), 김천일(金千鎰) 등이 어디서 어떻게 창의(倡義)하였는가라는 문제보다는 차라리 그들과 함께 기의(起義)한 최경회(崔慶會), 유팽로(柳彭老) 등의 행적에서 그들의 근왕정신(勤王精神)의 현주소를 확인해야 할 것이다.

그렇다면 향토방위군과 근왕군과 관군과의 삼각관계는 임란의병을 이해함에 있어 중요한 열쇠를 쥐고 있는 셈이다. 임란초 기에 있어서의 소위 관군은 명실 공히 궤멸직전(潰滅直前: 경상도뿐만 아니라 전라도 관군도 그렇다) 그 자리를 고경명의 의병이 메워 금산성(錦山城) 싸움을 담당한 전례로 보아서도 관군과 의병과의 사이는 백지장 한 장밖에 가로놓여 있지 않은 양하다. 그러한 의미에서도 경상도의 위급을 구원하기 위한 전라도 의병의 월경행위에 나타난 근왕성을 우리는 높이 평가받아 마땅하다고 이르지 않을 수 없다.

그럼에도 불구하고 우리들에게는 좀처럼 풀리지 않는 한이 있다. 그것은 다름 아니라 제2차 진주성(晋州城) 공방전에서의 전라도의병(최경회, 김천일, 고경명 등)의 전멸이야말로 우리의 천추의 한이 아닐 수 없기 때문이다. 수성군(守城軍)이 그처럼 애절하게 요청했던 원군은 끝내 그림자조차도 비치지 않았고 성이 무너져 남강(南江)을 선혈(鮮血)로 물들게 하였으니 그로 인하여 왜군은 비록 호남침공의 야욕을 단념하기에 이르렀다 하더라도 무심할손! 하늘이여! 한 명의 원군이라도 내도(來到)하였더라면 원한 맺힌 가슴만은 달랠 수도 있었을 것이 아니었겠나 싶은 것이다.

아무튼 호남의병의 공적은 적어도 소승적 입장에서 그들의 일승일패의 전적에만 지나치게 관심을 기울이는 것보다는 차라리 그들을 한 묶음 하여 전체적 입장에서 볼 때 비로소 호남의열의 대의를 파악할 수 있을 것으로 여겨진다. 그것은 물론 육전에 있어서는 월경구원(越境救援) 서울탈환 등으로 나타났지만 해전에 있어서도 만호(萬戶) 정운(鄭運)과 관군(官軍) 송희립(宋希立) 등의 강청(强請)에 의한 경상도우군(慶尙道右軍)의 구원요청의 수락은 전라도수군(全羅道水軍)의 근왕정신(勤王精神)의 발로로 평가함에 있어서 육상에 있어서와 함께 그 궤(軌)를 같이하는 것이 아닐 수 없다.

그렇다고 해서 향토방위군으로서의 의병의 역할을 결코 과소평가해서는 안 될 것이다. 왜냐하면 소위 청야작전(淸野作戰)으로 미화한 향토의 공백을 수복함에 있어서의 향토방위군의 역할은 막중하기 때문이다. 그러므로 무모한 왜구의 7년 고전을 유도한 것은 애오라지 관군보다는 차라리 우리 향토의병과 근왕의열(勤王義烈)들이 앞서거니 뒤서거니 서로 쌍벽을 이루어 대적해 낸 성과임을 기록해야 할 것이다.

여기에 또 한 가지 부기(附記)하여야 할 것은 다름 아니라 의병의 구성요원의 측면에서도 일별하지 않을 수 없다. 의병이란 군사조직임에도 불구하고 그의 창의자(倡義者)의 성분은 거의가 백면서생(白面書生)이 아니면 문신(文臣) 출신의 퇴역이라는 사실을 주목하지 않을 수 없다.[8] 여기서 문신이란 유교의 사인충효정신(士人忠孝精神)에 철저한 자를 의미한다. 그러므로 의병이란 어쩌면 기술적 군사훈련을 쌓은 관군보다도 충의정신(忠義精神)으로 무장한 의용군이라는 성격이 짙다는 사실을 알 수가 있다. 그러한 입장에서 호남의병이 제2차 진주성 공방전에서 불리한 전국하(戰局下)에서 관군의 내원(來援)없이 옥쇄작전(玉碎作戰)을 시행한 연유를 알 수 있을 것이다.

뿐만 아니라 의용군에 합류한 계층 또한 다양하다. 농민이 태반이었겠지만 거기에는 향교(鄕校)출신의 사림들은 물론이거니와 산사(山寺)에 묻혀 있던 승려들도 내분(來奔)하였고 노비 출신의 천민들

---

8) 조원래, 「임란기 호남의병과 의병지도층의 성격」에서 "이들 대부분은 文科출신이거나 前職官人들로서 각 지역의 명망 높은 인사들이었음을 엿볼 수 있다. 특히 초기 전라도 연합 의병의 성격을 띤 潭陽 의병 지도층의 경우에 그와 같은 특징이 두드러지게 나타난다."

의 출전도 빼놓을 수가 없다. 진실로 상하계층이 합류하여 오로지 구국의 일념으로 뭉친 것이 다름 아닌 임란의병이기 때문에 기이하리만큼 병란직전에 반민화(叛民化)를 방지함에 있어서도 간접적으로 그 일익을 담당한 자가 다름 아닌 의병활동이었음을 기억해야 할 것이다.

3) 수군의 저력

임란해전을 논하자면 대뜸 충무공 이순신 장군이 머리에 떠오른다. 민족의 태양이니 성웅이니 하여 이순신 장군의 공적만을 극대화한 관계로 막후 장졸의 용맹과 지략에 관한 기록은 별로 챙기는 이 없이 오늘에 이르고 있다. 이는 사학계 일각에서의 그릇된 성웅사관 때문임을 다시 말할 나위도 없다.

그러나 이순신 장군의 위훈이 어찌 우리 수군의 축적된 저력 없이 이루어졌을 것인가. 그렇다면 우리 수군의 저력은 어디에 함축되어 있었을 것인가.

첫째, 다른 데는 다 그만두고라도 충무공 산하 각 진영을 살펴본다면 전라좌수영(全羅左水營: 현 麗水)을 중심으로 하는 해군의 조직을 주목하지 않을 수 없다. 경상, 전라 양도에 각각 좌우수영(左右水營)이 있었지만 충무공의 주력부대는 전라좌수영이었다는 사실을 우리는 여기서 상기하지 않을 수 없다.

임란 당시 전라좌수영의 관하에는 사도(蛇渡: 興陽), 방답(防踏: 突山浦), 여도(呂島: 興陽), 녹도(鹿島: 興陽), 발포(鉢浦: 興陽) 등 오포(五浦)를 비롯하여 행정구역으로는 순천부(順天府), 보성군(寶城郡), 흥양현(興陽縣), 낙안군(樂安郡), 광양현(光陽縣) 등 오관(五官)을 관하에 두었으니 이 오관오포(五官五浦)야말로 임란을 승리로 이끌어 낸 저력의 용출로였다고 이르지 않을 수 없다.

여기 오관오포 지역은 실로 다도해의 중심일 뿐 아니라 경상도와 전라도를 있는 관방지대(關防地帶)로서 해상의 요충이 아닐 수 없다. 그러므로 이 지역을 한낱 전라좌수영이라는 소승적 지역성으로 이해하는 데 그칠 것이 아니라 국토보위의 제1관문으로 보아야 하는 소이가 여기에 있다. 아니나 다를까 임란 발발 직후 왜군의 상륙 진군은 가위(可謂) 무인지경(無人之境)을 달리듯 하여 서울을 거쳐 평양에 이르렀을 즈음에 경상우수사(慶尚右水使) 원균(元均)의 구원요청에 대한 전라좌수영(이순신 이하 막료)들의 태도 결정은 임란의 흥패(興敗)를 가늠할 중요한 계기였음은 역사적 기록에 너무도 생생하다.

이때에 충무공 이순신 장군은 오히려 지원출격을 주저하며 결단을 내리지 못하고 있을 무렵에 녹도만호(鹿島萬戶) 정운(鄭運)을 필두로 하여 방답첨사(防踏僉使) 이순신(李純信), 흥양현감(興陽縣監) 배흥립(裵興立), 흥양출신군관(興陽出身軍官) 송희립(宋希立) 등의 결사부원(決死赴援)의 대의에 굴(屈)하여 드디어 충무공의 결단을 얻어내기에 이르렀던 것이다. 이 순간의 감동적인 기록이 있기에 장문(長文)임을 무릅쓰고 다음에 이를 적기(摘記)한다.

……수길(秀吉)이 크게 화를 냈다. 임진년 여름 장수인 평행장(平行長) 청정(清正) 등을 보내 왜구가 쳐들어왔다. 4월 13일 부산 동래 등을 공격해서 함락시켰고, 지키던 장수들은 모두 흩어져 도망갔다. 경상우수사 원균은 전라좌수사(즉 이순신이다)에게 급변을 알렸고, 좌수사는 격문을 보내 제읍(諸邑)과 제진(諸鎭)의

병사들을 소집했다. 녹도만호였던 공(公)은 소식을 듣고 곧장 군사를 정돈해서 배에 올랐다. 그때 수군 2명이 도망치려는 이가 있어 마침내 둘 다 목을 베어 군령을 세웠다. 같은 달 26일에 배를 출발해서 27일에 좌수영에 도착했고, 29일에 좌수사와 제장(諸將)들이 남별관(南別館)에서 모여 사태를 논의했다. 좌수사가 이르기를 "많은 적들이 갑자기 몰려들었으니 일이 어떻게 될지 예측할 수 없습니다. 경상우수사가 내게 구해달라고 청했는데 군사를 모아 나아가야겠습니까? 아니면 문 앞에서 지켜야겠습니까?" 제장들은 모두 적의 예봉이 날카로우니 가볍게 나서서는 안 되고, 문 앞에서 방어하는 계책이 옳다고 하였다. 설령 앞으로 나아간다고 하더라도 우선은 이곳에 병력을 머물러 두고 천천히 우우사의 전함이 도착하기를 기다린다고 해도 잘못은 아니라고 했다. 이때에 좌수사는 처음 큰 난리를 만난 터라 사뭇 조치할 바를 몰랐기에 제장들의 의견을 듣고는 또한 옳다고 여겼다. 마침 많은 의론이 어지러운 터에 공(公)만이 강개한 표정으로 말없이 앉아 있다가, 조금 조용해지기를 기다린 후 마침내 활과 칼을 차고 마당으로 내려가 배알할 것을 청했다. 좌수사가 이르기를 "무엇 때문인가?"라고 하자 공은 "저는 저희 진(鎭)으로 돌아가겠습니다"라고 했다. 좌수사가 이르기를 "이유를 들을 수 있겠는가?"라고 하자, 공이 이르기를 "적이 이미 영남을 도륙하고 있으니, 영남은 우리나라의 땅입니다. 호남 또한 우리나라의 땅입니다. 어떻게 진나라의 파리함을 월나라가 상관없다는 듯이 보듯이 하겠습니까? 하물며 적이 울타리 바깥에 있을 때는 몰아내는 것이 쉽지만, 이미 울타리 안에 들어왔다면 비록 몰아내려고 해도 그 형세가 어렵습니다. 지금 적은 아직 호남을 침범하지 못했는데, 장군께서 이때에 재빨리 군사를 이끌고 서쪽에서 오는 왜적을 맞이하고, 겸하여 영남에서 지원을 한다면 괜찮을 것입니다. 그러나 지금은 도리어 주저하면서 사사로운 중론을 모아 문 앞에서 방어하려는 계책을 세우려 하십니다. 정말로 이와 같다면 제진의 군사들이 하필이면 헛되이 이곳에 머물러야 하겠습니까? 제가 돌아가겠다고 청한 것은 이런 이유 때문입니다. 또한 옛말에 '5, 6월에 둑을 쌓는데 어찌 나와 너가 있겠는가'라고 했습니다. 원컨대, 장군께서는 깊이 생각하십시오"라 하였다. 좌수사는 얼굴빛이 바뀌면서 이르기를 "좋은 말입니다. 녹도만호가 아니었더라면 대사를 그르칠 뻔 했습니다"라 하고는 재촉해서 자리에 오르라고 재촉했다. 그리고 곧장 제군에 명을 내려 약속을 정해 배에 오르도록 했다.……제진과 제읍의 전함들은 정돈되지 않은 것이 많았다. 그러나 또한 30여 척이나 되었다. 30일 바다가 평온하고 날씨가 맑았다. 좌수사는 제선에 명을 내려 곧장 영남으로 나아가도록 했다…….9)

　이 글은 녹도만호(鹿島萬戶) 정운(鄭運)의 충신(忠信)만이 부각된 감이 없지 않으나 어쨌든 이 대화를 통하여 소극적인 문전방어(門前防禦)에서 적극적인 구원출정으로 전략적 일대전환을 가져온 역사적 계기가 마련된 사실을 우리는 주목하지 않을 수 없다. 이는 바로 초전승기(初戰勝機)를 따낸 역사적 순간이 아닐 수 없기 때문이다.

　그 후 전라좌수영 부대의 출정으로 말미암아 옥포해전(玉浦海戰)을 위시로 하여 견내포해전(見乃浦海戰)과 부산포해전(釜山浦海戰) 등을 겪는 동안 약 5개월에 걸쳐서 아군은 연전연승 해상권을 완전히 장악한 전과를 거둔 관계로 왜적은 비록 육전에서는 평양까지 점거하였지만 해로의 절단으로 말미암아 고립무원(孤立無援), 급기야 후퇴하지 않을 수 없게 된 소이는 짐작하고도 남음이 있다. 이러한 수군의 저력은 후일 정유재란(丁酉再亂)의 기적으로 알려진 명량대첩(鳴梁

9) ……秀吉大怒 壬辰夏 遣其將卒 平行長 淸正等 入寇 四月十三日 攻陷釜山東萊等處 守將皆奔潰 慶尙右水使元均 告急于全羅左水使(卽李舜臣) 水使乃以羽檄召諸邑諸鎭兵 鹿島開變 卽亦整軍登船 適水軍二卒 有逃去者 遂立斬以徇 以同月二十六日發船 二十七日馳到水營 二十九日水使與諸將 大會于南別館計事 水使曰大賊猝至 事將不測 慶尙水使方請救於我 我將提兵以往耶 抑門前防禦之計 諸將皆曰賊鋒其銳不可輕出 門前防禦之計 是也 假使前進 姑留兵於此 徐待右水使戰艦之至 未爲失也 時水使新遭大亂 頗不知所措 聞諸將之言 亦以爲然 當衆議紛紜 公獨神氣挺挺 黙然長日而坐 疾其稽定 遂佩弓劍下庭讀曰 水使曰何 公曰吾則還于吾鎭 水使曰願開其所以 公曰賊已屠嶺南 嶺南我國之地 湖南亦我國之地也 豈可如秦齊之越視乎 況賊在藩籬之外 禦之似易 旣入藩籬之內 則難矣 今賊未犯湖南 將軍當以此時 速引兵迎擊西來之使 兼爲嶺南之援 可也 而今反超思 國家之急 牽衆論之私 至欲爲門前防禦之計 若果如是 則諸鎭之軍 何必虛留於此 吾之請還者爲是故也 且諺云五六月防築 豈有彼我乎 願將軍熟察之 水使動容曰 美哉言也 微鹿島幾誤大事也 促使上座 卽下令諸軍 刻期登船……諸鎭邑戰艦 多有未及整齊者 然亦不下三十餘艘 三十日平明 水使領諸船 直赴嶺南……(進士朱華記述 「兵曹參判鄭公傳」 중에서)

大捷)과도 결코 무관하지 않다는 사실을 우리는 결코 잊어서는 안 될 것이다. 그렇다면 우리 수군의 승인은 충무공의 지략인가. 막료장졸 (幕僚將卒)들의 충의인가 아니면 용선화포(龍船火砲)의 위력인가. 그도 아니면 연해민(沿海民)의 보위정신(保衛精神)인가.

이에 총설을 마무리함에 있어서 긴말을 생략하고 한마디로 대답 하라 한다면 그것은 곧 이들의 총화에 의하여 성과지어진 것이라 이 르지 않을 수 없다. 그리하여 전라좌우수영 다도해 연안의 인적·물 적 저력에 의하여 임란의 승기는 장악하게 되었다는 사실을 우리는 길이 기억해야 할 것이다.

해설

본 자료집이 목적하는 바는 대체로 총설에서도 명시한 바 있듯이 임란의 지리적 배경과 아울러 이 지역(호남)이 가지는 역사적 의의 를 정리한 자료에 근거하여 고찰해 보고자 함에 있음은 새삼 되뇔 필요도 없을 것이다.

그렇다면 임란 7년을 지탱(支撑)한 국력의 소재는 어디에 있었던 것일까. 장장 7년의 장기전을 승리로 이끌어낸 국력을 나누어 본다 면 아마도 군력(軍力)과 물력(物力)과 민력(民力)으로 분류해야 할는지 모른다. 군력(軍力)은 또다시 수륙(水陸)으로도 나눌 수 있겠지만 그 것보다도 의병(義兵)과 관군(官軍)으로 구분하는 편이 훨씬 더 좋을는 지 모른다. 물력(物力)이란 군량(軍糧), 병기(兵器) 등의 군수물자가 이 에 해당할 것은 물론이거니와 민력(民力)이란 민심(民心), 민성(民性) 으로 표현할 수 있는 민족정기(民族正氣)를 의미한다고 할 수 있다.

그러한 의미에서 이 지역 호남이야말로 이 국력의 삼대요건을 고루 갖추고 있으므로 충무공도 '호남이 없다면 국가도 없다[若無湖南是無國家]'라 칭송했는지도 모른다.

그러므로 이제 본 자료집의 제1차적 편술은 대충 다음과 같은 목차에 의하여 이를 정리하려고 한다.

목차

I. 義兵運動의 실제

1. 士林의 活動과 倡義起兵

2. 義兵活動의 전개

3. 義兵抗爭의 실상

II. 官軍의 활동과 의병

1. 官軍(明軍 포함)의 동향

2. 官軍과 의병 관계

III. 全羅道沿海地域과 水軍의 활약

1. 水軍基地 湖南沿海地域의 동태

2. 湖南地方 沿海民의 활동

3. 全羅道 水軍의 實相과 海戰의 승리

IV. 亂中 湖南地方의 社會動態

1. 戰亂被害 및 社會混亂의 실상

2. 朝廷과 官僚階層의 동향

3. 軍需活動과 物力徵發의 실태

각론

제1절 의병의 실상

의병의 실상을 파악하자면 목차에서도 분류되어 있지만 이를 근거로 하여 맨 먼저 그의 발생론적 배경을 살펴보고 이에 따른 모병(募兵)의 경위와 목적을 분명히 함과 동시에 출정 전투의 성과를 평가함은 물론이거니와 마지막으로 이에 따른 호남의병의 본질이 무엇인가를 알아내야 할 것이다.

대체로 의병출현의 배경으로서는 향보성(鄕保性)과 근왕성(勤王性)으로 크게 둘로 나누어 보는 것이 하나의 관례로 되어 있다. 직접적인 적침을 받은 지역에서 향리를 보위(保衛)하기 위하여 집결된 의병을 일러 향보성 의병이라 한다면 아직 적의 침입은 당하지 않았다 하더라도 국가의 위급이 누란(累卵)의 형국을 면치 못했을 때 감연(敢然)히 근왕의 기치를 높이 들고 부난(赴難) 참전한 의병을 일러 근왕성 의병이라 이를 수 있을 것이다.

그렇다면 호남의병은 어느 쪽에 속한다고 할 수 있을 것인가. 따지고 보면 향보성과 근왕성은 절연히 양분되는 자가 아닐는지 모른다. 그러나 금산(錦山) 이남, 남원(南原) 이서(以西) 지역을 중심으로 하는 소위 호남일대는 임란 초기에는 적침은 면했던 지역이었음에도 불구하고 이 지역에서 고경명, 김천일 등을 위시로 한 제제다사(濟濟多士) 수많은 의열지사(義烈之士)를 배출한 사실을 우리는 너무도 소연(昭然)하게 잘 알고 있다.[10] 그러므로 그들의 출병은 향보성

---

10) 『湖南節義錄』 참조.

보다도 근왕성에 보다 더 많은 비중을 차지하리라는 것은 불을 보듯 분명하다 이르지 않을 수 없다. 임진 6월 1일의 고경명의 격도내서 (檄道內書)를 보면 다음과 같다.

6월 1일 절충장군 행부호군 고경명이 도내 여러 고을의 선비와 백성들에게 다음과 같이 치고하다: 이번에 본도의 근왕군(勤王軍)이 금강(錦江)에서 퇴각하던 날 한 차례 무너지고 다시 여러 군(郡)에서 초유(招諭)할 때에 무너진 것은, 대개 단속하는 방법이 어긋나 기율이 없으므로 와전되는 말이 자주 일어나서 여러 병사들의 마음이 놀라고 의심스러워한 데서 연유한 것이다. 지금 비록 흩어져 없어진 나머지의 병사들을 수습하여도 사기가 꺾여 정예한 기운이 없어졌으니, 어떻게 긴급한 소용에 응하여 후일의 효력을 책할 수 있겠는가. 매번 생각하건대 승여(乘輿: 임금이 타는 수레)가 파천했는데 관직 있는 자들이 달려가 문안드리는 일이 오래도록 없었고, 종묘사직이 재가 되어 버렸는데 왕사(王師: 왕의 군사)가 숙청하는 일은 아직도 멀었으니 이런 일에 언급하게 되면 아픔이 마음속까지 사무친다. 생각하면 우리 본도는 본래부터 병사와 말이 정예하고 강력하다고 일컬어져 왔다. '성조(聖祖: 태조)께서 황산(荒山)에서 승리를 거두신 것은 우리 삼한(三韓)을 다시 이룩하신 공이 있고, 선대(先代 고려)가 낭산(朗山) 영암(靈巖)에서 전투할 때는 한 조각의 돛도 돌아가지 못했다'는 노래가 있어 지금까지 혁혁하게 사람들의 이목에 빛나고 있는데, 그때 용기를 떨쳐 먼저 나서서 장수를 목 베고 적기(敵旗)를 뽑아온 자는 이 도의 사람이 아니었던가. 하물며 근년부터 유도(儒道)가 크게 일어나 사람들이 모두 뜻을 세워 학문을 하게 되었으니, 임금을 섬기는 대의(大義)를 그 누구인들 강론하지 않았겠는가. 그러나 유독 오늘날에 이르러서 의로운 소리는 없어지고 겁내어 혼란해져 스스로 무너져서 여태껏 한 사람도 기운을 내어 왜적과 창끝을 마주치고 싸우기를 생각하는 자는 없고, 앞다투어 자기 몸과 처자를 보전할 계책을 꾸며 머리를 끌어안고 쥐같이 달아나는 것만 혹시나 남에 뒤질까 두려워하니, 이것은 본도의 사람들이 나라의 은혜를 깊이 저버리

는 것일 뿐만 아니라 또한 자기 조상을 욕되게 하는 것이다. 지
금인즉 왜적의 기세가 크게 꺾이었고 우리 임금의 위령(威靈)이
날로 뻗어나게 되었으니, 이는 바로 대장부가 공을 세울 기회이
고 임금에게 보답할 때인 것이다. 나 고경명은 경전(經典)의 장
구(章句)나 따지는 우활한 선비로 학문은 병법에 어두우나 장수
를 뽑는 이 자리를 위촉받아 망령되이 대장에 추대되었으니, 이
미 흐트러진 사병들 마음을 수습하지 못해 나를 추대한 두세 명
동지들의 수치가 될까 두려워하는 터이다. 다만 신하의 의리로
는 마땅히 국난에 죽어야 하는 것이고, 겸해서 군대는 의리상
곧은 것을 세다고 여기니 그 수효의 많고 적은 것에 달려 있지
않다. 오직 담을 크게 갖고 눈물을 뿌리며 전투를 하여 사병들
의 앞장이 되기를 생각하여, 임금의 은혜에 약간이나마 보답하
기를 바랄 뿐이다. 이달 11일이 군사를 결집하는 기일이다. 무
릇 우리 도내의 사람들은 아비가 아들에게 일러 주고 형이 아우
에게 권면하여 의로운 군대를 규합해서 함께 일어나, 용맹스럽
게 결단을 내려 선(善)에 따를 것을 바라나니 미혹되어 자신을
그르치지 말게 하라. 그러므로 이에 충심으로 고하며 위와 같이
격문을 띄웁니다.[11]

이는 고경명 정기록(正氣錄)의 제1성이기도 하거니와 난초(亂初) 궤
멸 직전에 민족정기의 소생을 창도한 절세의 격문(檄文)이라 이를 수
있다. 호남이야말로 국난극복의 원동력이요 근왕대의(勤王大義)의 소
재처(所在處)임을 분명히 하고 있다. 이에 의연히 모여든 의병(義兵)

11) 趙慶男,『亂中雜錄』第1,「壬辰上」. "六月一日 折衝將軍行副護軍 高敬命 馳告丁道內列邑士庶等 兹
者本道勤王之師 一潰於錦江返旆之日 再潰於列郡招諭之時 蓋緣控禦乖方 紀律蕩然 訛言屢騰 衆心警
疑 今難收合散亡之餘 而士氣催沮 精銳銷帳 其何以應緩急之用 責桑楡之效乎 每念乘輿播越 官守之奔
問久曠 宗社灰燼 王師之肅淸尚稽 興言及此 痛徹心膂 惟我本道 素稱士馬精强 聖祖荒山之捷 有再造
三韓之功 先朝朔州之戰 有片帆不返之謠 至今赫赫照人耳目 丁時賈勇先登 斬將騫旗者 豈非此道之人
乎 況近歲以來 儒道大興 人皆屬志爲學 事君大義 其孰不講 獨至今日 義聲消薄 恬擾自潰 曾無一人出
氣力 思與賊交鋒 而競爲全軀保妻子之計 捧頭鼠竄 惟恐或後 斯則本道之人 不唯深負國恩 而抑亦忝厥
祖矣 今則賊勢大挫 王靈日張 此正大丈夫立功之會 而報君父之秋也 敬命章句迂儒 學昧鞱鈐 屬兹登壇
妄推爲將 恐不能收士卒已散之心 爲二三同志之羞 但人臣之義 當死於國難 而兼以師直爲壯 不在多寡
惟思張膽灑泣決行 爲士卒先 庶幾少答上恩 今月十一日 是惟師期 凡我道內之人 父詔其子 兄勗其弟
糾合義旅 與之偕作 願勇決而從善 毋委迷而自誤 故玆忠告 檄到如章"

참집(參集)의 현황은 다음과 같다.

전라 좌우도의 선비들이 의병(義兵)을 일으킬 것을 제창하다. 좌
도는 전 부사인 첨지 고경명(高敬命)을 대장에 모셨고, 학유(學
諭) 유팽로(柳彭老)와 학관(學官) 양대박(梁大樸)을 종사(從事)로 하
고, 정랑(正郎) 이대윤(李大胤)과 정자(正字) 최상중(崔尙重)·양사
형(楊士衡)·양희적(楊希迪) 등을 모량유사(募糧有司)로 삼았다.
우도는 전 부사인 김천일(金千鎰)을 대장으로 모셨다. 고경명은
광주(光州) 사람으로 전에 동래사(東萊府使)를 지냈고, 김천일은
나주(羅州) 사람으로 전에 수원사(水原府使)를 지냈다. 애초에 유
팽로가 서울이 함락되어 거가가 서북으로 봉진했다는 소식을
듣고는 주야로 외쳐 울며 편안히 침식을 하지 못하고, 동지 양
대박 및 양희적과 더불어 고경명을 찾아가서 지방의 병사를 서
둘러 일으켜 북으로 향해 근왕(勤王)할 것을 모의하니, 고경명은
그들이 먼저 생각해 낸 것을 기뻐하며 흔연히 그들을 따랐다.
즉일로 여러 읍에 격문을 돌려 추성(秋城)에 모이도록 불러 날을
정하고 깃발을 세웠다. 본도에서 의병을 제창한 것은 유팽로 등
이 첫째였으므로, 호남에 삼창의(三倡義)라는 말이 생겼다.[12]

이렇듯 고경명의 격도내서는 결실(結實)하여 고경명, 김천일, 유팽
로 등 호남삼창의(湖南三倡義)를 낳기에 이르른 것이다.

이로써 우리는 호남의병이야말로 그의 발생론적 단계에서부터 이
미 경성실수(京城失守)에 발기하여 강토회복을 제1목표로 삼았음을
알 수가 있다.

그러므로 고경명 휘하의 의병조직이 아직 채 아물기도 전에 금산

---

12) 『亂中雜錄』 第1, 「壬辰上」. "全羅左右道士子等 倡擧義旅 左道則拜前 府使僉知 高敬命爲大將 學諭柳
彭老 學官梁大樸爲從事 正郎李大胤 正字崔尙重 楊士衡 楊希迪等爲募糧有司 右道則拜前府使 金千鎰
爲大將(敬命光州人)爲東萊府使 千鎰羅州人前爲水原府使 初柳喳老 聞京城失守 龍駕西巡 書夜號立
不安寢食 與同志人梁大樸 楊希迪 往謀于敬命俱起鄕兵 北首動王 敬命喜其先獲 欣然從之 卽日移檄列
邑 復會秋城 約日建旗 本道倡義 彭老等爲首 故湖南有三倡義之稱"

에의 원정을 조금도 주저하지 않은 소이를 우리는 짐작하고도 남음이 있다. 이는 향토보위만을 대기(待機)하는 소극성에서 벗어나 감연히 적과 대결하여 이를 섬멸하고자 한 적극적 근왕의 의기를 억누를 길 없었기 때문임은 다시 말할 나위도 없다.

이에 호남의병은 금산참전(錦山參戰)에 그친 것이 아니라 영남의 위기를 방어하기 위하여 월경출격(越境出擊)한 사실을 우리는 여기서 중시하지 않을 수 없다. 여기에 장문의 자료가 있지만 그의 일단을 소개하면 여좌(如左)하다.

호남 의병을 청하는 글.
슬프도다. 바다 도적이 세력을 믿고 침범하매 경계에서 막아낼 사람이 없어 7도의 강산이 적의 손에 모두 함몰되었는데, 오직 우리 호남만이 잠식됨을 면하여 조종의 강토가 지금까지 그대로 있는 것은 한두 의병장들이 충의를 분발하고 격려하여 의사를 모아 합한 힘이 아니었던가. 용성(龍城)·금산(錦山) 두어 성이 이미 적의 소굴이 되었다가 곧 도리어 섬멸되고 완산(完山) 한 부(府)가 거의 먹힐 뻔하다가 결국 보존되어 승전의 보고가 여러 번 날아와, 추한 무리가 넋을 잃어 한 도의 생령이 안심하고 살게 되매 다른 날의 회복이 여기에서 근거가 될 것이니, 적개(敵愾)의 큰 공이 태상(太常: 시호와 훈공을 정하는 곳)에 기록할 만하다. 그들의 고풍(高風)이 미치는 곳에 누가 감동되어 사모하지 않으리오. 인홍(仁弘) 등은 각 고을이 붕괴된 나머지에 분기하고 장수와 군사들이 흩어진 뒤에 수습하여 간신히 불러 모아 겨우 1려(旅)를 얻어 조개와 도요새처럼 서로 버티어[鷸蚌相持] 여름부터 겨울까지 이르니, 군사는 피곤하고 양식은 부족한데 여러 성을 점령한 적은 좌우에 벌여 있고 길에 왕래하는 왜놈은 먼 데나 가까운 데에 가득하다. 부상당하고 굶주린 군사를 거느리고 한창 날뛰는 적을 항거하자니 또한 어렵도다. 근일 이래로 적의 세력이 더욱 치성하여 이웃 고을에 개미처럼 모였던 놈이나 상도(上道)에서 후퇴한 놈들이 모두 성주로 모여서 실

로 수효가 많으니, 마구 침입할 염려가 아침이 아니면 곧 저녁
에 닥칠 것이다. 오늘 혹 방어에 실책하면 겨우 남은 8, 9고을도
장차 차례로 지키지 못할 것이니, 왜적들이 몰아 짓밟을 걱정은
역시 호남 지방에서도 같이 염려되는 바이다. 하양(下陽)이 한번
함락되매 우(虞)와 곽(虢)이 따라서 망하고, 한단(邯鄲)이 굳게 지
켜지니 조(趙)와 위(魏)가 함께 온전하였다. 본도가 호남에 대해
서는 곧 우·곽의 하양이요 조·위의 한단이니 영남이 없으면
호남도 없을 것인데, 막부에서 어찌 영남의 존망을 멀거니 쳐다
보고 염려를 하지 않는가.[13]

이하 계속되는 장문의 호소문은 다 읽을 필요도 없이 호남의 의열
임계영(任啓英) 전라좌도 의병장은 보성(寶城)을 출발 남원(南原)을 거
쳐 전라우도 의병장 최경회와 함께 경상각지의 왜적을 소탕하는 데
크게 활약한 사실은 역사적 기록에 조연(照然)하므로 여기에 재록하
지 않는다.[14]

고경명과 더불어 호남의병의 쌍벽을 이루는 전수원부사(前水原府
使) 김천일의 행적은 우리들에게 많은 시사를 안겨준다. 하나는 강화
도(江華島) 보위(保衛)요 둘은 진주성(晉州城) 보위라 할 수 있다. 그는
고경명의 창의와 거의 때를 같이하여 나주(羅州)에서 거병한 후 일의
(一意) 서울수복에 뜻을 두고 전임지인 수원 행산고성(杏山古城)에 들
어갔다가 다시 강화도로 진(陣)을 옮겨 연안 각지에 산재한 적들을

---

13) 『亂中雜錄』第2,「壬辰下」. "請湖南義兵文 嗚呼海痍遯陵 屏翰無人 七路山河 盡淪賊手 惟我湖南 獨免
荐食 祖宗疆場 至今依舊者 何莫非一二義將激勵忠奮糾合義士之力也 龍錦數城 已爲賊藪 而旋剋刑殲剿
完山一府 幾被吞噬 而畢竟保守 捷音屢飛 醜徒褫魄 一道生靈 賴以奠居 他日恢復 於是根基 而敵燄豐
勳 可紀太常 高風攸曁 孰不聳慕 顧惟仁弘等奮起於列邑瓦解之餘 收合於將卒波潰之後 間關招集 僅得
一旅 躐蛛相持 自夏徂冬 師老河上 食少祈山 而諸城雄據之賊 環列左右 道路往來之倭 充斥於遠邇 以
疲殘餓羸之卒 抗方張猋突之賊 蓋亦難矣 近日以來 賊勢益熾 隣境城屯者 上道鵁退者 咸萃星山 寔繁
有徒 闌入之患 非朝卽夕 今或失禦 則僅存八九餘邑 將次第不守 長斯踩躪之禍 亦湖境之所同憂也 下
陽一擧 虞虢遄亡 邯鄲固守 趙魏以全 弊邦之於湖南 卽虞虢之下陽 趙魏之於邯鄲 無嶺南則無湖南矣
幕府烏得恝視其存亡而不爲之動念哉"

14) 鄕保性義兵 곽재우와 대조를 이룬다.

소탕하는 데 대공을 세웠다. 여기에 서울보위라는 그의 근왕정신이 약여(躍如)하고 있거니와 그는 이듬해 5월 진주전에 참가하여 그의 아들 상건(象乾)과 더불어 남강(南江)에 천추의 한을 뿌렸으나 역사의 포폄은 너무도 냉혹하다. 『선조실록(宣祖實錄)』 갑오 3월의 기록을 보면 다음과 같다.

> 유성룡이 아뢰기를, "진주성(晉州城)이 함락될 때 외지의 군사가 많이 들어가 호령이 통일되지 않았기 때문에 패망하게 된 것입니다. 인력으로 해야 할 일을 다하였더라면 진주는 대읍(大邑)이니 필시 함락되지는 아니하였을 것입니다."
>
> 하니, 상이 이르기를, "장사가 많이 죽었는데 이것만이 애석한 것이 아니라 이 뒤로부터는 모두가 성(城)을 지키는 것을 경계하게 되었으니 이것이 더욱 불행한 일이다. 나의 생각으로는 진주성이 함락된 것은 형세상 필연적인 일이었다. 병력의 강약이 전후가 현격하게 달랐으니, 전에는 왜적이 일개 부대의 병사로 와서 포위하였기 때문에 보전할 수 있었지만 후에는 대부대의 적이 쳐들어와서 기어이 함락시킬 작정을 하고는 성밖의 해자(垓子)를 터서 마르게 한 뒤에 구덩이를 채워 성에 닿도록 쌓고서 타고 올라왔다고 하였다." 유성룡이 아뢰기를, "김천일(金千鎰)의 군사는 모두 시정(市井)의 무리들이었으니 그런 군병으로 어떻게 수비할 수 있었겠습니까" 하니, 상이 이르기를, "김천일이 강화(江華)에 있을 때 병사를 훈련시키지 아니하였는가?" 하였다. 유성룡이 아뢰기를,
>
> "어느 겨를에 병사를 훈련시켰겠습니까. 그리고 그의 성질이 또한 실로 오활하고 옹졸하였습니다.[15]

---

15) 『선조실록』, 갑오년 3월 20일. "成龍曰晉州城陷時 客軍多入 浦令不一 故至於至敗 人事若盡 則晉州大邑也 必不至於陷沒 上曰將士多死 非惟此爲可惜 自此之後皆以守城爲戒 是尤不幸也 予意晉州陷城 勢所必至 前後兵力强弱懸殊 前則倭賊以一枝之兵來圍 故得保 後則以大勢之賊來迫而期於必陷 城外垓子 賊兵決之 使乾因以塡充而迫城登之云矣 成龍曰金千鎰軍皆市井之人也 以如此之軍 其能守之乎 上曰金千鎰在江華時 不爲鍊兵乎 成龍曰奚暇鍊兵 其性實迂拙矣 上曰金千鎰心則貴矣 性果迂疎人也"

라 하여 제2차 진주성 공략전의 실상을 기록함으로써 김천일을 오졸(汚拙)한 인품으로 치부하였지만 사신의 다음과 같은 후반 기록은 김천일의 행적을 올바르게 평가하고 있는 것으로 보인다.

사신은 논한다. 신하를 알아보는 데는 임금만 한 자가 없다고 했는데 상이 김천일을 논한 것은 김천일의 사람됨을 명확하게 알았다고 할 수 있겠다. 김천일은 도량이 편협하고 재략이 천단(淺短)하니 어떻게 난을 평정하고 시대를 구제할 재목이었겠는가. 그러나 그 마음만은 진실로 귀하게 여길 만하다. 처음 난이 일어났을 때 한산(閑散)한 신분으로 전라도 나주촌(羅州村)에 있었는데 적병이 경성(京城)에 들어가고 거가(車駕)가 서쪽으로 파천했다는 소식을 듣고는 눈물을 흘리며 강개하여 향정(鄕井)에서 모집한 의사(義士) 겨우 3백여 명을 이끌고 경성으로 곧바로 향하였다. 그때 전라 순찰사 이광(李洸)이 용인(龍仁) 지방에서 패하여 수만 명의 군사가 일시에 쫓겨 도망을 하였는데, 김천일의 외로운 군사들은 저들의 패배를 보고도 조금도 동요되지 아니하고 마치 낙토(樂土)로 달려가듯 하였으니 그가 사졸의 마음을 얻었음을 알 수 있다. 그러다가 강화(江華)를 보존하여 지킬 때에는 3~4천의 군사를 모집하여 전진(全陣)의 적을 공격하였으나 모두 불리하자 경강(京江) 근처에 복병을 설치하여 전후에 참괵(斬馘)한 것이 거의 4백여 급(級)이나 되었고, 또 서울에서 적에게 붙었던 백성들을 유인해 내어 자기에게 소속되게 하였다. 이 때문에 강화가 보존되어 위로는 행조(行朝)와 통하고 아래로는 양호(兩湖)와 연결될 수 있었으니 그 공로 역시 작지 않았다.[16]

---

16) 같은 책, 같은 곳. "吏臣曰知臣莫如君 自上論千鎰 可謂明知 千鎰爲人矣 千鎰器量褊隘 才略短涉 豈是撥亂濟時之才乎 但其心誠可貴 亂初以閑散在全羅道羅州村 聞賊兵入京城 車駕西遷 涕泣慷慨 募聚鄕井義士 僅三百餘名 直向京城 其時 全羅巡察使李洸 敗軍於龍仁也 累蕩之兵 一時退遁千鎰孤軍 見彼敗北 亦不搖動 如赴樂土 其得士卒心可知矣 及其保守江華也 聚兵三四千 攻剿全陣之敵 皆不利而設伏於京江近慶 前後斬馘 幾四百餘級 又誘出京中附賊之民 使屬於己 以此江華 一孤 賴以得保 上通行朝 下達兩湖 功亦不少矣"

라 한 것을 보면 천일의 성품은 오졸(汚拙)한 것이 아니라 오히려 우직(愚直)하거나 아니면 충직(忠直)하다 이르지 않을 수 없다. 공자가 『논어』에서 이른바 영무자의 어리석음[甯武子之愚]이었는지도 모른다. 말 그대로 도량이 편협하고 재략이 천단(淺短)했다면[器量褊隘才略短涉] 어떻게 취병삼사천(聚兵三四千)하여 참괵기사백(斬馘幾四百)함으로써 강화 일도(一島)를 보전할 수 있었겠는가. 그리하여 진주성의 전투는 패세를 알면서도 나아가 싸우지 않을 수 없는 실로 우직하거나 아니면 충직한 자의 소행으로 보이는 소이가 여기에 있다.

이로써 호남의병은 나주, 순창, 광주, 보성 등 전라도에서 차출되었지만 그들의 전적은 경기, 강화, 전북, 금산이 아니면 월경부전(越境赴戰)한 후 경상도 각지에서 전공을 세웠고 진주성 공방전에서 옥쇄한 사실을 사신(史臣)은 어떻게 평가해야 할 것인가. 이는 결코 유성룡과 선조와의 대화로써 풀릴 수 없으며 일개 사신(史臣)의 평정으로 끝날 수 있는 성질의 것이 아닐 것이다. 김천일의 사정은 하늘만이 알 것이라는 소이 또한 여기에 있는 것이다. 진주성 패전은 겉으로 전멸의 참패를 가져왔지만 왜군으로 하여금 다시금 호남에의 재침을 포기하게 한 대공은 누가 차지해야 할 것인가.

이렇듯 호남의병은 소승적 승패에 구애받지 않고 구국적 대의에 기꺼이 순절한 소이가 여기에 있다.

제2절 관군의 실태

국군(國軍)의 주력은 두말할 것도 없이 관군에 있음은 다시 말할 나위도 없다. 그럼에도 불구하고 임란 7년을 전후한 관군의 실태는 어떠하였는가.

여기서 새삼 율곡의 십만양병설을 회상할 필요도 없이 유비무환의 양병이 제대로 이루어지지 않았던 안일의 간극(間隙)을 뚫고 왜침이 이루어진 사실은 아무도 부인하지 못할 것이다. 1592년 4월 14일에 부산에 상륙한 왜군은 불과 보름 만에 서울을 함락하였으니 그 길목에 깔린 관군은 다 어디로 갔단 말인가. 가위 무인지경을 달리듯 쏟아져 올라간 적군 앞에 한 명의 관군도 없었단 말인가. 이로써 임란초(壬亂初)에 있어서의 경상도 관군의 실태는 짐작하고도 남음이 있다. 여기에 만일 막강한 관군이 열읍(列邑)을 지키면서 버텨주었고 이들을 지탱할 관헌(官憲)의 사기가 저상(沮喪)받지 않았다면 적의 진군은 추풍령(秋風嶺) 이남(以南)에서 그 세를 꺾을 수도 있었을 것이다. 여기에 공성작전(空城作戰)이니 청야전법(淸野戰法)이니 하는 전술적 허구성이 도사리고 있는 것이다.

경상도 관군의 망풍궤주(望風潰走)는 그렇다 치더라도 전라도 순찰사 이광(李洸)의 근왕군해산(勤王軍解散)은 실로 어처구니없는 초전(初戰)의 실책이 아닐 수 없다.

> 이광(李洸)이 근왕병(勤王兵)을 거느리고 공주(公州)에 이르러서 왜적이 서울에 들어갔다는 소식을 듣자, 징을 울려 군대를 퇴각시키니 육군(六軍)이 무너져 돌아오다.[17]

하였으니 그는 스스로 실책임을 깨닫고 다시금 재편에 노력하였으나 그간에 순창(淳昌) 옥과군(玉果軍)과의 난동을 겪고 사기저하하여 궤산일로(潰散一路) 재기의 기력을 상실하고 말았던 것이다.

---

17) 『亂中雜錄』第1, 「壬辰上」. "李光率勤王兵 行到公州 聞賊入京 鳴金退師 六軍潰還"

20일. 남원(南原)·구례(求禮)·순천(順天)의 군사 8천여 명이 전주(全州)에 와서 참전하다가 일시에 흩어져 마구 찌르는 창에 죽은 자들이 퍽 많았다. 이광(李洸)의 군관 옥경조(玉景祚) 등이 칼을 뽑아 후퇴하는 자들을 베어 죽이자, 무너져 가던 군사들이 옥경조를 에워싸고 전주까지 와서 빠져나올 수 있었다. 남원 부사 윤안성(尹安性)은 판관 노종령(盧從岭)에게 영(令)을 전하여, 흩어진 군사들을 타일러 모아 보내라고 했고, 구례 현감 조사겸(趙士謙) 등은 직접 본읍에 돌아가 군사들을 불러 모은 다음, 달려 돌아가서는 은진(恩津)까지 이르렀다. 전주·광주(光州)·나주(羅州)의 군사가 용안(龍安)에 도달해서 역시 일시에 흩어지자 수령 등이 길에서 불러 모아 봤지만, 무너진 군사들을 한데 모을 수는 없었다. 이광 역시 길에서 머뭇거리곤 하여 전진하기를 꺼리는 기색이 많았다.[18]

라 하였으니 염진궤산(厭進潰散)한 관군의 실태는 이로써 짐작하고도 남음이 있다. 서울 실수(失守)를 놓고 관군을 해산시킨 이광과 서울 실수(失守)를 듣고 의연히 의병을 일으켜 강화에서 역전고투한 김천일과는 너무도 대조적인 자가 아닐 수 없다.

이로써 국군의 권위가 땅에 떨어지자 그 틈을 메운 군력이 다름 아닌 근왕병과 명군이라 이를 수 있다. 어찌 말하면 관군의 무력이 외국군(명군)을 불러들이지 않을 수 없었던 여건으로 작용했다고 보아야 할는지 모른다. 그러므로 해서 임란 7년간 이 삼자의 관계는 실로 미묘한 상호 역학관계로 작용한 사실을 우리는 잊을 길이 없다.

먼저 관군과 의병의 관계를 밝혀 볼 필요가 있지 않나 싶다. 임란 초기에 있어서의 관군의 패색은 걷잡을 길이 없었지만 차차 관료체

---

18) 『亂中雜錄』 第1, 「壬辰上」. "二十日 南原求禮, 順天之兵八千餘名 到全州參禮 一時潰散 亂槍所斃甚多 李洸軍官王景祚等 拔劒斬退 潰軍雍景祚 至全州得脫 南原府使尹女性, 傳令判官盧從齡 開諭聚送 求禮縣監趙士謙等 親還本邑 招集馳援 及于恩津 全州光羅之兵到龍安 亦一時潰散 守令等在道招集 然而潰軍未能齊會 李洸亦在道遲回 多有厭進之意"

제(官僚體制)가 다시금 소생함에 따라서 관군의 정비도 이에 정비례하여 갖추어졌다고 볼 수 있을 것이다. 이는 이광과 권율(權慄)의 교시에 의하여 그의 실상이 뚜렷이 밝혀진다.

> 이광·윤선각(尹先覺)의 벼슬을 삭탈하여 백의종군(白衣從軍)하게
> 하고 나주 목사 권율로서 전라 순찰사를 삼았다.[19]

라 한 것은 이를 이른 기록으로서 이후 권순찰사(權巡察使)가 눈부신 활동을 전개한다.

우리는 여기서 권율의 개인 행적을 추적하려 하지 않는다. 다못 그가 임란 3대첩의 하나인 행주대첩(幸州大捷)에서 함께 싸웠던 휘하 장병의 출처가 어디였느냐의 문제를 잠시 여기서 추적해 보지 않을 수 없다. 『국사대사전』에 따르면 권율은 임진왜란 때 광주목사(光州牧使)로 군병(軍兵)을 모집하여 방어사(防禦使) 곽영(郭嶸)에 예속되었다. 용인(龍仁)싸움에 패하였으므로 다시 광주로 가서 천여 명의 군병을 모집하여 남원싸움에서 적을 대파하고 나주 목사가 되어 부임 전에 전라순찰사가 되었다. 전주에서 병사 만여 명을 인솔하고 수원 독산(禿山)에 진치고 적의 서진을 막았다고 하였는데 이는 행주대첩의 전초전에 해당된다. 그렇다면 행주대첩의 주력은 전주에서 인솔한 관군 만여 명이었으니 『잡록(雜錄)』임진 9월 22일의 다음과 같은 기록과는 여합부절(如合符節)한다.

전라 감사 권율이 군사 2만여 명을 거느리고 근왕(勤王)하려고

---

19) 『亂中雜錄』 第2, 「壬辰下」. “削奪李洸尹先覺官爵 白衣從軍 以羅州牧使權慄爲全羅巡察使”

북쪽으로 달려가는데 각 고을 수령과 승장(僧將)·처영(處英) 등
이 따르다.[20)]

여기 2만 명은 숫자의 차만 있을 따름이요 내실은 전주에서 인솔
한 호남관군이었음은 의심의 여지가 없다. 권율도 충무공처럼 육전
에서도 '호남이 없다면 국가도 없다는 탄식[若無湖南 是無國家之歎]이
있었을 것임 직도 하다.[21)]

이렇듯 재편된 관군과 신생한 의병과의 관계는 부즉불리(不卽不離)
막상막하(莫上莫下) 서로 공을 다투는 사이가 되었다. 그러므로 이들
은 서로 협력하기도 하고 때로는 불협화음을 발하기도 한다. 다음의
기록에서는 의병장 고경명과 방어사(防禦使) 곽영(郭嶸)과 이광(李洸)
과의 사이에서 약간의 불협화음을 내뿜어내고 있다.

> 고경명(高敬命)이 연산(連山)에 머물러 진을 치고 방어사(防禦使)
> 곽영(郭嶸)에게 영(令)을 전달하여 금산(錦山)에 남아 뒤처진 적
> 을 치자고 약속했는데, 이광이 군관을 시켜 고경명에게 군사를
> 돌이켜 함께 지키기를 청하였다. 고경명이 허락하지 아니하고
> 연산에서 떠나 진산(珍山)으로 전진하면서 정예부대를 뽑아서
> 길을 나누어 정탐하게 했다. 이광이 곽영에게 영을 전달하여,
> "달려오라" 했는데, 곽영이 듣지 아니하고 의병을 따라 금산으
> 로 향하였다.[22)]

고경명에게 금산적 소탕을 위하여 회병공수(回兵共守)하자는 청을
드렸는데 고는 이를 거절하였고 이광이 곽영에게 전령을 보냈으나

20) 『亂中雜錄』 第2, 「壬辰下」. "全羅監司 權慄 領軍二萬餘名 赴北勤王 各官守令 及僧將處英等從之"
21) 같은 책, 第2, 「癸巳」, 1월~2월 2일.
22) 같은 책, 第1, 「임진상」. "高敬命留陣連山 傳令防禦使郭嶸 約攻錦山留後之賊 李洸使軍官請敬命回
    兵共守 敬命不許 發自連山 進珍山 抄精銳 分道偵探 李洸傳令郭嶸馳來 嶸不從 隨義兵 向錦山"

끝내 부종(不從)하였다. 이로써 고경명, 곽영, 이광 등 삼자 불협화는 감출 길이 없지만 그렇다고 해서 어찌 협력체제인들 없었을 것인가.

> 김천일(金千鎰)·최원(崔遠) 등이 군사를 거느리고 수원(水原)으로 부터 인천(仁川)으로 향하면서 본도에다 구원병을 요청하니, 이광(李洸)이 조방장 이유의(李由義)와 진도군수 선거이(宣居怡) 등으로 하여금 군사를 거느리고 달려가 구원하게 하다.[23]

에서 의병에 대한 관군의 치원(馳援)을 엿볼 수가 있다.

그러나 우리가 육전에서 주목하지 않을 수 없는 병력으로서는 명군(明軍)으로서 그의 정체를 밝혀보지 않을 수 없다.

명군의 내원은 그 원인을 관군의 연약성에 돌릴 수밖에 없지만 — 서울과 평양의 함락 — 그들의 지휘권의 독립과 아울러 그들에 대한 군수지원은 우리의 걱정거리가 아닐 수 없다.

명군은 그가 비록 우군(友軍)으로서 원정 온 군대라 하더라도 우리의 관군과 의병들과의 협조는 실로 지난한 과제의 하나였음은 의심의 여지가 없다. 그들의 소극적 전략은 항상 왜군의 평화위장전략에 농락되었던 사실은 이미 널리 알려진 바와 같다. 충무공의 편범불반의 전략과 상반되어 하마터면 왜군의 흉계에 빠질 뻔했던 사실을 우리는 잊을 수가 없다.

또 한편 그들은 왜란이 장기화됨에 따라 우리들에게 크나큰 구속이 아닐 수 없다. 전란은 초전속결했어야 했다. 그러나 평양과 서울이 그들의 내원(來援)으로 수복되기는 하였지만 충청, 경상 등지에

---

23) 『亂中雜錄』 第1, 「임진상」. "金千鎰 崔遠等領軍 自水原向仁川 徵援本道 李洸以助防將李由義 珍島郡 守宣居怡等領軍馳援"

[해설] 호남 임진왜란 사료집 총설 355

주둔한 적병의 소탕은 장기화의 조짐으로 들어가자 향수에 젖어든 명군의 처우는 우리의 옥상가옥(屋上加屋)의 큰 짐으로 작용하였다. 그것도 명색, 아직 적침을 받지 않았다는 구실로 호남일대 전라도민의 고통은 이루 다 헤아릴 수가 없다. 다음에 일이(一二) 기록을 들추어보자.

> 호남 사람들이 중국 병사의 양식을 선산·성주로 공급하는데 공급하는 양식과 반찬이 한 사람 앞에 두 짐바리[馱]가 되니 운반하는 노고를 이루 말할 수가 없다. 생원·진사 및 선비들로서 감관(監官)을 분정(分定)하여 그곳에 이르러 공급을 감독하게 하고 다른 도에서도 모두 그러하다.[24]

이에 따른 호남의 고충을 이원익(李元翼)의 통문으로 살펴보면 여좌(如左)하다.

> 초야(草野)의 보잘것없는 신하가 엎드려 애통(哀痛)의 교서(敎書)를 보고 깊이 성상(聖上)의 인자하신 은혜에 감동되고, 소민(小民)들의 곤궁하고 박절함을 크게 분하게 여겨 이 한 목숨 돌보지 않고 감히 다음과 같이 진술합니다.
> 8도 가운데 호남이 겨우 목에 숨이 붙었는데 백성이 곤궁하기는 이 도가 더욱 심하여 굶어 죽은 송장이 들에 쌓였으며, 사람들이 서로 잡아먹고 사방이 황폐하여 쑥대가 들을 덮었고 불쌍한 남은 백성들이 거의 다 죽게 되었다. 우리 성상께서 들으시고 불쌍히 여기시어 곧 위의 교서를 각도에 반포하시어, 첫째로 안정시키고 위무하기 위하여 우선 진상(進上)을 감하고 가포[價布: 진상 물품에 대가(代價)로 내는 포목]를 면제하여 백성의 힘을 펴주려 하여 당신을 박하게 봉양(奉養)함을 관계하지 않고,

---

24) 『亂中雜錄』 第2, 「癸巳」. "湖南之人 支供天兵于善山星州 所餉粮饌 一夫二馱 轉輸之勞 不可勝計 以生進及士子等 分定監官 到彼監供 他道皆然"

군량 운반을 잘 살피고 쇄마(刷馬)의 증발을 균일하게 하여 백성의 괴로움을 쉽게 해주어, 간악한 관리의 폐단을 누르고 군사를 뽑느라고 침노하며 소요스러운 폐단을 막고, 공 있는 사람이 상받을 길을 열었다. 방백(方伯)은 마땅히 국가와 기쁨과 슬픔을 함께하여야 할 자들이니, 애써서 글을 돌려서 백성의 잡역(雜役)을 덜게 하고 농사를 권장하고 혹은 도사(都事)를 혹은 차원(差員)을 보내어 민간에 드나들면서 백성의 고통스러운 바를 묻게 하여 임금의 말씀을 따르고 임금의 뜻을 받들어야 하거늘 수령들은 우리 임금의 신하가 아니란 말인가? 지극한 임금의 은혜를 받지 않았단 말인가? 임금의 뜻을 받들지 아니하고 백성의 일을 생각하지 아니하고 교서(敎書)를 보고는 소매 속에 넣고 발표하지 아니하고, 창고에 곡식을 쌓는 것은 군량에 대비함이라 칭하고, 도사나 차원이 온다는 것을 들으면 군량을 핑계대고, 부정을 적발하는 일과 진상을 감하는 것과 가포를 면제하는 것에 대해서는 백성의 귀를 막고 구태를 그대로 지니고, 군량의 조달과 쇄마의 증발에도 교서는 들은 체도 않고 전보다 배나 남용하고, 군사는 정예함을 위주로 하여 태거하라는 명령에 대해서는 더욱 교서를 다행으로 알아 이에 의거하여 더욱 조종하여 부자는 정예하지 못한 군사로 돌리고 가난한 백성은 정병(精兵)으로 돌린다. 더구나 공을 상주는 은전은 직책 가진 자의 뜻밖의 일이다. 친근한 이 가운데서 드러내는 일을 마지않아 사람들의 말에 상관도 없이 제 마음대로 보고하여 상세한 증거가 없는 자도 문득 높은 계급에 올랐고, 구휼(救恤)하라는 명령은 수령들이 긴요치 않게 여기는 바여서 관청의 창고에 저장한 곡식을 제 것으로 만들고, 반 섬의 벼와 두어 말의 콩으로 구휼한다는 이름만 내고 밤낮으로 애써서 계획하는 것이 가족의 풍족한 생활과 권문(權門)에 붙을 길과 금은과 비단을 사들이기에 욕심이 한이 없고, 창고의 곡식을 다 소비하고 거의 없어지면 도리어 민간에 흩어져 있다고 허위 문서를 꾸며서 추수 때가 되면 백성이 갚지 않아 결손되었다 하여 백성들로 하여금 알지 못하게 하되, 혹시 진위(眞僞)를 분석하다가 도리어 곤장을 맞아 죽는 이도 있으므로 입이 있어도 말을 못 하고, 묵묵히 납입하여도 끝이 나지 못하였다. 만약 뒷날 병신년에 체찰(體察) 이원익(李元翼)이 감면해주는 어진 정사가 아니었더라면 곡식은 보지도 못한 불쌍한 우

리 백성들이 반드시 모두 곡식을 먹은 자의 손에 죽었을 것이
니, 위태롭고도 위태로웠다! 슬프다! 이때에 전염병이 겸하여
치성하여 굶주린 백성이 더욱 죽었으니, 국운과 인명의 불행이
어찌 이 지경에 이르렀는가?[25)

이렇듯 이원익(李元翼)의 진언은 호남의 극심한 민생고를 호소(呼
訴)하고 있다. 이 어찌 명군만의 탓이랴마는 인역상식(人亦相食)의 참
상은 호남만이 감당하기에는 너무도 가혹한 역사적 시련이었다고
이르지 않을 수 없다.

제3절 수군의 실체

이제 임란을 승리로 이끈 수군은 설령 그들이 충무공의 휘하에서
위훈을 세웠다 하더라도 그를 밑받침한 저력은 수군의 총체적 역량
에 의하여 성취되었음은 다시 말할 나위도 없다. 그러한 수군의 실
체를 어떻게 밝혀야 할 것인가. 그러기 위해서는 많은 자료들을 하
나의 용광로 속에 넣고 이를 하나로 체계화하여 하나의 틀을 만들어
내야 할 것이다. 그러기 위하여 본보기로 몇몇 기록을 적기(摘記)하
면 여좌(如左)하다. 『선조실록(宣祖實錄)』 갑오(甲午) 2월동(二月冬)에 보면,

---

25) 『亂中雜錄』 第3, 「甲午」. "草野微臣 伏覩哀痛之故 深感聖上之仁恩 而大憤小民之困迫 不顧一生敢陳
數言 曰八道之中 湖南稍有呻吟之呼吸 而人之困窮 此道尤甚 餓莩相聲 人亦相食 四境荒廢 蓬蒿連阡
子遺嗷嗷 幾盡溝壑 惟我聖上開而哀之 卽頒右敎于諸路 一以安撫爲先 減進上 除償布 擬紓黎元之力而
不憚自俸之薄 審運粮 均刷馬 庶休飛輓之苦 而期抑奸吏之弊 塞少軍役擾之端 開有功蒙典之事 或發差
員 出入閭閻間民疾苦 體念王言 遵奉聖旨 而守宰之輩 非是吾王之臣子乎 不蒙王恩之罔極乎 不體上
意 不念民事 見敎旨則袖而不發 稱以多儲倉穀以爲軍需 聞都事差員之來則私以軍粮搬奸之事 進上之減
償布之發壅蔽民聽一依奮規 軍粮之調刷馬之斂除置之度外 倍前濫用 兵務蝟太 去之令益 幸此旨憑加撲
當老爲尤 窮民是糈 況此賞功之典 職任者之意外事也 不得已發於親近之中 不有人言 擅自論報 未詳聲
息者 奄踣品秩 賑救之命 守土者之所不緊也 官倉儲穀 自作囊棄以斗斛之租 數斗之太爲賑貸之塞責 而
盡夜焦思 盡心規盡者 眷屬之養 權門之賂 金銀之貿 緋帛之易 不盡不厭穀限玲渴 則反以散民間 修成
誣籍 西成出定云 以連欠 俾民嚬臟而巫稜辨 或有分析眞僑而反取枚死者有口無言 悶黙獨抗而未畢 倘
非後內申 李體察元翼 減仕之仁政 則哀祝不見穀之元元 盡斃於食殺者之手矣 殆而殆而 噫 是時 癘疫
兼熾 飢民尤斃 國運人命之不幸 何至此哉"

주상께서 말했다. "호남 수병의 공이 작지 않다. 왜적이 호남을
빠트린 것도 필시 이 때문이다."26)

라 한 것을 보면 왜병이 호남을 범하지 못한 것은[潰湖南] 수군의 공
으로 돌리고 있음을 알 수가 있다.

다시금 전라수병의 실력을 과시하는 일문(一文)을 기록하면 다음
과 같다.

> 상이 이르기를, "누가 지킬 만한가? 왜적이 물러가면 급히 방수
> (防守)하지 않을 수 없다. 근일 수전(水戰) 등의 일을 하지 못하
> 는 것은 바로 거제(巨濟)를 잃었기 때문이다. 웅천(熊川)·천성(天
> 城)·가덕(加德) 등 지역도 모두 텅 비었으니, 또한 때맞추어 들
> 어가 점거하지 않을 수 없다. 왜적이 물러가면 이순신(李舜臣)에
> 게 거제를 지키도록 하는 것이 옳다" 하니, 이정형(李廷馨)이 아
> 뢰기를, "전라도의 군대로 거제를 지킬 수 있습니다" 하였다.
> 상이 이르기를, "비록 전라도의 군대로도 즉시 가서 지킬 수는
> 있으나 다만 좌수사(左水使)가 고단하고 약한 군대로 어떻게 능
> 히 지키겠는가. 이처럼 지키기 어려운 지역은 염려하지 않을 수
> 없다. 어떻게라도 해야 한다면 이순신으로 하여금 그 군대를 거
> 느리고 큰 진영을 지키게 하는 것이 옳다. 부산(釜山)과 같이 큰
> 진영은 마땅히 이순신으로 지키게 하고 전라 수사(全羅水使)는
> 다른 사람으로 대신하게 하는 것이 옳다" 하였다.27)

정형(廷馨)의 "전라도의 군대로 거제도를 지킬 수 있다[以全羅軍可
以守巨濟矣]"는 가위 전라수군의 실력의 일단을 보여주는 자가 아닐

---

26) 『선조실록』, 갑오 2월 27일. "上曰湖南水兵之功不小 賊之所以潰湖南者 必以此也"

27) 같은 책, 을미 7월 8일 "上曰 誰可守之 若賊退 則不可不急急防守也 近日水戰等事 不得爲之者 仍以
失巨濟故也 如熊川天城加德等處 盡爲空虛之地 亦不可不趁時入據 若賊退 則以李舜臣防守於巨濟可也
廷馨曰 以全羅軍 可以守巨濟矣 上曰 雖全羅 亦可卽往守之 而但左水使 以孤弱之軍 何能守之 如此
難守之地 不可不憂也 無已則 以李舜臣領其軍守大陣 可也 如釜山等大陣 當以李舜臣守之 而全羅水使
可以他人代之"

수 없다.

그러나 수군의 확보는 지난지사(至難之事)로서 그의 고충을 살펴보면 다음과 같다.

계사·갑오년 이래로 수병(水兵)들이 몹시 고생하였고, 연변(沿邊) 곳곳에 전염성 열병이 배나 치성하여 한산도를 지키는 군사들이 열에 여덟, 아홉이 죽었다. 이러므로 간 자는 돌아오지 않고, 남아 있는 자도 도망치고 흩어져서 허다한 군선(軍船)이 장차 다 비게 되었다. 이순신이 걱정하여 이에 수군[舟師]에 속한 각 관(各官)으로 하여금 촌백성을 수색하여 잡아서 군사를 채우고, 군관과 모든 장수를 연해(沿海)의 시장(市場)에 나누어 보내어 장사꾼을 덮쳐잡아서 배에다 실어서 군사를 만드니, 이로부터 연로(沿路)의 시장이 다 파하고 마을이 황량해져서 사람들이 모두 풀 속에 엎드리고 구멍에서 살다가 틈을 엿보아 농사짓고 수확하니, 마치 밭에 있는 제비[燕]의 괴로운 생활과 같았다.[28]

전란이 일어난 지 6년에 군사들이 흩어져 도망하여 한산도의 수졸이 열에 한둘밖에 남지 않았으므로 연변(沿邊) 시장에서 장사꾼을 함부로 잡아서 데리고 가는 폐단이 이때에 이르러 더욱 심하였다.[29]

라 한 것을 보면 병역(病疫)과 난포(亂捕)에 시달리는 연해민(沿海民)의 고통은 짐작하고도 남음이 있다.

이렇듯 수군의 승리의 뒷길에는 말 못 할 참상이 도사리고 있음을 간과해서는 안 될 것이다. 『선조실록』 갑오 10월에 의하면 다음과 같은 기록이 보인다.

---

28) 『亂中雜錄』 第3, 「을미」. "癸甲年來 水兵甚苦 而沿邊諸處 癘疫倍熾 閑山戊卒 十死八九 以此往者不還 存者逃散 許多軍船 將盡空虛 李舜臣有憂之 乃令舟師各官 搜捕村民充軍 分送軍官諸將于沿海場市 掩捕商賈 載船爲軍 自此沿路 場市盡罷 閭里蕭然 人皆草伏穴處 伺候耕穫 有同燕子田之苦"

29) 같은 책 第3, 「丁酉」. "兵興六載 軍卒散亡 閑山戊卒 十存一二 沿邊場市 亂捕商賈之弊 至是益甚"

사간원이 아뢰기를, "나라의 형세가 날이 갈수록 더욱 위급해지고 있습니다. 호남 지방을 들어 말하자면 주사(舟師)가 소속되어 있는 지방의 수군(水軍)은 모두 흩어지고 없어 수령이 결복(結卜)에 따라 인부(人夫)를 차출하여 스스로 식량을 준비하도록 하여 격군(格軍)에 충당하고 있는데, 한번 배에 오르기만 하면 교대할 기약도 없고 계속 지탱할 군량도 없어 굶어 죽도록 내버려 두고, 시체를 바다에 던져 한산도에는 백골이 쌓여 보기에 참혹하다 합니다. 순안 어사(巡按御史)를 시켜 순방(詢訪)하여 계문(啓聞)하고 사세에 알맞게 처치하도록 하소서. 그리고 도내에 토적(土賊)이 크게 일어나 곳곳에 소굴을 마련하고 백주에도 살상과 도둑질을 하여 사람들이 나다니지 못하므로 조정에선 여러 번 명령하여 체포하도록 하였는데 순찰사 이하가 즉시 처치하지 않으니 매우 놀랍습니다. 순변사(巡邊使) 이일(李鎰)과 순찰사 홍세공(洪世恭)을 추고하여 급히 체포하도록 하소서. 남방의 변경에는 수령이 주사(舟師)와 진소(陣所)에 오래도록 있어 관청의 모든 업무는 오로지 향소(鄕所)의 감관(監官)에게만 맡기고 있으니 매우 한심스럽습니다. 상께서 이러한 점을 진념(軫念)하시어 훈도(訓導)의 예(例)에 따라 서울에서 차송(差送)하려고 하였으나 비변사에서 적임자를 얻지 못할까 염려하여 감사로 하여금 본읍(本邑)의 사람을 선택하여 유군관(留郡官)으로 삼도록 하였는데, 본 읍의 사람으로서 사리를 잘 알고 청렴하여 불의를 하지 않는 자를 꼭 얻는다고 어떻게 보장하겠습니까. 감사가 조정의 명령을 받아 차송하면서 관(官)으로 호칭한다면 그는 엄연히 한 사람의 수령과 같이 되어 폐단을 끼치고 백성을 괴롭히는 일이 도리어 심할 것이니 이 공사(公事)를 거행하지 마소서" 하니, 아뢴 대로 하라고 답하였다.[30]

---

30) 『선조실록』, 갑오년 10월 3일. "司諫院啓曰 國勢危急 日甚一日 以湖南一路言之 舟師所屬之官 水軍 盡爲散亡 守令以結卜出人夫 使自備糧 充爲格軍 一赴船上 旣無番遞之期 又無接濟之資 任其餓死 投 屍海中 白骨堆積於閑山島 見之慘然 請令巡按御史 詢訪啓聞 處置得宜 道內土賊大熾 屯結處處 白晝 殺越 行旅不通 朝廷屢屢知委 使之勦捕 而巡察使以下 不爲登時處置 極爲駭愕 請巡邊使李鎰巡察使洪 世恭推考 使之急速逮捕 南邊守令 長在舟師及陣所 官家百務 專委於鄕所監官之手 極爲寒心 自上軫念 若此 欲依訓導例 自京差送 而備邊司慮其不得其人 令監司擇本邑之人 以爲留郡官 本邑之人識事理廉 謹 不爲非義者 亦安保其必得乎 監司旣以朝廷命令差送 而以官爲號 則渠必爲儼然一守令莫樣 而作弊 病民之事 反有甚焉 請此公事勿擧行 答曰 依啓"

이로써 충군(充軍)의 고충과 관가(官家)의 비리(非理)를 짐작하게 한다.

그러나 고금도(古今島) 승전기록의 시원한 모습에 접하면 모든 시름이 가시는 듯하다. 『잡록』무술 7월 16일에 따르면

> 16일 통제사 이순신이 적병을 고금도(古今島)에서 크게 무찔렀다. 하루 앞서 이순신이 진인과 같이 연회를 벌였는데, 문득 탐선(探船)이 달려와 적의 침범이 매우 절박하다고 보고하니, 곧 연회를 정지하고 제장에게 분부하여 복병하고 망을 보라 하고, 엄한 방비를 두 배로 더하고 군기를 정돈하고 기운을 가다듬고서 기다렸다. 한밤중에 바람결에 삐걱삐걱하는 소리가 귀에 들려오더니 동틀 무렵에 적의 배가 많이 이르렀으므로 곧장 앞으로 나가 교전하였다. 이순신이 진인으로 하여금 높은 데 올라가 내려다보게 하고 자신이 여러 배를 거느리고 적중으로 뚫고 돌입하였다. 한 번 바라 소리가 나자, 고함치는 소리가 하늘을 덮고 살과 돌이 섞여 떨어지고, 화포가 함께 발사되어 50여 척을 잇달아 불태우고 백여 명의 머리를 베니, 왜적이 도망쳐 본진으로 돌아갔다. 진인이 크게 기뻐하며 칭찬하기를, "임금을 호위하는 울타리라고 이를 만합니다. 옛 명장이라도 어찌 이보다 더 하겠소" 하였다.31)

이상의 기록에서 보아 온 바와 같이 승리의 영광 속에는 언제나 연해민의 희생이 깔려 있다는 사실을 우리는 잊어서는 안 될 것이다.

제4절 병참기지로서의 호남

호남은 초전(初戰) 적분(賊焚)을 면한 행운을 맛본 대신에 어느새

---

31) 『亂中雜錄』第3, 「戊戌」. "十六日 統制使李舜臣 大破賊兵于古今島 前一日 舜臣與陳璘 設宴享 忽探船馳報 賊警甚迫 卽停宴 分付諸將 伏兵侯望 倍加嚴 整束軍機 銳意以待 夜手風頭 伊軋入耳 黎明 賊艘大至 直前交鋒 舜臣使陳璘 登高下視 自領諸船 穿突賊中 一捧羅響 喊殺連天 矢石交下 火炮兼發 連熱五十餘艘 收斬百餘賊 賊委遁回本陣 陳璘大喜稱嘆曰可謂王之屏輪 古之名將 何以加此"

병참기지로서의 구실을 담당하게 되자 오히려 배가된 고초를 겪지 않을 수 없는 처지에 놓이게 되었던 것이다. 다시 말하면 정규관군의 치다꺼리는 당연한 의무라 하더라도 의병의 뒤치다꺼리는 덤으로 맡아야 하는 향민(鄕民)의 의무라 해도 좋을 것이다. 그러나 해상(海上)일원의 방어를 담당한 수군의 치다꺼리는 어찌 우리 다도해 연해민만이 부담해야 할 의무이며 게다가 남하한 명군의 치다꺼리는 엎친 데 덮친 격으로 호남민의 것만일 수 없음은 너무도 당연하다 이르지 않을 수 없다. 그럼에도 불구하고 이러한 군수 병참의 책무가 여기에 한꺼번에 쏟아짐으로써 『잡록(雜錄)』 갑오 4월을 보면 다음과 같은 기록이 보인다.

> 민간에서 곤궁하여 큰 소 값이 쌀 3두(斗)에 불과하고 세목(細木) 값이 수승(數升)에 차지 않고, 의복과 기물은 팔리지도 않고 사람이 서로 잡아먹는 지경에 이르러 여자와 고아는 출입을 못하고, 굶어 죽은 시체가 길에 깔렸는데, 굶주린 백성들이 다투어 그 고기를 먹고 죽은 사람의 뼈를 발라서 즙을 내어 삼켰는데 사람의 고기를 먹은 자는 발길을 돌리기 전에 모두 죽었다. 슬프도다! 처음에는 왜적의 분탕질을 당하고 나중에는 탐관오리가 긁어 먹고 겸하여 흉년이 들고 부역은 중하여 이 지경에 이르렀다.[32]

인간세에 이보다 더한 참상이 어디에 또 있을 것인가. 다른 것은 다 그만두고라도 명군 지원의 실상만을 추려보면

---

32) 『亂中雜錄』 제3, 「甲午」. "四月 民間困窮 大牛之價 不過三斗米 細木之直 未滿數升之粟 衣服器物 不得售與 以至人相殺食 女子孤兒 不得出行 餓殍相枕於道路 飢民爭食其肉 至剝死骨 取汁咽下 食人之肉者 不旋踵皆死 惜乎 始以賊倭之焚蕩 終以掊克之割剝 兼以年凶役重 至於此極"

명나라 병사의 왕래가 길에 잇달았는데 연로(沿路)의 각 고을에서 지공(支供)하는 데 드는 것과 쇄마(刷馬)와 짐꾼을 당해낼 수가 없어서 백성이 살 수 없고 얼마 안 되는 소와 말도 태반이나 빼앗겼다. 사람들이 모두 농토를 방해로 여겨 버리고 흩어지는 자가 길에 연달았다. 본도 감사 홍세공이 걱정하여 내지(內地)의 각 고을로 하여금 나누어 운봉·남원·임실·전주 등의 참(站)에 속하게 하여 쇄마와 인부와 지공하는 잡물을 균평하게 나누어 정하여 백성의 힘을 펴게 하였는데, 참(站)을 주관하는 관원이 값을 받아들여, 백성들의 고통은 줄지 않았다.[33]

북양남면(北羊南綿)으로서 호남은 면화(綿花)의 특산지다. 미곡(米穀)에 다음가는 생활필수품으로서 보온 방한의 절대적 중요물자가 아닐 수 없다. 그럼에도 불구하고 명군을 위하여 이를 내놓아야 하는 향민들의 고통은 어떻게 헤아려야 할 것인가. 『잡록(雜錄)』 계사 9월에 보면

통문: 아래의 통문은 흉악한 적이 이 도를 짓밟아 용성(龍城)욕천(浴川)에까지 이르렀다가 중로에 도망하여 온 도의 백성이 도륙되는 화를 면한 것은 모두 명나라 병사가 주둔한 공이니, 명나라 병사가 우리에게 덕을 줌이 이와 같은즉 우리 백성들이 은덕을 갚으려 함이 어떻겠는가? 서늘한 가을 9월에 날씨는 점점 추워지는데 멀리 만 리의 전장에 온 이들이 만일 두꺼운 옷이 없으면 어찌 겨울을 넘기겠는가? 우리나라 사람들은 마땅히 추위에 대비할 물품을 미리 준비해 주었어야 할 것인데 명나라 장수가 솜을 요청하는 지경에 이르렀으니, 우리 백성들이 명나라 병사에게 은덕을 저버림이 크도다. 우리 백성들이 추울 때에 옷 입고 배고플 때에 먹고 가정에서 즐거움을 편안히 누림은 실로 명나라 병사의 덕택을 입은 것인데, 유독 명나라 병사로 하여금

---

33) 『亂中雜錄』 第3, 「乙未」. "天兵往來 道路絡繹 各官支供所需 刷馬扛軍 不勝支保 人不聊生而殺少牛馬 太牛被奪 人皆以田土爲棄而流産者 相屬於道 本道監司洪世恭有憂之 令內地各官 分屬雲峯南原任實全州等站刷馬人夫及支供雜物 均平分定 俾舒民力而上站之官 捧之以價 民苦無減"

얼고 추운 고생이 있게 한다면 어찌 부끄럽지 아니한가? 바라건
대, 여러분들은 동지에게 깨우쳐 타일러서 목화 얼마씩을 거두
어 유사(有司)의 집에 두고 도유사(都有司)에게 통지함이 어떠하
오? 난리의 세상에 공문이 관청에 온 것이 구름처럼 쌓였으되
각 고을의 사람들이 예사롭게 보고서 으레 거행하지 아니하오.
지금 이 솜을 모으는 일은 극히 긴급하니 다시 더 힘을 쓰면 매
우 다행이겠소. 순찰사 송처중(宋處中)으로서 모면도유사(募綿都
有司)를 삼았소. 만약 납입하기를 원하는 사람이 있으면 모속(募
粟)하는 예와 같이 장계를 올려서 상을 줄 것이니, 또한 한 지방
의 사람들에게 두루 타일러서 응모하게 하면 매우 다행이겠소.
월 일 전 목사 김복억(金福億).34

이렇듯 이중 삼중의 고통을 감내해야만 했던 호남인심은 소악(素
惡)하다 하니 억울하기 짝이 없다. 『선조실록』 갑오 6월에 보면 다음
과 같은 기록이 있다.

유성룡이 아뢰기를, "호남에는 장수가 없으니 극히 염려스럽습
니다. 순변사(巡邊使) 이일(李鎰)은 비록 여러 번 패배를 겪었으
나 그가 하는 말이 '갑자기 출발해 보내 조치한 것이 없기 때문
에 패하였다. 만약 미리 조치를 했다면 어찌 이렇게 되었겠는
가' 하였습니다. 이 일은 대체로 무사 중에 그런 대로 쓸 만한
사람이나 부임한 뒤에 군관(軍官)을 많이 거느리고 폐단을 끼친
일이 없지 않기 때문에 지금 불러오려고 하다가 사세가 맞지 않
으므로 우선 그만두고 있습니다" 하니, 상이 이르기를, "만약
이일을 합당치 않다고 하여 체직한다면 마땅히 다른 사람을 보
내야 한다. 예부터 군졸은 적은데 장수는 많다는 비난이 있기는

---

34) 『亂中雜錄』 第3, 「癸巳下」. "通文 右文爲凶賊猖獗此道 已至龍城谷川而中路逃連使一道之民得免魚肉
之禍者 皆是天兵留屯帶方之功也 天兵之有德於我者如是 而我民之欲報以德者爲如何哉 凉秋九月 天氣
漸冱 遠赴萬里之征 若無衣褐 何以卒歲 我國之人宜乎預辦禦寒之資 而至於天將求錦之請 則我民之負
德於天者大矣我民之寒衣飢食 安享室家之樂者 實賴天兵之賜 而獨使天兵有凍寒之苦 則豈不愧哉 伏
推僉尊曉諭同志收得木花若干 封置于有司家 以通于都有司處 何如 變亂之世 簿書之到官者 委委列邑
之人視爲毒常 例不擧行 今此收錦一事 極爲緊急 更加勉力 幸甚 巡察使以宋處中爲募錦都有司 如有願
納之人 則如募粟例 狀啓論賞云 亦遍諭一境之人應募 幸甚幸甚 月日 前牧使金福億"

하지만 그러나 반드시 장수가 많이 모인 뒤라야 서로 의논하여
조치할 수가 있다. 장수를 보내지 않았다가 뜻밖의 문제가 생긴
다면 어찌할 것인가. 지난번에 전라 병사의 서장을 보니 토적이
염려스럽다고 하였다. 호남은 장수가 없어서는 안 되니 비변사
는 빨리 조치하도록 하라" 하였다. 성룡이 아뢰기를, "호남은
인심이 본디 나쁩니다. 토적이 봉기하여 혹 왜적에 붙거나 왜적
이 물러가기 전에 산골짜기에 꽉 차 있게 되면 매우 염려스러운
일입니다. 안정시키는 책임은 오로지 방백(方伯)에게 달렸습니
다" 하자, 상이 이르기를, "새 방백은 합당한가?" 하니, 성룡이
아뢰기를, "신은 그 사람이 어떤 사람인지 모릅니다. 다만 전에
평양 서윤(平壤庶尹)으로 있을 때 치적이 있었습니다."[35]

이렇듯 조정에서는 영의정 유성룡과 선조와의 대화 중 '호남은 인
심이 본디 나쁘다[湖南人心素惡]'는 구가 튕겨 나온 까닭은 어디에
있는 것일까. 토적봉기(討賊蜂起)는 어찌 호남뿐이며 혹부어왜(惑附於
倭)도 어찌 호남뿐이리오, 영상(領相)답지 않은 편견을 우리는 어떻게
받아들여야 할 것인가.

임란 7년의 고통을 치른 호남의 위상은 이제 병참기지로서만이
아니라 국가의 보루로서 올바르게 재허가(再許價)되어야 함은 다시
말할 나위도 없다.

35) 『선조실록』, 갑오 6월 26일. "成龍曰 湖南無將帥 極爲可慮 巡邊使李鎰 雖屢經敗衂 自言 倉卒發遣
無所措置 故致敗 若預爲措置 豈至如是乎 鎰蓋武弁中 稍可用者 而赴壬之後 多率軍官 不無貽弊之事
故今將屈還 而事勢非便 故姑停之矣 上曰 若以李鎰爲不合而遞 則當遣他人 自古雖有軍卒少 而將帥
多之譏 然必將帥多聚 然後可以相議爲之 不遣將帥 而有意外之患則奈何 頃見全羅兵使書狀 土賊可慮
湖南不可無將 備邊司須速處之 成龍曰 湖南人心素惡 土賊蜂起 或附於倭 或倭退之前 彌滿山谷 則甚
可慮也 安定之責 專在方伯 上曰 新方伯可合否 成龍曰 臣未知其人如何 但前爲平壤庶尹時 有聲積矣"

결어

이제 대충 본론을 마무리함에 있어서 한 마디 남기라 한다면 그것은 다름 아니라 임란 7년이야말로 영원한 우리 민족의 역사적 교훈이라 이르지 않을 수 없다. 외침치고는 너무나 참담하였고 고통의 극복치고는 너무나 위대한 민족의 저력이었기에 우리는 이 임란의 교훈을 잊을 수도 없으려니와 잊어서도 안 될 것이다.

일본이 오늘에 있어서도 이웃으로 존재하는 한 임란의 교훈은 영원히 우리와 더불어 살아 있음을 알아야 할 것이다. 적은 언제나 우리의 빈틈을 노린다. 때로는 군력으로 때로는 정치력으로 때로는 경제력으로 우리의 허를 찌르는 외침에 언제나 우리는 경계를 게을리 해서는 안 된다. 임란의 허점은 지금도 오늘의 우리의 발밑에 도사리고 있음을 알아야 할 것이다.

외침은 결코 한 사람의 장군이 막아낼 수 있는 그러한 안이(安易)한 노름이 아닌 것이다. 전력투구로도 안 되면 사생결단이어야 할는지 모른다. 우리는 여기서 민족의 태양 충무공 이순신 장군의 휘하에서 사생결단 좌충우돌 전투를 승리로 이끈 장엄한 장졸들의 군상을 잊을 길이 없다. 이들을 한낱 무명전사라는 이름으로 한 줌 재로 돌 아래 묻어 버리기에는 너무나도 우리의 마음은 허전하기만 하다. 그러기에 우리는 이제라도 그들의 뒤를 좇아 나선 것이다. 그들의 행적을 밝혀내려고 하는 것이다. 그러나 국난극복의 원동력이 어찌 장졸들의 전력에만 있다 이를 수 있을 것인가. 여기서 새삼 민족정기의 존부(存否)를 문제 삼는 소이가 있다. 제봉 고경명의 창의(倡義)의 격문을 필두로 하여 그는 그의 정기록(正氣錄)을 꾸며냈다. 이는 민족정기란 불사조의 생명력이 아닐 수 없음을 보여주기 위함이었을 것이다. 임란 7년은 외침을 막아낸 불사조의 싸움이었던 것이다. 민족정기를 다시금 일깨우지 않을 수 없는 소이가 여기에 있다.

우리는 이제라도 민중사적 입장에서 임란사의 위상을 재정립하는 동시에 민족정기의 등불이 꺼지지 않도록 이로써 우리들의 마음을 다지는 계기로 삼고자 한다.

전남의 유교

1. 제례(祭禮)

전남지방에서 행해지고 있는 제례(祭禮)의 사적(史的) 고찰이나 유래에 대해서는 본(本) 조사(調査)의 목적이 아니므로 논급(論及)치 않기로 한다. 전남지방에서 행해지고 있는 제례도 전국적인 예(例)와 대동소이(大同小異)할 뿐 아니라 「상제류요(喪祭類要)」에 보이는 형식에서 크게 벗어나지 않고 있어 별다른 의의를 찾을 수 없기 때문이다. 그러므로 본 조사에서는 전남지방에서 행해지고 있는 제례의 현황적(現況的)인 면에서만 살펴보기로 하였다.

제례(祭禮) 혹은 제사(祭祀)라 불리는 의식은 가대(家垈)를 지니고 사는 국민이면 누구나 알고 있는 가내행사(家內行事)로 조상숭배(祖上崇拜), 길사영입(吉事迎入), 흉사원축(凶事遠逐)의 사상에서 세부적인 절차는 획일(劃一)하게 파악(把握)되지 않으므로 가가례(家家禮)라 일컬을 만큼 다양한 것은 사실이다. 또 제사의 종류도 상중(喪中)의 우제(虞祭), 소상(小喪), 대상(大喪), 담제(禫祭) 외에 여느 때도 지내는 시제(時祭), 다제(茶祭), 기제(忌祭), 묘제(墓祭) 등이 있음도 다른 어느 지역에서 행해지고 있는 바와 같다 하겠다. 이것은 우리나라가 유교(儒教) 신봉국가(信奉國家)로 이조(李朝)의 500년을 지내오는 동안에 제례의 본(本)을 주자가례(朱子家禮)에 두었고 그를 추종하는 유생(儒生)들의 영향이 특히 컸기 때문에 퇴계(退溪), 우암(尤庵), 사계(沙溪) 등의 제사에 관한 행실(行實)이 널리 보급된 것으로, 제사도 마치 양반의식(兩班儀式)의 전유물인 양 제고(提高)한 유학적(儒學的) 폐단에서 주자가례식(朱子家禮式)으로 제일(齊一)되지 않았나 생각이 된다. 여기서 우리 전래(傳來)의 토속신앙에서 보이는 의식이 남아나지 못하고 그러한 것들은 오직 무지몽매(無知蒙昧)로 표현되고 있는 무녀(巫女)들 가정에서나 엿볼 수 있을 뿐이다.

본 조사에서는 일반적으로 이야기하는 제사(祭祀), 즉 기제(忌祭)에 관해서 도시(都市), 농산(農山), 어촌(漁村)의 한 가정을 임의선정(任意選定)의 형식으로 골라 알아본 것이다.

1) 도시(都市)에서 행해지고 있는 제사(祭祀)

조사지명(調查地名): 광주시(光州市) 남동(南洞) 박(朴)○현 씨(玄氏) 댁(宅)

박씨댁(朴氏宅)에서 행하는 제사를 그들은 「합제(合祭)」라 부르고 있다. 4대봉사(四代奉祀)를 하되 기일에 제사를 지내는 것이 아니다. 박씨(朴氏) 문중(門中)의 근족(近族)이 집합해서 의론(議論)한 제일(祭日)은 박씨의 부친이 작고한 날로 정해졌기 때문에 만일 박씨가 죽게 되면 박씨 가문의 합제일(合祭日)은 자동적으로 박씨의 작고일로 변동될 것이라 한다. 제사 절차는 대충 아래와 같다.

제사의 시간

8시 반에서 9시 사이로 하고 있다. 이유는 9시까지 제사(祭祀)를 마치고 제사 음식을 골고루 나눠 먹고 난 뒤 문중사(門中事)를 의론하고 미진(未盡)했던 일을 해결하기 위하여 상론(相論)하는 시간을 마련해야 할 뿐 아니라 시내버스가 11시까지만 통행하기 때문에 시내 거주 일가친족(一家親族)은 각기(各己)의 숙소로 돌아가야 하기 때문이다. 원거리(遠距離)에서 온 가족은 종가(宗家)인 박씨댁에서 머물거나 방이 여유가 있는 집으로 분산 수용되기 때문에 침식(寢食)문제로 걱정할 필요가 없다는 것이 박씨의 설명이다. 박씨는 왜정시(倭政時) 토목건축(土木建築)을 업(業)으로 했던 공학도(工學徒)라 그런지 합리적 사고, 합리적 처리라는 말을 즐겨 사용하였다. 제사는 슬퍼하는 날이 아니라 고인의 음덕(蔭德)을 추모하는 날이기 때문에 엄숙(嚴肅), 정결(淨潔), 경건(敬虔)해야 하나 침통한 분위기를 조성하는 것은 반대라 한다. 오히려 화합명랑(和合明朗)한 여흥(餘興)이 뒤따르도록 하는 것이 고인들을 즐겁게 해주는 방도라 말한다. 고래로 상(喪)은 흉제(凶祭)나 길(吉)로 보는 뜻과 통하는 것 같다. 합제(合祭)의 이유도 따라서 조상들의 신령을 한자리에 모시게 하여 좀 넉넉하게 음식을 마련해서 신령(神靈)끼리도 합환(合歡)하는 한자리가 되도록 함이 합당한 논리라고 내세운다.

(1) 신주(神主) 모시는 일

박씨댁뿐 아니라 전남 지역 도처에서 사당(祠堂)의 자취를 찾아보기 힘들 정도다. 사당이 몇 곳 없는 것은 아니나 사당으로서 활용을 않게 된 경향이다. 더욱이 택지문제로 한 칸의 땅이 아쉬운 도시에서는 사당을 유지해 갈 필요성을 느끼지 않은 데서 철폐한 것으로 간주한다. 박씨댁에서는 제사를 모시는 장소로 여름에 거처하는 대청마루를 이용하고 있는데 특별한 이유는 없고 내실(內室)은 가구 등 진열로 좁아서 공실(控室)을 활용한다는 취지에서라 하였다. 지금 모시고 있는 합제일(合祭日)은 2월 27일이기 때문에 밤 기온이 쌀쌀해서 내실을 집회실(集會室)로 사용함이 안성맞춤이라 했다. 신주(神主)는 고조(高祖), 증조(曾祖), 조(祖), 부(父)의 서열로 우측에서부터 모시는데(左穆右昭인데?) 지방(紙榜) 쓰는 법은 가정보감(家庭寶鑑)에 예시된 바를 하고 있다 하였다. 그리고 지방의 부착판(附着板)은 두께 3cm의 향목판(香木板)인데 가로 40cm, 세로 25cm의 넓이를 가진 것으로 뒤쪽에 받침대[臺]를 만들어 비스듬히 세워지도록 고안했고 영정(影幀)은 사용하지 않는다고 한다.

(2) 설찬(設饌)

합제일(合祭日)은, 박씨댁은 완전 휴일(休日)이다. 시내 거주 자손들은 점심을 먹고 찾아오나 그 밖의 지역에 사는 일가친족(一家親族)은 차편에 따라 시간차가 각양(各樣)하나 오전 중에 온다. 각기 제수(祭需)감을 자기가 작량(酌量)에서 가져오기 때문에 일정하지 않으나 어육(魚肉), 과실(果實), 과자, 쌀, 팥 따위가 주된 것이다. 주부들은 함께 제수를 조리하고 남자들은 박씨의 지휘에 따라 설상(設床)하는 차비를 하는데 진설(陳設)은 박씨 자신이 한다고 했다. 진찬양식(陳饌樣式)은 통례에 따르고 있다. 다시 말하면 좌포우혜(左脯右醯), 홍동백서(紅東白西), 어동육서(魚東肉西), 두서미동(頭西尾東) 등은 상식으로 알고 있다. 그러나 꼭 격식대로 진찬(陳饌)하는 것은 아니다. 박씨의 신관(神觀)은 살아 있는 사람을 대하듯 한다는 데 특징이 있다[사사여사생(事死如事生)의 고의(古義)에 알맞다].

(3) 제사 모시는 절차

박씨댁에서는 참신(參神) 강신(降神)의 예(禮)를 드리고 초헌(初獻)은 박씨 자신이 아직까지 하고 있다. 그런데 축문(祝文)은 합제(合祭)를 하기로 한 이후부터는 우리말로 만들어 읽고 있다. 합제일(合祭日)로 제사를 모시게 된 직접적인 요인은 해방 이후 우리나라의 국내사정, 다시 말하면 전란(戰亂)에 시달려 생활을 영위하기 위하여 분망(奔忙)하다 보니 친족혈연(親族血緣)은 사방으로 흩어지고 자기가정(自己家庭)도 생계에 쫓겨 기일을 잊고 지나는 해가 하도 많아 고민해 오던 끝에 피차(彼此)의 생활이 비교적 안정되게 된 1958년부터 제사를 제대로 찾아 모셔야겠다고 생각하니 너무 잦고 합당한 논리라고 볼 수도 없고 합제(合祭)를 제의(提議)했던바 일가친족이 모두 찬성을 하는 터라 지금과 같은 합제로 제사를 모시게 된 것이기 때문에 기왕 그럴 바엔 축문도 한자 섞인 우리말로 고쳐 읽는 것이 자녀들을 위해서 도움되고 합리적인 일이라 여겨져서 한문식(漢文式) 축문을 읽지 않기로 했다는 것이다. 아헌(亞獻)은 보통 주부(主婦)가 반드시 하는 것은 아니지만 일가 중 형편 되는 대로 주부(主婦) 한 분이 하고 종헌(終獻)은 승손(承孫)이 보통 하고 있는데 객지에서 모처럼 돌아왔거나 멀리서 온 자손(子孫)의 대표가 하도록 하고 있다 하였다. 박씨댁에서 좀 다른 것은 유식(侑食), 개개(開蓋)나 삽시저(挿匙箸)가 끝나면 약 10분을 지낸 다음 다른 절차를 밟음이 없이 음식을 내려다 야식(夜食)으로 고루 나눠먹고 그것으로 제사는 끝난다 하였다. 사신(辭神)은 생략하고 철상(撤床)은 자손들이 식사가 끝난 뒤 거의 자동적으로 되기 때문에 박씨 자신이 지방과 축문을 불살아 버린 것으로 끝내고 있다. 모래를 파다 놓는 일이라든가 따로 향을 피우는 일은 없으나 음식을 정결하게 작만하고 술도 특주(淸酒를 말함)를 쓰며 30분간에 마침 되는 제사는 그대로 엄숙한 순간이라고 설명하고 있다.

필자는 박씨댁과 같이 합제지내는 일은 다른 데서 듣지 못하고 있으나 광주시에서 제사를 박씨댁과 비슷하게 지내고 있는 예를 몇 곳에서 확인할 수 있었다. 이는 점차 제사절차가 간략하게 또 합리적으로 진행된다는 것을 뜻하는 것으로 도시 제사형식(祭祀形式)의 하나로 정립될 기미가 보인다.

2) 농촌(農村)에서 행해지고 있는 제사

조사지명(調查地名): 전남 구례군(求禮郡) 마산면(馬山面) 마산리(馬山里) 김(金)○기 씨(琪氏) 댁(宅)

김씨댁(金氏宅)에서의 기제(忌祭)는 상제유요(喪祭類要)에 보이는 격식을 비교적 충실(忠實)이 준행(遵行)하고 있는 한 예(例)였다. 김씨댁(金氏宅)에서 거가적(擧家的)으로 지내는 기사(忌祀)는 세분 신위(神位)에 한(限)하고 있다. 김씨로 말하면 당면(當面)의 직원(職員)이다. 차남(次男)만 장남(長男)이 작고(作故)하였기 때문에 승중손(承重孫)이 있는데도 제주(祭主)는 맡아 놓고 한다. 그런데 세 분 신위(神位)는 김씨의 부모양위(父母兩位), 그리고 백형(伯兄)이다. 백형(伯兄)의 제사(祭祀)는 승중손(承重孫)에겐 친부모(親父母)이므로 가장 큰 기제(忌祭)에 해당(該當)하는 것이다. 김씨의 조부모(祖父母)의 제사는 지내기는 하나

삼촌 간(三寸間) 일가(一家)만 모여서 저녁을 평소(平素)처럼 먹은 뒤 새로 메(飯)를 지어 10시(時)에서 11시(時) 사이에 삼헌(三獻)과 축문(祝文)을 한문(漢文)으로 읽는 정도로 끝이고 번거로운 절차로 생각하고 있는 정도다. 그곳 말로는 "물은 떠 놓는다, 메나 한 그릇 지어 놓고 불이나 밝혀 놓는다" 하는 정도로 가볍게 처리한다. 얼핏 살펴서 기제(忌祭)는 부모(父母) 당대(當代)란 인상이다. 그러나 부모(父母), 백형(伯兄)의 기제(忌祭)는 가장 정성을 들여 지낸다. 기제(忌祭)에 쓰일 과실(果實)이나 어육(魚肉)은 미리부터 마련한다. 가장 가까운 장날 승중손(承重孫)인 장질(長姪)을 대동(帶同)하고 '제삿장'을 보는데 그때 가지고 가는 그릇은 '석작'이라 불리고 있는 뚜껑 있는 네모진 대바구니다. 백지(白紙)를 깔고 건어물(乾魚物), 과실류(果實類)는 사서 담고 물 흐르는 것은 따로 하여 갖고 와서는 딴 목적(目的)으로 쓰는 일이 없다. 이발(理髮)을 하고 목욕(沐浴)도 하며 주부(主婦)들은 머리를 감아 빗고 제사 앞날부터 음식을 갖추기 시작해서 당야(當夜) 오후엔 완전히 음식장만이 끝난다. 남자들은 집안 청소를 말끔히 하고 진설(陳設)할 대청의 가구를 말끔히 정돈하고 해가 지면 벌써 진찬(陳饌)준비를 갖춘다. 장만한 음식은 모두 대청으로 날라다 놓고 제상(祭床)을 준비한다. 제상(祭床)은 초상(初喪)에서 탈상(脫喪)까지는 책상(冊床)같이 된 높은 제상(祭床)을 쓰나 기제시(忌祭時)엔 떡을 만들 때 쓰이는 '떡안반'이라고 부르는 가로 1m 50cm, 세로 1m 정도, 두께 2cm의 판자판(板)을 사용(使用)한다. 떡안반을 제상(祭床) 대용(代用)을 하는 집은 이집만이 아니고 대부분 가정이 그러하다. 지방(紙榜)은 저녁을 먹은 뒤 제주(祭主)가 직접 세모필(細毛筆)로 쓰는데 지방을 붙이는 것이 아니고 영정 옆에 놓아둔다. 김씨댁은 신주(神

主) 모시는 일을 내실에 걸어놓고 있던 사진액자(寫眞額字, 影幀)를 떼다가 제상(祭床) 중앙(中央)에 세워 놓는 것으로 마치고 있다. 즉 지방이 주가 아니라 영정이 주가 된다. 진찬(陳饌)할 때 그릇은 제기(祭器)를 쓰고 있다. 모두 나무로 된 것인데 접시에 7cm 높이의 발[圓柱形足]을 붙여 만든 제사용 그릇이다. 단 밥그릇, 국그릇, 수저, 제범[箸]은 놋그릇[銅製]을 쓰다가 스텐 그릇을 쓰고 있다. 진찬(陳饌)은 승중손(承重孫)의 어머니가 자기(自己) 자부(子婦)의 도움을 얻어 하는데 진설순서(陳設順序)가 틀린 것이 있으면 제주(祭主)가 직접 바로 놓는다. 촛불은 제상(祭床) 앞 좌우 양쪽에 켜고 전등을 밖에 내걸어 집안과 도랑이 밝도록 한다. 제상 앞에는 '맹석'이라고 부르는 초석(草席)을 깔고 제상 바로 앞에는 제주(祭酒)를 담은 2L들이 병(주로 소주)하나와 '퇴주잔'이 그 옆에 향로(香爐), 향로 옆에 흐레[泥]가 섞이지 않은 모래그릇, 모래그릇엔 짚을 15개 정도 10cm 정도를 잘라 꽂아둔다. 향(香)은 향목(香木)을 사용하는 것이 김씨댁의 통례인데 역시 제기(祭器)를 사용한다.

김씨댁도 참신(參神) – 강신(降神) – 초헌(初獻) – 축문(祝文) – 아헌(亞獻) – 종헌(終獻)은 그들이 말하는 예문(禮文)대로 한다는데 종헌(終獻)의 술잔은 제한(制限)이 없다. 축문은 제주(祭主)가 읽는데 도열순서(堵列順序)는 우측(右側)에 [제상(祭床)을 향하여] 제주 김씨, 다음 승중손(承重孫) 그리고 제질(弟姪)의 순(順)이고 여자들은 그 뒷줄에 순서에 따라 우측에서 좌측에로 서도록 하고 있으나 여자들의 참례(參禮)는 아헌(亞獻)에 한(限)하고 있는 것은 일가(一家) 여자들이 많아 장소가 비좁은 때문이라 했다. 유식개개(侑食開蓋)와 삽시저(揷匙箸), "문(門)", 계문(啓門), 헌다(獻茶), 철시(撤匙)와 복반(覆飯), 사신(辭神),

철(撤), 음복(飲福) 등이 차례로 빠지지 않고 행해지는 것은 김씨가 가정보감(家庭寶鑑)에 보인 제례를 익혀 그대로 행하기 때문일 뿐 가훈(家訓)으로 된 것은 아니라 하였는데 가훈이 있건 없건 대부분 김씨가정(金氏家庭)과 한 가지로 제사를 모시는 것이 이 고장의 통례이다. 김씨댁에서 좀 이색적인 것이 있다면 김씨의 부모양위(父母兩位)와 백형(伯兄)의 식성(食性)을 참작 제수(祭需)를 마련할 때 유념한다는 정도다. 김씨 말을 빌리면 자기 어머니는 식전(食前)에 꼭 냉수를 마시고 나서야 밥을 먹었기 때문에 냉수를 대접 하나 가득 떠다 놓으며 산채(山菜)를 즐겼기 때문에 어육(魚肉)보다 채류(菜類)에 역점을 두고 장만한다 하여 아버지는 고추장을 무던히 즐겼기 때문에 어떤 일이 있어도 고추장과 참기름을 준비(비벼먹기를 좋아하였다 함)하나 술은 즐기지 아니해서 술엔 그렇게 신경을 안 쓰나 백형(伯兄) 기일(忌日)엔 다른 뭣보다도 그가 애주가(愛酒家)였기 때문에 좋은 술을 마련하는 데 힘쓴다고 하였다. 김씨댁의 주부(主婦)는 진설(陳設)할 음식을 장만할 때 음식이 머리카락이 빠져 있지 않도록 각별히 유의한다 했으며, 이는 귀신들은 음식에 빠진 머리카락을 뱀으로 보기 때문이라 하였다. 형제자매들이 가져오는 제수물(祭需物)은 쌀이 대부분이고 계란, 두부, 어육(魚肉), 술인데 쌀은 함박에 거두어 담아서 제상(祭床) 좌측(左側)에 놓아뒀다가 메[飯]를 지을 때 쓰거나 그렇지 않으면 아침 식사미(食事米)로 쓴다고 한다.

　제사 지내는 시간은 돌아가신 앞날 지내되 참신(參神)이 10시 반 혹은 11시에 시작 자정(子正)에 헌다(獻茶)하게 되고 사신(辭神)은 2시에 하므로 사실상 하룻밤 내 제사를 모시는 셈이 되나 그동안 짬짬이 눈을 붙이니까 다음 날 그렇게 큰 지장이 없다고 말한다. 철(撤)

은 새벽 첫닭이 울어야 하므로 3시에서 4시에 주부와 제주가 하고 음복(飮福)은 사신전(辭神前)에 끝내므로 야식을 겸한 회식은 12시에 하게 된다고 하였다. 음헌(飮獻)은 가족만이 하는 것이 아니고 노인이 계시는 사랑방 혹 동각(洞閣)의 청년들에게 몇 가지 떡, 안주와 함께 돌려지므로 이 마을에서는 오늘 밤은 누구네 집 제사니까 몇 시경엔 야식을 할 수 있겠다고 즐거운 기대 속에 그날 밤을 맞는다고 말하는 것을 보면 속도(俗稻) 단자(單子)라는 것이 오고 가지 않더라도 제사집에서 자진해서 음식을 밤에 보내줌으로 옛날의 풍속이 아직 없어지지 않고 전래(傳來)하고 있다고 볼 수 있다. 제사 음식은 익일(翌日) 아침 일가 친족이 모여 고루 나눠 먹으나, 또 친하게 지내는 이웃끼리 나눠 먹기도 하니 잔칫날 같은 느낌도 들어 제삿날은 제사가 있는 집안의 어린이들에게는 특히 즐거운 날이며 제삿날을 기(期)해서 원근의 자손들이 함께 화동(和同)단락하게 지내는 시간이므로 축일(祝日) 같은 기분이 없지 않다고 말하고 있다. 일 년에 한두 차례 기제(忌祭)일과 추석, 구정 명절을 지내는 것으로 부담 또한 그렇게 큰 것이 아니라고 번례(煩禮)가 아니냐는 물음에 고개를 젓는다. 몇 가지 여담으로 덧붙여 둘 일은 제수물(祭需物)엔 별로 금기(禁忌)는 없으나, 개고기 뱀장어 류(類)는 사용(使用)하지 않은 것으로 되어 있으며, "밥조기"라 해서 조기를 소금에 절여 말린 것은 꼭 준비한다. 무녀(巫女)들의 푸닥거리 용어(用語)에 '진 것은 먹고, 마른 것은 싸가지고 가라'는 말이 보이지만 밥조기는 혼령(魂靈)이 밥반찬으로 가져가는 좋은 찬거리 중의 하나라 하고 있다. 이들은 첫닭이 울면 혼신(魂神)이 떠나버리므로 첫닭이 울기 전(前)에 제사를 서둘러 모시고 있다. 그리고 제사(祭祀)를 모시고 있는 집만 밤새도록 불을 켜 두는 것이 아니고 그 밖의 직계(直系) 자손댁(子孫宅)도 불을 켜 놓아야 하는 것으로 믿고 있다. 이유는 혼신(魂神)이 장자(長子)집만이 아니고 차자(次子)집들도 두루 보살피기 때문이라 한다. 또 묘소가 너무 멀면 혼신(魂神)이 밤새에 제사 지내고 있는 집까지 이르지 못하므로 묘소가 너무 멀면 곤란하다고 믿고 있다. 이들은 제사를 정성 들여 잘 모시면 선조(先祖)의 혼신(魂神)이 자기(自己)네들 자손(子孫)에게 길사(吉士)와 대복(大福)을 마련해 주나 그렇지 못했을 경우 화(禍)를 가져다주기 때문에 제사(祭祀)는 정성 들여 모셔야 한다고 믿고 있다.

조사지명(調査地名): 고흥군(高興郡) 도양면(道陽面) 녹동(鹿洞) 주ㅇ식 씨 댁(朱ㅇ植氏宅)

주씨(朱氏)의 경우 앞에 적은 김씨의 경우와 별로 다른 점을 찾지 못했으나 제례에 임할 때 관(冠)을 쓰고 제복(祭服)을 입는다는 것을 말하고 있다. 일반 가정에서 제주(祭主)는 한복에 흰 두루마기를 입고 흰 양말을 신는 것은 아직도 우리 가정에서의 복식이 한복생활(韓服生活)에서 벗어나지 못한 데 원인이 있다고 하겠지만 양복을 입고 제례에 임했다 해서 허물로 되고 있지는 않다. 분명 개화전(開化前)엔 도포(道袍)를 입지 않으면 제례를 주재 못 하는 것으로 알았지만 오늘에 와서 조차 제복을 입고 제사에 당(當)한다는 것은 특이한 일이라 아니 할 수 없다.

3) 도서지방(島嶼地方)에서 행하고 있는 제사

조사지명(調査地名): 전남(全南) 완도군(莞島郡) 약산면(藥山面) 가채리 최ㅇ국 씨 댁(崔ㅇ局氏宅)(64세)

최씨댁(崔氏宅)의 제사 모시는 날은 별세(別世)한 날의 전일(前日)로 진설(陳設) 시간은 11시, 참신(參神) ─ 강신(降神) ─ 초헌(初獻) ─ 축문(祝文) ─ 아헌(亞獻) ─ 종헌(終獻) 등 김씨가 말하는 제사절차와 다른 것이 없었다. 진설순서(陳設順序)도 가정보감(家庭寶鑑)에 보이는 도식(圖式)과 같이 하고 있다 하였는데 최씨(崔氏)는 한문(漢文) 수학(修學)밖에 못하고 있으나 그곳 국민학교의 기성회장(期成會長)으로 마을의 유지인 점으로 미루어 유교식 제사에서 크게 벗지 못하리라는 것은 예견이 된다. 고축(告祝)은 자정(子正)을 지난 1시, 폐설(廢設)은 2시(時) 경(頃)인데 이 집에서는 돌아간 분의 제사를 위한 제사(祭祀)라는 점이 강력하게 인상(印象)지어졌다. 그러므로 성심(誠心)을 다해 추모일념(追慕一念)이 없으면 제사(祭祀)지내는 보람이 없다고 강조(強調)하고 있었다. 제수물(祭需物)도 알맞게 마련하되 주(酒), 과(果), 포(鋪)를 모두 갖춘 진수성찬일 수 있는 정도로 고루 작만해서 생전(生前)에 모시듯 정성을 다해야 한다는 태도였으며 혼령(魂靈)으로 봐서는 기일(忌日)이 살아 있는 사람에게는 회갑(回甲) 잔칫날처럼 즐거운 날이어야 한다고 주장(主張)하고 있다. 1년(年)에 단 하루 와서 잡수시고 가는데 그 정도의 성의는 문제가 되지 않는 것이며 이날을 기(期)해서 자손들이 함께 모여 조상의 덕을 흠모하고 가정의 화목과 단결심을 강조하는 효과도 있어 가부장적 가족체계의 배지사회(配支社會)를 확고히 하는 이상의 것을 요약해 보면

① 제사는 주자가례(朱子家禮)에 바탕을 둔 유교식 제례를 대부분 그대로 답습하고 있다.

② 도시에서는 제사 지내는 시간은 통행시간(通行時間) 제한 등, 이유 때문에 작고(作故) 당일로 변경해 가려는 경향이다.

③ 제사는 조상숭배에 끝나지 않고 온 일가친척이 모여 화동의론

(和同議論)하는 가족단합일(家族團合日)이 되고 있다.

④ 제사는 5대 봉사(奉祀)니 4대 봉사니 하는 것은 멀리 되고 부(父), 조봉사(祖奉祀)로 변해가고 있다.

⑤ 도시에서는 '합제(合祭)'라는 특이한 제사형태가 차츰 번질 것 같다.

⑥ 제사 모시는 시간은 작고 시일(時日) 11시부터 익일(翌日) 1~2시에 끝나는 것으로 보이나 점차 야중제사(夜中祭祀)보다 10시부터 12시에 마쳐 버리려는 경향이다.

⑦ 제사일(祭祀日)은 애곡(哀哭)하는 날이 아니고 가족이 모여 합환(合歡)하는 날이며 특히 어린이에겐 자기들 가족만이 즐기는 축일(祝日)과 다름없다.

⑧ 단자(單子)를 보내서 음식을 청(請)해 먹는 것이 아니고 제사 지내는 집에서 자청해서 제사 음식을 나눠먹는 습속은 그대로 남아 있다.

⑨ 제사음식으로 아무리 금기하는 것이라 하더라도 생전에 당자(當者)가 좋아한 것이었으면 진찬(陳饌)하는 것을 도리로 알고 있다.

⑩ 혼령을 대하는 태도가 살아 있는 사람을 대하는 것과 같다.

⑪ 제사를 잘 모시면 복(福)을, 무성의하게 모셨을 때는 화(禍)를 가져다주는 '감정적(感情的) 상황(狀況)'을 아직도 면(免)치 못하고 있다.

2. 교육

1) 서당(書堂)의 현황

현재 전남지방에 산재(散在)해 있는 서당(書堂)의 실수(實數)는 정확하게 파악했다고 자신할 수는 없으나 전남지방의 4시 22개 군에 아직도 남아 있음을 질문지를 통하여 확인하였다. 이하 조사된 서당의 현황을 시·군별로 살펴보기로 한다.

(1) 순천시(順天市)

저전동(楮田洞)에 10명, 인안동(仁安洞)에 15명의 주민 아동을 가르치고 있는 서당이 있으며 천자문(千字文)을 가르친다. 학동(學童) 나이는 7~8세, 훈장(訓長) 연령 52~65세.

(2) 광산군(光山郡)

비아면(飛雅面) 신창(新昌)에 10명, 평동면(平洞面) 지정(池亭)에 10명, 대촌면(大村面) 미장(未場)에 15명, 삼도면(三道面) 신동(新洞)에 7

명, 송산(松山) 내동(內洞)에 10명, 송정읍(松汀邑) 운수(雲水)에 15명의 학동(學童)이 다니고 있는데 학동의 나이는 7세에서 18세, 천자문(千字文), 명심보감(明心寶鑑), 소학(小學) 등을 배우는 극빈층 아동, 훈장 연령은 최고 76세, 최저 50세, 서당 유지 연수(年數) 20년.

(3) 담양군(潭陽郡)

봉산면(鳳山面) 기곡에 9명, 대덕면(大德面) 만전(萬田)에 50명, 문학리(文學里)에 6명, 용대에 3명, 운암(雲岩)에 20명, 남면(南面) 연천(燕川)에 5명, 외동(外東)에 12명, 수북면(水北面) 정중(井中)에 15명, 대방(大舫)에 17명, 궁산(弓山)에 7명, 풍수리(豊水里) 월산(月山)에 7명, 이구(二區)에 7명, 대전면(大田面) 구의(構義)에 23명, 행성(杏成)에 15명, 중옥(中玉)에 15명, 태목(台木)에 15명, 대치(大峙)에 10명, 김성면(金城面) 원율(原栗)에 7명, 봉황(鳳凰)에 5명, 고서면(古西面) 원강(院江)에 15명, 월곡(月谷)에 3명, 성월(聲月)에 15명으로 되어 있고 7세에서 21세까지의 연령 분포를 보이고 있다. 훈장 연령은 70세에서 50세에 사이며 주로 연령에 따라 천자문(千字文), 소학(小學), 명심보감(明心寶鑑), 맹자(孟子), 논어(論語) 등을 가르치고 있다. 한문(漢文)을 알고 수신제가(修身齊家)하기 위하여 배운다고 내세운 자도 있으나 경제사정이 궁핍해서가 절대다수(絶對多數)다. 담양군(潭陽郡)엔 또 무정면(武貞面) 안평(安平)에 10명, 동강(東江)에 11명, 반룡(盤龍)에 10명, 성평면류천(星平面柳川)에 15명, 해곡(海谷)에 10명, 담양읍(潭陽邑) 백동(白洞)에 30명, 용면 통천리 박골에 10명, 두장에 12명이 분포되어 있어 아직도 서당이 세를 떨치고 있다.

(4) 구례군(求禮郡)

문척면(文尺面) 김정(金亭), 월전(月田), 산동면(山洞面) 좌사(左沙), 마산면(馬山面) 냉천(冷泉), 광평(廣坪), 용방면(龍方面) 중방(中方), 신도(新道), 중방리(中方里) 송정(松亭), 토지면(土旨面) 오미(五美), 구산(九山), 내동리(內東里) 당재(堂在), 평도(平道) 외곡리(外谷里) 중기(中基), 김내리(金內里) 용정(龍井)에 서당(書堂)이 있고, 학동의 나이는 12~20세 정도 훈장은 40~68세, 교과내용은 소학(小學), 대학(大學), 논어(論語), 시전(詩傳), 주역(周易)을 가르치고 있으며 서당에 보내고 있는 이유는 중학교에 진학을 못 시킨 때문으로 되어 있다.

(5) 광양군(光陽郡)

봉강면(鳳岡面) 조령(鳥嶺), 봉당(鳳堂), 다압면(多鴨面) 고토리(高土里) 항동(項洞), 죽주(竹州), 금천(錦川), 왕룡면(王龍面) 율천(栗川), 죽림(竹林), 답곡(畓谷), 내천(柰川), 광양읍(光陽邑) 구산(龜山)에 서당이 있으며 학동 수는 평균 15명 정도, 연령은 7세에서 25세로 되어 있으나 12~20세 사이가 많다. 훈장 연령은 최고 68세, 최하 55세, 서당의 존속연수(存續年數)는 15년 정도, 서당에 보내는 이유로는 예절궁득(禮節宮得), 한자해득(漢字解得)이라고 내세우고 있다.

(6) 여천군(麗川郡)

쌍봉면(雙鳳面) 소호(蘇湖), 소라면(召羅面) 대포(大浦), 죽림(竹林), 복산(福山), 사곡(沙谷) 복산리(福山里) 달천(達川), 사곡리(沙谷里) 복촌(福村) 율촌면(栗村面) 반월(半月), 율촌면(栗村面) 봉전(鳳田)에 서당(書堂)이 있으며 9세에서 17세의 연령층(年令層)으로 구성되어 있다. 훈장

(訓長)은 60세가 평균 연령(年令)이고 서당(書堂)에 보내고 있는 이유 (理由)로 중학진학(中學進學)이 어렵고, 한문(漢文)이나 배워 두자는 데 있다고 내세우고 있다. 교과내용(敎科內容)은 명심보감(明心寶鑑) 정도 대학(大學)을 가르치는 곳은 두 곳.

(7) 고흥군(高興郡)

표원면 구오리(求悟里) 오수(梧樹)에 20명, 대서면(大西面) 금마리(金馬里) 금당(金塘)에 20명, 남정리(南亭里) 월등(月登)에 30명, 송강리(松江里) 하남(下南)에 15명, 상남리(上南里) 남양(南陽)에 15명, 고흥면(高興面) 호동리(虎東里) 동편(東便)에 15명, 등암리(登岩里)에 15명, 우제리(友濟里) 6동(洞)에 10명, 풍양면(豊陽面) 상림(上林)에 13명, 도화면(道化面) 사덕리(四德里) 덕촌(德村), 동강면(東江面) 마륜리(馬輪里) 파서에 15명, 마본(馬本)에 20명, 대강리(大江里) 사동(社東)에 25명, 두산(斗山)에 15명, 한천리(漢泉里) 신촌(新村)에 21명, 관덕리(觀德里)에 25명, 점암면(占岩面) 강산리(江山里) 도산(島山)에 8명, 신안리(新安里) 용강(龍江)에 20명, 우천리(牛川里) 우두(牛頭)에 3명으로 서당이 분포되어 있다. 학동 나이는 15~20세가 많으나 26세까지의 학생이 수용되고 훈장은 72세가 2명, 대부분 60세 이상이다. 교과 내용은 논어(論語), 맹자(孟子), 대학(大學), 소학(小學), 천자문(千字文) 등이고 서당에 보내는 이유는 경제사정(經濟事情) 곤란과 한문습득(漢文習得)으로되어 있으나 절대다수가 빈곤이 그 이유로 되고 있다.

(8) 보성군(寶城郡)

회천면(會泉面) 봉강(鳳岡)에 30명, 회녕리(會寧里) 삼장(三莊)에 15

명, 화죽리(花竹里) 보동(普洞)에 10명, 원서당(元書堂)에 16명, 원산(元山)에 15명, 벌교읍(筏橋邑) 칠동(七洞) 원당(院堂)에 15명, 장암리(長岩里) 하장(下長)에 12명, 지동(池洞)에 15명, 토산(兎山)에 20명, 추동리(秋洞里) 백동(栢洞)에 10명, 겸백면(兼白面) 천곡(川谷)에 21명, 조성면(鳥城面) 우천리(牛川里) 대동(大洞)에 10명, 고내(庫內)에 15명 덕산리(德山里) 산정(山汀)에 15명, 감동(柑洞)에, 축내리 석장에 15명, 보성읍(寶城邑) 용내(龍內)에 15명, 형봉(兄峰)에 15명, 문덕면(文德面) 운곡리(雲谷里) 대운(大雲)에 10명, 한천리(寒泉里) 곡천(曲川)에 12명, 내우(內牛)에 12명, 봉갑리(鳳甲里) 수월(水月)에 15명, 백사정에 10명, 동산리 법화에 10명, 동교리 외판(外板)에 11명, 삼구(三區)에 15명, 웅치면(熊峙面) 대산리(大山里) 다만에 30명, 율어면(栗於面) 문양리(文陽里) 이구(二區)에 10명, 일구(一區)에 20명으로 서당이 분포되어 있다. 학동 나이는 10세에서 20세 층이 많으나 25세 되는 학생도 있다. 훈장은 76세가 최고령이나 대부분 60세 이상, 교과 내용은 천자문(千字文), 소학(小學), 명심보감(明心寶鑑) 등이고 서당에 보내는 이유는 경제사정의 빈곤과 문맹퇴치(文盲退治)를 들고 있다.

(9) 장흥군

장흥읍 행원리에, 우목리에 30명, 중산리에 20명, 유치면 대리일구에 20명, 삼구에 13명, 오복에 20명, 주산리 검단에 30명, 관동에 15명, 조양에 15명으로 서당이 분포되어 있다. 학동 나이는 5세에서 25세까지의 층간을 보이고 있으나 대부분 13~20세의 연령층이고, 훈장 연령은 대부분 60세 이상 40세도 1명 있었다. 교과 내용은 천자문, 소학, 대학, 명심보감 등이고 서당에 보내고 있는 이유는 한문해득, 경제사정을 들고 있다.

(10) 해남군(海南郡)

삼산면(三山面) 창리(昌里)에 10명, 산이면(山二面) 덕호에 15명, 북평면(北平面) 진촌(眞村)에 15명, 서홍(西洪)에 12명, 운전(雲田) 10명, 운전리(雲田里) 수동(守洞)에 10명, 진촌리(眞村里) 삼성(三省)에 7명, 마산면(馬山面) 장촌리(長村里) 남위(南憵)에 20명, 외호(外湖)에 15명, 면구리 추강에 15명, 당두(堂頭)에 20명, 신덕(新德)에 5명, 산전(産田)에 15명, 보평(洑坪)에 15명, 계곡면(溪谷面) 만년리(萬年里)에 30명, 장산(長山)에 20명, 방춘(芳春)에 15명, 여수(呂水)에 15명, 현산면(縣山面) 읍호(挹湖)에 9명, 옥천면(玉泉面) 흑천(黑泉)에 30명, 용동(龍洞)에 15명, 황산면(黃山面) 초월(初月)에 12명, 병온에 10명, 교동(轎洞)에 72명, 춘정(春井)에 30명, 연호(燕湖)에 10명으로 서당이 분포되어 있다. 학동 연령은 7~20세의 층간(層間)을 보이나 12~20세가 많다. 훈장 연령은 최고령 77세도 있으나 60세 이상이 대부분이고 교과서 내용을 추구, 천자문(千字文), 명심보감(明心寶鑑), 맹자(孟子), 논어(論語), 소학(小學), 대학(大學)이 주(主)된 것이며, 서당에 보내는 이유로는 진학을 시킬 수 없어 보내고 있다고 대다수가 들고 있다.

(11) 영암군(靈岩郡)

군포면(郡浦面) 원항리(元項里) 항동(項洞)에 13명, 서호면(西湖面) 암길(庵吉)에 30명, 덕진면(德津面) 명보리 서장에 30명, 시종면(始終面) 내동리(內洞里) 원내(元內)에 15명, 옥야리(沃野里) 장동(長洞)에 12명, 월악리(月岳里) 삼구(三區)에 11명, 금지리(錦池里) 송내(松內)에 15명,

봉소리 봉곡에 40명, 구산리(九山里) 원구산(元九山)에 12명, 와우리(臥牛里)에 15명, 와우리(臥牛里) 화정(花井)에 10명, 영암면(靈岩面) 신포(新浦)에 20명, 장암(場岩) 이구(二區)에 30명, 한대리(寒大里) 평촌(平村) 25명, 금정면(金井面) 용장리(龍長里) 세흥(世興)에 15명, 세류리(細柳里)에 5명, 청용(靑龍) 중산에 8명으로 서당이 분포되어 있다. 학동연령은 5~25세의 층간(層間)이나 13~20세가 많다. 훈장 연령은 72세의 고령을 위시, 대부분 65세 이상이고 교과 내용은 천자문(千字文), 명심보감(明心寶鑑), 사서삼경(四書三經) 등이다. 서당에 보내는 이유로는 가정경제 빈곤과 한자해득을 들고 있다.

   (12) 무안군(務安郡)

   무안면(務安面) 고절(高節)에 15명, 장자면(莊子面) 이흑리(二黑里) 유암에 20명, 삼두리(三頭里) 관(官) 마을에 10명, 삼두(三頭)에 25명, 수도에 20명, 지도면(智島面) 봉리(鳳里) 죽곡(竹谷)에 8명, 탄동리(灘洞里) 광남(光南)에 14명, 태천리(台川里) 연화에 10명, 암태면(岩泰面) 장고(長庫)에 10명, 수곡(水谷)에 11명으로 서당(書堂)이 분포(分布)되어 있는데 학동 연령은 7~20세의 층간(層間)을 보이나 12~18세가 많고 훈장 연령은 대부분 60세 이상, 교과 내용은 천자문(千字文), 명심보감(明心寶鑑), 소학(小學), 논어(論語), 맹자(孟子), 대학(大學), 주역(周易)에 이르고 있다. 역시 경제빈곤으로 서당에 보내고 있다고 말하고 있으며 한문습득이 다음 이유로 되고 있다.

   (13) 나주군(羅州郡)

   봉황면(鳳凰面) 만봉(萬峰)에 30명, 욱곡리(郁谷里) 욱실에 10명, 영산포읍(榮山浦邑) 평산(平山) 삼구(三區)에 8명, 노안면(老安面) 계림리 (桂林里) 덕림(德林)에 10명, 다도면(茶道面) 도동(都洞) 일구(一區)에 10 명, 금천면(金川面) 동악리(洞岳里) 중야(中夜)에 12명, 공산면(公山面) 가송(佳松) 1동(洞)에 15명, 신곡리(新谷里) 신양에 10명, 동강면(洞江面) 월송리(月松里) 월해(月海)에 15명, 대전리(大田里) 상촌(上村)에 15 명, 월량리(月良里) 귀양에 12명으로 서당이 분포되어 있다. 연령은 8~20세의 층간(層間)이나 30세의 노학동(老學童)도 끼어 있다. 훈장 연령은 60세 이상이 제일 많고, 30세 1명, 40대가 2명이 보인다. 교 과 내용은 천자문(千字文), 명심보감(明心寶鑑), 맹자(孟子) 정도이고 한문을 알게 하기 위해서 서당 보내고 있다고 반응하고 있다. 동강 면(洞江面) 순산리 회룡에 12명, 문평면(文平面) 대도리(大道里) 도장 (道長)에 3명, 다시면(多侍面) 동당리(東堂里) 청림(靑林)에 20명이 서당 에 취학하고 있는데 내용은 같다.

(14) 승주군(昇州郡)

송광면(松廣面) 석곡(石谷)에 20명, 추동(秋洞)에 12명, 토안리(吐安 里) 월안(月安)에 15명, 구표리(九杓里)에 12명, 악안면(樂安面) 내운리 (內雲里) 내동(內洞)에 50명, 창녕리(昌寧里) 가정(柯亭)에 10명, 창녕(昌 寧)에 15명, 평사(平沙)에 10명, 쌍암면(雙岩面) 도정리(道亭里) 도목(桃 木)에 12명, 연동(連洞)에 56명, 동산(東山)에 20명, 판교(板橋)에 11명, 구옥(九玉)에 12명, 해구면(海龜面) 상내(上內)에 7명, 남가리(南街里) 대가(大街)에 15명, 황전면(黃田面) 비출에 30명, 수평(水坪)에 15명, 죽청(竹淸)에 15명, 별량면(別良面) 덕정리(德亭里) 신촌(新村)에 10명, 송학리(松鶴里) 장학(長鶴)에 15명, 월등면(月燈面) 대평(大坪)에 15명,

상하면(上河面) 도월(道月)에 20명, 쌍문(雙文)에 10명, 쌍지(雙之)에 100명, 주암면(住岩面) 광천리(廣川里) 외광(外廣)에 83명, 오산(五山)에 20명, 대구(大九)에 20명으로 서당이 분포되어 있고 학동의 연령은 7~20세의 층간(層間)을 보이나 보통 12~20세가 많다. 추구(推句), 천자(千字), 명심보감(明心寶鑑), 소학(小學), 맹자(孟子), 사력, 통감 등을 배우고 있고 상급학교에 진학 못 하기 때문에 서당에 다닌다고 내세우고 있다. 훈장 연령은 거의 60세 이상.

(15) 영암군(靈岩郡)

불갑면(佛甲面) 부춘리(富春里) 부곡(富谷)에 50명, 녹산리(鹿山里) 인산(茵山)에 15명, 생탄리(生呑里) 생실(生實)에 5명, 백수면(白岫面) 대전 1구에 20명, 백암(白岩)에 12명 홍곡(紅谷) 2동(洞)에 10명, 하사리(下沙里) 송산(松山)에 12명, 산산(産山)에 70명, 무량면(畝良面) 신천리(新川里) 신정(新亭)에 20명, 대마면(大馬面) 남산리(南山里) 하남(下南)에 18명, 송죽리(松竹里) 죽동(竹洞)에 10명, 염산면(鹽山面) 호현(芦峴)에 7명, 홍농면(弘農面) 칠곡리(七谷里) 월곡(月谷)에 15명, 풍암(豊岩)에 15명, 양지리(良池里) 성산(城山)에 20명, 군서면(郡西面) 덕산(德山)에 8명, 영광읍(靈光邑) 입석(立石)에 20명, 양평(良坪)에 15명, 군남면(郡南面) 대덕리(大德里) 송암에 20명, 백조리(白早里) 백암(白岩)에 17명, 법성면(法聖面) 용덕(用德), 낙월면(落月面) 신기(新基)에 서당이 분포되어 있고 학동 나이는 8~20세의 층간(層間)을 보이나 대부분 15~20세가 많다. 교과서는 천자문(千字文), 명심보감(明心寶鑑), 소학(小學), 대학(大學) 등이고 훈장의 나이는 70세 이상이 3명이나 되나 60세를 상회한다. 한문습득과 경제 빈곤을 서당에 보내는 이유로 들고 있다.

(16) 장성군(長城郡)

삼계면(森溪面) 월연리 월정에 7명, 부성리 복산에 5명, 황구면(黃龜面) 월평리(月坪里) 월산(月山)에 3명, 금호리(金狐里) 금동(金洞)에 5명, 동화면(東化面) 남산(南山) 1동(洞)에 8명, 송계(松溪)에 13명이 서당에 다니고 있다. 학동 나이는 7~20세 층간(層間)이나 13~20세까지가 많다. 훈장 나이는 70세 이상이 5명으로 절대다수고 나머지도 60세 이상이다. 교과내용(教科内容)은 천자문(千字文), 소학(小學), 명심보감(明心寶鑑) 정도이고 한문을 배우기 위하여 서당에 다닌다고 반응하고 있다.

2) 서당(書堂) 교육(教育)의 형태(形態) 일례(一例)

명칭(名稱): 구산서당(龜山書堂)

소재지(所在地): 구례군(求禮郡) 산동면(山洞面) 중동리(中東里) 구산부락(九山部落)

훈장(訓長): 이승호(李丞浩, 73歲)

학생수(學生數): 평상시 15명 정도

교과내용(教科内容): ① 사학소학(四學小學) ② 천자문(千字文) ③ 명심보감(明心寶鑑) ④ 소학(小學) ⑤ 논어(論語), 맹자(孟子), 대학(大學)의 5단계

입당정도(入堂程度): 초등학교 졸업자

현재 학동연령(學童年令): 14~27세

학생의 분포: 서당중심(書堂中心) 6km 이내

수업료: 연간(年間) 30ℓ [백미(白米)]

이승호 씨(李升浩氏) 약력: 50세까지 면서기(面書記: 초등학교 졸업

한학수업) 1950년부터 서당훈장(書堂訓長)

일과: 매일 아침 6시 기상, 주자십회시(朱子十悔詩) 낭독

아침 먹고 학력 수준에 따라 적이(適易)한 학과목(學科目)을 부과함. 오후도 같음. 학과외(學科外)에 이력서(履歷書), 계약서(契約書), 축문(祝文), 혼서지(婚書紙) 쓰는 법 가르치고 모필습자(毛筆習字)를 연습시킴. 신탄재(薪炭材)는 공동채취(共同採取)하고 일용경비(日用經費)는 공동으로 부담한다. 입학은 수시 가능(隨時可能)하며 형편에 따라 주야반(晝夜班)으로 나누어 교수(敎授)하기도 하고 전일수업(24시간)을 받는 학동도 있음. 농번기 명절에는 휴당(休堂)을 선언, 훈장이 결정함. 모두 순종적이기 때문에 학생문제는 일어나지 않으나 문제학생(問題學生)이라고 인정되면 부형(父兄)과 의논해서 처리하거나 불가부득이(不可不得已)한 경우 퇴당처분(退堂處分)도 한다 했음.

3) 서원(書院) 현황(現況)

광주(光州) 월봉서원(月峰書院): 선조 무인에 세움. 고봉(高峰) 기대승(奇大升) 등 향배(享配), 효종 갑오에 사액(賜額).

순천(順天) 옥천서원(玉川書院): 명종 갑자에 세움. 향사 김굉필(享祀 金宏弼), 선조 무진에 사액.

겸천서원(謙川書院): 승주군(昇州郡) 주암(住岩) 숙종 경자에 세움. 김종서(金宗瑞), 박팽년(朴彭年) 등 향배(享配). 고종 무진에 폐(廢)했다가 광복후(光復後) 병술(丙戌)에 다시 세움.

곡수서원(曲水書院): 순천(順天) 춘전동(椿田洞) 숙종 임진에 세움. 정소(鄭沼) 등 향배(享配), 광복 후 부설(復設)

용강서원(龍岡書院): 승주(昇州) 해룡(海龍)에 있음. 순조 신사에 세움. 양팽손(梁彭孫) 등 향배(享配).

옥계서원(玉溪書院): 순천(順天) 연향동(蓮香洞)에 있음.

송천서원(松川書院): 승주군(昇州郡) 별량면(別良面)에 있음.

율봉서원(栗峰書院): 승주군(昇州郡) 별량면(別良面)에 있음. 정극인(丁克仁)등 향배(享配).

이천서원(伊川書院): 승주군(昇州郡) 별량면(別良面)에 있음. 순조 정해에 세움.

담양(潭陽) 의암서원(義巖書院): 선조 정미에 세움. 류희춘 향배(柳希春享配), 현종 기유에 사액.

산서원(雲山書院): 대전면(大田面) 전향리(田鄕里)에 있음. 문익점(文益漸) 등 향배(享配) 경종조(景宗朝)에 후손들이 세움.

송강서원(松江書院): 창평면(昌平面)에 있음. 숙종 갑술에 세움. 정철(鄭澈)을 향(享).

고흥(高興) 재동서원(齋洞書院): 대서면(大西面) 석현리(石峴里)에 있음.

보성(寶城) 용산서원(龍山書院): 선조 정미에 세움. 보성읍(寶城邑)에 있음. 숙종 정해)에 사액.

대계서원(大溪書院): 보성읍(寶城邑)에 있음. 효종 정유에 세움. 숙종 갑신에 사액.

화순(和順) 능주(綾州) 죽수서원(竹樹書院): 도곡면(道谷面) 월곡(月谷)에 있음. 조광조(趙光祖) 향사(享祀), 선조(宣祖) 때 사액.

해망서원(海望書院): 춘양면(春陽面)에 있음. 김종직(金宗直), 김굉필(金宏弼), 김일손(金馹孫) 등 향배(享配).

도원서원(道院書院): 동복리(洞福里)에 있음. 현종 경술에 세움. 숙종 정묘에 사액.

장흥(長興) 연곡서원(淵谷書院): 숙종 무인에 세움. 영조 병오에 사액.

강성서원(江城書院): 유치면(有治面) 월상리(月上里)에 있음. 문익점향사(文益漸享祀). 숙종 임오에 세움. 정조 을사에 사액.

강진(康津) 남강서원(南康書院): 강진읍(康津邑)에 있음. 순조 계해에 세움. 주희(朱熹), 송시열(宋時烈) 등 향배(享配).

주봉서원(胄峰書院): 엄천면(晻川面)에 있음.

해남(海南) 방춘서원(方春書院): 계곡면(溪谷面)에 있음. 영조 무인에 세움. 김종서(金宗瑞), 김류(金瑬)등 향배(享配).

영암(靈巖) 녹동서원(鹿洞書院): 남삼리(南三里)에 있음. 숙종 계사에 사액.

무안(務安) 송림서원(松林書院): 무안(務安)에 있음. 인조(仁祖) 때 세워 숙종 임술에 사액.

나주(羅州) 경현서원(景賢書院): 나주읍(羅州邑)에 있음. 선조 계유에 세우고 정유(丁酉)에 사액. 김굉필(金宏弼), 정여창(鄭汝昌), 이퇴계(李退溪) 등 향배(享配).

월정서원(月井書院): 현종 갑진에 세움.

반계서원(潘溪書院): 숙종 기해에 세움.

미천서원(眉泉書院): 영산포(榮山浦)에 있음. 숙종 임신에 세움. 허목(許穆) 등 향배(享配).

봉산서원(蓬山書院): 남평면(南平面)에 있음. 효종 경신에 세움.

장연서원(長淵書院): 남평면(南平面) 풍림리(楓林里)에 있음. 문익점(文益漸) 등 향배(享配).

함평(咸平): 없음.

영광(靈光) 무장서원(畝長書院): 무량면(畝良面) 영당리(影堂里)에 있음.

장산서원(長山書院): 군남면(郡南面) 도장리(道長里)에 있음. 문익점(文益漸) 등 향배(享配).

장성(長城) 필암서원(筆巖書院): 필암면(筆巖面)에 있음. 김인후(金麟厚)등 향배(享配). 선조 경인에 세우고 현종 임인에 사액.

모암서원(慕巖書院): 서삼면(西三面) 모암리(慕巖里)에 있음.

가산서원(佳山書院): 삼서면(森西面) 가산(佳山)에 있음. 이항복(李恒福), 이제현(李齊賢) 등 배향(配享).

봉암서원(鳳巖書院): 장안리(長安里)에 있음. 숙종 정축에 세움.

송계서원(松溪書院): 삼서면(森西面) 만선동(萬仙洞)에 있음. 정조 신해에 세움.

양계서원(良溪書院): 남면(南面) 주령리(駐嶺里)에 있음. 헌종 갑오에 세움.

완도(莞島): 없음.

진도(珍島): 없음.

고흥(高興): 없음.

4) 향교의 현황

광주(光州): 광주시 구동(龜洞)에 있음. 태조 무인에 서석산(瑞石山) 장원봉(壯元峰)에 세웠다가 성종 무인에 현 위치로 옮김. 대성전(大成殿)에 오성(五聖)을 봉안(奉安). 동서벽(東西壁)에 16철(哲)을 배향(配享). 광복 후 16철은 매안(埋安)하고 우리나라 18현(賢)을 동서벽에 승배(昇配). 현재는 유도회(儒道會)가 중심이 되어 춘추(春秋)로 대제(大祭)를 지내는 정도이고 아무런 교육적 기능을 발휘하지 못한다.

목포(木浦): 없음.

여수(麗水): 여수시 군자동(君子洞)에 있음. 광무(光武) 원년에 세운 것.

순천(順天): 순천시 금곡동(金谷洞)에 있음. 태종 정해에 세웠다가 몇 차례 이축(移築). 광해 경술에 이건(移建)한 것. 위패는 5성(五聖), 10철(十哲), 6현(六賢), 18현(十八賢)을 모시고 있음.

광산군(光山郡): 없음.

담양군(潭陽郡): 창건 연대 불명(不明). 이태조(李太祖) 때 세우고 숙종 갑인에 중건(重建)된 것임.

창평향교(昌平鄕校): 이조(李朝) 태조(太祖) 8년 기묘에 세움.

곡성군(谷城郡): 곡성읍에 있음. 선조 3년에 세움.

구례군(求禮郡): 구례읍 봉서리(鳳西里)에 있음. 창건 연대 불명이나 봉성산(鳳城山) 서록(西麓) 매봉하에 있던 것을 향사시(享祀時) 호환(虎患)이 있다 하여 숙종 갑신에 현소(現所)에 이건(移建)한 것임.

광양군(光陽郡): 광양읍 오리(五里)에 있음. 태조(太祖) 때 세운 것.

여천군(麗川郡): 없음.

승주군(昇州郡): 없음.

고흥군(高興郡): 읍내(邑內) 교촌리(校村里)에 있음. 이조 세종조(世宗

朝)에 세움.

　보성군(寶城郡): 향교는 있으나 시건연대(始建年代) 불명.

　화순군(和順郡): 화순읍 군서이리(郡西二里)에 있음. 정유난(丁酉亂) 때 퇴훼(頹毀)된 것을 중수(重修).

　능남정리(陵南亭里) 향교(鄕校): 태조 원년에 세움.

　동복현 서삼리(洞福縣西三里) 향교(鄕校): 세종 27년에 세움.

　장흥군(長興郡): 읍내 교촌리(校村里)에 있음. 태조 무인에 세움.

　강진군(康津郡): 읍내 교촌리(校村里)에 있음. 시건연대(始建年代) 불명

　해남군(海南郡): 읍내 수성리(壽星里)에 있음. 시건연대 불명.

　영암군(靈岩郡): 고려(高麗) 공민왕조(恭愍王朝)에 창설. 임진병화(壬辰兵火)에 다 타 없어진 것을 선조 계묘에 다시 세움.

　무안군(務安郡): 읍내 비봉산(飛鳳山) 남록(南麓)에 있음. 태조 3년에 공수산(控壽山) 서원에 처음 세운 것을 성종 경인에 현지(現地)로 옮겨 세움.

　나주군(羅州郡): 읍내 장원봉(壯元峰) 아래 있음. 남평향교(南平鄕校)는 중종 갑오에 동문(東門)밖으로부터 이건(移建)한 것.

　함평군(咸平郡): 원래 성남대화지(城南大化地)에 있던 것이 정유란(丁酉亂)에 불타 없어지고 인조 신미에 교촌리(校村里) 고산(高山) 아래로 옮긴 것.

　영광군(靈光郡): 창건 연대 불명. 읍내에 있음.

　장성군(長城郡): 처음엔 진원현(珍原縣)과 별산현[鱉山縣, 북일면(北一面)]에 있었던 것을 선조 33년에 하나로 통합. 읍내 성자산(聖子山) 아래 세움.

　완도군(莞島郡): 읍내 죽청리(竹靑里)에 있음. 설군익년(設郡翌年)인

고종정유(高宗丁酉)에 창건.

진도군(珍島郡): 설읍(設邑)한 무오년에 세웠다가 을미에 오리정(五里亭)에 이축(移築), 정유재란(丁酉再亂) 때 타 없어짐. 그 후 병신(丙申)에 현지(現地)인 읍내에 다시 세움.

5) 결언(結言)

(1) 서당

① 아직도 서당은 자연부락 단위로 상당한 교육 기능을 발휘하고 있다.

② 서당에 취학하고 있는 학동의 상황을 보면 5세, 6세 때 한문을 익히기 위하여 학교 취학 전(就學前)에 가는 경우도 있고, 학교 취학 후(就學後), 동·하계 방학을 이용한다. 부형의 권장으로 서당에 다니게 되는 수도 있으나 초등학교를 마치고 병정생활(兵丁生活)을 하기 위하여 입영하기 전까지 집안일을 돌봐주는 한편 여가공부로 서당에 가는 숫자가 가장 많다. 또 군복무를 필하고 온 뒤 일정한 직장도 없어 그 전에 공부했던 한문을 더 배우기 위하여 서당을 찾는 수도 있다.

③ 어찌 되었던 서당에 보내게 되는 가장 중요한 이유는 상급학교에도 진학을 못 하기 때문에 기(旣)히 학습한 국민학교 과정을 마친 정도의 학력으로는 현재의 한문권(漢文圈) 문화 속에서는 면무식(免無識)을 했다는 말을 듣지 못할 뿐 아니라 가정생활을 영위하는 데도 때로 한문 불해득(不解得)으로 인한 불편이 많아 이를 해소해결하기 위하여 한문을 가르치고 있는 것으로 볼 수 있다.

④ 그러므로 서당에서 가르치고 있는 교과내용이 고작 천자문(千

字文)을 익히고 명심보감(明心寶鑑)을 해득하는 정도에 그치고 한문경서(漢文經書)를 본격 학습시킨다는 일은 피하고 있다.

⑤ 서당에서의 교과목은 나이가 위로 올라갈수록 사서삼경(四書三經), 논어(論語), 대학(大學) 등(等), 한문교육(漢文敎育), 경서교육(經書敎育)에 주력을 하는 면도 없지 않다.

⑥ 서당에서의 교과서 구득(求得)은 필사본은 거의 없고 서점에서 팔고 있는 영인활자본(影印活字本)이다.

⑦ 서당에서는 생활상의 불편을 덜어주기 위하여 축문(祝文) 쓰기, 계약서(契約書) 작성법, 혼서지(婚書紙) 쓰는 법 등도 가르치고 있다.

⑧ 학비는 극히 저렴하고 1년 중 쌀 30ℓ 면 된다.

⑨ 훈장은 한학을 수업한 노년층으로 자택을 서당으로 쓰는 경우도 있으나 동각(洞閣)의 방 하나를 빌리거나 또는 유지댁(有志宅)의 사랑방을 빌려 쓰기도 한다.

⑩ 서당은 비교적 교육인구가 적고 주민소득이 보잘것없는 지역일수록 번성하고 있다.

⑪ 서당이 있는 면은 이 마을 저 마을 할 것 없이 서당이 생겨 마치 다투어 서당을 경영하는 경향도 보인다.

⑫ 서원(書院)이나 사우(祠友)가 있는데 서당은 번성한다.

⑬ 훈장의 연령이 고령인 점도 있지만 서당 운영이 개화 당시(開花當時, 1919년 이후), 혹은 그 이전의 운영형태보다 진보된 모습은 발견치 못한다.

⑭ 서당은 점차 쇠퇴해 갈 전망이 보인다. 중학교 교육의 보급, 국가의 어문정책(語文政策), 국민 경제 수준의 상승 등 여러 가지 이유를 들겠지만 그보다는 서당자체(書堂自體)로 봐서 훈장양성(訓長養成)

이 큰 문제가 아닐 수 없다.

(2) 서원

현존 서원은 향리 유림(儒林)의 한가(閑暇)를 즐기기 위한 집회소(集會所)로 되어 있을 뿐 별다른 기능을 발휘치 못한다. 서원은 또 일가동족(一家同族)의 집회소로도 활용되고 있다. 문중사(門中事)를 협의하고 문중의 단합을 마련에서 고구(考究)할 만하다. 또 교육방법에 있어서도 그러하다. ① 입지(立志), ② 정진노력(精進努力), ③ 공부함양(工夫涵養)[존심(存心), 공경(恭敬)], ④ 궁리(窮理), 즉(卽) 격물(格物)치지(致知), ⑤ 역행독서(力行讀書)를 내세우고 있고 이황(李滉)도 그의 구학방법(求學方法)으로 입지(立志), 궁리(窮理), 경(敬), 열독(熱讀), 심득(心得), 궁행(躬行), 광문견(廣問見), 잠심자득(潛心自得)을 들고 있다. 그 내용이 대동소이하나 오늘의 새 교육운동이 제래(齊來)시킨 인간부재(人間不在) 도의부재(道義不在)의 현황을 살펴 비교했을 때 서양(西洋)에서 브루노가 한창 주장하고 있는 ① 명변지(明辯之), ② 독행지(篤行之).

③ 수신지요(修身之要): 말은 충실하고 신의가 있으며 행동은 독실하고 공경하게 한다[言忠信行篤敬], 노여움과 욕심을 눌러 자제한다[懲忿窒欲], 허물을 고쳐 선에 이르게 한다[遷善改過].

④ 처사지요(處事之要): 그 뜻을 바르게 하고 그 이익을 도모하지 않으며, 그 도를 밝힘에 그 공을 생각하지 않는다[正其義不謀其利, 明其道, 不計其功].

⑤ 접물지요(接物之要): 내가 하기 싫은 것은 남에게 시키지 말고, 행하여 이루지 못하거든 돌이켜 자기에게서 구해야 한다[己所不欲勿施於人, 行有不得反求諸己].

로 되어 있는데 오늘날 도덕교육의 재여(再與)문제를 시끄럽게 거론하고 있는 차제에 서원기능(書院機能)의 부활 문제로 다른 각도를 저버리고 정치성(政治性)이 개입하여 제향교육(祭享敎育) 이외의 일을 하기에 이르러 서원의 부실성(不實性)이 점차 드러나게 된 것이다. 주자(朱子)는 그의 교육목적(敎育目的)을 거경(居敬), 궁리(窮理)하여 덕성함양(德性涵養)과 지능(知能)의 개발로 성현(聖賢)의 자리에 나아감을 으뜸으로 내세웠는데 그 내용(內容)을 살펴보면

① 오교지목(五敎之目): 부자유친(父子有親), 군신유의(君臣有義), 부부유별(夫婦有別), 장유유서(長幼有序), 붕우유신(朋友有信)

② 위학지요(爲學之要): 박학지(博學之), 심문지(審問之), 신사지(愼思之)

악록동서원(嶽鹿洞書院), 응천서원(應川書院), 숭양서원(嵩陽書院) 등 사대서원(四大書院)이 생기기에 이르렀지만 가장 볼만한 것은 주희(朱熹)의 대(代)를 갈음한다고 보아야 할 것이다. 이때의 학풍은 대개 정시치적(政時治的)인 영향을 직접적으로 받는 국학(國學)에 반대하고 자유롭게 강론코자 했던 것이다. 우리나라에도 이와 같은 사상적 배경을 가지고 서원설립의 운동이 일어났다. 이조 중기(李朝中期) 후(後)부터 그와 같은 '존현강도(尊賢講道)의 미의(美意)'하는 곳이 되기도 한다. 서원은 한편 한문을 교육시키는 서당으로도 활용되고 있다.

그런데 서원은 그 시원을 중국에서 찾아야 하는데 역사적으로 보면 당 말에 비롯되고 있음을 본다. 당시 중국의 학자들이 학문을 전수할 수 있는 자유로운 분위기를 마련하기 위하여 사립학숙(私立學塾)을 세우기 시작했으며 이와 같은 운동은 송대에 계승되어 백록동서원(白鹿洞書院)을 비롯한 교육 문안(門安)의 구조화(構造化) 운동과 견주어 시사(示唆)받을 바가 없지 않은 것이다.

(3) 향교

현금(現今)의 향교는 그 고장 유림의 집회소로 되어 있다. 공자 탄생일엔 학생(學生)들과 군수(郡守)를 위시한 군내(郡內) 기관장도 참여한다. 그 전 향교전(鄕校田)이 있을 때는 춘추대제(春秋大祭)라 하여 탄신일 이외에도 제사를 모셨으나 지금은 거의 폐지되고 있다. 현재도 향교는 직강(直講), 장의(掌議), 도유사(都有司) 등 직제를 만들어 군내 유지(有志)로 하여금 출손(出損)토록 하여 향교행사(鄕校行事)를 꾸려가나 군비보조(郡費補助) 없이는 영선수리(營繕修理) 등의 위난(危難)을 면(免)할 수 없다. 각 향교마다 얼마씩의 향교유지답(鄕校維持畓)을 갖고 있어 향교지기로 하여금 경작케 하고 그 반대급부(反對給付)로 향교관리(鄕校管理)를 담당케 하고 있으나 넉넉한 형편에 있는 향교는 없다. 그러나 현 유림회(儒林會)를 구성하고 있는 장노년층이 사라지고 학교교육만 받아온 청소년층으로 세대가 교체되었을 때 향교의 유지관리 문제는 군내 기관(郡內機關)의 머리 아픈 문제로 대두할 것이다. 재산과 후계유지세력(後繼維持勢力)이 두절되었을 때 필연적으로 일어나는 문제다.

향교는 누구나 알고 있는 대로 지방학교(地方學校)이다. 이 향교는 고려(高麗) 때부터 보급된 것인데 전남지방엔 고려 말(高麗末) 때 생긴 곳이 한 곳이고 대부분 이조초기(李朝初期)에 창설된 것으로 되어 있으나 의심되는 바가 없지 않다. 사실(事實)은 1392년 이태조(李太祖)가 그의 소신(所信)인 배불유교주의(排佛儒敎主義)에 의하여 직각적(直刻的)으로 향교(鄕校)의 개선(改善)과 보급에 노력했기 때문에 조선의 주(州)·부(府)·군(郡)·현(縣)에 향교가 세워졌다고도 보겠지만 학술적인 면에서 더 논구(論究)할 일이라 생각된다.

발문

　이 책을 발행하게 된 것은 <이을호 전서> 초간본이 품절되어 찾는 독자들이 많았고, 전서의 증보와 보완이 있었으면 좋겠다는 여망에 따른 것입니다. 전서가 발행된 이후에도 특히 번역본에 대한 일반 독자의 수요가 많아서 『간양록』을 출간하였으며, 『한글 사서』(한글 중용·대학, 한글 맹자, 한글 논어)는 비영리 출판사 '올재 클래식스'가 고전 읽기 운동의 교재로 보급하였고, 인터넷에서도 공개하고 있습니다. 『한글 논어』는 교수신문에서 '최고의 고전번역'으로 선정되기도 하였습니다.

　그간 선친의 학문에 대한 관심의 고조와 함께 생전의 행적을 기리는 몇 가지 사업들이 있었습니다. 서세(逝世) 이듬해에 '건국포장'이 추서되었습니다. 선친께서는 생전에 자신의 항일활동을 굳이 내세우려 하지 않으셨기 때문에, 일제강점기에 임시정부를 지원하고 영광만세운동과 관련하여 옥고를 치렀던 일들을 사후에 추증한 것입니다.

향리 영광군에서도 현창사업이 있었습니다. 생애와 업적을 기리는 사적비(事績碑)가 영광읍 우산공원에 세워졌습니다. 그러나 금석(金石)의 기록 또한 바라지 않으신 것을 알기에 영광군에서 주관한 사적비의 건립 역시 조심스러웠습니다.

서세 5주년 때는 '선각자 현암 이을호 선생의 내면세계'를 주제로 한 학술심포지엄이 영광문화원 주최로 영광군에서 열렸습니다. 그의 학문이 "한국의 사상과 역사를 새롭게 연구하고, 우리 문화의 미래적 방향을 제시한 것"이었음이 알려지자, '한국문화원연합회 전남지회'에서는 『현암 이을호』라는 책을 간행하여 여러 곳에 보급하기도 하였습니다. 이후 영광군에서는 전국 도로명주소 전환 사업 시 고택(故宅) 앞 길을 '현암길'로 명명하였습니다.

학계에서는 전남대학교가 '이을호 기념 강의실'을 옛 문리대 건물에 개설하여 그곳에 저서를 전시하고, 동양학을 주제로 하는 강의와 학술모임을 하고 있습니다. 선친의 학문 활동은 일제시대 중앙일간지와 『동양의학』 논문지 등에 기고한 논설들이 그 효시라 할 수 있지만, 그 이후 학문의 천착은 일생 동안 몸담으셨던 전남대학교에서 이루어졌음을 기린 것입니다. 지금은 생전에 많은 정성을 기울이셨던 '호남의 문화와 사상'에 대한 연구도 뿌리를 내리게 되어 '호남학'을 정립하려는 노력들이 활발하게 이루어지고 있습니다. 또한 한국공자학회에서 논문집 『현암 이을호 연구』를 간행하였고, 최근 출간한 윤사순 교수의 『한국유학사』에서 그 학문적 특징을 '한국문화의 새로운 방향을 제시한 업적'으로 평가하였습니다.

이제 하나의 소망이 있다면, 그 학문이 하나의 논리와 체계를 갖춘 '현암학'으로 발전하는 것입니다. 이 출간이 '책을 통하여 그 학문과 삶이 남기'를 소망하셨던 선친의 뜻에 다소나마 보답이 되었으면 합니다. 덧붙여서 이 전집이 간행되기까지 원문의 번역과 교열에 힘써 준 편집위원 제위와 이 책을 출간하여준 한국학술정보(주)에도 사의를 드립니다.

2014년 첫봄

장자 원태 삼가 씀

편집 후기

    2000년에 간행된 <이을호 전서>는 선생의 학문과 사상을 체계적으로 이해하도록 편찬하였었다. 따라서 다산의 경학을 출발로, 그 외연으로서 다산학 그리고 실학과 한국 사상을 차례로 하고, 실학적 관점으로 서술된 한국 철학과 국역『다산사서(茶山四書)』,『다산학제요』등을 실었던 것은, 다산학을 중심으로 형성된 한국적 사유의 특징을 이해하도록 한 것이었으며, 그 밖의『사상의학』과『생명론』은, 선생이 한때 몸담았던 의학에 관계된 저술이었다.

    지금은 초간본이 간행된 지 14년의 세월이 흘러, 젊은 세대들은 원전을 이해하지 못하는 사람들이 늘어나고, 그 논문의 서술방식 또한 많이 바뀌어 가고 있다.

    이러한 상황의 변화에 따라 새로운 전집의 간행이 이루어졌으면 하는 의견들이 많아 이번에 <현암 이을호 전서>를 복간하게 된 것이다.

    이 책의 편차는 대체적으로 선생의 학문적 흐름을 쉽게 이해할 수 있다는 점에서 이미 간행되었던 <이을호 전서>의 큰 틀은 그대로 유지하면서도 각 책을 따로 독립시켜 각자의 특색이 드러나도록 하였다. 특히 관심을 기울인 것은 원문의 번역과 문장의 교열을 통하여 그 내용을 쉽게 이해할 수 있도록 한 것이다.

그 과정에서 가장 중점을 둔 것은 원문의 국역이었다. 저자는 문장의 서술과정에서 그 논증의 근거를 모두 원문으로 인용하였다. 그러나 이번에 인용문은 모두 국역하고 원문은 각주로 처리하였다. 또한 그 글의 출처와 인명들도 모두 검색하여 부기함으로써 독자들의 이해를 돕도록 한 것이다.

또한 이전의 책은 그 주제에 따라 분책(分冊)하였기 때문에 같은 주제에 해당하는 내용은 모두 한 책으로 엮었으나 이번 새로 간행된 전집은 다채로운 사상들이 모두 그 특색을 나타내도록 분리한 것이다. 이는 사상적 이해뿐 아니라 독자들의 이용에 편의를 제공하고자 하는 뜻도 있다.

또 한 가지는 서세 후에 발견된 여러 글들을 보완하고 추모의 글도 함께 실어서 그 학문세계뿐 아니라 선생에 대한 이해의 폭을 더욱 넓히는 데 참고가 되도록 하였다.

이제 이와 같이 번역·증보·교열된 <현암 이을호 전서>는 선생의 학문이 한국사상연구의 현대적 기반과 앞으로 새롭게 전개될 한국 문화의 미래적 방향을 제시하는 새로운 이정표로서 손색이 없기를 간절히 기대한다.

갑오년(甲午年) 맹춘(孟春)

증보·교열 <현암 이을호 전서> 복간위원회

안진오 오종일 최대우 백은기 류근성 장복동 이향준 조우진
김경훈 박해장 서영이 최영희 정상엽 노평규 이형성 배옥영

『현암 이을호 전서』 27책 개요

1. 『다산경학사상 연구』

처음으로 다산 정약용의 철학을 체계적으로 연구한 저서이다. 공자 사상의 연원을 밝히고 유학의 근본정신이 어디에서 발원하였는가 하는 것을 구명한 내용으로서, 유학의 본령에 접근할 수 있는 지침서이다(신국판 346쪽).

2. 『다산역학 연구 Ⅰ』

3. 『다산역학 연구 Ⅱ』

다산의 역학을 체계적으로 연구한 책으로서 다산이 밝힌 역학의 성립과 발전적 특징을 시대적으로 제시하고 다산이 인용한 모든 내용을 국역하였다(신국판 上, 下 632쪽).

4. 『다산의 생애와 사상』

다산 사상을 그 학문적 특징에 따라서 현대적 감각에 맞도록 정치, 경제, 사회, 문화 등 각 방면의 사상으로 재해석한 책이다(신국판 260쪽).

5. 『다산학 입문』

다산의 시대 배경과 저술의 특징을 밝히고, 다산의 『사서오경(四書五經)』에 대한 해석이 그 이전의 학문, 특히 정주학(程朱學)과 어떻게 다른가 하는 것을 주제별로 서술하여 일표이서(一表: 經世遺表 / 二書: 牧民心書, 欽欽新書)의 정신으로 결실되기까지의 과정을 서술한 책이다(신국판 259쪽).

6. 『다산학 각론』

다산학의 구조와 경학적 특징, 그리고 그 철학 사상이 현대정신과 어떤 연관성이 있는가에 대해 상세하게 논한 저서이다(신국판 691쪽).

7. 『다산학 강의』

다산학의 세계를 목민론, 경학론, 인간론, 정경학(政經學), 『목민심서』 등으로 분류하여 다채롭게 조명하여 설명한 책이다(신국판 274쪽).

8. 『다산학 제요』

『대학(大學)』, 『중용(中庸)』, 『논어(論語)』, 『맹자(孟子)』의 사서(四書)는 물론 『주역』, 『시경』, 『악경』 등 모든 경서에 대한 다산의 이해를 그 특징에 따라 주제별로 해석하고 그에 대한 특징을 서술한 방대한 책이다(신국판 660쪽).

9. 『목민심서』

다산의 『목민심서』를 현대정신에 맞도록 해석하고, 그 가르침을 현대인들이 어떻게 수용하여야 할 것인가 하는 것을 재구성한 책이다(신국판 340쪽).

10. 『한국실학사상 연구』

조선조 실학의 특징을, 실학의 개념, 실학사상에 나타난 경학(經學)에 대한 이해, 조선조 실학사상의 발전에 따른 그 인물과 사상 등의 차례로 서술한 것이다.(신국판 392쪽)

11. 『한사상 총론』

단군 사상에 나타난 '한' 사상을 연구한 것이다. 단군사상으로부터 '한' 사상의 내용과 발전과정을 서술하고, 근대 민족종교의 특성에 나타난 '한'의 정신까지, 민족 사상을 근원적으로 밝힌 책이다(신국판 546쪽).

12. 『한국철학사 총설』

중국의 사상이 아닌 한국의 정신적 특징을 중심으로, 한국철학의 형성과 발전과정을 서술한 것이다. 이 책은 한국의 정신, 특히 조선조 실학사상에 나타난 자주정신을 중심으로 서술한 것으로서 이는 중국의 의식이 아닌 우리의 철학 사상의 특징을 밝혔다(신국판 611쪽).

13. 『개신유학 각론』

조선조 실학자들의 사상적 특징, 즉 윤휴, 박세당, 정약용, 김정희

등의 사상을 서술하고 실학자들의 저서에 대한 해제 등을 모은 책이다(신국판 517쪽).

14. 『한글 중용·대학』

『중용』과 『대학』을 다산의 해석에 따라 국역한 것이며, 그 번역 또한 한글의 해석만으로서 깊은 내용까지 알 수 있도록 완역한 책이다(신국판 148쪽).

15. 『한글 논어』

다산이 주석한 『논어고금주』의 내용을 중심으로 『논어』를 한글화한 책이며 해방 후 가장 잘된 번역서로 선정된바 있다(신국판 264쪽).

16. 『한글 맹자』

『맹자』를 다산의 『맹자요의』에 나타난 주석으로서 한글화하여 번역한 책이다(신국판 357쪽).

17. 『논어고금주 연구』

『여유당전서』에 있는 『논어고금주』의 전체 내용을 모두 국역하고, 그 사상적 특징을 보충 설명한 것이다. 각 원문에 나오는 내용과 용어들을 한(漢)나라로부터 모든 옛 주석에 따라 소개하고 다산 자신의 견해를 모두 국역하여, 『논어』에 대한 사상적 본질을 쉽게 알 수 있도록 정리한 책이다(신국판 665쪽).

18. 『사상의학 원론』

동무(東武) 이제마(李濟馬, 1838~1900)가 쓴 『동의수세보원』의 원문과 번역, 그리고 그 사상에 대한 본의를 밝힌 것으로서 『동의수세보원』의 번역과 그 내용을 원론적으로 서술한 책이다(신국판 548쪽).

19. 『의학론』

저자가 경성약학전문학교를 졸업한 후 당시의 질병과 그 처방에 대한 자신의 견해를 밝힌 의학에 대한 서술이다(신국판 261쪽).

20. 『생명론』

저자가 만년에 우주에 대한 사색을 통하여 모든 생명의 근원이 하나의 유기체적 관계로서 형성되고 소멸된다는 사상을 밝힌 수상록이다(신국판 207쪽).

21. 『한국문화의 인식』

한국의 전통문화에 나타난 특징들을 각 주제에 따라서 선정하고 그것들이 지니는 의미를 서술하였으며 또한, 우리 문화를 서술한 문헌들에 대한 해제를 곁들인 책이다(신국판 435쪽).

22. 『한국전통문화와 호남』

호남에 나타난 여러 가지 특징들을 지리 풍속 의식과 저술들을 주제별로 논한 것이다(신국판 415쪽).

23. 『국역 간양록』

정유재란 때 왜군에게 포로로 잡혀갔다가 그들의 스승이 되어 일본의 근대 문화를 열게 한 강항(姜沆)의 저서 『간양록』을 번역한 것이다(신국판 217쪽).

24. 『다산학 소론과 비평』

다산의 사상을 논한 내용으로서, 논문이 아닌 조그마한 주제들로서 서술한 내용과 그 밖의 평론들을 모은 책이다(신국판 341쪽).

25. 『현암 수상록』

저자가 일생 동안 여러 일간지 및 잡지에 발표한 수상문을 가려 모은 것이다(신국판 427쪽).

26. 『인간 이을호』

저자에 대한 인품과 그 학문을 다른 사람들이 소개하여 여러 책에 실린 글들을 모은 책이다(신국판 354쪽).

27. 『현암 이을호 연구』

현암 이을호 탄생 100주년을 기념하는 논문집으로서 그 학문과 사상을 종합적으로 연구하고 그 업적이 앞으로 한국사상을 연구하는 기반을 닦았다는 것을 밝힌 책이다(신국판 579쪽).

현암 이을호 전서 22
한국전통문화와 호남

초판인쇄 2015년 6월 19일
초판발행 2015년 6월 19일

지은이 이을호
펴낸이 채종준
펴낸곳 한국학술정보㈜
주소 경기도 파주시 회동길 230(문발동)
전화 031) 908-3181(대표)
팩스 031) 908-3189
홈페이지 http://ebook.kstudy.com
전자우편 출판사업부 publish@kstudy.com
등록 제일산-115호(2000. 6. 19)

ISBN 978-89-268-6909-3 94150
　　　　978-89-268-6865-2 94150(전27권)